XIUGAI YU WANSHAN《NONGYEFA》DE
RUOGAN WENTI YANJIU

修改与完善《农业法》的若干问题研究

李军波　黄河　著

法律出版社
LAW PRESS·CHINA
北京

图书在版编目(CIP)数据

修改与完善《农业法》的若干问题研究 / 李军波，黄河著. -- 北京 : 法律出版社, 2023(2023.11 重印)
ISBN 978 - 7 - 5197 - 8236 - 8

Ⅰ. ①修… Ⅱ. ①李… ②黄… Ⅲ. ①农业法 — 研究 — 中国 Ⅳ. ①D922.44

中国国家版本馆 CIP 数据核字(2023)第 158731 号

修改与完善《农业法》的若干问题研究
XIUGAI YU WANSHAN《NONGYEFA》DE RUOGAN WENTI YANJIU

李军波 黄 河 著

责任编辑 孙 慧 朱颖超
装帧设计 李 瞻

出版发行 法律出版社
编辑统筹 司法实务出版分社
责任校对 王 丰 郭艳萍
责任印制 胡晓雅
经 销 新华书店

开本 710 毫米×1000 毫米 1/16
印张 25.25 **字数** 335 千
版本 2023 年 10 月第 1 版
印次 2023 年 11 月第 2 次印刷
印刷 北京虎彩文化传播有限公司

地址：北京市丰台区莲花池西里 7 号(100073)
网址：www.lawpress.com.cn
投稿邮箱：info@lawpress.com.cn
举报盗版邮箱：jbwq@lawpress.com.cn

销售电话：010 - 83938349
客服电话：010 - 83938350
咨询电话：010 - 63939796

书号：ISBN 978 - 7 - 5197 - 8236 - 8
定价：88.00 元

凡购买本社图书，如有印装错误，我社负责退换。电话：010 - 83938349

前 言

FOREWORD

本书是国家社科基金项目《〈农业法〉修改与完善的若干问题研究》的最终成果，于2013年结项，至今已过去10年。

10年来，我国社会经济全面发展、城乡一体化协调推进；农业基本政策的理念和关注点不断更新，法学理论界出现了一些新的有关《农业法》的理论研究成果，《农业法》体系中的制度构成也发生了程度不同的变化，如农业补贴的具体项目10年来多有更替合并，2016年开始将原有的良种补贴、粮食直补和农资综合补贴合并为农业支持保护补贴，现行的补贴主要表现为农业支持保护补贴、农机具购置补贴、粮食最低收购价等三大类。国家扶持的农业金融组织形式10年来也有变化。现阶段政策重点扶助的农业金融组织是银行业金融机构当中服务乡村振兴的内设机构、国家开发银行和农业发展银行内设的乡村振兴部、国有商业和股份制商业银行内设的乡村振兴金融部、农村商业银行以及农村信用社等。“大食物观”提出之后“粮食安全”及其评判基准有了更广泛和新颖的内涵，粮食安全保障制度所应当关注的利益类型也更加多元，不再仅限于粮食数量和质量方面。这些变化令世人瞩目、国人欣慰。但我们也应当看到，与这些变化同时存在的有关我国农业及《农业法》的三个基本问题并未改变：农业作为国民经济的基础地位没有变化、我国依然是一个农业大国的国情没有变化、法学理论界研究《农业法》的学者及研究成果仍旧很少的现状没有变化。《农业法》也一直没有修改。正是基于这些情况，我们决定出版这一研究成果。

此次出版我们并未因应政策变化和法制变化对相关内容做出修改，而是基本保持了10年前的成果原貌。这样做主要是基于以下4点考虑：

首先，《农业法》在这10年间并未发生文义上的任何变化，本书所揭示的其存在的主要问题今天仍旧存在。现在看来，一些农业法制层面的部分问题并未解决，如农业生产经营体制的涵摄不足、农业补贴的基础性法条过于粗糙、粮食安全的规定有些过时等。因此，单就《农业法》体例和相关条款的修改和完善而言，本书的内容仍具有很强的针对性和现实性。

其次，本书在第一章基础理论部分依据利益法学理论所提出的修改和完善《农业法》的基本法理、思路以及具体的规范型塑技术等，现在看来仍旧具有较强的适用性。纵观10年来学界关于修改与完善《农业法》方面为数不多的研究成果，不难发现，本书在法学理论深度和体系化等方面依旧可圈可点。笔者一直认为，《农业法》作为我国最重要的产业基本法，其先进和完善与否与农业法学界对一些基本范畴和基础理论的“深耕精作”程度成正比，农业法学理论研究要为国家的农业立法完善提供宽厚的理论基础。

再次，本书在具体制度完善部分对“农业生产经营体制”的法律本质、“农业补贴”运行中的“双阶”内涵、“粮食安全”乃“食品权”之实现方式以及农业保险政策性本质等的研究，为现行《农业法》主要制度的完善提供了法理基础。

最后，本书在基础理论和具体制度完善部分全面地梳理和总结了10

年前农业法学界的研究成果，以及一系列农业政策内容及其变迁过程，农业生产经营体制、农业补贴、农业金融以及粮食安全等部分的内容是典型。这些资料性内容充分反映了10年前农业法学研究状况以及相关制度的“面相”，可以为农业法学理论和法制史的研究提供重要的资料储备。

自2021年4月29日《乡村振兴促进法》颁布以来，理论和实务界都将“万千宠爱”集“乡村振兴”于一身。《乡村振兴促进法》似乎有取代《农业法》之势。因此，研究新兴的《乡村振兴法》与已经存续了30余年的《农业法》之间的关系问题，就成了法学理论界目前必须正视且高度关注的重大理论问题。本书对《农业法》作为农业农村基本法的定位或许能为解决这一问题提供一种研究思路。为了展现笔者一直以来在《农业法》领域的思考与研究，特附上近年来发表过的相关文章，以供读者参考。

李军波　黄　河

2023年春于古都西安

目　录

CONTENTS

内 容 摘 要

本研究成果在论述修改与完善《农业法》若干问题的内容时，设计了两部分内容：第一部分是《农业法》基础理论的研究，目的是修改和完善现行《农业法》提供理论支撑和方法论；第二部分是对《农业法》一些具体章节的修改与完善建议。笔者主要对《农业法》第一章“总则”和第二章“农业生产经营体制”，第六章“农业投入与支持保护”中的金融条款、农业保险条款，以及尚未入法的农业补贴等五部分进行了研究。之所以如此选择，原因有三：其一，这些内容最能体现新型的农业和农村发展政策理念，据此产生的新式利益诉求和规制手段也层出不穷，现行《农业法》的相关规定没有完全反映现实的生活利益状态。其二，本课题立项时就将《农业法》的“若干问题”设定为修改与完善的对象，而并非全部问题。其三，长期以来，课题组各成员一直关注这些问题。

本研究成果由六章组成：

第一章为《农业法》修改与完善的基础理论研究，主要内容有：

1. 主要对既有的研究成果，依据其与“修改和完善《农业法》”这一主题的关联性，进行了分类描述；随后展开评述，认为：部分制度建议未考虑我国《农业法》的定位，对制度内容的阐述较多，对修法所必需的法律技术的论述较少；一些农业法基础理论的研究过于抽象，其对修法的理论支持作用有限。

2. 主要对现行《农业法》进行整体审视。思路是：如果对现行《农业法》不能进行一个相对全面、彻底的认识，并揭示其缺陷的话，就无从谈起修改建议。认识从两个方面进行：一是对《农业法》作为农业和农村基本法定位的认识，及与其相呼应的规范表述要求；二是对《农业法》规范的解读，现行《农业法》的规范基本上可以分为方针型条款、制度型条款、项目型条款、设权型条款与赋权型条款等五类，各类条款具有独特的法律效果。在全面认识的基础上，对《农业法》的整体缺漏从体例编排、制度内容、规范表述等三方面进行了全面分析，并附带提出修改与完善的思路或建议。

3. 主要阐述的是修改与完善《农业法》的方法论。通过对2002年第一次大规模修法中相关立法资料的梳理，我们概括出了立法者在实践中所秉持的修法思路，主要包含四个方面：一是对生活利益状态的审视和发现所依据的外源式的综合性农业政策，或者是内源式的执法检查报告；二是在规范设计上主要考量三大因素，即利益涵摄上的弹性、比较法上的经验和与世界贸易组织有关规则的衔接；三是对生活利益的法律确认秉持一种保守性思路；四是某些反映社会现实的利益状态经由立法建议而"突进"《农业法》。这些思路在很大程度上影响着我们修改与完善《农业法》诸方法论的型塑。在各方法论中，我们运用利益法学经典理论，提出确认新型生活利益并寻找利益关联点的立法技术。

第二章为《农业法》"总则"部分的修改和完善，主要内容有：

1. 《农业法》总则规范内容概览。首先将总则各条根据规范内容归类为立法目的、基本概念界定、基本政策理念和基本管理体制。

2. 《农业法》总则规范内容的检视。主要对上述前三类，尤其是对基本政策理念展开了检视性分析，所用的方法包括逻辑法、法制探源法和比较法，得出的结论是：立法目的与“国家优先发展农业”理念中的基本目标预设存在部分重复；对基本概念的界定存在表述和涵摄上的不足；基本政策理念在表述、内容编排及内容涵摄上存在问题。

3.《农业法》总则相关规范的修改建议。主要包括：对《农业法》第1条立法目的进行工具性表述的重塑；对《农业法》第2条基本概念界定中的“农村”进行修正，并增加对“农民”、“农村”、“农产品”、“重要农产品”及“粮食”等的明确界定；将《农业法》第3条第2款独立为一条，专门表述“农业和农村发展的基本目标”，在原条款加入具体阐释“国家优先发展农业理念”的内容；将《农业法》第4条“农业多功能性理念”进行表述上的完善；将《农业法》第5条纯化为促进集体所有权实现的理念表述；将《农业法》第6条一分为二，一条专门表述“科教兴农理念”，一条专门表述“农业可持续发展理念”；将《农业法》第8条修改为倡导性条款，删去其中的“假义务”表述；增设两条，分别表述“粮食等重要农产品稳定供给”理念和“促进城乡一体化发展”理念。

第三章为“农业补贴”融入《农业法》的相关问题研究，主要内容有：

1.“农业补贴”的内涵、性质及其法制化的必要性。主要对“农业补贴”的法律内涵及性质与其法制化的必要性进行了理论阐释。主要观点有：（1）本成果所论及的“农业补贴”仅指“亏损性农业补贴”，其发放主体多为行政机关，具体是为农业生产主管机关或促进机关，在法定条件下也授权非政府的公益性组织（如农业合作社）或委托私营机构（如银行）发放农业补贴；农业补贴接受主体一般为实际从事特定农产品生产或经营活动的自然人、法人或其他法定组织；农业补贴的目的因各国亏损性补贴项目不同而有差别，但概括起来主要有两类：一类是为了促进农业生产经营水平或保障食品供应安全，另一类则是为了提高或保障农业生产经营者的生活水平。(2) 在法理上，国家财政对农业的各类补贴，是国家公权力对市民社会私法体系的影响，亦即国家公权力通过受益性的补助行为使符合国家农业产业政策目标的农业生产经营者传统的私权内容得以扩张，其与此相应应承担各种促进国家农业产业政策内容实现的公法或有公法背景的义务。(3) 将经行有年的农业补贴实践法律化的必要性体现在三个方面：一是现阶段实现国家保护、支持农业这一政策理念的需要；二是在全国范围内提高农业补贴效果的需要；三是使补贴获得公共财政支出所需法律依据的需要。

2. 农业补贴的理论基础。主要对实践中正在推行的共20类农业补贴的全面梳理，根据法制依据，这些补贴被归类为有法源基础的农业补贴和源于政策的农业补贴两种，梳理涉及这些补贴的适用条件、对象、标准、发放程序、使用范围等内容。

3. 利益法学视域中的农业补贴。主要阐述了农业补贴的利益构成、公私利益的关联模式与农业补贴以及作为农业补贴塑造基础的公共利益和各项公共利益实现中的农业补贴。

4. 制度载体呈现多样态的农业补贴类型概览。主要研究了有法源基础的农业补贴和源于政策的农业补贴。

5. 各项农业补贴与《农业法》相关条款之间的关联性分析。

6. 农业补贴融入《农业法》的思路及规范修改建议。思路具体包括：(1) 体例编排上的思路，即尊重各类农业补贴与其相应规范之间的应有的搭配关系，对于已有的补贴型塑性内容，审视其合理性并予以完善；对于原无补贴型塑性内容，但却有型塑必要和空间的条款，以适当方式在原表述中融入补贴性内容，或者另以单款或独条重塑补贴性内容；顾及《农业法》的基本法性质，还有在适当位置设置统摄各类补贴的原则性条款的必要。(2) 选择补贴的思路，《农业法》作为我国农业和农村基本法的性质决定了能够被融入其中的农业补贴所涵摄的生活利益状态必须具有相当的稳固性和持续性，基于此的两种确认捷径：一是权威性载体上的确认，二是排除法，即将明显不具备稳固性利益基础的补贴排除在外。（3）规范设置的思路，关键是适当的利益关联点的择取。具体的规范修改建议则涉及15项内容。

第四章为《农业法》中“农业生产经营体制”的修改与完善，主要内容有：

1. “农业生产经营体制”本质探源。主要以比较法的研究路径，揭示出了“农业生产经营体制”呈现三层递进式的本质内涵，即规范外在表现——形态各异的主体类型，内在推力——鲜明的规制态度和理念基础——特定的价值判断。

2. 对现行“农业生产经营体制”相关规范的审视。这部分内容包括组织性规范内容存续的利弊分析，土地承包制度在塑造农户经营体方面的利弊分析，农业产业化经营之于农民利益实现的利弊分析以及新型生产经营体入法的必要性等方面。

3. 对现行“农业生产经营体制”相关规范的修改和完善建议。主要包括对土地承包制度的强调与完善，对组织性规范内容的简化与更新，对农业产业化经营扶持性内容的修订以及增设发现和试验新型农业生产经营主体的授权性规范等。

第五章为《农业法》中“农村金融”条款的修改与完善，主要内容有：

1. 现有研究视角的评述。指出本章研究的视角是从《农业法》的法律文本展开研究。

2. 农村金融的定义。

3. 其他国家农村金融法律制度概览。

4. 我国农村金融的发展现状，主要对我国农村金融取得的成就和存在的问题进行了分析。

5. 我国的农村金融法律制度。主要探究了《农业法》中农村金融法律规范的发展历史，运用法律释义学的方法解读了规范农村金融的条款。

6.《农业法》中农村金融条款的检讨。主要表现为法律规范规制对象不明，独立条款和辅助条款部分重复，对农村信用社改革、新型农村金融机构准入资格的调整等相关利益涵摄不足，农村金融制度类型化存在不明之处，个别规制手段正当性存疑。

7. 完善《农业法》中农村金融法律规范条款的建议。主要包括优化立法技术，增加政策性农村金融、新型农村金融机构、农产品担保贷款等规范条款，完善合作性农村金融、农村监管机构等条款。

第六章为《农业法》中“农业保险”条款的修改与完善，主要内容有：

1. 法学视野中的农业保险。主要研究了农业保险的内涵、政策性及立法的必要性。

2. 国外农业保险法律制度简介及借鉴。主要研究了一些国家的农业保险立法，及其对我国的立法借鉴意义。

3. 农业保险法律制度的主要内容。

4. 我国农业保险立法的概览及不足，重点解读了《农业法》第46条的规定以及《农业保险条例》，认为《农业法》第46条存在对农业保险定位不明，对农业保险的支持亟待明确等问题。

5. 完善《农业法》中农业保险条款的具体建议。主要内容有：从基本思路上应妥善处理《农业法》与《农业保险条例》之间的关系，坚持国家扶持、国家干预与市场机制相结合等原则。具体在实施方式、农业保险管理机构、承保范围、保险费补贴、农业再保险、税收减免和经营管理费用补贴等方面完善，并提出具体的修改条款和增加条款的建议。

第一章 《农业法》修改与完善的基础理论研究

一、研究现状述评

（一）既有的研究成果

《农业法》的修改与完善在学界并非一个热门话题，因此研究成果难谓丰富。[①] 笔者将现有的研究成果，依据其与“《农业法》修改与完善”这一主题关联程度的不同，大致划分为以下几个大类，分别进行述评：

第一类是直接以“《农业法》的修改与完善”为主题的研究成果。根据研究视角的不同，这类成果又可细化为“全面修改”与“部分修改”两个次类。

“全面修改”类的研究成果往往以我国特定时期的综合性农业政策为依据，在全面审视既有《农业法》条款的基础上，提出系统性的修改与完善建议。如有学者就以党的十五届三中全会通过的决议为制度型塑指引，对《农业法》中农业基础性地位的法律保障、基本经营体制、土地权属与制度、农民合作经济组织的法律引导与规制、农民负担的减轻、

① 课题组在“中国知网”上以“《农业法》修改”为主题词进行搜索，发现1999年至今（2012年12月）大约有一百篇文献对此有所涉及，经过浏览，我们发现其中学术性论文仅有不超过20篇，在此选择部分论文进行评述。

农业可持续发展战略的法律化、科教兴农战略的法律化、农业和农村产业结构调整和农村剩余劳动力转移等问题的法律保障、农产品市场体系的建设以及政府宏观调控职权等问题，提出了全面的修改或完善建议。[①]需要指出的是：这类研究成果多出现在《农业法》2002年修改之前，立法建议性目的比较明显。

"部分修改"类的研究成果则以《农业法》某一章或者个别条款的修改或完善为目的展开论述，所择取的修改或完善对象多以国家新型农业政策理念为指引，研究相关法律规范内容。现行《农业法》第六章"农业投入与支持保护"及其核心条款往往成为择取热点。论述所据以开展的基础，要么是特定的体现新理念的农业政策，要么是国外的农业法制。例如，有学者以2004年的《中共中央、国务院关于促进农民增加收入若干政策的意见》中所体现的农业支持与保护的政策理念及相关政策措施为基础，分别检视了2002年《农业法》中国家对农业的投入（第38、39条）、国家鼓励中介组织发展社会化服务事业（第44条）、国家建立健全农村金融（第45条）、国家建立和完善农业保险（第46条）等条款，针对所发现的问题，提出诸如"以农业投入占农业总产值的比例"取代现行"农业拨款占财政总量的比例"的规定、增设对农民进行直接补贴的条款等具体的法制完善建议。在立法技术上，建议借鉴美国农业法典的体例，"逐步把成熟的各种农业政策形成《农业法》的条款""建立健全具有量化规定的、容易操作的、用法律手段支持与保护农业的《农业法》"。[②]另有学者以世界贸易组织（World Trade Organization，WTO）《农业协定》的基本理念、具体内容及表述为基础，主要审视了

① 郭书田：《修改〈农业法〉若干问题的意见》，载《中国供销合作经济》2001年第12期。

② 刘鸿雁、霍学喜、魏欣、张红：《对〈农业法〉中"农业投入与支持保护"若干规定的分析——兼论2004年中央一号文件的相关规定》，载《西北农林科技大学学报（社会科学版）》2004年第4期。

现行《农业法》中支持与保护性的规范，提出：《农业法》第六章章名——“农业投入与支持保护”与 WTO《农业协定》的表述不一致，建议修改为“农业国内支持”，并对其含义进行与《农业协定》相一致的界定；现行《农业法》未能彰显各级政府支持农业发展的政策理念与基本法律职责，建议将各级政府支持农业发展确立为《农业法》的基本原则；建立各级政府对农业进行国内支持的财政体制与机制，具体而言，要在《农业法》中明确各级财政对农业国内支持的投入不得低于本级财政年度收入的一定百分比，《农业法》要依财政投入项目的受益范围来具体确定中央与地方政府财政支农的项目范围；《农业法》须明确农业国内支持项目的申请条件及获得支持后应当履行的义务，应借鉴美国农业法的立法例，通过合同形式明确国家和农业生产经营者在特定国内支持项目中各自具体的权利和义务；为使农业国内支持资金及时、安全、有效地运转，《农业法》应明确农业国内支持项目的运行程序、预算管理机制、资金运行机制、监督检查机制和权利救济机制等。①

第二类为理念层面上的研究成果。这类成果有直接研究现行《农业法》基本政策性理念，并提出完善建议的，也有从法理层面分析农业法制转型的必要性并提出相应制度完善建议的。与第一类研究成果相比，理念层面上的研究成果在具体法制完善建议的详细程度上，要略逊一点，其重点在于理论探讨，偶有触及修改与完善农业法律制度的建议。有学者以“平等”这一法理上的永恒主题为工具，进行理论推演之后认为：平等价值应当是当前我国农业法律制度追求的首要法律价值，由于历史和现实的原因造成了农业实际上的弱势地位，仅仅赋予其与其他产业机会上或者形式上的平等是不够的，应当对农业采取扶持和保护的对待方

① 吴喜梅：《从农业国内支持视角论我国〈农业法〉之完善》，载《中州学刊》2012 年第 5 期。

式，以实现实质平等；在此理念之下，法律应当使农业生产经营者在享有权利和承担义务时，有别于其他产业的参与者，同时，也应当完善《农业法》中对农产品价格保护的相关规定，运用和农民订立合同等法律手段，使农业的生产和销售能够具有合理的预期性，保证农业生产者获得相对合理的利润；修改《农业法》，加快农业补贴的法制化。[①] 另有学者从比较法以及我国目前的政治、经济和社会条件等角度对现行《农业法》中所蕴含的政策目标进行了提炼，认为：我国《农业法》的优先政策目标应当是保障粮食安全、增加农民收入和实现农业的可持续发展，其他目标大都是这三个目标的从属；这三大目标存在冲突的可能性，主要表现为粮食安全与农民增收、粮食安全与可持续发展之间潜在的冲突；这些冲突的调和，需要在相关制度上作出安排，日本、美国等国家的土地休耕立法经验对此有借鉴意义。[②]

第三类为对其他国家最新立法的译介及其对我国的启示类研究成果。这类成果多择取农业法制比较完善国家的最新立法变迁作为介绍对象，顺带提及其对我国相关立法的借鉴意义。美国和日本农业立法的变迁最受关注。由于立法定位的不同，体现为综合项目法典的美国农业法案（Farm Bill）较定位为农业与农村基本法的日本农业法修改要频繁得多（几乎是五年一改），因此，美国农业法案往往成为此类研究成果中绝大多数的关注重点。从我们所掌握的资料来看，学界对美国2002年农业法案的研究最为透彻和详尽，不但有一定数量的论文，还有专著问世。[③] 国内学界正式了解美国农业法典是从其2002年《农业保障和农村投资法》

① 颜勇、季长龙：《农业法律制度的构建——从形式平等到实质平等》，载《理论界》2006年第9期。

② 王学忠：《我国农业法的政策目标》，载《安徽农业大学学报（社会科学版）》2008年第3期。

③ 代表作是张汉麟等编译的《美国2002年农业法专题研究》，经济管理出版社2005年版。

（The Farm Security and Rural Investment Act of 2002）开始的。在此类研究成果中，译介性内容是核心，对我国的制度借鉴意义多为一般性论述，即使有一些稍微成体系的或者较深入的制度建议，也较少见到专门针对现行《农业法》修改与完善的成熟性成果。例如，有学者在对美国 2002 年农业法案的内容及其出台背景进行详述，并在此基础上提出了“改革我国国内农业补贴政策，加强对农业的支持措施”等建议。①

值得注意的是，近年来，对欧盟、澳大利亚、俄罗斯等国家（地区）农业法典或农业立法体系的译介性成果逐渐出现，② 加上前已成形的对日本和美国农业法典的研究成果，在农业立法领域已经形成了比较法研究的趋势。

第四类为与“《农业法》的修改与完善”几无直接关联但却能为其提供理论或实证基础的研究成果。这类成果一般以《农业法》的基础性理论及《农业法》实施情况的实证研究为直接内容。前者多涉及《农业法》的调整对象、《农业法》的基本原则、《农业法》在现行法律体系中的定位等法理问题。③ 后者则涉及《农业法》某些条款实施的调研与分析，现行《农业法》第九章“农民权益保障”相关条款的实施情况是调研热点。“《农业法》第九章‘农民权益保护’实施情况调查”课题组就曾对全国 6 个省 12 个县 24 个乡的 60 个村展开调查，发现《农业法》所

① 陈锡文、程国强：《美国新农业法对中国农业的影响和建议》，载《WTO 经济导刊》2003 年第 2 期。

② 参见朱行：《俄罗斯新农业法》，载《粮食科技与经济》2007 年第 4 期；［英］布莱恩·杰克：《农业与欧盟环境法》，姜双林译，中国政法大学出版社 2012 年版。

③ 参见丁关良：《农业法学若干理论问题研究》，载《山东农业大学学报（社会科学版）》2004 年第 4 期；艾衍辉：《农业法调整对象探析》，载《贵州警官职业学院学报》2005 年第 3 期；王惠：《论我国农业法学若干基础理论问题》，载《南昌大学学报（人文社会科学版）》2012 年第 1 期；樊丽君：《论农业法的基本原则》，载《理论导刊》1999 年第 5 期；任大鹏、吴雅铭：《2000 年农业法研究综述（一）》，载《中国农业大学学报（社会科学版）》2001 年第 1 期；任大鹏、吴雅铭：《2000 年农业法研究综述（二）》，载《中国农业大学学报（社会科学版）》2001 年第 2 期；任大鹏、朱长江等：《2001 年农业法研究综述》，载《中国农业大学学报（社会科学版）》2002 年第 2 期。

明确保护的农民所享有权益中，受损程度最严重的是农业生产资料质量保障权、土地权益、知情权、农民负担和基层政府对农民权益的保障等五项。[①] 对《农业法》相关基础理论的研究在一定程度上为修改和完善《农业法》积累了智识基础，而对现行《农业法》实施情况的调研则为相应规制领域的适时调整及其规范表现的进一步完善提供了实证基础。

除上述四大类研究成果之外，也有一些关于农业投资法、农业保险法、农业金融法、农业补贴法等农业法次级部门法的立法建议研究成果，但基于本书主题的考量，笔者在此处不做阐述。

（二）对既有研究成果的评价

综观已有的研究成果，虽然成果数量不多，但研究视角所触及的领域较广。既有直接的制度完善建议，又有形而上的理念探讨；既有《农业法》相关条款的实效调研，又有国外农业法制的全面译介。然而仔细分析，笔者感到，现有研究成果广度虽有，但深度还不够，具体表现如下：

首先，许多直接的制度建议并未考虑我国《农业法》的定位，因此看似具体，但可行性还值得研究。一些成果在提及直接的制度修改建议时，大都赞成美国综合项目性的立法体系，建议借鉴美国农业法的有关规定，在《农业法》中详尽规定相关公私主体的权力（利）内容及其实现方式、程序乃至于监督或救济机制，以此增强《农业法》的可操作性。此类建议对我国《农业法》在既有的法律体系型塑传统与原初立法目的双重条件下的应有定位研究还不够深入。如果我国的法律体系型塑传统并不讲求逻辑美感与层级性，美国的立法体例尚可借鉴，但实际情况却

---

① 李小云、左停、李鹤：《中国农民权益保护状况分析——〈农业法〉第九章“农民权益保护”实施情况调查》，载《中国农村观察》2007 年第 1 期。

恰恰相反。学界对法律体系层级性的强调是不言而喻的，不但民法、行政法等基础性法律部门的教义体系本身就呈现基本概念的“金字塔式架构”，而且以宪法为根本法，由此派生出各一级法律部门，再由其派生出次级法律部门的思维方式一直是主流，由7大部门法共同型塑的“中国特色社会主义法律体系”在很大程度上就是立法机关对学界这一主流思维方式的直接运用。因此，建议借鉴美国农业法对我国《农业法》进行修改的理论前提应该是先研究《农业法》在现有法律体系中居于何种地位，再以此种地位所必需的规范表述衡量具体的修改建议，越过这一前提谈修法不但不具法理正当性，而且也容易与立法习惯和传统相悖。另外，从《农业法》原初的立法目的着手探究立法者意欲使其在既有的法律体系中居于何位是比较节约成本的捷径，而且也是检验相关理论分析的“试金石”。

其次，一些制度建议性研究成果着墨于制度内容多，对修法所必需的法律技术的论述较少，而这却是《农业法》独立性的重要保证。现有的多数研究成果所提出的制度建议源于三个方面：可资借鉴的国外立法、我国的综合政策和实践中所发现的问题，后两者是主要来源。若抛开法律移植的本土资源不论，则国外立法例一般均具有直接可移植性，但这在农业立法中并不常见。我国的综合农业政策和实际问题的应对建议若要法律化，就必须相应的法律转化技术，否则，《农业法》就会变为农业政策的“应声虫”和“传声筒”，失去了应有的独立性和稳定性。由上可见，现有的研究成果未注意到法律技术的问题，有许多直接的制度建议其实就是相关农业政策表述的“翻版式”援引。

最后，既有的农业法基础理论的研究成果在内容上过于抽象，为《农业法》的修改与完善所提供的智识支持作用有限。现有《农业法》基础理论的研究多局限于调整对象、调整方法、基本原则等部门法的常规性内容，无法为《农业法》的修改与完善提供所需要的由政策转化为法律的可行技术。为数不多的关于《农业法》定位的研究均以《农业法》与相邻部门法的关系为研究重点，对《农业法》本身的定位问题论述还不够。

二、对现行《农业法》的检视

（一）认识《农业法》

1. 认识《农业法》的重要意义

对《农业法》认识程度的深浅直接决定对其修改与完善的科学与否。原因在于：

首先，对《农业法》的准确定位决定了其所包含的规制内容的应有边界，修改与完善建议的“最大直径”因而确立。超出此直径所划范围之外的制度建议将因与《农业法》的地位不符而不具有妥当性。修改与完善建议的规范表述也会受到《农业法》定位的影响，明显与《农业法》地位不符的规范表述也不具有妥当性。

其次，对《农业法》规范内容的解读揭示了其所涵摄的利益类型。只有对《农业法》既有规范进行解读，才能准确认识《农业法》所确认的基本利益类型，针对各类利益基于实证或理论分析的审视才可能开展，审视的结果会直接指引相关规范修改的方向。对不同生活利益①，认识程度不同，则法律规范确认或反映的方式也就不同，对《农业法》既有规范所涵摄利益的审视也因此决定着修改与完善的具体法律技术，认识成熟的利益与认识初步的利益势必在法律规范的表述上有所不同。

---

① 根据德国利益法学派代表人物海克（Heck）的观点，生活利益是指需要由法律进行实质价值性判断并进而予以保护的“有实际作用”的利益类型，它们源于现实生活。

上述两点其实是有密切关联的，即对《农业法》的准确定位是规范解读及其涵摄利益审视的“硬约束”，后者所含生活利益的类型若超出前者所决定的应有边界，则需摒弃，前者所决定的应有边界也会因此得以“纯化”。

2. 《农业法》的定位——农业与农村基本法

（1）作为农业与农村基本法的《农业法》

《农业法》的定位与农业法的定位在本质上是两个不同的问题。后者探究的是农业法作为一个部门法在现有的法律体系中所处的地位。对于这一问题，已有学者进行了初步研究。有学者认为农业法是经济法的次级部门法，其规制内容构成经济法的组成部分。[①] 也有学者对此提出不同意见，认为农业法是与经济法比肩而立的一个新的部门法。[②] 由于这些研究无论在思路还是在观点上都与本书的主题无甚关联，因而笔者在此仅列明观点，并不做评述。与后者不同，前者研究的则是《农业法》在构成农业法律部门的立法群中所处的地位，以及由此地位所引发的与其他立法之间的关系。如上所述，这部分内容是探析《农业法》修改与完善时所必不可少的前提性理论，是非常重要的法学理论问题，也是立法机关应该重视的重大问题。

从权威的立法资料来看，立法机关意欲将《农业法》型塑为农业法律部门中的基本法。这表现在以下两个方面：首先，《农业法》在最初立法时，是以“农业基本法”命名的，这直接体现在国务院提请全国人民

---

① 参见王金鼎：《关于中国农业经济法律体系若干问题的探想》，载《河北法学》1992 年第 6 期。转引自王惠：《论我国农业法学若干基础理论问题》，载《南昌大学学报（人文社会科学版）》2012 年第 1 期。

② 王惠：《论我国农业法学若干基础理论问题》，载《南昌大学学报（人文社会科学版）》2012 年第 1 期。

代表大会常务委员会审议的立法草案说明的题目上，[①] 只是在全国人大法律委员会审议时，考虑到宪法将基本法律的制定权归属于全国人大的规定，为使草案能在当时的全国人民代表大会常务委员会上及时审议通过，不致拖延至来年召开的全国人大上，才将“农业基本法”改名为“农业法”，[②] 并一直沿用至今。这种不触及草案内容而仅做名称上改动的“狡黠式操作”，是以合宪为目的的，也具有了法理正当性。但限于主题，此处不再探讨。其次，《农业法》的基本法定位在立法草案的说明中有明确的表述。《关于〈中华人民共和国农业基本法（草案）〉的说明》在第四部分述及“本法的指导思想”时，就明确指出“本法是农业的基本法，具有纲领性的特点”。[③]

作为基本法的《农业法》，其规制范围或领域经历过一次变动。1993年的《农业法》被定位为仅规制农业产业运行过程的产业基本法，即“把农业的产前、产中、产后诸环节作为一个整体，综合运用各种社会经济措施来解决农业问题”[④]。2002 年第一次大规模修订《农业法》时，立法机关又将“大农业”作为《农业法》的规制范围，主张“对农业、农村和农民问题统筹加以考虑，进一步加强《农业法》作为农业和农村经

---

① 立法草案说明的全称为《关于〈中华人民共和国农业基本法（草案）〉的说明》，由时任农业部部长的刘中一在 1993 年 2 月 15 日第七届全国人民代表大会常务委员会第三十次会议上所作。

② 参见项淳一在 1993 年 6 月 22 日第八届全国人民代表大会常务委员会第二次会议上所作的《全国人大法律委员会关于〈中华人民共和国农业基本法（草案）〉审议结果的报告》最后一段，该段原文为：“关于本法名称，国务院关于农业基本法的议案本来是提请全国人民代表大会常务委员会审议决定提请八届全国人大一次会议审议的，如果本法仍称作‘农业基本法’，按照宪法规定，制定和修改刑事、民事、国家机构的和其他的基本法律属于全国人民代表大会的职权，这部法律的审议就要等到明年春天召开的八届二次全国人民代表大会。考虑到本法最好尽早制定，建议将‘农业基本法’改为‘农业法’，由全国人民代表大会常务委员会审议。”

③ 参见时任农业部部长的刘中一在 1993 年 2 月 15 日第七届全国人民代表大会常务委员会第三十次会议上所作的《关于〈中华人民共和国农业基本法（草案）〉的说明》。

④ 参见时任农业部部长的刘中一在 1993 年 2 月 15 日第七届全国人民代表大会常务委员会第三十次会议上所作的《关于〈中华人民共和国农业基本法（草案）〉的说明》。

济方面基本法的地位”，并增设“农村经济发展”和“农民权益保护”两章。[①]《农业法》因此又变为农业和农村基本法。

需要指出的是：在农业经济学界和普通大众的通常观念中，所谓“三农”问题应该是包括农业、农村和农民的综合性问题，既然《农业法》修订的思路是对“三农”问题统筹考虑，那么，《农业法》就应当被定为“农业、农村和农民基本法”，而非“农业和农村基本法”。将农民排除在《农业法》定位的表述之外也与法律增设“农民权益保护”一章的体例安排有所不符。对于此，笔者的观点是：将农民排除在《农业法》定位的表述之外并非漠视农民权益的保护，而是基于法理上的考虑。若将《农业法》定位为农民基本法，第九章“农民权益保护”所载的农民权利将成为农民的基本权利，《农业法》中的农民基本权利虽与宪法上的“基本权利”在内容和法律效果上难谓相同，但稳定性或曰一定时期内的持续性应当是二者所共有的。然而，从法律规定的内容来看，此章所载之农民权利多为“针对问题式”的权利类型（如拒绝违法摊派权），其存续的稳定性实难保障，因为一旦相关问题得以解决，权利所据以形成的利益基础即不存在。还有一部分权利其实就是对既有权利的重申或强调（如征收补偿权），若将其也定位为农民的基本权利，则在解释和适用上将产生不必要的混乱，例如：作为农民基本权利的征收补偿权与土地法上的征收补偿权性质是否同一？权利内容和实现方式又是否同一？

其实，将《农业法》不称为“农民基本法”对农民权益的保护是有益的。在城乡一体化的政策理念之下，在权利享有的广度和深度上长期以来逊于城镇居民的农民，其权利的种类和内容将在可以预见的不久呈现“喷涌”之势，许多新权利和旧权利中的新内容将会不断为法律所确

---

① 参见时任全国人大农业与农村委员会主任委员高德占 2002 年 6 月 24 日在第九届全国人民代表大会常务委员会第二十八次会议上所作的《关于〈中华人民共和国农业法（修订草案）〉的说明》。

认。因此，确认一部权利表述并不全面和科学的法律为农民基本法，极有可能为将来农民权利的勃兴"帮倒忙"。

（2）基本法的定位与《农业法》规范表述的呼应

《农业法》被定位为农业与农村基本法后，其规范表述理应对此定位予以呼应，因为基本法律与普通法律之间的所有差异都最终会体现在各自的规范表述中。此处的呼应主要表现在以下两个方面：

首先，规范表述内容上的呼应。如上所述，被定位为农业与农村基本法的《农业法》，其主要规制领域为农业产业运行和农村发展，法律规范在表述内容上就要紧扣这些领域，将其中经过立法者价值判断认定为需要规制的利益类型予以确认。笔者认为，在应然层面上，能够容纳对需要规制的利益类型的这两大领域进行更为细化的分析。具体而言，在农业产业运行领域，农业产业运作的现实环节一般被分为产前、产中和产后三个阶段，这种分法虽然不具有法理上的直接依据，但却为立法者所采纳，我们在法学上也无法找到更好的划分方法，权且采之。产前阶段所涵摄的利益类型应当包含三个方面的内容：一是生产资料的保障性（包括质量与数量）需求、二是生产主体生产积极性的激发需求、三是生产方式和手段的保障性需求。第一、三项体现的是生产者的个人利益，第二项则既体现生产者的个人利益又体现公共利益，因为对生产者生产积极性的激发最终还要着落在其个人需求的充分满足上。产中阶段所涵摄的利益类型主要是生产过程所必需的自然要素（典型的是水）与技术服务等的保障性需求以及灾害致损风险分担的需求。产后阶段所涵摄的利益类型主要包含产品自由流通的需求与市场致损风险分担的需求等两方面。除此之外，与这三阶段所涵摄各类利益的实现存在密切关联的一些利益类型也应被纳入法律的规制范围，如为了更好地满足生产资料在质量上的保障性需求，对农地管制的需要、对农业生态环境保护的需要以及对农业种质资源的保障性需要等利益也会凸显在立法者的面前。

在农村发展领域，立法者在立法目的的表述中将其仅限于“农村经济发展”[①]，从理论上分析，这种表述过于偏狭。农村发展所内含的细化领域不但包括农村经济发展，还应当包括农村社会发展、农村文化繁荣以及农村环境保护等。作出这种扩大解释的原因有三：一是在法理逻辑上，“农村经济发展”这一表述并不能与“农村发展”这一称谓画等号，相应地，作为农村基本法的《农业法》在设置相应章节时也不能仅仅创设规制农村经济发展的规范内容。二是在社会学已有的研究成果中，农村社区是一个融涵了特殊的经济、人际与文化联系的基本社会单元，农村基本法应该尊重这种科学发现。那种认为“农村经济发展”是农村所有问题得以解决的“启动阀”，即只要农村经济发展了，一切问题都会自动解决不必法律劳神的观点太过陈旧。三是在比较法上，综合性解决农村问题是农业法制比较健全国家的立法通例。比如，日本1999年通过的《食品 农业 农村基本法》（2006年修订）第二章第四节“振兴农村的相关措施”中就明确规定“采取推进农业的振兴以及其他农村的综合全面发展的措施”、“国家应当制定必要的政策，因地制宜，加强农业生产、交通、信息通讯、卫生、教育文化等农村生活的基础设施，全面提高农村福利水平”（第34条1、2）。韩国1999年的《农业 农村基本法》第37条之（1）也规定“中央和地方自治团体应考虑各地区的特殊性，制定并实施综合性的农村地区开发政策”。

农村经济发展领域所涵摄的基本利益类型应当包括生产类基础设施的供应性需求、农村投资的保障性需求、农村创业的扶持性需求以及参与非农产业机会与收入的保障性需求。农村社会发展领域所涵摄的主要

---

① 参见时任全国人大农业与农村委员会主任委员高德占2002年6月24日在第九届全国人民代表大会常务委员会第二十八次会议上所作的《关于〈中华人民共和国农业法（修订草案）〉的说明》。

利益类型则应包含生活类基础设施的供应性需求与各类生活风险的保障性需求。农村文化领域所涵摄的利益类型主要是文化类设施的保障与文化生活改善的需求。农村环境保护领域所涵摄的利益类型细究起来较为繁杂，因为它涉及环境法的诸多问题，笔者在此不予深究，仅以清洁生活环境的需求总括所有的利益类型。

揭示上述各类利益才能明确《农业法》这一农业与农村基本法的具体规制范围。各类需求是否在法条上已有反映以及具体的表述如何也成为在理性基础上审视《农业法》的基准和工具。

其次，规范表述方式上的呼应。《农业法》作为基本法，其规范表述方式究应为何？立法者的观点是：基于《农业法》的纲领性特点，仅对农业发展中的一些方向性问题作出规定，表述的方式因此多为倡导性，目的在于“以利今后进一步的改革”，以及为“单项农业法律、法规”逐步细化留下余地。[①] 在比较法上，以“基本法”直接命名的日本农业法基本上也是秉持着这样的规范表述思路。日本1999年通过的《食品 农业 农村基本法》(2006年修订) 第1条即明确其立法目的为“针对食品、农业和农村的相关政策，确定其基本目标和主要内容，明确国家以及地方公共团体的责任和义务”。综观法典，仅4章43条，主要由三部分内容构成，即基本政策目标、实现目标的相应基础性措施类型以及行政机关与相关团体的框架性职权表述。在第二部分内容的表述上，一般使用“等必要的措施”这一概括性极强的用语，在第三部分内容的表述上则均使用“承担相应的责任和义务”“给予支持”等方向性表述。

虽然，我国立法机关与国外立法例均赞同倡导性规范表述方式，但

---

① 参见时任农业部部长的刘中一在1993年2月15日第七届全国人民代表大会常务委员会第三十次会议上所作的《关于〈中华人民共和国农业基本法（草案）〉的说明》第四部分“关于本法的指导思想”“第三”。

这并不意味着基本法的定位与倡导性规范表述之间具有唯一的呼应关系。考虑到国情以及既存的立法传统，我国《农业法》的规范表述方式，应当是以倡导性为基础并包含实现它的更具可操作性的其他表述，即多样化面相。具体包含哪些更具可操作性的表述方式，要依据实践中的利益关联状态而定，但有一点却是明确的，即这些表述方式要受到倡导性表述这一基础的约束，亦即这些表述方式能够可操作化到什么程度其实是有限度的，限度取决于倡导性表述的具体内容。例如，若倡导性规定的内容为国家发展农业的某种理念，则实现它的表述方式的最大可操作化程度是此种理念的内涵揭示以及实现它的基础性措施类型。如果倡导性规定的内容为国家鼓励和扶持农业发展，实现它的表述方式的最大可操作化程度应该是鼓励与扶持的具体措施类型以及组织和资金方面的保障性规定。

倡导性表述方式对其实现性表述方式的约束作用从另一个层面也表明：在《农业法》这一基本法中，实现性表述对倡导性表述的可操作化是第一次的可操作化，后续的一系列可操作化并未完结，完全可操作化应该要止于相关措施具体实施机制的形成或者相应私权及其实现方式的确立，而这一般是由农业补贴法、投资法等《农业法》的次级立法来完成的。在这个意义上，可以说，《农业法》中倡导性规定的可操作性规范一般都无法型塑出可直接主张的私权，这可能是《农业法》与民法最本质的不同。

只要《农业法》将其所有的表述都纯化为倡导性表述，即与其第一次可操作化的表述均可一一对应的规范群，则上述的约束作用就能自动发挥，《农业法》基本法的定位也会得到充分体现。但这却是理想状态，无论立法者多么用心，都无法避免一些与倡导性表述内容无直接关联的表述内容进入法典，这可能源于特定的立法机制。对于这些规范表述，由于上述约束作用无法发挥，难免出现与基本法地位或者本质不符的内容，因此就需要更进一步的修正。笔者的基本观点是：要严格控制这些表述的数量。

3.《农业法》规范的解读

对其规范的解读是全面认识现行《农业法》所必不可少的。这里所谓的“解读”应该主要从以下几个方面理解：

首先，“解读”不是“解释”，即《农业法》规范的解读并不着意于对规范内容基于通行法律方法（如文义解释、目的解释、历史解释）的本意探究。而是重在对特定规范基于其表述方式、立法目的或法的定位，在法理上应当或最有可能产生的法律效果的论述。

其次，解读的对象是《农业法》的全部法律规范，而非其部分或个别条款。但限于篇幅及考虑到为主题服务的目的，在此并不演示对《农业法》每一条款的解读过程，而仅呈列解读的结果。

最后，解读的主要方式是类型化，即将在法理上能够产生同种法律效果的若干规范归于一类，研判法律效果类型的基准主要是规范内容的表述方式，在其不敷使用时，还将辅以立法目的或基本法这一定位。

需要指出的是，上述解读的基础性法理预设是：任何经由理性的立法者所创设的法律条款都必然会与特定的法律效果相联系，而研判法律效果最基础性的素材就是法律条款的词句构成。因为此处所谓的“法律效果”其实就是立法者在创设特定条款时所欲对相应生活利益状态的影响力，它可能因为条款表述的不同而深浅有别，倡导性的条款在国家表明规制态度的基础上指明了行为方向，而设置权利或义务的条款则型塑了具体的行为模式。然而，限于我们的把握能力，对某些条款法律效果的解读不一定准确。而且，《农业法》许多条款对农业政策用语不加转化的直接援引也增加了我们相关研判的误漏率，在此先行致歉。

经过全面解读，笔者认为现行《农业法》的规范基本上可以分为以下五类：

（1）方针性条款，即表明国家特定农业或农村政策目标的规范。主要体现在总则中的第3～8条等，表述方式均为倡导性。这些条款表明了国家在一定时期内对农业或农村进行规制的基本理念或曰价值判断，因此具有较大的稳定性。后续的次级立法都应受到这些理念和价值判断的指引，已有的次级立法与这些理念和价值判断不相符合甚至于相抵触的，立法者都有修正和完善的义务。行政机关依法所推行的相关事项或项目与这些理念和价值判断明显相悖的，即使法律尚未修改，也有停止执行的义务。反映这些理念和价值判断的助农项目，只要不涉及公民基本权利的侵犯，即使尚无直接的法律依据，行政机关也可设置并推行。私法主体虽然不能从这些理念和价值判断中直接获得某项权利，但却可以因此预见到其新权益的萌生趋势，这是其法律规范指引性作用的体现。

在学界，有许多人将方针性条款的内容解释为农业部门法的基本原则，[①] 笔者认为这种观点值得商榷。部门法的基本原则与其基本法律总则中所载内容并不存在一一对应关系，不能认为只要规定在基本法的总则中，就一定是该部门法的基本原则。理性的态度应当是深入研究部门法基本原则的归纳机制及其基本构成特征。

（2）制度性条款，即表明或者蕴含特定制度型塑目的的规范。依据具体的表述方式，又可细化为两种基本类型：一是直接表明制度型塑目的的规范，如第23条第1款："国家支持依法建立健全优质农产品认证和标志制度"，第31条第2款第1句："国家建立耕地保护制度"，第45条第1款第1句："国家建立健全农村金融体系"，第46条第1款："国

---

① 参见丁关良：《农业法学若干理论问题研究》，载《山东农业大学学报（社会科学版）》2004年第4期；艾衍辉：《农业法调整对象探析》，载《贵州警官职业学院学报》2005年第3期；王惠：《论我国农业法学若干基础理论问题》，载《南昌大学学报（人文社会科学版）》2012年第1期；樊丽君：《论农业法的基本原则》，载《理论导刊》1999年第5期。

家建立和完善农业保险制度”，第53条第1句“国家建立农业专业技术人员继续教育制度”，第64条第1款第1句：“国家建立与农业生产有关的生物物种资源保护制度”，第83条第1句：“国家逐步完善农村社会救济制度”等都是体现。二是仅直接表明国家的某种规制态度，其中蕴含制度型塑的目的，这一般体现为以“国家鼓励（支持、扶持）”“国家引导、支持”“国家采取措施”等用语开头的各条，由于条款太多，此处不一一罗列。

直接表明制度型塑目的的规范表明了立法者在制定《农业法》时已经为下一步立法的着力点和方向进行了远期规划。在现行的宪法和法律实现机制之下，这种自我立法义务的实现并无针对性的监督和制约机制，因此何时履行、履行到什么程度等都成为立法者立法裁量权的内容。在我国农业立法的现实中，先经政策、非法律位阶的规范性文件等的制度实践，待成熟后再行立法的惯例决定了立法者自己立法义务的实现是有一个长期过程的，这个过程终于相关立法或有明确授权的委任立法的形成。标示着立法者自己立法义务完结的相关立法并不一定要表现为《农业法》之下专项的次级立法，在既存立法中增设相应的条款也是表现形式之一。具体选择何种，取决于立法者基于某种体系化和立法成本考量的农业立法规划。

立法者自己立法义务的设定，并非蕴含制度型塑目的的规范所产生的唯一的法律效果，下面将要述及的项目性条款的法律效果也有很大一部分产生于此类规范。在这里需要注意的是：直接表明制度型塑目的的规范仅明确了立法者自己立法义务存在的具体领域，蕴含制度型塑目的的规范则不但表明了立法义务存在的具体领域，而且一般还列明规制措施的基本类型（如财政扶持、税收鼓励、信息提供等），即使未列明，也多表明措施的施力方向（如扶持、引导、鼓励等用语），因此可以说，立法者自己立法义务在直接表明制度型塑目的的规范中的明确程度一般要逊于蕴含制度型塑目的的规范。

此外，还有一些特殊的制度性条款同时容纳了上述两种规范。例如，第34条第1款首先明确了建立粮食安全制度的义务，随后即表明了粮食储备目标与数量指标的制定、耕地与粮食库存的核查等具体的规制措施。第37条第1款在表述了建立和完善农业支持保护体系的制度义务之后，也列明了财政投入、税收优惠、金融支持等非常具体的措施类型。第46条第2款则在明确逐步建立和完善政策性农业保险的制度义务之后，还提及鼓励与扶持性的基础措施类型。这些条款又要比蕴含制度型塑目的的规范更能明确立法者自己立法义务的内容。

在比较法上，我国《农业法》中呈现多样化表述的制度性条款是特色之一。日本《食品 农业 农村基本法》（1999年通过，2006年修订）中所载为数不多的制度性条款，其表述方式大都与我国《农业法》中直接表明制度型塑目的的条款相似，如第16条之一规定："国家……建立必要的食品标识制度及其他措施"，第21条规定："国家……制定加快农业生产基础建设、扩大农业经营规模、提高家庭农业经营活力的政策"，第34条之二规定："……国家应当制定必要的政策，因地制宜，加强农业生产、交通、信息通讯、卫生、教育、文化等农村生活的基础建设，全面提高农村福利水平。"其中并无蕴含制度型塑目的以及容纳两种制度型塑表述方式的条款，这可能与日本农业基本法"纲领法"的定位有关。仔细比较两国农业基本法相关条款的表述方式就会发现，日本法上的条款在制度型塑的领域设置上较我国法上的相应条款更为具体和细化，这为我们的法制完善提供了可资借鉴的经验。

（3）项目性条款，即包含具体项目设置内容的规范。依据表述方式，这类条款也可细化为两类：一是表明国家扶持或鼓励等态度，从中可以推导出相应授益性支农项目设置可行性的规范，(2) 中所述的第二类规范中以“国家鼓励（扶持）”开头的相关规范都是其典型体现。仅表明国家扶持或鼓励性态度的规范除具有立法者为自己设置立法义务的法律效果外，还具有政府可依行政自由裁量权设置授益性支农项目并推行的法律效果。因为这些项目的推行以向特定农业生产经营者授予利益为内容，并不涉及公民既存基本权利的减损。当立法者完成自己立法义务之后，相关扶持与鼓励性立法将与已存的授益性支农项目并立，这时就需要相应的法律技术处理，项目内容与新立法规范不得明显抵触是处理的基本原则，这并不意味着在新立法上未有体现的既存项目都应被革除，因为这些项目存续的依据是农业基本法而非新立法。二是直接表明项目类型的规范，这在现行《农业法》中仅有几处体现：第 18 条规定：“国家……实施种子工程和畜禽良种工程……”第 35 条规定：“国家建立粮食风险基金，用于……”第 56 条规定：“国家……开展……农民绿色证书培训……”相关行政机关在理论上可以依据这些规范设置与法同名的相应项目并制定项目的具体运行机制。

在外国立法例中，美国农业法典——《2008 年食品、环境保护与能源法》（The Food, Conservation and Energy Act of 2008）堪称项目立法的典范。综观其十五部分几百条规范，不难看出，各种由联邦所设立并负责运行的，内容涉及农业补贴、农产品交易、环境保护、农村地区发展、农业科研、食品援助、农业信贷等方面的数十种项目成为这些规范最主要的内容，难怪有美国学者将其定性为一种“综合性的农业法案”（comprehensive farm bill）。[1] 从比较法的角度探讨美国综合项目式农业法

① Charlene C. Kwan, *The Great Whales of the North Atlantic*: *Note*: *Fixing the Farm Bill*: *Using the "Permanent Provision" in the Agricultural Law to Achieve WTO Compliance*, 36 Boston College Environment Affairs Law Review (2009).

典所含规范与我国《农业法》中项目性条款在表述和内容设置上的不同，将有助于我们研究项目性规范应有的品性。美国农业法典在具体项目的设置上基本遵循尽量全面、系统和可操作化的立法思路，例如，其在第一部分“农产品项计划”（Commodity Programs）中，首先设置了“直接支付和反周期支付项目”（Subtitle A—Direct Payments and Counter－Cyclical Payments），项目内容则包括基础面积、支付面积、直接支付与反周期支付可获得性、作物平均收入的可选择性等条款（SEC 1101—SEC 1109）。在述及直接支付的可获得性时，相关规范细致地罗列了小麦、玉米、大麦等十类农产品可获得的具体支付率，并对支付额度的具体计算标准、支付时间等细节性问题作出了规定（SEC 1103）。依据这些规范内容，意欲参加联邦直接支付项目的农业生产者可以预估出其可获得的补贴额，因此激励作用较为明显。与美国农业法典不同，我国《农业法》中的项目性条款仅列明了国家推行的项目名称，对项目的具体内容未有涉及，这也就是许多学者主张借鉴美国农业法典的立法方法增强我国《农业法》可操作性的原因所在。笔者认为，美国农业法典以直接激励相关农业生产经营者为目的的细化立法思路是可以借鉴的，因为将项目具体内容的形成授权相关行政机关自由型塑的立法方法，不可避免地存在将项目潜在参与者的利益诉求排斥于项目内容形成之外的危险。但是，像美国立法那样过于细化的立法技术又与我国《农业法》基本法的定位不符，因此，如何将美国式的农业立法思路融入我国《农业法》的规范完善过程之中就成为学界应当思考的重要问题。

（4）设权性规范，即为具体的公权主体设定权限（职责）的条款。《农业法》第15条针对县级以上人民政府设置农业规划权、第16条第6款针对县级以上人民政府设置农业结构引导与支持权、第17条针对各级人民政府设置农业和农村相关基础设施建设权、第19条针对各级人民政府设置农田水利设施建设权、第21条针对各级人民政府设置农业气象事业发展支持权、第25条第2款针对各级人民政府设置农业生产资料安全使用制度型塑权、第27条第2款针对县级以上人民政府工商行政管理部门和其他有关部门设置农产品批发市场管理权、第33条第3款针对县级以上人民政府设置粮食收购资金筹集权、第38条针对中央和县级以上人民政府设置农业投资权、第42条第2款针对县级以上人民政府农业行政主管部门设置农业信息收集、整理与发布权等均是体现。

这些条款在我国《农业法》中比较多，因此这里仅做例示性的罗列。以所设权的主体为基准，这些条款基本可以分为三大类：一是对县级以上人民政府的设权性规范，二是对各级人民政府的设权性规范，三是对县级以上人民政府职能部门的设权性规范。这里存在解释上的余地，即“县级以上人民政府”的外延中是否涵摄了“中央人民政府”？从第38条的表述来看，立法者对此是持否定态度的，因为其将“中央”和“县级以上地方财政”并列表述就意味着“县级以上人民政府”之中并不当然包含“中央人民政府”，除非法律有明确的涵摄。以所设置职权的内容为基准，上述规范又可被分为两大类：一是较为抽象性的职权设置条款，如引导与支持权、发展支持权、制度型塑权等的设置条款；二是具体职权的设置条款，如规划制定与实施权、管理权、投资权、信息搜集权等的设置条款。总体来看，具体职权设置条款的数量在既有职权设置条款中居于多数。

设权性规范所设定的职权如果是抽象性的，则需依职权内容来确定具体的法律效果：若为制度型塑权，所针对的公权主体并不必然具有相应制度设置的行为自由，因为这里要考虑相关制度在全国范围内的统一性和普适性，因此在涉及的各公权主体所形成的行政科层体系中，居于层级高的公权主体就有先行制度设置或者明确下级制度设置范围与基准的义务。例如，设权性规范若针对的是“县级以上人民政府”，“省级人民政府”就有制度先行或者设置基准的义务，针对的若是“各级人民政府”，则“国务院”就应有制度先行或者批准试点的义务。现行《农业法》第37条第2款在述及农民收入支持政策的制定时，明确将国务院列为制度型塑主体的做法就是这一思想的典型体现。但这样的规范在《农业法》中仅此一处，这也从一个侧面反映出立法者在对设权性规范的具体法律效果进行进一步细化时的谨慎态度。设权性规范所设职权若为具体权力，则相关权力主体一般将会据此直接获得实施的资格。《农业法》为了进一步强化这些权力的实施力度，在2002年修法时专门设置了“执法监督”一章，但却在其中仅为“农业行政主管部门”的相应职权行使设置了保障措施，对法律中涉及的其他权力主体的职权实施并未涉及，这在体例上存在明显的缺漏。另外，这些权力在具体实现时，若有触及公民基本权利的可能时，如何与现有的《行政处罚法》《行政强制法》等法律相协调，《农业法》能否设置一种长效的转引和协调机制等都是需要深入研究的问题。

在比较法上，日本《食品 农业 农村基本法》（1999年通过，2006年修改）虽也有职权设定类规范，但在权力内容的具体化程度上远不如我国《农业法》，它们均为框架式和原则性的表述方式。如其第7条在述及国家的责任和义务时，规定：“1. 国家基于本法第二条至第五条关于规定食品、农业及其相关政策的基本理念，有制定并实施具体食品、农业及农村相关政策的责任和义务。2. 为使国民深化对基本理念的理解，国家具有提供食品、农业及农村状况等相关信息的责任和义务”。第8条在述及地方公共团体的责任和义务时，则规定：“地方公共团体根据基本理念，对于食品、农业和农村，与国家共同承担相应的义务和责任。根据地方公共团体所在地区的自然、经济和社会等不同条件，具有制定和实施相关政策的责任和义务。”但值得注意的是，日本的这种框架式和原则性职权立法有着其特殊的可操作化方式，即将职权所可能涉及的内容全部细化为各个领域中的基础措施类型，框架式职权性因此成为农业和农村基本政策理念与其具体实现措施之间的联结点。例如，上述两条规范列在农业基本法的总则中，此后的章节中再不见职权设定的相关表述，而全部设置为相关政策实现的基础措施类规范，这从各章节的名称上就可窥见一斑，其第二章名为“基本政策”，第一节名为“食品、农业、农村基本计划”，第二节名为“确保食品稳定供给的相关措施”，第三节名为“实现农业可持续发展的相关措施”，第四节名为“振兴农村的相关措施”，这些规范总共22条，占据全部法条（共43条）的一半还多。

（5）赋权性规范，即为农业生产经营者设定具体权利的条款。这类规范在现行《农业法》中比较少，主要体现在第9章“农民权益保护”的相关规定中。仔细分析相关规范的内容，我们可以将其中所蕴含的权利类型抽离为以下八种：一是违法收费、摊派及处罚的拒绝权（第67条），二是集体筹资筹劳的决策权（第73条第1款），三是集体重要事项的监督权（第73条第2款），四是农产品质量检验权（第75条第2款），五是农业生产资料致损求偿权（第76条），六是向有关机关反映情况和提出合法要求的权利（第77条），七是救济权和法律援助请求权（第78条），八是征地补偿权（第71条）。

这八种权利若以其权源为依据又可概分为两大类：一是多权源类权利，即权利源于包括《农业法》在内的多部法律。比如，集体筹资筹劳的决策权与集体重要事项的监督权除在《农业法》中有体现外，《村民委员会组织法》[①]（1987年通过，1998年、2010年修订）中有更为具体的

① 该法于2018年修正，但关于此部分内容未作改动。

规定（第24条第1款第3项，第五章“民主管理与民主监督”）；农业生产资料的求偿权可以看作《产品质量法》①（1993年通过，2000年、2009年修正）第40条所规定的销售者赔偿权在农业生产资料这一产品类型上的具体化；征地补偿权在《土地管理法》②（1986年通过，1988年第一次修正，1998年修订，2004年第二次修正）第47条和《物权法》③（2007年通过）第42条中都有规定；向有关机关反映情况和提出合法要求的权利以及救济权和法律援助请求权则在宪法和相关行政救济法上均有体现。二是唯一权源类权利，即仅为《农业法》所赋予的权利，典型的是违法收费、摊派及处罚的拒绝权与农产品质量检验权。

多权源类权利在实现上存在一个重大的法理难题，即该如何协调各种权源之间的关系？这取决于多权源权利的具体内容。因重述而产生的多权源权利在实现上存在法理上的不明之处，比如，征地补偿权在主张时，权利人究竟应该以《农业法》、《土地管理法》和《物权法》中的哪一部作为权源依据方为合适？不但权利人不清楚，就是司法机关在适用法律时也很难准确，我们在检视近几年来土地征收补偿的生效判决时就发现，无论最高人民法院还是基层法院，在述及下判依据时，都保持着一种“保险心态”，即将承载着涵摄事项的所有法条都尽量列全，唯恐遗漏。其实，一种权利以重述的方式在多种权源中出现并非决不允许，在立法技术实在难以处理相关问题，或者有特定的立法目的等情形下这种情况也是允许出现的，但是大量的、不必要的权利重述不但易生前述法理上的问题，而且也凸显立法技术的不成熟性。对于这个问题的处理，笔者的观点是：因具体化而产生的多权源权利在实现上一般应遵循“最

① 该法于2018年修正，但关于此部分内容未作实质改动。
② 该法于2019年修正，关于征地补偿权仍规定在第47条。
③ 《物权法》于2021年1月1日失效，具体规定见《民法典》“物权编”部分第243条。

近关联原则”，即要优先实现已经具体化的权利，只有当这种实现在特定情形下明显不妥当时，被具体化的权利才可考虑实现。所谓的具体化并不仅是指利益涵摄范围或标的的具体化，即原先涵摄着某类利益的权利在其中某种具体利益类型上的直接转化，还应包含某些权利内容的扩缩，而这往往随着特定的立法价值判断。农业生产资料求偿权是这种权利的典型，笔者从其两个权源规范分析，不难发现，其权利内容在《农业法》上明显扩张，“可得利益的损失”被明确纳入求偿范围。

唯一权源类权利本质上是《农业法》对其规制范围内独有利益类型进行确认的法律后果，因此比较鲜明地体现了其特质。这类权利在实现上与其他权利并无二致。但容易引发争议的是《农业法》基本法的定位与具体权利的认定二者之间是否具有张力，质言之，作为基本法的《农业法》如果设置具体的权利是否有损于其立法定位。笔者对此的回答是否定的，因为在法理上根本不存在基本法律与具体权利之间应当完全“绝缘”的依据。作为市民社会基本法的民法典就是以私权认定和保护为圭臬的。但这也不意味着基本法的定位对具体权利的设置无任何影响，《农业法》应该借鉴民法典的立法技术，将其规制领域内最基础性的利益类型确认为权利，以保证相关权利在存续上的稳定性和实现机制中的基础性，次级农业立法所创设的权利一般都应找寻到农业基本法中的基础权利依据。另外，所反映基础性利益类型的全面性也是必不可少的，但在立法技术上，则可以根据对相关利益类型认识成熟度的不同，作出不同的权利内容表述，认识成熟的利益，立法上对其相应转化形式的基础性权利的内容就应表述全面，反之，则可仅做初级性表述，为后续不断因应认识的深化而做相应完善留下空间。

在比较法上，赋权性规范，尤其是唯一权源类权利的设置规范堪谓我国《农业法》的特色，在其他国家的农业法典中是很难找寻到这种权利表述规范的。日本《食品 农业 农村基本法》（1999 年通过，2006 年修改）中涉及私权主体的规范仅三条，但都是对倡导性义务的规定，并不见具体权利的表述。其第 9 条在述及“农业从业者的努力”时，规定“农业从业者及相关农业团体应当在农业及其相关活动中，为实现（本法的）基本理念而努力”，第 10 条在表述“食品产业者的努力”时，规定“食品产业者在其事业的相关范围内，基于（本法的）基本理念，应为实现食品的供给而努力”，第 12 条在描述“消费者的作用”时，规定“消费者应加深对食品、农业及农村相关政策的理解，为提高食品消费水平起到积极的作用”。美国农业法典——《2008 年食品、环境保护与能源法》（The Food，Conservation and Energy Act of 2008）作为具体项目汇集的综合性法典，照理而论应该不乏赋权规范，起码在直接支付、信贷扶持等授益性项目中应该有相关私权主体申领补贴的基础性权利表述，但笔者在其中并未发现这些内容，项目运作的细节性表述充斥其间。各类项目在开头的一般性表述中（In General），都以负责相关项目实施的公权主体（一般均为“The Secretary”，农业部长）为主语，紧随其后的往往是“shall + 动词”或“may + 动词”的表达方式，如 SEC 5005“起业与弱势农牧场主通过售地合同获得土地项目”（Beginning Farmer or Rancher and Socially Disadvantaged Farmer or Rancher Contract Land Sales Program）（a）“In General”，即以“The Secretary shall”开头表述，SEC. 1101“基础面积”Base Acres（a）“基础面积的调整”（Adjustment of Base Acres）之（1）“In General”也以“The Secretary shall ”开头。在英语词汇里，“shall”与“may”若出现在法律规范或者政府正式文件中，则都有“应该、必须”等义务性含义。基于此可知，美国农业法典基本上是以为各项目具体实施主体设定具体的公法职权为主要内容的。

日本农业基本法上虽无赋权性表述，但其倡导性义务规范中，将参与基本政策理念实现的所有私权主体依据他们的功能和作用领域的不同进行基础性归类的立法技术是值得称道的，基本法的规范因此变得更加体系化和逻辑化。美国综合性项目立法以相关项目实施主体的公法职权设定为特色的立法技术也为我们在农业基本法上型塑具有实效的基础性权利的实现条款启发了思路。赋权条款，尤其是确认唯一权源权利的规范，如果仅仅原则性的表明其所涵摄的利益内容而不辅之以实现条款是不完全的，因为这些权利大多不如民法上的基础性权利那样仅需排除公私主体的不当干预就可实现，而是需要国家积极回应，甚至于许多权利本身就是需要向国家主张才能实现的。

（二）现行《农业法》中的缺漏概览

1. 思路和方法

所谓“概览”是指本部分对《农业法》相关缺陷和遗漏的揭示都是从宏观层面上以总括的方式进行的，某些具体问题的阐释仅作例证之用。之所以这样安排，源于本书的体例编排。本书在内容的安排上基本遵循“总论指导分论”的路径，即先从理论角度阐明《农业法》的本质定位、规范内容、修改与完善之必要性以及修改与完善的具体法学方法，以此为分论之法理工具。分论则重点阐述我们所认为的在当下亟须完善的具体制度性内容。在展开阐述前，对相应制度规范进行法理和实证层面上的缺漏揭示将是必需的。本部分内容在体例安排上主要概括论证现行《农业法》存在修改与完善的必要性，并以此初步揭示出相关问题，如果对每个问题都进行深入阐述，则与分论中具体缺漏的分析产生重复，而且也有悖于总论的总体写作风格。

概览将主要从体例编排、制度内容以及规范表述等三个方面展开。体例编排的审视将以《农业法》规范群的逻辑美感以及比较法上可资借鉴的立法例为基准进行，制度内容的审视将以《农业法》既有的规制内容对于现存生活利益状态的因应程度为基准进行，规范表述则将以上述与《农业法》基本法定位相呼应的规范应有的表述方式为基准进行。

2. 体例编排上的不周

综观现行《农业法》，笔者认为立法者在编排其内容时基本上遵循了一种“四大块”的设计思路：第一块是对农业和农村基本政策理念的列明，主要体现在第一章“总则”当中；第二块是针对农业产业本身，依据其产前、产中和产后这一运行过程进行的制度设计，规范内容实质上是对国家在这三个环节中意欲规制的利益领域的确认，主要体现在第二、三、四章中；第三块是对国家基于特定的国情考虑所重点关注领域的规范设置，主要体现在第五、六、七、八、九、十章中；第四块则是相关制度实现的保障机制设置，主要体现在第十一章和第十二章中，前者目的在于保障上述部分授权性规范（针对农业主管部门的授权性规范）的实现，后者则是为一部分可操作性制度专门设置的法律责任。

在国外的农业法典立法体例中，日本《食品 农业 农村基本法》（1999 年通过，2006 年修改）全篇基本上是以“基本政策理念 + 具体实现方式”这一思路编排内容的。其第一章“总则”列明了立法目的和确保食品安全供应、发挥农业的多功能性、农业的可持续发展、农村的振兴等基本政策理念，第二章“基本政策”则相应的设置了“食品、农业、农村基本计划”（第一节）、确保食品稳定供应的相关措施（第二节）、实现农业可持续发展的相关措施（第三节）、振兴农村的相关措施（第四节）等理念实现性内容（共 22 条），第三章“行政机关及团体”与第四章“食品、农业和农村政策审议会”则是针对其特殊国情设置的制度实现保障性机制（共 7 条）。美国农业法典——《2008 年食品、环境保护与能源法》（The Food, Conservation and Energy Act of 2008）在内容上体现出应对现实的项目罗列式编排特色。其第一部分为“农产品项目”（Title Ⅰ—Commodity Programs），具体包含了直接支付、反周期支付等补贴。第二部分为“环境保护”（Title Ⅱ—Conservation），其中包含了水土流失地区保护计划、湿地保护计划等具体项目。第三部分为“农产品贸易”（Title Ⅲ—Trade），包含食品援助等具体项目类型。第四部分为“营养项目”（Title Ⅳ—Nutrition），内含食品券计划、食品分配计划、儿童营养计划等内容。第五部分为“信贷项目”（Title Ⅴ—Credit），包含农场所有权贷款、农场经营贷款、危机应对贷款等项目类型。第六部分为“农村发展”（Title Ⅵ—Rural Development），内含农村电气化等援助项目。第七部分为“研究及其相关事项”（Title Ⅶ—Research and Related Matters），包含农业科技研究与教育的具体援助性项目。第八部分为“林业”（Title Ⅷ—Forestry）。第九部分为“能源”（Title Ⅸ—Energy），内含生物燃料设备的研究、可再生肥料的研究等项目。第十部分为“园艺与有机农业”（Title Ⅹ—Horticulture and Organic Agriculture），包含园艺业的市场化和信息化、有机农业的发展等促进性项目。第十一部分为“畜牧业”（Title Ⅺ—Livestock），内含生产合同、动物保护、产品安全的提升等内容。第十二部分为“作物保险与灾害援助项目”（Crop Insurance and Disaster Assistance Programs），具体包含农作物保险、小产业灾害贷款、灾害援助等具体项目。第十三部分为“农产品期货”（Title ⅩⅢ—Commodity Futures）。第十四部分为“杂项”（Title ⅩⅣ—Miscellaneous）。

与美日农业法典相比较，我国《农业法》的编排体系堪称独特，但这并不意味着就没有进行比较法研究的必要，相反，经过比较，可以发现，我国《农业法》在体例编排上值得进一步研究。笔者认为，我国《农业法》在总则与分则各章结合的紧密程度上有不周之处。主要表现在以下三个方面：

其一，总则既然将“国家把农业放在发展国民经济的首位”列为基本政策理念的首要，在分则中就应当首先体现这种理念的实现机制与体制，但第二章规定的却是“农业生产经营体制”，直到第六章才规定了最能体现这种理念的农业支持保护的相关内容。日本农业基本法总则将确保食品安全供应作为第一理念，在第二章的措施性内容中就相应的将确保食品稳定供应的相关措施设置在除综合性规划之外的首位。美国农业法典也将最能体现其扶助农业理念的补贴类“产品项目”设置为第一部分。我国《农业法》在立法与完善过程中，经历了不同阶段、不同理念和不同的立法思路。如前所述，《农业法》最初立法时，立法者就将依据农业产业运行过程设置规制内容作为基本的立法思路。而到 2002 年，依据新的“国家保护和扶持农业发展”的理念设置相关规范内容时，在体例编排上就面临如何协调其与既存的产业性规范之间关系的难题，为了不致大改，编成现在的四块体例。

其二，在分则中被列为首位的“农业生产经营体制”，其所要实现的基础性政策理念却被排在了《农业法》既有理念体系的第三位。

其三，分则中的“粮食安全”一章在《农业法》总则的基本政策理念体系中并无体现，如果硬要将总则中关于“农业与农村经济发展目标”所含的“确保农产品供应和质量”当作理念基础的话，有一个问题就需要解答，即“农产品”与“粮食”是否有同样的外延涵摄，而这在《农业法》上又是不明确的。

在这里探究上述各种对应关系绝不是吹毛求疵，因为笔者认为，《农业法》作为农业与农村基本法，在规范设置的逻辑性上应该具有美感，而总则与分则的呼应就是这种法典美感的应有之义。更为重要的是，这种看似琐碎的质疑，其实有助于《农业法》新理念的彻底贯彻，如果某种新理念仅仅被装饰在法典总则中，而在分则中根本没有实现性的内容或者内容设置不当，都将会严重影响新理念的贯彻。

另外，我国《农业法》所设置的第一类制度实现保障机制——执法监督在涵摄范围上可以借鉴美日农业法典，制定的再周延一些。日本农业基本法第三章“行政机关及团体”与第四章“食品、农业和农村政策审议会”中所设置的制度实现性机制是以前述第一、二章所有的基本政策理念及其实现性措施的推行为保障对象的。具体而言，“行政机关及团体”仅二条，首先对“国家”和“地方公共团体”在执行基本法所列相关政策时所应负担的、以提高行政效率和透明度为目的的行政组织的建设义务进行了原则性规定（第37条），其次对“国家”为了有效实现基本法所列各项基本政策理念，可对与食品、农业和农村相关的“公共团体”进行必要机构调整的指导权进行原则性规定。“食品、农业、农村政策审议会”共四条，对“食品、农业和农村政策审议会”的设置、基本权限、组织结构、要求提供资料以及其他杂项的委任立法等都进行了基础性的规制，其中的权限主要有三：一是接受内阁总理大臣、农林水产大臣或其他相关大臣关于基本法的咨询，二是调查审议基本法实施过程中的重要事项，并据以向内阁总理大臣、农林水产省大臣或其他相关大臣阐述意见，三是《土地改良法》等其他16部专项农业立法中的职权设定。美国农业法典——《2008年食品、环境保护与能源法》（The Food, Conservation and Energy Act of 2008）虽无如我国及日本农业基本法那样的总括性的制度实施保障规范，但在第一部分“农产品项目”（Title Ⅰ—Commodity Programs）中设置了“管理性条款”（Administration），综观制度内容可知其作用与保障性规范基本相同。具体而言，本部分在具体表述了“直接支付与反周期支付”（Subtitle A—Direct Payments and Counter－Cyclical Payments）、“营销援助贷款与贷款差价补贴”（Subtitle

B—Marketing Assistance Loans and Loan Deficiency Payments)、“对花生的扶助”（Subtitle C—Peanuts）、“对糖的扶助”（Subtitle D—Sugar）和“对乳制品的扶助”（Subtitle E—Dairy）等项目内容之后，专门设置“管理”一章（Subtitle F—Administration），其中包括：一般性规定，补贴的最高限额、补贴的分配，对所提供补贴的追踪监督，各州、县和地区委员会的设置，相关收费的禁止，长官签名的授权，农场服务局的现代化改革，相关信息的收集，办公场所的租赁等规范。它们在法律效果上是对其所属具体项目的运作在整体上都有约束力的。可见，美国农业法典在制度内容实现的保障性机制设置上，是以专门服务于特定项目为思路的，这与我国及日本农业基本法存在差异。另需说明的是，“管理性条款”（Administration）在美国农业法典诸项目中并非都有设置，据我们检索，仅第一部分“农产品项目”（Title Ⅰ—Commodity Programs）中有体现，这可能与此部分所含项目的重要性及实现上的复杂性有关。

我国《农业法》中的“执法监督”，如前所述仅仅以农业主管部门为保障对象，其他相关公法主体的职权实现没有明确规定，前述设权性规范与此之间因此呈现不周延性。这种不周延虽比美国农业法典的设计要周全一些，但在制度设计思路上欠缺一定的同一性。更为重要的是，此种规定可能会引起人们的疑问，即是否为特定公权主体争夺部门利益。

“法律责任”作为我国《农业法》上相关制度实现的另一类保障机制在比较法领域中也是独有的，美日农业法典中均不见此类规范。从“法律责任”一章的八条规范内容来看，设权类与赋权类规范中载明的相关公私主体的法律义务是相应责任设置的唯一基础，立法者在这里践行了“法律责任是法律义务不履行的否定性结果”这一教义。具体而言，第91条所列行政处罚的责任形式是基于相关公私主体对第19、25、62、71条所载“禁止非法占有和毁损农田水利设施”“农业生产资料的生产经营须经登记或许可”“禁止毁林开荒、围湖造田”“不得截留挪用征地土地补偿费用”等义务的违反而产生的；第92条所列行政与刑事责任是以违反第33、39、86条等中所列明的“禁止截留、挪用粮食收购资金”、“禁止截留、挪用农业财政和信贷资金”以及“禁止截留、挪用扶贫资金”等义务为前提的；第93、94、95、96条各所设置的各类法律责任也均是以违反第67、68、69、70、73、74条等所明确规定的相关公法义务为基础的。可见，具体义务在相关法条中的设置是催生出“法律责任”的立法推动力，而“法律责任”则是相关具体义务在成熟的法理教义导引下的必然结果，因此要理性检视法律责任条款存续的合理性，就必须深入作为其产生基础的具体义务性规范的审视中去。

前已述及，日本农业基本法上虽也有义务性条款，但都是倡导性的，这与其纲领性立法的定位相符。倡导性的义务在法理上不可能产生行为上的约束力，因为其具体的判定基准不明确，因此也就无所谓相应法律责任的产生。我国立法者在设置设权和赋权规范时，虽然注意到了《农业法》基本法的定位，却采取了不同于日本的立法思路，即力求这些规范的实效性。这种立法思路本身并无可非议，但其在具体应用时却产生了如下问题：在具体义务的设置时并未遵循“为所有的设权性和赋权性规范都设定”这样的思路，而是仅针对部分条款进行了义务设置，其中的法理正当性我们无法探知，但从相关义务的表述来看，立法时亟须防范的违法行为往往成为这些义务产生的利益基础，相应规范对社会现实的因应性特色较为明显。基于此，“法律责任”的相关规范也就相应的呈现与“执法监督”相类似的涵摄不周延的缺陷，源于因应性义务设置的相关规范的稳定性也值得怀疑。另外，相关责任形式基本上都是对已有法源基础的公私法律责任的重述或具体化，其存在的必要性并不扎实。如同对赋权性规范的分析，笔者并不认为《农业法》基本法的定位一定与具体的义务表述及相应法律责任“绝缘”，关键在于后者的设置对于《农业法》相关规范的实施是否成效较优。若换一种思路，跳出以设置具体义务及相应法律责任为方式保障《农业法》的实效性这一传统思维，设置一种能够容纳所有条款类型的新型实现机制，不但可能，而且优势明显，最起码比具体义务的设置要节约立法成本，因为对相关义务的型塑必然绕不过相应法律责任的设置，不然规范的完整性就无法保证。而新机制创设的关键则在于要更新衡量《农业法》实效性的基准。《农业法》作为农业与农村基本法，所含基本政策理念的制度化和项目化程度及其效果，应当是衡量其实效性最重要的基准，而不是在数量和重要性上都居于次要地位的设权性和赋权性规范的实现程度，这些规范留由相应的次级专门性立法予以实现的效果，要优于其经由《农业法》的实现。于此，日本农业基本法上政策审议会的设置可供借鉴，笔者认为，我国立法机关对《农业法》的定期执法检查在本质上与日本立法例有相同之处，可以将其法制化。

3. 制度内容上的缺漏

现行《农业法》自修订至今，国家在农业和农村发展的基本理念、措施类型及所预期的法制图景等方面都有了创新和发展，许多既存规范经过实践检验的缺陷也多有暴露，《农业法》理应对这些有所反映，才能保证其制度内容的实效性和科学性。笔者经过研究发现，以下几个方面的缺漏在现行《农业法》的规制内容中是较为明显的：

首先，所设置的基本政策理念体系在排序上有进一步商榷的余地，一些最能反映现实生活利益需求的基本理念被不适当的排后，如粮食安全利益。在涵摄范围上，一些为我国当下所急需的利益诉求并未有相应基本政策理念的反映，如补贴获取利益。

其次，“农业生产经营体制”由于学界对其法学本质揭示不清导致在立法上无法掌握其应有的制度涵摄边界。一些在性质上本不应当被纳入的规范被不当设置在了《农业法》第二章中，相反，一些在实践中已实行有年，并业经国家农业综合性政策上升为指导方针的体制模式却告阙如。

再次，“粮食安全”的制度内容基本上是对现有粮食类法规和规章的概述，对新型利益诉求的回应性不足。通过比较法上的研究，一些内容设计较为科学并能有效因应当下特定生活利益需求的规制方法亟须借鉴。

最后，国家对农业的支持性制度被与“农业投入”不当搅缠在一起，其独立成章这一符合当下农业基本政策的理念被忽视。在具体的内容设置上，一些具体制度未及时规定，典型的是在实践中已经推行多年并亟须法律保障的主要补贴类型未被纳入其中，既有的涉及农业金融和农业政策性保险的基础性规范与相应的试验性或已成形制度之间存在较大差距，前者本应具有的对下位制度的型塑指导功能因此难以发挥。

上面几点仅分析了相关缺漏的存在领域，具体的阐释和分析将在下述各章当中具体制度的完善部分中展开。这几点也是本书制度完善和修改施力的重点。

4. 规范表述上的问题

根据我们的研究，现行《农业法》在规范表述上存在如下需要正视的问题：

首先，一些规范本身就是我国相关农业政策文件中相应表述的重述，典型的如《农业法》第 3 条第 1 款和第 6 条基本政策理念的表述就直接源于中国共产党第十五届中央委员会第三次全体会议通过的《中共中央关于农业和农村工作若干重大问题的决定》（1998 年 10 月 14 日）第二部分“农业和农村跨世纪发展的方针”之（一）、（四）、（五）。这类规范的出现其实在一定程度上反映了立法者的“立法惰性”，直接援引相关政策表述而不做任何法律上的改造。如果将这种“立法惰性”也看作“政策法律化”的情形之一的话，那将是对后者的重大误解。其实所谓“政策法律化”依据所要转化的政策内容一般分为两个层面：一是立法者对相关政策目标所涵理念的理解和抽离，因此而形成的法律上的“基本政策理念”或者“基本原则”势必将与政策中的原始表述有所不同，无论是内容上的扩或缩，只要在政策原始表述的应有文义之内，都应当认定为是立法者基于其成熟理性所做的价值判断；二是立法者对相关政策中所涵措施的法律化，因此形成的法律上的基础性的措施类型有可能与政策上的原始表述一致也有可能不一致。一致一般发生在立法者与政策制定者对共同关注的生活利益具有较为相似的认识程度这一情形中，不一致则一般发生在立法者对相关生活利益的认识程度或者关注重点不同于政策制定者的情形中，但无论何种情形，只要法律化的措施类型与特定的政策目标之间具有匹配或对应关系，都属妥当，无置疑之处。法律及其学科独立性的保障在很大程度上就依赖于这两种“政策法律化”的路径，因此，在对同一问题作出反应时，法律与相应的政策作出不同的表述其实并非坏事，因为立法者独立的价值判断在其中将会得以凸显。

从另外一个角度分析，法律并非相应政策的唯一实现方式，在法治领域之内，基于实际权力运作习惯所形成的行政科层结构，往往是相关政策实现的主要途径，这在农业和农村政策领域表现得尤为明显。因此，可以推知，政策制定者在形成政策内容时，一般并非以这些内容能被全部转化为法律为主要目的，相反，通过相关行政科层的实际权力运作顺利地贯彻实施常常是其主要目的。基于此，管理性或行政性的表述因其与这些目的实现上的工具关联性往往构成政策的主要内容，但这些内容与法学既有的教义体系之间却并不必然具备“亲缘关系”，政策性内容需要通过一定的立法技术转化为法律规范，法律规范不能照搬政策的表述。

其次，一些基础性范畴在表述上有不妥之处。主要表现在两个范畴的表述上：一是“农业生产经营体制”。“体制”是一个典型的管理学上的词汇，本意是指“国家机关、企事业单位的机构设置和管理权限划分及其相应关系的制度”，可以引申为“有关组织形式的制度”，但“限于上下之间有层级关系的国家机关、企业单位”。可见，存在上下级的管理或隶属关系是“体制”这一词汇的本质内涵，将其与“政治”“政府管理”“企事业单位内部管理”等词搭配尚可，但若将其与“农业生产经营”搭配，则给人“农业生产经营活动中存在上下级的管理关系”这样的印象，而这又明显的与现行农村土地承包经营制度及其核心——土地承包经营权的本质内涵相悖。即使有学者以集体经济组织在“统”的层面上仍旧有部分管理权为论据为这一词汇搭配辩解，也是毫无道理的。尚不论这种管理权在现行法制上早已被立法者转化成为面向成员的“服务权”，就是认可其存在，其成员权的本质也不同于“体制”所内涵的支配性“管理权”。在我国农业基本法的嬗变过程中，通过分析相关立法资料笔者认为：“农业生产经营体制”这一词汇是20世纪70年代末80年代初相关农业政策中“联产承包责任制”这一词汇的变形，而所谓“责任制”恰恰就是以农民集体经济组织与其成员之间基于特定公法义务（如粮食交售义务、农业税等）形成上下级管理关系为制度前提的，在《农业法》制定时（20世纪90年代初），基于旧制度的惯性保留这样的称谓尚可理解，但在国家农业与农村发展理念以及相应的法制体系早已发生重大转型的时下，仍旧称为“农业生产经营体制”就有些不妥。

二是“粮食安全”。粮食安全这一概念最先出现在1974年。这一年，为了应对世界粮食危机，联合国粮农组织（Food and Agriculture Organization of the United Nations，FAO）在罗马组织召开了第一次世界粮食峰会，并通过了《世界粮食安全国际协定》，首次提出了“Food Security”

这一概念，后被官方及国内学界习惯性地译为“粮食安全”。当时对其的定义是“保证任何人在任何时候都能够得到为了生存和健康所需要的足够粮食”，并提出了衡量一国粮食安全程度的标准，即当其谷物库存[①]的安全系数低于17%时，为粮食不安全状态，低于14%时，则为粮食紧急状态。1996年，联合国粮农组织又在罗马组织召开了第二次世界粮食峰会，并通过了《世界粮食安全罗马宣言》和《世界粮食首脑会议行动计划》，对粮食安全作出了新的界定，即“只有当所有人在任何时候都能够在物质上和经济上获得足够、安全和富有营养的粮食来满足其积极和健康生活的膳食需要及食物喜好时，才实现了粮食安全”。并且还“确定了国家一级粮食可供量充足程度的直觉上更加吸引人的指标：人均粮食供应量（平均膳食能量供应量）、粮食短缺率（长期营养不良发生率）及家庭粮食安全综合指数，作为衡量粮食（不）安全的主要指标”。[②] 2001年，世界粮食安全委员会又提出了包括营养与健康、可利用性和经济获得性等7项衡量世界粮食安全的具体检测指标。[③] 可见，“粮食安全”这一词汇本身是一种模糊式的和内涵不断丰富的目标描述，如果脱离相关具体的指标、指数和系数，将很难判定安全与否。另外，公权介入及私权着力的具体领域在这一词汇中也难以体现，这也可以看作其“模糊性”的另一种表现。如果我们以比较法的方法再进行深入的分析，就会让此一模糊性范畴的缺陷更为明显。在日本农业基本法上，与我们“粮食安全”这一词汇相对应的是“确保食品安全（稳定）供给”这一表述，

---

① 谷物库存具体又包括两部分：缓冲库存（后备库存）和周转库存（供应库存），谷物库存的17%因此也被分配于这两个库存之上，缓冲库存为6%，周转库存为11%，周转库存要相当于两个月的口粮消费。

② 参见国家粮食局课题组：《粮食支持政策与促进国家粮食安全研究》，经济管理出版社2009年版，第2~3页。

③ 卢良恕、王健：《粮食安全》，浙江大学出版社2007年版，第4页。

"确保食品安全供给"被列为首要的基本政策理念（第2条），"确保食品稳定供给"则被列为"基本政策"中位居第二的措施总称。与"粮食安全"相比，"确保食品稳定供给"这一概念无论在目标的明确性上，还是在规制领域的集中性上都要清楚一些，因为"稳定"根据之前的市场状况可轻易确定，而"确保供给"为国家设置并推行相关措施确定了具体的施力领域和奋斗方向。

最后，某些制度性条款在表述上存在滞后性，需要作出与已成型制度的衔接性安排。典型表现有二：其一，《农业法》第11条第1款首先表明了国家鼓励农民在家庭承包经营的基础上成立专业经济合作组织的规制态度，第2、3款则较为详细地对农民专业合作经济组织的基础性运行规则、成立与登记以及基础权利类型等做了规定。2006年，立法机关通过了《农民专业合作社法》[①]（2006年10月31日第十届全国人民代表大会常务委员会第二十四次会议通过），其中对合作社的成立与登记、成员、组织机构、财务管理、分立、合并与清算、扶持政策等内容做了详细规定，农业基本法上的制度性条款得以彻底实现。但存留的问题是：《农民专业合作社法》的具体规范体系与《农业法》第11条这一基础性条款并立，而前者在对后者进行具体化时，根据实际情况做了许多变通性规定，如允许农民之外的人入社、在一人一票的民主管理机制之外还创设了附加表决权制度等，与这些规定相比，《农业法》第11条明显滞后，这就存在协调或衔接的必要，是根据合作社法继续完善农业基本法，还是索性将农业基本法上与合作社法不协调之处尽皆删去只留规制态度性规范，抑或采取其他衔接方式，需要结合《农业法》的定位及可能用到的立法技术进行深入研究。其二，《农业法》第46条中的规范内容与《农业

① 该法于2017年修订。

保险条例》[①]（2012 年 10 月 24 日国务院第 222 次常务会议通过）之间也存在与上述相类似的协调或衔接问题，此处不再赘述。

三、《农业法》修改与完善的方法论

如果将《农业法》制定的本质解读为立法者对农业和农村领域亟须保护的生活利益状态进行的初次法律确认的话，《农业法》的修改与完善则在本质上就是立法者基于实际情形的变迁以及特定的价值判断对原已为法所确认的生活利益状态的扩、缩、扬弃，或对新型生活利益状态的纳入和确认。因此，对需要在立法上作出安排的生活利益状态的准确把握，以及进行相应安排所必需的法律技术是研究《农业法》的修改与完善所需的基础性方法论。由于观察社会生活及分析相关问题的进路不同，尤其是所秉持的价值判断基准不完全一致，立法者与学者运用这两种基础性方法论所得出的结论往往差异甚大，这从 2002 年前后，学者在相当程度上曾达成一致的诸多研究成果，最后却未在《农业法》第一次修订草案上体现多少这一点上就可窥知，因此，使学界与立法实务界在方法论上达成基本一致在当下的农业立法领域还很难实现，但并非不能实现。学界通过探究立法修改的原始资料，尽量抽离立法者在运用两大基础性方法论时所惯常遵循的思维方式，并有意识地将其纳入学理研究体系，就是拉近二者思维距离的可行方法，这也是本书尝试使用的方法。从实效性上讲，运用这种方法所得出的立法建议因与立法实务界的亲近性而更加容易被接受；从理论性上讲，将研究视角转向立法实务也对既有农业法理论的完善有所裨益。

---

① 该条例于 2016 年修订。

（一）2002 年《农业法》的修订给我们的启示

1. 对原已为法所确认的生活利益状态的审视，及对新型生活利益状态的发现所依据的权威性基准有二：一是立法者所形成的《农业法》执法检查报告，二是相当时期内农村与农业发展的综合性政策。《农业法》修订草案的说明在其指导原则中对此的描述是这样的："根据上述指导思想，在修改工作中还应注意遵循以下原则。一是为适应形势发展的需要，结合全国人民代表大会常务委员会历次《农业法》执法检查时各方面提出的意见和建议，对现行《农业法》进行较大修改……二是按照党的十五大和十五届三中、五中全会精神，把近年来中央提出的农业和农村工作方面的方针政策和重要措施，以及实践中的成功经验和做法，上升为法律规范……"① 立法者基于前者所进行的相关规范修改，我们可以称为"内源式的利益审视和利益发现"；立法者基于后者所进行的相应规范修改，我们则可称为"外源式的利益审视和利益发现"。"内源式的利益审视和利益发现"是立法者基于自己的价值判断所进行的，因此在理论上，相应的审视与发现成果较容易反映在法律的修改上，但从下述的实证研究来看，其对法律规范型塑的影响力远不如"外源式的利益审视和利益发现"。"外源式的利益审视和利益发现"是立法者在遵循党中央对涉及农业和农村发展的特定价值观或者基本理念的基础上所进行的，但这不意味着立法者对这些价值观或理念的完全照搬，一定程度上的二次考量还是存在的，如法律规范上的严谨性和科学性等。这两种价值判断来源相异的利益审视和利益发现思路，最终都要落脚于对具体生活利益状态

① 参见 2002 年 6 月 24 日全国人大农业与农村委员会主任委员高德占在第九届全国人民代表大会常务委员会第二十八次会议上所做的《关于〈中华人民共和国农业法（修订草案）〉的说明》第一部分"农业法修改的必要性及指导思想"。

的认识上，“内源式的利益审视和利益发现”所关注和确定的生活利益类型及其存续领域多已为既存法律所定型，一般比较固定和具体，因此其结论中利益审视性内容较多；“外源式的利益审视和利益发现”由于其基准在政治上所固有的影响力及制度引导性目的，因此多关注新型的生活利益状态，但此种状态所涵摄的利益类型及其存续领域一般都是方向性的或框架式的，进一步明确化则尚需立法者更进一步地细化处理。两种利益审视和利益发现的思路相互配合、互补有无后所形成的合力，正是推动现行《农业法》修改的重要动力，也是型塑相关新规范内容的源泉。在法理上，这种合力式机制的妥当性是明显的，只是具体的社会关系实态究竟是依何种机制或原理为立法者所发现这样更为深层次的问题尚需继续研究。

为了证实上述方法论的相关结论，笔者下面通过列表的方式对2002年《农业法》与上述二基准的具体内容之间的对应关系进行列示，具体见表1.1、表1.2。

表1.1 “内源式利益审视和利益发现”思路的运用

2002年《农业法》中的修订规范	全国人民代表大会常务委员会《农业法》执法检查报告中的内容	对应程度	原有利益审视抑或新型利益发现
第11条第1款规定：“国家鼓励农民在家庭承包经营的基础上自愿组成各类专业合作经济组织。”	1997年3月10日第八届全国人民代表大会第五次会议上的报告在建议第四部分提出“要积极培育各种新型的农民合作经济组织”。	经过立法技术的转化，明确了国家的规制态度。	确认了新的合作社设立利益及获得国家扶助利益，1993年《农业法》中无相关内容。

续表

2002 年《农业法》中的修订规范	全国人民代表大会常务委员会《农业法》执法检查报告中的内容	对应程度	原有利益审视抑或新型利益发现
第 33 条第 1 款第一句规定："在粮食的市场价格过低时，国务院可以决定对部分粮食品种实行保护价制度。"	同上报告，相同部分提出"建立健全粮食保护价制度"。	经过立法技术的转化，明确了制度实施主体和标的范围。	原有的农业生产者的经营利益在经过审视后出现了内容限缩，因为 1993 年《农业法》第 36 条规定国家对包括粮食在内的重要农产品实施保护价收购。
第 38 条第 2 款规定："各级人民政府在财政预算内安排的各项用于农业的资金应当主要用于：加强农业基础设施建设……保护粮食综合生产能力……支持农业科研教育、农业技术推广和农民培训……扶持贫困地区发展……"	1995 年 12 月 26 日第八届全国人民代表大会常务委员会第十七次会议上的报告，在建议部分提出："……农业投入要有重点，当前应主要向粮棉生产，农业科研和技术推广等方面倾斜。对以农田水利为重点的农业基础设施建设，农业综合开发……国家要制订扶持政策……对贫困地区要加大投入……"	经过立法技术的部分转化，明确了投入的财政层次和其职责性质。	原有系列利益的存续领域经过审视之后进行了扩充及扬弃（替换），因为 1993 年《农业法》第 45 条第 1 款规定国家投资应当用于防洪水利等大型工程、粮棉基地、农业教育科研及推广等基础设施的建设。
第 39 条第 1 款规定："县级以上人民政府每年财政预算内安排的各项用于农业的资金应当及时足额拨付。各级人民政府应当加强对国家各项农业资金分配、使用过程的监督管理……"第 39 条第 2 款规定"……审计机关应当依法加强对用于农业的财政和信贷等资金的审计监督。"	1994 年 12 月 23 日第八届全国人民代表大会常务委员会第十一次会议上的报告在建议部分提出，"中央和地方各级政府都要增加农业投入。增加投入，关键是措施到位、资金到位。人大要加强这方面的监督"。	经过立法技术的转化，财政资金保障的具体主体明确，监督措施也已经具体化。	原有的国家财政利益经过审视之后内容有所扩充，因为 1993 年《农业法》第 47 条第 1 款仅原则性地规定"各级人民政府应当加强对国家农业资金使用的管理"，并未提及足额拨付与监督。

续表

2002年《农业法》中的修订规范	全国人民代表大会常务委员会《农业法》执法检查报告中的内容	对应程度	原有利益审视抑或新型利益发现
第51条第2款规定："县级以上人民政府应当根据农业生产发展需要，稳定和加强农业技术推广队伍，保障农业技术推广机构的工作经费。"	同上报告，在存在的问题部分明确指出，"由于农业投入不足，农业科研和科技推广工作步履维艰……许多农技推广单位反映，现有经费只能'养兵'，不能'打仗'，有的甚至连'兵'都养不起，造成队伍不稳，人才流失"。	针对问题的制度设计。	原有的利益存续领域经过审视之后有所细化，因为1993年《农业法》第52条仅原则性的规定"各级人民政府应当采取措施，充实加强农业科技、教育和农业技术推广队伍"。
第68条第2款规定："没有法律、法规依据或者未经国务院批准，任何机关或者单位不得在农村进行任何形式的达标、升级、验收活动。"	1997年3月10日第八届全国人民代表大会第五次会议上的报告在建议第二部分明确提出，"要采取切实措施，取消一切加重农民负担的评比、达标、升级活动"。	经过立法技术的初步转化，明确了达标、升级、验收活动合法与否的基准。	确认了新的拒绝摊派利益，1993年《农业法》上无此规定。
第十一章"执法监督"的设置。	1995年12月26日第八届全国人大民代表大会常务委员会第十七次会议上的报告将《农业法》部分规定比较原则，执法体系不完善列为存在的问题之一，并在建议部分明确提出要"建立和完善农业执法体系……各级政府是本行政区域内《农业法》的执法主体"。1998年11月3日第九届全国人民代表大会常务委员会第五次会议上的报告在建议部分又重申了这一点。	经过了立法技术的转化，不但明确了具体的执法主体，而且对其基本职权以及实现方式等都进行了规定。	确认了新的国家利益，1993年《农业法》上无此部分内容。

注："1997 年 3 月 10 日第八届全国人民代表大会第五次会议上的报告"系时任全国人民代表大会常务委员会副委员长的布赫于 1997 年 3 月 10 日在第八届全国人民代表大会第五次会议上所做，全名为《全国人民代表大会常务委员会关于检查〈中华人民共和国农业法〉实施情况的报告》；

"1995 年 12 月 26 日，第八届全国人民代表大会常务委员会第十七次会议上的报告"系时任全国人民代表大会常务委员会副委员长的布赫于 1995 年 12 月 26 日在第八届全国人民代表大会常务委员会第十七次会议上所做，全名为《全国人民代表大会常务委员会执法检查组关于检查〈中华人民共和国农业法〉执行情况的报告》；

"1994 年 12 月 23 日第八届全国人民代表大会常务委员会第十一次会议上的报告"系时任全国人民代表大会常务委员会副委员长的布赫于 1994 年 12 月 23 日在第八届全国人民代表大会常务委员会第十一次会议上所做，全名为《全国人民代表大会常务委员会执法检查组关于检查〈中华人民共和国农业法〉执行情况的报告》；

"1998 年 11 月 3 日第九届全国人民代表大会常务委员会第五次会议上的报告"系时任全国人民代表大会常务委员会副委员长的布赫于 1998 年 11 月 3 日在第九届全国人民代表大会常务委员会第五次会议上所做，全名为《全国人民代表大会常务委员会执法检查组关于检查〈中华人民共和国农业法〉实施情况的报告》。

表 1.2 "外源式利益审视和利益发现"思路的运用

2002 年《农业法》中的修订规范	国家农业综合性政策中的内容	对应程度	原有利益审视抑或新型利益发现
第 3 条第 1 款规定："国家把农业放在发展国民经济的首位。"	十五届三中全会决定[1]第二部分列明的十条方针之（一），"始终把农业放在国民经济发展的首位"。	一定程度上的重述。	凸显了原有产业利益的优先性，因为 1993 年《农业法》第 2 条第 1 款的表述是："国家坚持以农业为基础发展国民经济的方针。"
第 3 条第 2 款规定："农业和农村经济发展的基本目标是：建立适应发展社会主义市场经济要求的农村经济体制，不断解放和发展农村生产力……满足国民经济发展和人口增长、生活改善的需求……"	十五届三中全会决定第二部分在述及新农村建设的目标时提出，"不断解放和发展农村生产力……适应发展社会主义市场经济要求的农村经济体制……农产品更好地满足国民经济发展和人口增长、生活改善的需求"。	一定程度上进行了立法技术上的转化。	对新的综合性利益群进行了原则性地表述，因为 1993 年《农业法》第 2 条第 2 款的表述与新法有较大差异。

续表

2002年《农业法》中的修订规范	国家农业综合性政策中的内容	对应程度	原有利益审视抑或新型利益发现
第6条第1款规定："国家坚持科教兴农和农业可持续发展的方针。"	十五届三中全会决定第二部分列明的十条方针之（四）（五）分别为"实施科教兴农""实现农业可持续发展"。	一定程度上进行了立法技术上的转化。	是对原有农业振兴所涵诸利益集合的再抽象表述以及揭示了新的利益存续领域，因为1993年《农业法》第7条"国家依靠科学技术进步和发展教育振兴农业"，并无关于可持续发展的表述。
第27条规定："国家逐步建立统一、开放、竞争、有序的农产品市场体系，制定农产品批发市场发展规划。对农村集体经济组织和农民专业合作经济组织建立农产品批发市场和农产品集贸市场，国家给予扶持。县级以上人民政府工商行政管理部门和其他有关部门按照各自的职责，依法管理农产品批发市场，规范交易秩序，防止地方保护与不正当竞争。"	十五届三中全会决定第四部分指出，"尽快形成开放、统一、竞争、有序的农产品市场体系，为农民提供良好的市场环境"。	在目标性表述上几乎是对政策的重述，但在具体措施的设置上进行了立法技术的转化。	确认了新的市场可得性利益、市场形成的参与性利益以及市场秩序利益，1993年《农业法》第39条与新法在规范内容上差异巨大。
第35条规定："国家建立粮食风险基金，用于支持粮食储备、稳定粮食市场和保护农民利益。"	十五届三中全会决定第四部分明确提出，"国家建立粮食风险基金……保护农民和消费者的利益"。	在重述制度的基础上，进行了部分立法技术上的转化，明确了基金用途和目的。	新的消费者的生存利益与农业生产者的经营利益得到了确认，1993年《农业法》第36条并未明确这些利益。

续表

2002年《农业法》中的修订规范	国家农业综合性政策中的内容	对应程度	原有利益审视抑或新型利益发现
第41条第1款规定："国家鼓励社会资金投向农业，鼓励企业事业单位、社会团体和个人捐资设立各种农业建设和农业科技、教育基金。"	十五届三中全会决定第五部分提出，"引导信贷资金和社会资金更多地投向农业"。	基本上是重述，但在规制态度、具体实现方式等方面还做了些许立法技术上的转化。	新的资金获取利益得以确认，1993年《农业法》中无此类规定。
第60条第2款规定："国家在天然林保护区域实行禁伐或者限伐制度，加强造林护林。"	十五届三中全会决定第五部分明确提出，要"有计划地停止天然林的采伐"。	进行了立法技术上的转化，设置了具体的实现措施。	原有的采伐利益被否定。
第62条第1款规定："禁止毁林毁草开垦……"第62条第2款规定："禁止围湖造田……已经围垦的，应当逐步退耕还湖、还湿地。"	十五届三中全会决定第五部分明确提出，"禁止毁林毁草开荒和围湖造田。对过度开垦、围垦的土地，要有计划有步骤地还林、还草、还湖"。	一定程度上的重述。	原有的一系列利益被否定。
第81条第1款规定："……按照合理布局、科学规划、节约用地的原则，有重点地推进农村小城镇建设。"	十五届三中全会决定第六部分指出，"小城镇要合理布局，科学规划，重视基础设施建设，注意节约用地和保护环境。"	一定程度上进行了立法技术上的转化。	新的一系列利益存续领域被明确，1993年《农业法》中无相关规定。
第85条第2款规定："各级人民政府应当坚持开发式扶贫方针……"	十五届三中全会决定第七部分提出，"要坚持开发式扶贫的方针，坚持扶贫到户"。	一定程度上进行了立法技术上的转化。	新的相关利益存续领域被确定，1993年《农业法》上无与此相关的规范。

[1] 该决定是1998年10月14日在中国共产党第十五届中央委员会第三次全体会议上通过的，全名为《中共中央关于农业和农村工作若干重大问题的决定》。

2. 在规范设计上主要考量三大因素：一是利益涵摄上的弹性，即“有的规定体现了适当的前瞻性，并为今后的改革和发展留有空间”[①]；二是比较法上的经验，即“在修改中参照借鉴了一些国家农业基本法的立法经验”[②]；三是与世界贸易组织有关规则的衔接[③]。第一大因素考量的结果是现行《农业法》在大多数规范中对于其所应涵摄的利益采取了明晰程度不同的多样化确认方式，这在下面将有详述。第二大因素所考量的对象，立法者在修订说明中虽未明言，但从1993年立法说明的相关阐述[④]及其他国家的立法体系推测，笔者认为主要是日本和韩国的农业基本法，因为只有它们在定位和规范体例的安排上与我国《农业法》具有同质性和相似性。第三大因素在现有《农业法》的规范内容中并未有明显的体现，唯一一处影影绰绰的体现是在《农业法》第37条第2款上，该款规定：“在不与我国缔结或加入的有关国际条约相抵触的情况下，国家对农民实施收入支持政策，具体办法由国务院制定。”

3. 对生活利益的法律确认秉持一种保守性思路，即立法者对于在实际中已经存在并具备稳定性或普遍性的生活利益状态予以法律确认的热情要明显高于对以特定理念为基础的新型利益类型的创设。典型表现有

---

① 参见2002年6月24日全国人大农业与农村委员会主任委员高德占在第九届全国人民代表大会常务委员会第二十八次会议上所做的《关于〈中华人民共和国农业法（修订草案）〉的说明》第一部分“农业法修改的必要性及指导思想”。

② 参见2002年6月24日全国人大农业与农村委员会主任委员高德占在第九届全国人民代表大会常务委员会第二十八次会议上所做的《关于〈中华人民共和国农业法（修订草案）〉的说明》第一部分“农业法修改的必要性及指导思想”。

③ 参见2002年6月24日全国人大农业与农村委员会主任委员高德占在第九届全国人民代表大会常务委员会第二十八次会议上所做的《关于〈中华人民共和国农业法（修订草案）〉的说明》第一部分“农业法修改的必要性及指导思想”。

④ 1993年2月15日时任农业部部长的刘中一在第七届全国人民代表大会常务委员会第三十次会议上所做的《关于〈中华人民共和国农业基本法（草案）〉的说明》第六部分“需要说明的其它几个问题”之“（一）”表述道：“……将本法定名为《中华人民共和国农业基本法》是恰当的。国外这类法律的名称也是《农业基本法》（如日本、韩国）……”

三：其一，在修订草案第一次审议稿的第 30 条第 3 款，立法者设置了“关税”和“限制进口”等明确的国家产业利益维护措施，在其第 4 款，立法者创设了因农产品进口受损的农民或农业生产经营组织获取补助的新利益，但在审议时，由于“有的常委和部门提出，我国刚刚加入世贸组织，对如何运用进口预警制度和农业补贴措施的经验尚不具备，对采取调整关税和限制进口的具体控制进口措施以及有关国家对因农产品进口而受损的农民给予补助的问题，本法以暂不规定为宜”① 而被删去。其二，修订草案第一次审议稿第 45 条第 4 款原设置了“农业贷款担保基金”这一新型农业信贷利益促进措施，但在审议时，被以“目前国家并未建立农业信贷担保基金，国家对农业信贷的支持措施主要限于贴息”为由进行了删改。② 其三，修订草案第一次审议稿原在第 83 条创设了农村社会保障制度、养老保障制度与最低生活保障制度等新型利益的制度载体，但在审议时，被以“我国农村目前尚不具备普遍建立和实行养老保障、最低生活保障等社会保障的条件”为由进行了删改。③

其实，深入思考不难发现，这种保守性的生活利益确认思路虽有其因应社会现实的合理性，但却与前述立法者所表明的“前瞻性”修订原则之间存在或多或少的离心力。这也给我们另外一个启示，即《农业法》在发现和确认新的生活利益时，既可有既存生活利益状态这一现实来源，又可有基于特定价值判断而创设这一理论来源，但这两种来源一旦并呈于立法者面前时，在有限的立法资源的刚性约束之下，往往会产生张力，

① 参见 2002 年 10 月 25 日王茂林在第九届全国人民代表大会常务委员会第三十次会议上做的《全国人大法律委员会关于〈中华人民共和国农业法（修订草案）〉修改情况的汇报》。

② 参见 2002 年 10 月 25 日王茂林在第九届全国人民代表大会常务委员会第三十次会议上做的《全国人大法律委员会关于〈中华人民共和国农业法（修订草案）〉修改情况的汇报》。

③ 参见 2002 年 10 月 25 日王茂林在第九届全国人民代表大会常务委员会第三十次会议上做的《全国人大法律委员会关于〈中华人民共和国农业法（修订草案）〉修改情况的汇报》。

因此需要有所取舍。然而，对于理论研究者而言，这种张力一般却是不存在的，但若顾及相关研究成果对于立法实践的实效性，这种张力还是应当有所考虑的。

4. 某些直接因应点状社会现实的利益状态会经由个别立法者的建议而“突进”《农业法》。这些利益状态因均是个别立法者基于其自身的经历和价值观，针对某一社会现实问题所提出的，故而我们称为“直接因应点状社会现实的利益状态”。还因为它们一般均通过现行立法审议机制被提出，并不属于审议草案原初制定时所考虑之内容，故我们又称其为“突进”《农业法》中的利益状态。典型的表现如，修订草案二次审议时，“有的常委委员和地方提出，水利是农业的命脉，农田水利建设直接关系农业的发展，本法应对此做出相应规定”，[①] 现行《农业法》第19条第1款因此形成；“有的常委委员提出，农产品质量是事关人体健康卫生安全的大事，本法应对尽可能实行农业的标准化生产，按照有关技术规范、操作规程和质量卫生安全标准来组织生产，保障农产品质量安全作出规定”，[②] 现行《农业法》第22条因此形成；修订草案第三次审议时，“有的常务委员会组成人员提出，为了支持农业的发展，需要明确规定国家鼓励和扶持农用工业”，现行《农业法》第43条第1款因此被型塑；[③]“有的常委委员提出，需要增加利用水能和制定农业资源合理利用

① 参见2002年12月23日王茂林在第九届全国人民代表大会常务委员会第三十一次会议上做的《全国人大法律委员会关于〈中华人民共和国农业法（修订草案）〉审议结果的报告》。

② 参见2002年12月23日王茂林在第九届全国人民代表大会常务委员会第三十一次会议上做的《全国人大法律委员会关于〈中华人民共和国农业法（修订草案）〉审议结果的报告》。

③ 参见2002年12月27日第九届全国人民代表大会常务委员会第三十一次会议上做的《全国人大法律委员会关于民办教育促进法（草案）、农业法（修订草案）、草原法（修订草案）主要问题修改意见的书面报告》。

和保护的区划等内容”,[①] 现行《农业法》第57条因此被型塑。除这些条款之外,现行法律第23条第3款、第45条第1款、第58条第1款、第64条第1款、第84条等也都是这种“突进”式利益发现的规范内容,此处不再赘述。

这种“突进”式的利益发现方式具有如3所述的及时因应社会生活利益状态的优点,但不可忽视的是,其“突进”的本质天然的内涵着对原有立法修改草案体例设置和内容安排上的“裂解力”,因此,少部分的采纳尚可,但若大量采纳,原有立法修改的思路和一系列附随的概念体系与规范设置上的逻辑安排极有可能被裂解。

(二)《农业法》主要制度修改与完善的基本方法

以上述《农业法》修订实践中所反映出的立法者的相关价值判断、思路与方法为基础,再辅之以相关法理上的考量,笔者提出以下主要制度的修改与完善的基本方法,并尽量在下述的各具体制度修改部分予以运用:

1. 对需要修改的制度部分所涵摄生活利益的审视与创新,将以权威性的利益体现载体为主要基准,通过内源式审视与发现和外源式审视与发现两种方式进行。

利益体现载体依据审视与发现的方式不同主要表现为两类:一是与内源式审视和发现相对应的立法者对现行《农业法》实施情况的检查报告。笔者认为,全国人民代表大会常务委员会发布的有关《农业法》执行或实施检查报告中所明确的《农业法》的问题及其解决建议中的制度

① 参见2002年12月27日第九届全国人民代表大会常务委员会第三十一次会议上做的《全国人大法律委员会关于民办教育促进法(草案)、农业法(修订草案)、草原法(修订草案)主要问题修改意见的书面报告》。

完善性内容，是我们完善既存的为法所确认的生活利益状态，以及发掘新型利益类型的直接标准。二是与外源式审视和发现相对应的农业和农村发展政策的表述。中共中央、国务院自2004年以来连续发布的一系列"一号文件"① 是这些表述的主要载体，其中所蕴含的新型产业政策目标及其实现机制，将成为我们发掘新的利益类型的理念基础和着力范围。

除这两类基准外，我们基于自己的智识储备对相关问题所形成的观点或看法，以及限于自身能力所获得的并不全面的实证材料也将成为审视和发掘生活利益的相应基准，但相比于上述两类基准，这些基准并不居于主要地位。之所以作出如此方法上的设计，源于我们对生活利益确认规律的理性认识。由于人类需求随社会实际情况不断变迁的多变性和多样性，对相应生活利益状态的罗列几乎不可能具有终极性的结论，这也是古往今来的利益法学家们很少这样做的原因所在，即使少数法学家进行了尝试，罗列的结果在普世性和稳定性上也都被质疑。但是这却并不妨碍立法者一直进行的利益确认，因为与法学理论所追求的真理发现这一终极目标不同，立法者所要作的仅是对现实生活中的利益基于特定价值判断的认定，因此只要做到认定基准基本符合当时的普遍社会观念，据其所认定的结果就具有法理上的正当性，以后的利益变迁及其在法律上的反映并不会否定这种结果的历史正当性。可见，在实践中为立法者所一直运用的审视与发现生活利益的思路和方法以及据此所得的利益认定结论要比纯粹概念上的逻辑推演和空泛分析所得的结论更加契合生活利益变迁的规律。但这并不意味着我们主张理论对立法的机械反映，相应理论上的抽离、证成及审视也是必需的，我们在此处所述的相关观点或看法，就是对此种理论任务的践行。

① 即中央每年发布的第一份文件，中央在2004年至2022年连续19年发布以"三农"（农业、农村、农民）为主题的中央一号文件，强调了"三农"问题"重中之重"的地位。

2. 对已为法所确认的生活利益的审视与完善思路

（1）相关生活利益状态在《农业法》规范中的表现样态

深入分析相关规范内容不难发现，《农业法》在确认相关生活利益状态时，基本上是以三种方式进行的：一是确定相关利益状态存续的生活领域，即划定相关生活利益类型可能存在的社会关系领域，[①] 却并不明确这些利益的类型及内容。前述《农业法》中直接表明制度型塑目的的条款与授益性项目条款中的大多数都是这种利益确认方式的体现。以相应制度或项目的型塑职权（义务）的实现为途径，这些条款中所蕴含的生活利益状态将被具体化，利益类型及内容因此也会明确化。需要注意的是，这里所谓的生活利益并不局限于个人利益或更具体一点讲是农业生产经营者的利益，社会公共利益也被容纳在内，这在《农业法》第 8 章“农业资源与农业环境保护”中有许多体现，例如，第 64 条第 1 款基于“保护生物多样性”的考虑而设置的“生物物种资源保护制度”本质上就是以农业生态环境重要组成要素的保护这一社会公共利益为目的的。至于国家利益，在《农业法》中很难找寻到如社会公共利益那样明确的存续规范，但也不能因此否定其存在的可能性，在为数不多的同时确定了多种利益存续范围的制度性或项目性条款中，国家利益还是影影绰绰地存在的，例如，第 30 条第 3 款授权国家建立“农产品进口预警制度”，其目的被明确为“为维护农产品产销秩序和公平贸易”，这其中对于国家产业安全利益的考虑恐怕是不容忽视的。

二是列举相关生活利益状态实现所需的公权促成性措施，即列明对已为法所确认的特定生活利益内容的实现所必需的公法上的促进性或助

---

① 在利益法学看来，法律对社会关系的调整其实是经历了几个阶段的：第一个阶段是确定生活利益的存续领域，第二个阶段是发现具体的生活利益类型并进行价值判断，第三个阶段是对经过价值判断认为需要进行确认和保护的生活利益予以权利化改造。

成性法律措施。上述《农业法》中设权性规范的一部分即为这些措施性规范的体现。这种规范本身往往并不表明特定的利益状态，需要与已有的利益涵摄性规范相配合才能确定其所要实现的利益状态，而与其配合的利益涵摄性规范既包括前述的相关利益状态存续类规范，又包括下述的对利益类型及内容明确表述的规范。例如，第 38 条第 1 款明确了中央和县级以上地方财政每年对农业总投入的最低幅度，其若不与第 2 款所列明的投入重点，以及第 37 条所明确的农民收入支持利益的具体内容相配合，要全面理解其内含就比较困难。再如，第 39 条规定了各级人民政府对农业资金分配使用的监督权和审计机关的审计权，若不将其与第 37、38 条对照，可能也无法准确认识其内涵。

三是明确相关利益的类型及内容。《农业法》所确认的生活利益类型较多，依据利益享有的主体不同，可以将其概分为三大类：农民和农业生产经营组织所享有的利益、农村集体经济组织所享有的利益和“地区”利益。农民和农业生产经营组织所享有的利益是《农业法》中最普遍的利益类型。这些利益又可细化为：①财产利益，即对既有不动产及其权利本身以及价值存续享有的保有与实现性利益，典型的是对承包土地的使用权（第 10 条）。②组织利益，即依法创设或组建特定经营组织体的利益，如专业合作经济组织的创设利益（第 11 条）、各类企业的兴办利益（第 12 条）、行业协会的组建利益（第 14 条）、互助合作保险组织的组建利益（第 46 条）等。③营业利益，即进入某种行业并开展经营业务的利益，典型的是农业产业化经营的参与利益（第 13 条），农产品收购、批发、贮藏、运输、零售及中介等经营活动的参与利益（第 28 条），农业生产产前、产中、产后的社会化服务的参与经营利益（第 44 条）以及农技服务的有偿提供利益（第 52 条）。④经营利益，即农业经营应得收益的保障性利益，典型的是保护价收购利益（第 33 条）。⑤补助与救济利益，补助利益是对因维护特定公共利益而造成的特别牺牲请求补偿的利益，典型的是退耕还林补助（第62条）与转业农（渔）民补助（第63条）。救济利益则是在因自然灾害造成基本生存条件缺失时，罹灾者获得救济的利益，体现在法律第47条。⑥非法税费的自力排除利益，其权利表现为拒绝摊派权（第67、68条）。⑦基本生活保障利益，即因贫困、残疾、年老、疾病、丧失劳动能力等原因而缺失基本生存条件时，相关弱势农民的基本生活得以保障的利益，体现在法律第83、84条。

这七项利益根据其实现方式的不同可被归为两大类：一类是自主性利益，即不需要公权主体的积极作为，相关利益主体通过自己的合法自主行为即可实现的利益，财产利益、组织利益和营业利益可归于此类。另一类则是公权给付利益，即相关利益的实现依赖于相应公权给付行为的发动与完成，经营利益、补助和救济利益、基本生活保障利益等都可归入此类。非法税费的自力排除利益实质上是自主性利益中的财产利益源于中国特殊国情的"变异"，因此其与自主性利益具有同质性。这两类利益在数量上几乎相等的分布态势表现出《农业法》正处于基本理念上的转折期。如果说1993年《农业法》最值得称道的是对传统农业生产经营体制适应市场化的改革成果予以法律上的初步确认的话，2002年《农业法》在相当程度上仍旧是法律确认的进一步强化，对以物权化的农村土地承包经营权为基础和核心的双层经营体制的重述，以及组织利益和营业利益的确认是强化的结果，但"国家扶持和保护农业"这种新理念因应时代需求也被纳入了修订后的《农业法》中，公权给付性利益中的绝大多数就是这种理念的措施性表现。由此，现行《农业法》具备了承前启后的特质。从比较法的角度来看，这种转型特质的基本法在基本政策理念的系统性及实现性措施的全面性上，与一些国家的农业法相比，还存在需要完善的地方，因为对旧理念的确认性内容仍旧占了相当一部分规范内容，因此，在理论上就存在以下需要重点研究的问题：这些反映旧理念的规范内容如果已经为其他基本法（如民法）所确认，是否还有存续于农业基本法上的必要？如果还有必要，在表述上又该做如何的简化处理，才能既保证必要的基础性规制内容不被遗漏，又可为新型理念的实现性措施“腾出”足够的规范设计空间？

从《农业法》对各类利益的确认程度来看，七项利益被立法技术转化为两个层次：其一，权利，即相应利益类型被赋予了得以主张的法律“外壳”，权利人依此即可实现利益内容。土地承包经营权、相关农业经营体的组织权、经营权与拒绝摊派权就分别是土地使用权财产利益、组织利益、营业利益及非法税费自力排除利益转化的结果。其二，法益，即相应利益仅被法律承认，但尚未赋予利益人得以主张的权限，利益内容的实现仰赖次级农业立法或者有法源基础的授益性项目的权利化，公权给付性利益基本上都属于这一层次。从有利于相关利益主体的角度考虑，相应利益的权利化无疑是最优路径，但从农业基本法的定位以及因此所衍生的次级专项性立法型塑的必要性角度考虑，相应利益的法益化又是最佳选择，因此，留待解决的理论问题就是：如何在充分保护相关利益主体与留足农业立法体系型塑空间之间达致优态平衡？

所谓的农村集体经济组织所享有的利益，具体包括参与农产品市场创建的利益（第 27 条）和参与农业生产产前、产中、产后的社会化服务的利益（第 44 条）。这两项利益在性质上都是自主性利益，并且均已被转化为权利。但从利益的内容及实现目的来看，它们并不具有终极性，质言之，即它们在本质上都是为了上述农民和农业生产经营组织经营利益和营业利益的更好实现而存在的。这可能源于两点：其一，立法者在现行法中对于农民集体在“统分结合的双层经营体制”中“统”的层面上服务角色的定位；其二，农民集体所有权“总有”的特质决定了团体与其成员之间并非利益独立的两个人格，而是呈现“若即若离，不即不离”的利益牵连状态。如果我们的这种认定准确，则立法者在创设农民集体的利益类型时，成员既有的利益享有状态应当成为其不得不考虑的前提和基准。

所谓的“地区”利益，集中表现在对“粮食主产区”的扶持性利益及其与“粮食主销区”购销合作利益的确认（第32条）。此种利益在理论上存在诸多不明之处：其一，表述为利益主体的“地区”到底是谁？若是地方政府，是哪一级政府？若不是地方政府，是特定地区内的不特定多数人？其二，利益内容不明。“政策、资金、技术等扶持”是否可以理解为制度试验、中央财政转移支付、技术援助等利益内涵？“购销合作”的内容是什么？其三，利益性质也不明。与前述内容相应，如果将利益主体界定为地方政府，此类利益可以被看作政府利益或国家利益的组成部分，但若将不特定的人界定为利益主体，此类利益则又转化为“社会公共利益”。从并不明显的利益内容表述来看，是否可以将其理解为“地方政府利益”？

（2）审视与完善的基本思路

首先，对于确定生活利益存续领域的规范，我们将主要从所设定领域的明晰程度、与权威性表述以及实证研究相对照的不符之处、全面性等角度进行审视，并借此提出相应的扩缩与表述完善建议。

其次，对于列举生活利益状态实现所需促成性措施的规范，我们将主要从其与所要实现的利益内容之间的匹配性、源于实践或比较法的新措施引进的可能性等视角进行审视，并根据审视结果提出具体的措施完善建议。尽量将实现一种利益状态的所有措施进行归类并做规范上的合并处理。

最后，对于明确生活利益的类型及内容的规范，我们将主要从利益类型的全面性、利益内容在表述上与基本法定位的协调性，利益内容在涵摄上的明确性、稳定性、前瞻性，利益内容在实现上的便捷性等角度进行审视，并借此提出修改与完善建议。如上所述“地区利益”那样的模糊利益的设定是我们所不赞成的；以为农民集体设置辅助其成员自由利益实现的工具性利益为主要内容的综合性利益条款将是我们意欲的理想规范状态。

3. 确认新型生活利益的立法技术

（1）由生活利益到实用性利益

海克（Heck）认为，需要由法律进行实质性判断并进而予以保护的“有实际作用的利益”是生活利益，而要将对生活利益的实质判断能够以“必要的确定性与连续性”在法律规范上予以反映，就需将其转化为实用性利益。同时，法律安定性的立法理想也是促成这种转化的因素之一。[①]虽然在此处海克并未详细阐述生活利益向实用性利益转化的具体机制以及实用性利益的具体内涵，但却明确指出了这种转化的目的——法律安定性，以及判断其成功与否的基准——确保对生活利益的实质判断能保证必要的确定性与连续性。

（2）找寻利益关联点

我们顺着海克的思路，应该可以推演出如下的结论：要保证转化能实现必要的稳定性与连续性，关键恐怕在于找准生活利益中具有确定性和普遍性的利益联结点，并以其为基础形成描述性的法律概念以及法律规范。这种结论也被海克所举的一个例子部分证成过。海克认为，为了使法律适用能够比较容易，就不要把法律效果直接系诸一个在个案中很难确定的利益状态，而应将其系诸一个很容易检验的“代替性特征”，最

① 参见吴从周：《概念法学、利益法学与价值法学：探索一部民法方法论的演变史》，中国法制出版社 2011 年版，第 245～246 页。

典型的例子就是民法关于行为能力的判断是以固定的成年年龄这样一个容易确定的利益状态为基准的，而不是以事实上的因人而异的个人精神的成熟度为基准的。①

在《农业法》所涵摄的多样态生活利益中找寻具有确定性和普遍性的利益联结点需要考虑以下几个因素：其一，这种利益联结点是内生于具体利益类型中的，而非游离于利益内涵之外的。其二，这种利益联结点必定产生于两种或多种利益在现实中的勾连之处，而这种勾连关系的形成既可能源于人类生活的规律也可能源于人类的拟制，私人利益间的勾连状态往往源于前者，公私利益间的勾连状态则一般源于后者。例如，前述自主性利益中的土地使用利益所呈现的就是土地使用利益者与土地支配利益者以及其他不特定的主体之间的利益勾连状态，第一种勾连状态所内涵的利益关系构成土地使用利益权利化后的成果——土地承包经营权的积极权能，第二种勾连状态所内涵的利益关系则形成土地承包经营权消极权能的大部分。公权给付利益中的补助利益所呈现的是为有效实现特定公益而由国家所拟制的自己与公权行使的响应者之间形成的利益勾连状态，响应者在国家未拟制这种利益状态之前，是不存在补助利益的，这种勾连其实是多种利益借助某些联结点而聚合、相互作用于一处的。其三，这种利益关联点必须保证能发挥“牵一发而动全身”的功效，亦即它具备辐射整个利益勾连状态的特质。例如，在土地使用利益的认定上，法律其实是将利益人所能采用的行为方式作为反映两种利益勾连状态的联结点的，事实证明这是适当的。再如，补助利益，法律如果将其发动的条件作为联结点，就能发挥熔公私利益于一炉之功效，因为发动条件中不但必然包含国家所欲实现的社会公益及其财政利益，而

① 参见吴从周：《概念法学、利益法学与价值法学：探索一部民法方法论的演变史》，中国法制出版社2011年版，第245~246页。

且还是现实中潜在响应者相应私益能否被充分激发的“试金石”，当发动条件过于顾及前者，而不能公平地满足后者时，潜在的私益主体就会选择“用脚投票”。其四，保证所选利益联结点的确定性与普遍性的基础除上述第三点外，还需要相应利益状态的稳定性与普遍性，如果所揭示的利益关联状态仅是“一发性”的抑或是应对特殊问题的，就算准确把握住了利益联结点，也无法保证其稳定与普适。前面述及的拒绝摊派利益就在很大程度上具有“一发性”特征，而在《农业法》修订中，“突进”的许多利益类型，在勾连状态上则具有特殊问题的应对性特征。

4. 其他需要考虑的因素

其一，前已述及的与《农业法》基本法的定位相呼应的规范表述在内容和表达方式上的原则和要求，将成为我们对既有规范进行审视以及型塑新规范的重要考虑因素。

其二，前已揭示的《农业法》上的五类规范基于本质的内容涵摄范围和表述方式上的内在要求，将成为我们型塑新规范的重要考虑因素。

其三，日本、美国、欧盟、加拿大、新西兰等国家和地区综合性以及专项性的农业立法中与我国《农业法》规制领域相应的规范内容，将成为借鉴来源。

第二章 《农业法》“总则”部分的修改与完善

一、《农业法》总则规范内容概览

现行《农业法》总则共九条，根据规范内容可以归为四类：

一是立法目的的表述，第 1 条是其表现。该条将制定《农业法》的目的表述为，“为了巩固和加强农业在国民经济中的基础地位，深化农村改革，发展农业生产力，推进农业现代化，维护农民和农业生产经营组织的合法权益，增加农民收入，提高农民科学文化素质，促进农业和农村经济的持续、稳定、健康发展，实现全面建设小康社会的目标”。这些庞杂的表述其实可以依据不同的标准予以类型化：以指向的对象为基准，这些目的可以被类型化为保障和促进农业发展的目的，即“巩固和加强农业在国民经济中的基础地位”“发展农业生产力，推进农业现代化”“促进农业的持续、稳定、健康发展”；推进农村发展的目的，即“深化农村改革”“促进农村经济的持续、稳定、健康发展”；保护和实现农民利益的目的，即“维护农民和农业生产经营组织的合法权益”“增加农民收入”“提高农民科学文化素质”。指向不同对象的三类目的正好与第一章所述的立法者将《农业法》定位为“农业、农村与农民基本法”的意图相呼应。

以各句之间的逻辑关系为基准，这些目的又可被抽象为具有递进关系的三个层次，即微观目的、中观目的与宏观目的。微观目的是针对农业、农村和农民所设定的具体目标，即“为了巩固和加强农业在国民经济中的基础地位，深化农村改革，发展农业生产力，推进农业现代化，维护农民和农业生产经营组织的合法权益，增加农民收入，提高农民科学文化素质”，各个目标自身蕴含具体的规制领域，例如，“深化农村改革”必然指向农村的财产制度、经营体制、基层民主等亟须改革的对象，“推进农业现代化”自然内含各类生产要素及生产方式现代化的要求，“增加农民收入”势必反映出营农收益提升及农外收入渠道扩充这两大国家干预的着力点。中观目的是微观各具体目的实现后在它们相互之间所形成的一种意欲状态，即“促进农业和农村经济的持续、稳定、健康发展”，农业和农村发展以及农民利益实现后所成形的理想的状态应当是“农业和农村经济的持续、稳定、健康发展”，若此状态并未达至，则很难说各具体目的的实现是符合立法者的初衷的。因此也可以说，中观目的在很大程度上具备检验各微观目的是否以立法者所期望的最优程度实现的功能。我们的这种解读并非纯粹的文字游戏或主观臆断，而是符合现实生活的利益诉求的。如果仅仅着眼于“增加农民收入”这一目的的实现，可以设想的手段绝对多种多样，但若以“是否有利于农业和农村持续、健康、稳定发展”这一标准加以衡量，诸如不可持续的掠夺式开发、大规模不计后果的农村劳动力转移等手段无疑将被排除。宏观目的是微观和中观目的均实现后对于整个国民经济和社会发展所应发挥的正向作用，即“实现全面建设小康社会”。

二是基本概念的界定，表现在第 2 条中。该条对于“农业”和“农业生产经营组织”这两个概念的法定内涵进行了表述。《农业法》规制的主要领域是农业，因此对其具体涵摄范围的明晰是必要的。“农业生产经营组织”在《农业法》第7、12、13、14、16、20、37、42、45、46条等载明自主性利益或公权给付利益的条款中都有出现，因而有必要对其外延予以明确，因为若不明确，相关利益的归属主体将陷于不明状态，利益实现的可能性因此将被“虚化”。

三是基本政策理念的表述，具体表现在《农业法》第3~8条中。第3条表明的是国家优先发展农业的政策理念（第1款），其中还包括了农业与农村经济发展的基本目标预设（第2款），即建立适应发展社会主义市场经济要求的农村经济体制，不断解放和发展农村生产力，提高农业的整体素质和效益，确保农产品供应和质量，满足国民经济发展和人口增长、生活改善的需求，提高农民的收入和生活水平，促进农村富余劳动力向非农产业和城镇转移，缩小城乡差别和区域差别，建设富裕、民主、文明的社会主义新农村，逐步实现农业和农村现代化。

第4条表明的是保障农业多功能性理念，即“国家采取措施，保障农业更好地发挥在提供食物、工业原料和其他农产品，维护和改善生态环境，促进农村经济社会发展等多方面的作用。”可见，《农业法》所欲保障实现的除提供食物这一基础性功能之外，还包括工业原料的供应、生态环境的改善、农村经济与社会发展等其他衍生性功能，农业的“基础性”内涵因此得以更新，而且这种更新是与时俱进的。

第5条表明的是国家稳定和坚持农村基础性生产经营制度的理念。本条所涉及的基础性生产经营制度表现为三项：一是公有制为主体、多种所有制经济共同发展的基本经济制度。二是以家庭承包经营为基础、统分结合的双层经营体制，其中包含壮大集体经济、引导农民走共同富裕的道路等具体目标预设。三是以按劳分配为主体、多种分配方式并存的分配制度。基本经济制度与分配制度基本上是《宪法》规定的引述，双层经营体制虽在《宪法》中也有体现，但与前两者相比其与农业和农村社会经济关系之间的关联性要更强一些。

第 6 条表明的是科教兴农与可持续发展理念。所确定的理念践行着力点被第 2 款表述化为：“国家采取措施加强农业和农村基础设施建设，调整、优化农业和农村经济结构，推进农业产业化经营，发展农业科技、教育事业，保护农业生态环境，促进农业机械化和信息化，提高农业综合生产能力。”这些着力点可以作出如下归类：其一，农业产业化的推进，即农业基础设施建设、产业结构调整与机械化；其二，农村基础设施建设与经济结构调整；其三，农业科技、教育和信息化等事业的发展；其四，农业生态环境的保护。

第 7 条表明的是促进农民财产及其他利益实现的理念。促进实现的利益类型以及方式可界分为两大类：一类是对财产利益及其他利益的消极保护，即保证农民“财产及其他合法权益不受侵犯”“切实减轻农民负担”；另一类是对财产利益的积极实现，即“采取措施增加农民收入”。值得注意的是，本条体现出对农民财产利益的特别关注，利益实现的方式基本上都是以财产利益的切实实现为目的型塑的，利益内涵并不明确的所谓“其他合法权益”则在此呈现鲜明的“财产”附随性质。

第 8 条较为特殊，在表述上运用了“应当”这样的义务设定性用语，要求“全社会”“高度重视农业，支持农业发展”（第 1 款），其中还包括“国家对发展农业和农村经济有显著成绩的单位和个人，给予奖励”的内容（第 2 款）。基于规范内容，我们很难精准地抽离出其中所蕴含的基本政策理念，因为这两款的表述与前述各理念条款存在较大差异，因此，对该条性质的深入探究是必要的，这将在下文作详述。

四是基本管理体制的表述，体现在第 9 条。该条分两个层次对主管农业和农村经济发展工作的公权主体类型及其基础性职权进行了原则界定：第一个层次是对“各级人民政府”、“统一负责”以及“组织各有关部门和全社会”开展农业和农村工作权限的界定。第二个层次首先是对国务院农业行政主管部门、林业行政主管部门和其他有关部门“在各自的职责范围内，负责有关的农业和农村经济发展工作”这一权限的确认；其次是对县级以上地方人民政府各农业行政主管部门、林业行政主管部门及其他有关部门具体负责的职权行使领域进行的界定，具体而言，“农业行政主管部门”负责种植业、畜牧业、渔业等领域的产业发展和农村经济发展，“林业主管部门”负责“林业工作”，“其他有关部门”则负责“为农业生产经营服务的工作”。

二、《农业法》总则规范内容的检视

基于以上的内容概览，并结合第一章的相关基础理论，笔者认为现行《农业法》总则的规定存在以下几个方面的问题。

（一）立法目的与“国家优先发展农业”理念中的基本目标预设存在诸多重复

微观目的与中观目的中的诸多表述在《农业法》第 3 条第 2 款“农业和农村经济发展的基本目标”中都有体现，例如，后者所述的“建立适应发展社会主义市场经济要求的农村经济体制”在本质上就是前者“深化农村改革”的必然内容，亦即前已述及的内涵规制领域；“发展农村生产力”这一微观目的与“不断解放和发展农村生产力”这一预设目标在表述上几乎相同；“逐步实现农业和农村现代化”这一预设目标又几乎是“推进农业现代化”这一微观目的的重述；其他诸如“增加农民收入”“建设富裕、民主、文明的社会主义新农村”等内容也都存在程度不同的重述现象，此处不再赘述。唯一例外的是“缩小城乡差别和区域差别”这一表述为基本目标预设所独有，立法目的当中并无相关规定。

诸多重复说明立法目的与农业和农村经济发展基本目标预设之间的关系还需要进一步厘清，而这又源于对二者在《农业法》中的功能认识这一问题。对于农业和农村经济发展基本目标预设的法理正当性及其归入“国家优先发展农业理念”中的妥适性问题，在下面将有专门论述，我们在这里仅仅展开对《农业法》立法目的的阐述。

在现实中，《农业法》立法目的的表述其实可以有两种方式或曰两种设计思路，第一种是表明《农业法》所涵各制度运行所欲实现的对农业和农村相应生活利益状态的正向影响。质言之，即各制度具体规制目的的综合，我们称为实质性的目的表述。第二种则是仅表明《农业法》设置各具体制度所欲实现的规制目的，简言之，即制定《农业法》并设置如此规范体系的直接目的，我们称为工具性的目的表述。与实质性目的表述不同，工具性目的表述并不深入具体制度所涵摄的利益状态并对其进行评价，而是表明将特定规制方式纳入法律的规制领域。《农业法》第1条是典型的实质性目的表述，所涵的三个层次上的目的均涉及对农业和农村发展领域中特定生活利益状态的评价，例如，“增加农民收入”实质上是立法者在“农民应当获得与其他阶层基本相等的收入水平”这一价值判断的基础上，针对现实中的利益失衡状态，所设定的制度目标；“维护农民的合法权益”其实质也是立法者基于一些农民财产等基本利益遭受侵害的现实，在法治及农民财产权应当得到保护，以及避免因挫伤农民生产积极性而导致农产品供应不足等价值判断之下，所设定的制度目标。日本《食品 农业 农村基本法》（1999年制定，2006年修改）第1条是典型的工具性目的表述。该条规定：“本法以进一步稳定提高国民生活水平，促进国民经济健康发展为目的，针对食品、农业及农村的相关政策，确定其基本目标和主要内容，明确国家以及地方公共团体的责任和义务，综合并有计划地推进食品、农业、农村的各项政策。”虽然第一句涉及实质性的利益判断，但其起到的仅是引言功能，立法目的的重点在后面的工具性表述上，即确定食品、农业和农村相关政策的基本目标和主要内容、明确国家和地方公共团体的相应职责、保证各项政策综合并有计划地得以推行。这些工具性目的得以型塑在很大程度上应当是基于法治的要求。“法律优先”与“法律保留”作为现代法治理念在公权尤其是行政权实现中的具体体现，对于各种公权行为具有刚性约束力，这在《农业法》所涵摄的各项自由利益和公权给付利益的实现中也都有适用，只不过在法理上后者实现所需的规范约束强度略弱于前者。因此，具有相应的直接或间接、明确或抽象的法源基础成为国家农业基本政策理念实现的前提和基础，农业法典或者农业基本法就是为创设这些法源而来，这一目的也就相应地被转化为立法的工具性目的。韩国《农业 农村基本法》（1999 年制定）第 1 条具有与日本农业基本法相似的目的表述，工具性特色也较为明显，该条规定：“本法是为了谋求作为国家和国民经济基础的农业和农村的发展，以规定农业、农村发展方向和国家政策方向的基本事项为目的。”

两种立法目的表述方式并无本质上的优劣，只有基于特定考量的择取。我国《农业法》实质性目的表述与农业、农村经济发展基本目标预设之间的重复本身就反映出立法者在择取时的考量问题。除体例编排、逻辑关系等技术性因素外，中国农业法治的现实及其内在需求也应当成为重点考量的因素，具体分析将在完善建议中详述。

（二）对基本概念的界定存在表述和涵摄上的不足

1. 表述上的问题

我国《农业法》第 2 条对“农业”的界定与韩国 1999 年《农业农村基本法》第 3 条对“农业”的定义方式相同，都将农业内各业及与其运行密切相关的产业纳入法定外延。这种界定方式虽是对非法学学科既有知识未经转化的直接运用，欠缺法理上的再次审视，但作为一种立法例，也难以根本否定其入法的正当性与可行性，我们因此也不从根本上质疑其妥适性。但有一系列必须面对的理论问题要提出来，即《农业法》作为一个有着独特的规制领域与规制方法的独立部门法，对农业产业运行进行规制的具体对象是什么？如果依据基本法理将其认定为参与产业各运行阶段的不同主体的各类行为，那么是所有的行为都要受到法律规制还是仅有部分行为受到法律规制？如果根据经验即可判断仅有部分行为被纳入规制范围，那么决定哪些行为应被规制的理性基准又何在？如果如利益法学所认为的那样，只有经过立法者特定价值判断发觉的所包含的生活利益有保护必要的相关行为才能被纳入规制范围，那么，由这些行为所共同组成的规制领域及其所反映的生活利益状态能否与“农业”画等号？如果不能，在农业基本法的总则中对“农业”进行外延如此封闭的界定在逻辑上是否有适当性？有无更精准地能直接体现《农业法》独特规制领域的界定方法？

这些层层推进的问题要完全回答并不容易，但若能无逻辑瑕疵地予以回答，则对《农业法》本质更深层次的认识大有助益，更有助于对一些现象的法理分析。例如，在实践中，诸如“某地政府确保春耕面积不低于多少亩”的政绩宣传经常见诸媒体，这会引发我们的疑问，即现行农业法制中，究竟有无相应规范能保证此政绩目标的实现。质言之，公权主体有没有被设定能切实实现这一目标的权力类型？答案当然是否定的。这就明显地反映出《农业法》对公权力介入农业生产领域所具有的规制局限性，因为这一领域已经被纳入土地承包经营权这一用益物权的实现范围之内。

对“农业生产经营组织”的界定存在以下问题：其一，设置这一法定称谓并无相对应的利益基础，完全是为了简化表述。从规范内容来看，立法者将“农业生产经营组织”专门予以界定并不是因为实践中存在对这种组织的利益诉求，而是仅仅为了将“农村集体经济组织、农民专业合作经济组织、农业企业和其他从事农业生产经营的组织”等组织体与农民这一非组织体相区分，而在相关规范的表述上达到简化目的。根据第一章的相关理论，任何法律上的新概念都应在一定程度上反映出具有法律意义的相关生活利益联结状态，这在组织法上尤其明显。例如，在法学上公司与合作社的本质区别并不是组织化的程度，而在于表决方式、盈余分配、经营目的等实质性的利益联结点上。因此，“农业生产经营组织”要被当作新的法律概念予以界定，前提必须是其具有能彰显特定利益关联状态的功能，而现存的其他农业生产经营主体形式又不能适当的反映这种状态。但从规范内容来看，其仅为既存的农民集体经济组织、合作社、企业等组织体的统称，构成统称基础的仅是这些组织体在外形上的非自然人性，但这根本无法被算作法理上独特的利益联结点。更为重要的是，就是同具组织体形态的农民集体经济组织、专业合作社和农业企业之间，也在法律本质上存在差异，组织形态的抽离在法理上的正当性因此也是存疑的。其二，在相关规范的解读和适用上产生不必要的疑惑。例如，《农业法》第 12 条规定：“农民和农业生产经营组织可以自愿按照民主管理、按劳分配和按股分红相结合的原则，以资金、技术、实物等入股，依法兴办各类企业。”“农业生产经营组织”既然包含农民集体经济组织、农民专业合作经济组织、农业企业及其他从事农业生产经营的组织，那么，本条也就可以解读为这些组织体都有权依照法定的原则兴办各类企业，农民集体经济组织入股兴办相关企业在《土地管理法》和《农村土地承包法》中尚有依据，农民专业合作社是否有权兴办相关企业在《农民专业合作社法》上并不明确。更为重要的是，即使基于营业自由这一基本权承认兴办权，“民主管理”“以技术、实物入股”这样的规则适用于哪种具体企业形态的兴办？公司在现行法制上似乎不行，那是合作社吗？“其他从事农业生产经营的组织”是否包含非法人组织？若包含，其兴办法人型的企业在法理和现行法制之上的依据又何在？

在比较法上，韩国1999年《农业农村基本法》第3条之（3）界定了一类统称性的“农业经营体”，具体的规范表述为，“农业经营体是指农业人、第15条中规定的农业经营法人及第16条中规定的农业社会法人”。但需要指出的是，韩国农业基本法上的这种界定虽然在法理上也不具备坚实的基础，但在适用上却不会产生如我国《农业法》那样的规范解读疑惑，这源于其立法者将“农业经营体”仅仅设置在了公权给付性条款中，这些条款在运用时仅涉及公权主体与配合公权实现的特定私权主体之间的利益配置，并不涉及私权主体之间既存利益状态的协调，因此问题要相对简单一些。这类条款在韩国农业基本法上并不多见，最典型的体现是在第30条，该条规定：“（1）为了保证农产品供需的灵活性和价格的稳定，政府应制定和实施农业观测、生产市场的调整、收购储备以及设立生产者团体资助金等必要的政策。（2）为了有效实施第一项规定的政策，政府可向农业经营体……提供必要的支援。”与此不同，我国《农业法》第2条所界定的“农业生产经营组织”除一部分被设置在公权给付性条款中外（第16、19、20条等），还有一部分被设置在私益协调性条款中，除上述第12条外，第13、14条等也是其典型体现。

2. 涵摄上的不足

除上述的表述性问题而外，现行《农业法》第2条在界定基础概念时还存在缺漏，一些远比“农业生产经营组织”重要的概念并未被涵摄在界定范围之内，导致许多关键性条款在理解和适用上产生一系列困难。

首先，“农民”的内涵与外延究竟为何，立法并不明确。然而，在理解和适用时涉及这一前提性概念的条款却为数不少，如第 11、12、13、14、16、20、25、28、33、37、40、42、45、46 条等均以“农民”为唯一或主要的主体形态，规范内容涉及自主性利益和公权给付利益的确认、有害行为的管制、公权引导与辅助等，几乎囊括了现行《农业法》所有的规制措施类型。立法者之所以不对“农民”进行界定，可能的原因无非有二：一是认为这一概念不“界”自明，二是觉得这一概念实难界定。第一种认识其实是将复杂问题简单化了，尚不论其他国家都以各种方式对“农民”或其同质概念进行过明确程度不同的界定，单就现行《农业法》相关规范的解读而言，就有明确的必要性。例如，《农业法》第 73 条第 1 款规定：“农村集体经济组织或者村民委员会为发展生产或者兴办公益事业，需要向其成员（村民）筹资筹劳的，应当经成员（村民）会议或者成员（村民）代表会议过半数通过后，方可进行。”《农业法》第 73 条第 3 款规定：“农村集体经济组织和村民委员会对涉及农民利益的重要事项，应当向农民公开，并定期公布财务账目，接受农民的监督。”这两款中的“成员（村民）”与“农民”是否可做同一理解？前者可否理解为后者对应于农民集体的特定角色定位？另如第 65 条第 3 款为从事畜禽养殖的“个人”设置了对“粪便、废水及其他废弃物进行无害化处理或者综合利用”的义务，这里的“个人”与“农民”之间是什么关系，前者的外延是否宽于后者，确定外延的基准是什么？以“个人”为主体形态的条款还有第 59 条。此外，第 83 条为“农村五保户”、“贫困残疾农民”、“贫困老年农民”以及“其他丧失劳动能力的农民”所设置的社会救济制度，是以“农民”这一概念被清楚界定为构建和推行为前提的。第二种认识则是前述“立法懒惰”的借口，对特定概念内涵把握的不够精准并不影响其在农业基本法上的界定，只是需要特殊的界定方式而已。我们主张对相关概念进行界定并不等于主张对其进行无遗漏的精准界定，因为这不但在方法论上不具可行性，《农业法》的基本法定位也无法为其提供正当性基础。

其次，"农村"的内涵为何，法律亦未明确。但第十章"农村经济发展"中各条所包含的"农村第二、第三产业""农村经济结构""城乡差别""农村小城镇""农村合作医疗""农村富余劳动力""农村社会救济制度"等基础性概念的明确，均需以"农村"内涵的确定为基础。另外，该章中的第85、86条涉及"贫困地区"的扶助，这里的"贫困地区"是否是指"属于农村地域范围内的贫困地区"，也需要明确。

最后，"农产品"、"重要农产品"以及"粮食"等规制客体的内涵和外延分别为何，立法亦不明确。从相关规范内容来看，现行《农业法》对这三类客体秉承着不同的规制态度。立法者对于"农产品"这一法律中绝大多数规范的客体，从质量及标识管理、市场建设、运输渠道的保畅、加工支持、出口促进等方面进行了全方位的规制，但对"重要农产品"却仅仅表现出宏观调控的热情（第26条），对"粮食"更是列专章（第5章）从安全保障的角度进行了生产促进（第31、32条）、保护价收购（第33条）、安全预警（第34条第1款）及分级储备（第34条第2款）等具体的措施设置。因此，若对这三类客体的界定不明，这些基于不同规制态度而型塑的规制措施就无"用武之地"，立法者蕴含于其中的相应价值判断亦将随之"落空"。

在比较法上，对于相关基本概念是否界定，有两种立法例：一是以日本农业基本法为代表的不予界定体例。日本《食品 农业 农村基本法》（1999年制定，2006年通过）全篇未见任何一个概念界定。二是以韩国农业基本法及美国农业法典为代表的予以界定立法体例。如前所述，韩国1999年的《农业农村基本法》第3条共包含对六个术语的法律界定，分别是“农业”、“农业人”、“农业经营体”、“生产者团体”、“农村”和“农产品”。美国综合性农业法典——《2008年食品、环境保护与能源法》（The Food, Conservation and Energy Act of 2008）与韩国农业基本法不同，并无对整个法典具有普适性的“基础概念”的界定，而是在各项目中对与其运作至关重要的具体概念进行界定，例如，其第一部分“农产品项目”（Title Ⅰ—Commodity Programs）Sec. 1001. Definitions中就分别对“基础面积”（Base Acres）、“反周期支付”（Counter – Cyclical Payment）、“补贴农产品”（Covered Commodity）、“直接支付”（Direct Payment）、“有效价格”（Effective Price）、“支付面积”（Payment A-cres）、“生产者”（Producer）等18个概念进行了界定。这些界定在内容上的明确程度显示了美国立法者意欲使该法典成为可直接操作的项目运作“工具”的立法思路。我国《农业法》第2条与韩国《农业农村基本法》第3条都采用了相同的立法体例。

（三）基本政策理念在表述、内容编排及涵摄上的问题

如上所述，《农业法》通过第3、4、5、6、7、8条等明确列出了六大基本政策理念，即优先发展农业、保障农业多功能性发挥、稳定和坚持农村基础性生产经营制度、科教兴农与可持续发展、促进农民财产及其他利益实现和全社会重视、支持农业发展。在比较法上，这一理念体系并不过时，其中所涵的保障农业多功能性、可持续发展、科教兴农等理念类型在日本、韩国农业基本法及美国综合性农业法典上也都有体现。稳定和坚持农村基础性生产经营制度、促进农民财产及其他利益的实现等理念则在很大程度上体现出因应现实利益诉求的中国特色。因此，可以说，现行《农业法》总则中的基本政策理念体系既立足于本土性又照

顾到了国际性，并无根本修正或重构的需要，但一些具体的细节问题却还是存在的，具体分析如下。

1. 理念的直接表述与附属表述之间存在不配套情形

既存的理念体系中，有两大理念在表述上呈现直接表述与附属表述并存的状态，即优先发展农业与科教兴农和农业可持续发展。所谓直接表述即直接表明理念名称或内容的规范表述。在优先发展农业理念中，为表明理念内容的《农业法》第3条第1款规定：“国家把农业放在发展国民经济的首位”；在科教兴农与可持续发展理念中，则为表明理念名称的《农业法》第6条第1款规定：“国家坚持科教兴农和可持续发展的方针。”而所谓附属表述是指附随于直接表述的相关规范内容。在优先发展农业理念中，为紧随《农业法》第3条第1款的农业和农村经济发展的基本目标（《农业法》第3条第2款）；在科教兴农与可持续发展理念中，则为附随理念名称之后的《农业法》第6条第2款。附属表述与直接表述之间在法律上是何种关系，并无学者研究，但却很重要，因为只有明确揭示出二者之间的关系，基于这种关系的逻辑学、语言学及利益判断等审视才能展开。对于“优先发展农业理念”而言，所附随罗列的农业和农村发展的基本目标与其之间并无任何在法律上可资关注的配套或对应关系，原因在于：其一，农业和农村发展的基本目标并不能被认定为是对国家发展农业的优先施力范围的预定，因为这些内容几乎涵盖了农业、农村和农民的所有在现阶段需要关注的生活利益类型，根本不存在何者优先的问题。其二，农业和农村发展的基本目标也不能被认为是对“国家优先发展农业”这一理念的具体化，因为所谓“优先”是相对于第二、三产业而言的，按照一般的逻辑和语言表述习惯，具体化的表述应当是农业相对于工业和服务业被国家优待的规范内容，但既存的表述却仅涉及农业和农村发展，丝毫未言及工业和服务业。除这两种可以预见的关系而外，笔者认为无其他关联性值得关注。如果这两种关系都被排除，那么作为“优先发展农业”理念规范载体的《农业法》第3条第1、2款之间实质上就不存在法律上的关联关系，而仅是规范编排上无意或不得已的聚合而已。其实，这种认识也可以从作为该条“外源式利益发现”载体的我国的综合农业政策中得以部分证成。如第一部分所述，第3条第1款其实是对《中共中央关于农业和农村工作若干重大问题的决定》中所设定的新时期农业和农村发展十大方针之“（一）始终把农业放在国民经济发展的首位”的“重述性援引”，在政策内容的阐释中，政策上是这样表述的：“农业是国民经济的基础。大力发展农业不仅是保障人民生活的要求，也是发展工业和第三产业的需要。调整国民收入分配格局，加大对农业的投入。加强农业立法和执法，支持和保护农业。”除阐明农业对于第二三产业的基础性地位外，调整国民收入分配格局并加大投入等优待农业的措施预设非常鲜明。但《农业法》仅将政策中的方针表述直接重述，对相应的政策阐释却未进行任何的立法转化。

通过探寻《农业法》第3条规范内容的变迁史，能在一定程度上探知既存规范形成的原因。该条在1993年《农业法》上原有5款：第1款的表述为“国家坚持以农业为基础发展国民经济的方针”；第2款规定“国家采取措施，保障农业的稳定发展”；第3款是对“农业发展的基本目标”的预设，第4款与第5款则是对“农业”和“农业生产经营组织”的概念界定。2002年修订《农业法》时，原第1款被“优先发展农业”的理念表述所取代，推动力来自上述农业政策中的新表述，原第3款被“农业和农村经济发展的基本目标”所取代，原第2款被删除，原第4、5款则被独立为一条。深入分析原法中该条的规范编排体系，不难看出：此条其实是包含三大块内容的综合性规范，即基本政策理念、农业发展的基本目标、基础性概念的界定被融为一条，被删除的第2款实质上是对原第1款理念的措施保障性细化，这两款配套起来则构成原法“以农业为基础”这一理念的完整规范内容。《农业法》修订时，立法者却将这一综合性条款分解，但分解得不彻底，仅将基础性概念的界定单条规定，理念表述与目的预设性条款仍旧被留于一条，对原措施保障性条款的删除又使原本并不存在逻辑关联性而内容独立的这两类留存条款在客观上产生了关联的错觉。

“科教兴农和农业可持续发展”的附随性表述与直接表述之间的关联性是可以通过规范内容直接探知的，前者基本上可以看作为践行后者对相关规制领域的具体化，但就在这一点上，存在难以配套或对应的问题。《农业法》第6条第2款规定：“国家采取措施加强农业和农村基础设施建设，调整、优化农业和农村经济结构，推进农业产业化经营，发展农业科技、教育事业，保护农业生态环境，促进农业机械化和信息化，提高农业综合生产能力。”可以说“发展农业科技、教育事业、促进农业机械化和信息化”是对“科教兴农”理念的具体化，“调整、优化农业和农村经济结构，保护农业生态环境、提高农业综合生产能力”是对“农业可持续发展”理念的具体化。其实，从这些内容的“外源式利益发现”载体——《中共中央关于农业和农村工作若干重大问题的决定》中所设定的新时期农业和农村发展十大方针之“（五）实现农业可持续发展”的表述中，我们可以看到，政策在对该方针进行阐释时，表述道：“必须加强以水利为重点的基础设施建设……”可见，政策原先是将水利基础设施建设设定为实现农业可持续发展的具体施力领域的，这极有可能是对当时特定生活利益诉求的因应。但在立法时，立法者却将这一因应性具体领域进行了扩大化处理，转化为“农业和农村基础设施建设”。这种扩大化虽然具有一定的全面性，但却忽视了一点，即此处规制的是“农业可持续发展”，而水利与农业的可持续发展关联性最强，从这个意义上来讲，水利是农业发展的命脉。

2. 本土性理念存续的法理正当性不充分

既存的基本政策理念体系中，具有本土特色的“稳定和坚持农村基础性生产经营制度”和“促进农民财产及其他利益实现”两大理念的大部分规范内容在其他法律上都有体现，其存续的必要性因此容易被质疑。具体而言，“稳定和坚持农村基础性生产经营制度”所包含的三款内容大部分在《宪法》、《土地管理法》及《农村土地承包法》上有相同的表述；“促进农民财产及其他利益实现”中的消极促进性表述在《宪法》和《物权法》[①] 上也都有更为精确的表述。在我们看来，能够被纳入《农业法》基本政策理念体系中的理念类型，应当具备独特性，如果已经为其他法律所确认，《农业法》再作出重复性规定，有可能会影响《农业法》的独立性。

强调基本理念的独特性并不意味着与已为其他法律所表述的理念之间的完全绝缘，在当今生活利益状态越来越繁复的情形之下，对同一生活利益类型基于不同的关注点进行协同性型塑已经成为常态。因此，从既有的法定理念表述中抽离出新型理念类型也并非不可能，但这需要极其敏锐的利益觉察力和高强的抽象技术。具体到本部分，需要我们从上述的两类理念所涵摄的利益状态中，探知立法者真正的型塑意图，再以独特的表述方式予以外化。笔者认为，立法者强调坚持和稳定基本经济制度、双层经营体制以及基本分配制度的目的在于明确开展农业生产经营的财产制度“底线”及其终极目的，集体所有权及其所内涵的各类制度初衷应当被重点关注；立法者对以财产利益为重点的农民相关利益的保护，其初衷恐怕并不在于对非法侵犯的消极排除，因为这是《农业法》

① 《物权法》中的内容多被《民法典》吸收，《物权法》于2021年1月1日被废止。

力不能逮的，相反，积极地促进农民相关利益的实现才应当是其关注的重点。

3. 存在不当的义务性表述

不当的义务性表述体现在现行《农业法》第 8 条第 1 款，该款规定："全社会应当高度重视农业，支持农业发展。""应当"这一立法当中的义务表述性专用词汇的采用表明该款为义务设定性条款，但从义务主体及内容来看，该款又不符合一般的义务设定规律。原因在于：其一，义务要能确定地归于特定主体，否则设定的目的就不能实现，该款以"全社会"为义务主体，明显与此要求不符；其二，义务内容也要确定，义务主体的行为方式因此才能明确，该款以"重视""支持"为义务内容，也明显不符合此项要求。

既然不符合法律上的义务设定规律，就不能将这一款认定为义务设定性条款，那么其性质如何也就随之成为需要回答的问题。笔者认为，通过比较法，可以较为清晰地揭示出这一款的法律本质。在日本《食品 农业 农村基本法》（1999 年制定，2006 年修改）上有与此款表述相似的条款。具体而言，是其第 9、10、12 条。第 9 条规定："农业从业者及其相关农业团体应当在农业及其相关活动中，为实现基本理念而努力。"第 10 条规定："食品产业者在其事业的相关范围内，基于基本理念，为实现食品的供应而努力。"第 12 条规定："消费者需加深对食品、农业及农村的相关政策的理解，为提高食品消费水平起到积极的作用"。日本《食品 农业 农村基本法》在为这三条规范冠名时，并未如我国《农业法》对第 8 条那样运用"义务""职责"这样的词汇，[①] 而是使用了"努力"

① 日本《食品 农业 农村基本法》的官方文本在每一条之前均有法定冠名，基本是对相应条款内容或者性质的高度概括。其第 7 条即以"国家的责任和义务"冠名，规定了国家实现相关政策理念的原则性义务。

“作用”这样的词语，如第 9 条被命名为“农业从业者的努力”，第 10 条被冠以“食品产业者的努力”，第 12 条则被冠名为“消费者的作用”。“努力”意在表明国家的一种号召，不予响应者并不会因此承担不利后果，这三条因此可以被认定为“披着义务外衣”的号召性条款。与此类似的我国《农业法》第 8 条第 1 款的规定，因此也可被解读为“假义务性”的国家号召。这种理解也可以从配套规范的比较法上得以证实。日本《食品　农业　农村基本法》第 9 条在述及农业从业者的“努力”之后，紧接着在第 11 条规定了国家对农业从业者努力的支持，“努力”的“假义务性”因此表现得一览无余，因为真正的法律义务是不需支持的。我国《农业法》第 8 条第 2 款也有类似于日本《食品　农业　农村基本法》第 11 条的规范内容，即“国家对发展农业和农村经济有显著成绩的单位和个人，给予奖励”。由于我国《农业法》并无如日本《食品　农业　农村基本法》那样的条款冠名，“假义务”性质的国家号召容易造成解读和适用上的困惑，因此需要做出相应的法理辨析和技术处理。

4. 基本政策理念体系涵摄不完整

基本理念体系涵摄不完整主要体现在两个层面上：

其一，新的亟须确认的理念并未被纳入既存理念体系之中。通过探析一系列“外源式利益发现”权威载体的政策内容演变过程，结合既有的实证研究，笔者认为“粮食等主要农产品的稳定供给”和“促进城乡一体化发展”这两大理念应当被纳入现有的理念体系之中。2002 年《农业法》修订以后，中共中央、国务院从 2004 年起，每年都会发布涉及农业和农村发展的综合性政策，列明国家对于相关问题的基本理念及政策措施，此处讨论暂将其概称为“一号文件”，至今（2013 年）已经不间断地发布了 10 部。全面审视这些政策内容，不难发现其中有一些频繁出现的理念与措施表述，这就是国家所发现的具备稳定性和持续性的生活利益状态。立法者虽然具有基于自己价值判断的立法裁量权，但若不吸收这些新理念，《农业法》对社会生活利益变迁的回应将会出现滞后性。

通过梳理这10部“一号文件”，我们发现，对“粮食等重要农产品供给”的强调是“永恒的主题”，因为这几乎在每一部文件中都有或多或少、或全面或重点、或集中或分散的体现。具体而言，2004年“一号文件”（《中共中央、国务院关于促进农民增加收入若干政策的意见》）在原则和目标部分虽以“促进农民增收”为主题，但却将“集中力量支持粮食主产区粮食产业，促进种粮农民增加收入”列为首要措施。2005年“一号文件”（《中共中央、国务院关于进一步加强农村工作提高农业综合生产能力若干政策的意见》）在基本政策目标的设定中，明确将“努力实现粮食稳定增产”列入，并将其主题“提高农业综合生产能力”理解为“确保国家粮食安全的物质基础”。2006年“一号文件”（《中共中央、国务院关于推进社会主义新农村建设的若干意见》）将“稳定发展粮食生产”作为“强化社会主义新农村建设的产业支撑”中的重点内容，明确提出“坚持立足国内实现粮食基本自给的方针”，同时列举了“增加种粮收益”“适度利用国际市场”“积极保持供求平衡”等基础措施类型。2007年“一号文件”（《中共中央、国务院关于积极发展现代农业扎实推进社会主义新农村建设的若干意见》）在总体目标设定中即列明“促进粮食稳定发展”，并将其作为“开发农业多功能性”的首要内容。2008年“一号文件”（《中共中央、国务院关于切实加强农业基础建设进一步促进农业发展农民增收的若干意见》）在政策目标设定中表述道：“努力保障主要农产品基本供给”，并在第二部分将其细化为“保障农产品供求总量平衡、结构平衡和质量安全”，相应的基础政策措施被列举为：高度重视发展粮食生产、切实抓好“菜篮子”产品生产、加强农业标准化和农产品质量安全工作、支持农业产业化发展、加强和改善农产品市场调控。

2009年“一号文件”（《中共中央、国务院关于2009年促进农业稳定发展农民持续增收的若干意见》）在目标设定部分，明确提出“保证国家粮食安全和主要农产品有效供给”，并将“扶持粮食生产”列为其“稳定发展农业生产”的首要措施。2010年“一号文件”（《中共中央、国务院关于加大统筹城乡发展力度进一步夯实农业农村发展基础的若干意见》）将“稳粮保供给”列为总体目标之一，在“提高现代农业装备水平”这一政策要求中，“稳定发展粮食等大宗农产品生产”成为首要施力对象。2011年“一号文件”（《中共中央、国务院关于加快水利改革发展的决定》）比较特殊，它并不像其他文件那样是对农业和农村发展作出的全面性政策安排，而仅关注水利发展，但从中也能看到国家对粮食等重要农产品的特别关注。文件在第一部分述及“新形势下水利的战略地位”时，明确指出“农田水利建设滞后仍然是影响农业稳定发展和国家粮食安全的最大硬伤”，加快水利改革关系到国家粮食安全。2012年“一号文件”（《中共中央、国务院关于加快推进农业科技创新持续增强农产品供给保障能力的若干意见》）明确将“确保农产品有效供给”作为政策目标的重要组成，并在首类措施中列明“毫不放松抓好粮食生产”和“狠抓‘菜篮子’产品供给”这两大施力领域。2013年“一号文件”（《中共中央、国务院关于加快发展现代农业进一步增强农村发展活力的若干意见》）针对工业化、城镇化深入推进这一大环境，明确提出要“建立重要农产品供给保障机制”，并将粮食、棉花、油料、糖料、蔬菜、园艺、畜禽水产品等列为保障对象。值得注意的是，自2008年“一号文件”起，在政策目标及其措施设置的表述中，“粮食生产（安全）”被“重要（主要）农产品（有效）供给”这一外延更大的概念所取代，前者成为后者的主要内容，更确切地讲前者成了后者的核心内容，这反映出政策制定者对于生活利益状态变迁的敏锐感知力。

"促进城乡一体化发展"并不如"保障粮食等重要农产品稳定供应"那样在10部"一号文件"中都有较为明确的反映，它经历了一个内涵逐渐丰富的成形过程。2004年的"一号文件"在政策目标的设定中，仅仅表明要"尽快扭转城乡居民收入差距不断扩大的趋势"，并因此设置了"发展农村二、三产业，拓宽农民增收渠道""改善农民进城就业环境，增加外出务工收入""加强农村基础设施建设"等措施，明显带有因应现实利益诉求的色彩。2005年"一号文件"明确提出了"统筹城乡发展"这一政策目标，并设置了较为全面的措施类型。2006年的"一号文件"将"统筹城乡发展"作为推进社会主义新农村建设的首要指导理念。2007年"一号文件"在目标设定中将"统筹城乡发展"进一步明确为"统筹城乡经济社会发展"，并提出"强化农村公共服务"的目标及其配套实现措施。2008年"一号文件"在目标设定中首提"城乡经济社会发展一体化"，用以替代"统筹城乡经济社会发展"的惯常提法，并将"逐步提高农村基本公共服务水平"列为重点施力范围。2009年"一号文件"将"推进城乡经济社会发展一体化"列为基础措施之一，农村社会事业发展、基础设施建设、劳动力就业、扶贫等七项具体措施被纳入其中。2010年"一号文件"将"改善农村民生，缩小城乡公共事业发展差距"作为重点内容，在具体措施上比2009年"一号文件"更为详尽。2013年"一号文件"明确提出"推进城乡公共资源均衡配置"的政策目标，并设置了加强农村基础设施建设、发展社会事业、有序推进农业转移人口市民化、维护农村生态环境等基础措施类型。

其二，既有的基本理念在内容表述上不完整。具体体现有三：一是保障农业多功能性理念中的功能罗列稍显落后。《农业法》第4条将农业多功能性所涉及的功能表述为：提供食物、提供工业原料和其他农产品、维护和改善生态环境、促进农村经济社会发展等四个方面，这在2002年立法修订时是有先进性的，前已述及，但现在看来，一些反映新型生活利益状态并已为“外源式利益发现”载体所承认的功能类型未被纳入其中。而且，这些新功能在解释上无论如何都是无法从本条“等”这一兜底性字眼中被推衍出的。具体而言，首提“农业多功能性”并对其进行全面阐释的“外源式利益发现”载体是2007年“一号文件”，其第四部分即以“开发农业多种功能”为题，阐释道：“农业不仅具有食品保障功能，而且具有原料供给、就业增收、生态保护、观光休闲、文化传承等功能。”与现行《农业法》第4条相比，“就业增收、观光休闲和文化传承”为新的功能表述。政策制定者之所以扩充农业的多功能性内容，根本原因就在于体现为这三项新功能的相应生活利益状态亟须保护，也应当予以保护，而我们在此也无法找出立法者基于其立法裁量权不予认可的正当理由。在现实中，这三项中的前两项已然成为农民新时期增收的具有可持续性的重要渠道，“文化传承”则蕴含事关民族兴衰的更高层次上的公共利益。比较法领域中，作为“农业多功能性”首倡者的日本，在其农业基本法上对于“农业多功能性”作出了与我国2007年“一号文件”相类似的功能表述。日本《食品　农业　农村基本法》（1999年制定，2006年修改）第3条“发挥农业的多功能性”第一句规定：“农业多功能是指在农村开展农业生产活动，在确保食品和其他农产品的供应外，还具有维持国土资源、养护水资源、保护自然环境、形成自然景观、继承传统文化等类似并非农业生产劳动中直接产生的各方面功能。”韩国1999年《农业农村基本法》的相关规定也为此提供了一个注脚，该法第2条规定：“将农业发展成为向国民稳定供给粮食，为国土环境的保护做出贡献并能履行经济性、公益性职能的基础产业”，“将农村发展成为保存固有传统和文化的丰富的产业生活空间并予以继承，是本法的基本理念”。这从一个侧面反映出，对农业多功能性所涵诸利益的认识，最起码在具备相似的自然、社会和文化禀赋的国家中具有一致性。

二是科教兴农理念的表述有缺陷。如上所述，《农业法》第6条直接表述科教兴农理念的是第1款。在附随性表述的第2款中，与科教兴农直接相关的内容是“发展农业科技、教育事业、促进农业机械化和信息化”。以此来概括科教兴农的理念是不完全的，其中缺乏当下最急需的农业生产者营农技能的培训与提升性的内容，而这在作为此理念直接来源的“外源式利益发现”载体上原是有鲜明体现的。《中共中央关于农业和农村工作若干重大问题的决定》十条方针之（四）“实施科教兴农”是法律第6条的表述来源，其具体的政策阐释为：“加强农业科学技术的研究和推广，注重人才培养，把农业和农村经济增长转到依靠科技进步和提高劳动者素质的轨道上来”。

三是农业可持续发展理念与科教兴农理念存在相同的表述缺陷。具体而言，《农业法》第6条第2款中“调整、优化农业和农村经济结构，保护农业生态环境、提高农业综合生产能力”的附随性表述不能全面体现农业可持续发展在当代的应有内涵。在比较法上，对于“农业可持续发展”的界定没有一个统一的标准，日本农业基本法与美国综合性农业法典可以代表两种典型立法体例。日本《食品 农业 农村基本法》（1999年制定，2006年修改）第4条“农业的可持续发展”规定：“由于农业具有包括确保食品和其他农产品的供给在内的多功能性，因此必须确保农业生产所必需的农田、农业用水和其他农业资源以及农业从业者的稳定，并且根据地区特点，合理有效地调整农业结构，维持和增进农业自然循环功能（所谓农业自然循环功能是指农业生产活动具有依赖自然界物质循环并促进该循环的功能），实现农业的可持续发展。”日本《食品 农业 农村基本法》（1999年制定，2006年修改）第二章“基本政策”第三节“实现农业可持续发展的相关措施”中容纳了“理想的农业结构的建立”（第21条）、“开展专业农户经营者的农业经营”（第22条）、“农地的保护和有效利用”（第23条）、“农业水利设施的建设”（第24条）、“人才的培养和稳定”（第25条）、“促进女性的参与”（主要基于男女平等考虑）（第26条）、“促进老年人参加农业活动”（主要是促进老年人传授其营农的有益经验和技术）（第27条）、“促进农业生产团体的活动”（主要是促进以村落为单位的组织及其他团体受农业从业者委托开展农业生产经营）（第28条）、“技术开发与推广”（第29条）、“农产品价格的形成与农业经营的稳定”（包括形成能如实反映供求状况及品质的农产品价格，以及减缓农产品价格的异常变动对农业生产经营带来的影响）（第30条）、“农业灾害损失补偿”（第31条）、“维持和增进农业的自然循环机能”（确保农药及肥料的合理使用，促进家畜排泄物的有效利用）（第32条）、“农业设备生产和流通的合理化”（以减少农业经营所必需的农业物资设备的成本为目的所采取的措施）（第33条）。美国《1990年食品、农业、环境保护以及贸易法》（Food，Agriculture，Conservation，and Trade Act of 1990）将“可持续发展农业”（Sustainable Agriculture）界定为：一个融在特定地点的种植和养殖行为于一体的综合性系统，它能够持久地（A）满足人们对安全食品和纤维制品的需求；（B）强化农业生产所赖以存续的环境质量与自然资源基础；（C）最有效地使用不可再生资源以及其他农业资源，同时应使自然生态系统与人为控制之间达至一种适当的平衡状态；（D）保持营农在经济效益上的可行性；（E）提升农民及农村地区的生活品质。[1] 学者则将这些法定内涵概括为三个主要目标（Three main goals）——环境健康（Environmental health）、经济营利（Economic profitability）、社会和经济上的公平（So-

① See Title XVI，Subtitle A.，Sec. 1603.

cial and economic equity)。①

日本农业法和美国农业法在具体的表述思路上存在明显差异，前者注重农业可持续发展理念内涵的全面揭示，后者则重在彰显农业可持续发展理念的几个关键性“节点”。然而，仔细分析这些理念性规范不难发现，美国法所列的两个“节点”其实在日本农业基本法上都有相应的表述性内容。具体而言，“农地的保护和有效利用”以及“维持和增进农业的自然循环机能”实质上就是“强化农业生产所赖以存续的环境质量与自然资源基础”这一“环境健康”目标的应有内涵；“农产品价格的形成与农业经营的稳定”、“农业灾害损失补偿”与“农业设备生产和流通的合理化”等也都是实现“保持营农在经济效益上的可行性”这一“经济营利”目标的具体措施。这一现象表明：这些共通性规范内容所涵摄的生活利益状态具有一定意义上的普适性，因此可以被用作审视相关立法的基准。具备国别独特性的规范内容，在美国农业法上是“提升农民及农村地区的生活品质”，在日本农业基本法上则包括“理想的农业结构的建立”、“开展专业农户经营者的农业经营”、“农业水利设施的建设”、“人才的培养和稳定”、“促进女性的参与”、“促进老年人参加农业活动”、“促进农业生产团体的活动”以及“技术开发与推广”等。这些规范内容反映出较强的国别利益禀赋状态，因此，除非在资源、人文及经济结构等方面因存在相似性或相通性能被当作制度借鉴外，一般无甚理论用途。

我国《农业法》第6条第2款在内容设置上与日本农业基本法相似，“调整、优化农业和农村经济结构，保护农业生态环境、提高农业综合生产能力”这一附随性理念表述与日本农业基本法上部分规范内容之间

① See Susan A. Schneider, *Food, Farming, and Sustainability, Reading in Agricultural Law*, Carolina Academic Press, 2010, p. 31.

(第21、29、32条)具有同质性。这从一个侧面证明，在相关的利益禀赋状态上，不同国家的立法者都做了同质性归类。

以上述的共通性规范内容为基准对我国《农业法》第6条第2款进行审视，不难发现我国法律仅规定了“环境健康”的部分内容，对保障营农收益或曰经济效益未涉及。再基于前述对立法者的思路推断，以在利益禀赋状态上具有同质性的日本基本法作为参照，亦可发现，被日本法纳入可持续发展理念中的有：“开展专业农户经营者的农业经营”、“农业水利设施的建设”、“人才的培养和稳定”、“促进女性的参与”、“促进老年人参加农业活动”、“技术开发与推广”以及“促进农业生产团体的活动”等内容，我国《农业法》第6条第2款并未涉及。这些问题值得在修法时予以关注，但并不意味着我国立法者就一定要移植这些内容，因为我国还有自己的特殊国情。

三、《农业法》总则中相关规范的修改建议

(一)立法目的的修改——改实质性的目标表述为工具性的目的表述

为了避免上述的立法目的与农业和农村经济发展基本目标预设之间在表述上的重复，笔者建议借鉴日本和韩国农业基本法的体例，对现行《农业法》第1条进行修改。在中国特色社会主义法律体系已经形成的情形下，学界与实务界对于“依法治农”的认识是一致的，而“依法治农”实现的前提是根据我国的国情，不断地修改和完善现行农业立法，在修法时要充分吸收在实践当中行之有效的农业政策，尽量形成政策与法律之间完美衔接、相辅并治且运行顺畅的规制模式。但应当注意，在把政策转化为相关的农业立法时，一定要经过相应的立法技术转化，直接引述非但欠缺法理正当性，也反映出一种“惰性”思路。因此，在可

预见的时期内，《农业法》所面临的重要任务即是对相关政策中所承载的价值判断及其实现措施，基于法律理性与技术，转化为纯正的法律规范，而《农业法》作为基本法，对此任务应当有所标示，立法目的部分的相关条款就是比较合适的彰显位置。

具体而言，现行《农业法》第1条应当被修改为：为了巩固和加强农业在国民经济中的基础地位，深化农村改革，发展农业生产力，维护农业生产经营者的合法权益，确立农业和农村发展的各项基本制度，划定各级政府及相关管理部门的基本职责，制定本法。

（二）对基本概念界定的修正和完善建议

1. 可基本保留《农业法》第2条第1款关于“农业”的界定，但鉴于前述对此款的法理疑问，考虑在其中加入明确国家施力领域的词汇。具体而言，此款可改为：农业是指本法所规定的种植业、林业、畜牧业和渔业等产业领域，还包括与各产业直接相关的产前、产中、产后等服务环节。

2. 鉴于前述缺乏利益基础及易生适用上的疑惑等缺陷，建议删去第2条第2款关于“农业生产经营组织”的界定，将包含此概念的各条，依据这样的思路进行相应修改：将“农业生产经营组织”一律还原为“农村集体经济组织、农民专业合作经济组织、农业企业和其他从事农业生产经营的组织”，再具体根据各条规范内容与这些组织体基于其性质的事业范围的匹配性进行相应的删减处理，明显不应从事特定规范内容的组织体，应该被剔除出此规范，在法理上尚无公认的禁止性理由的，则需基于特定价值判断或者实际考量作出或留或删的处理。

3. 对“农民”作出界定。准确界定“农民”应当首先考虑《农业法》以其为主体所承认的利益类型，界定的概念要能最大限度地容纳这些利益，而实现这一容纳性的技术性保证是找准利益关联点。承接第一章所述，《农业法》为“农民”设定了土地承包经营，组织专业合作社、农业企业和农业保险互助组织，参与农业产业化经营，获得农机购置扶持、参与农产品流通，按保护价出售粮食，获取市场信息，获取贷款扶持，获取退耕补助，获取转业补助，拒绝非法摊派，集体组织重要事项公开，向政府反映情况和提出合法要求，获取社会救济等利益类型。这些利益根据它们的存续领域可被概分为三类：农业生产型利益、农产品经营型利益与其他利益。农业生产型利益存续于种植业、养殖业等具体生产领域，依据与生产活动的关联度又可进一步细化为三类：直接生产利益，土地承包经营利益及其物权化是典型；生产服务利益，即为直接生产提供各项所谓“社会化服务”的利益类型，购置农机是为现代化农业生产备置必需的工具，因此，国家对其的扶持实质是在促进物质性生产服务前提的齐备，由于现行法律对于农业专业合作社经营宗旨和范围的限制，[①] 组织专业合作社其实也是在为农资购进、农产品销售以及生产技术应用等服务的专业化与品质化提供组织前提，组织农业保险互助组织则是为分担农业生产中的自然风险提供自助性的组织基础；生产置换性利益，即为了某种更高层面上的公共利益，负担终止惯常从事的农业生产这一公法义务后所获得的补偿性利益，获取退耕补助与转业补助是基于生态还原及环境养护的生产置换性利益。农产品经营型利益存续于各类种养殖业产品的营销领域，参与农产品流通、获取市场信息、按保护价出售粮食等均是典型。需指出的是，组织农业企业、参与农业产业化经营以及获取贷款扶持这三种利益在归类上比较棘手，因为它们并不

① 《农民专业合作社法》（2006 年）第 2 条第 2 款规定：农民专业合作社以其成员为主要服务对象，提供农业生产资料的购买，农产品的销售、加工、运输、贮藏以及与农业生产经营有关的技术、信息等服务。

如前述各利益那样在本质上与农业生产或者农产品经营之间具有天然的或拟制的（如农民专业合作社法上的目的拟制）唯一对应性，而是根据具体的利益诉求，或者与前者发生关联，从而演化为农业生产型利益，又或者与后者相联系，演化为农产品经营型利益，抑或与两者均有关联，演化为兼具两种性质的利益类型。以组织农业企业为例，企业的营业范围既可能被限定于农业生产领域，又可能被限定于农产品销售，也可能被设置为二者兼营。其他利益包括拒绝非法摊派，集体组织重要事项公开，向政府反映情况和提出合法要求，获取社会救济等类型，由于它们之间并无共同的利益基础，更重要的是，如前所述前三类因无独立存在的法理基础，在找寻界定“农民”的利益关联点时，基本上可以忽略。

农业生产型利益和农产品经营性利益的这种二分法其实已经隐含了能最大限度地辐射到各类值得保护的利益内核的关联点——行为类型，即农业生产行为与农产品经营行为。以此为基准，我们在理论上可以将“农民”界定为“从事农业生产或农产品经营行为的人”。但这一界定在两点上还有存疑之处：一是如何认定“从事”，笔者的观点是，从事应当具备持续性抑或对于特定主体在生存或角色定位上的基础性，能容纳或精准反映这两大性质的“代替性特征”（海克语）[①] 莫过于“主业”这一词汇，偶尔体验农业生产或者临时销售农产品者因此都将被排除在“农民”之外；二是何为“人”，前述对“农业生产经营组织”概念的分析中已经指出，立法者是将“农民”作为组织体之外的主体类型来看待的，那么是否就可以据此断定“农民”其实是指自然人。这种因果推论在现行农业法制体系中并非必然，因为非组织体的农业生产经营者，除自然

① 海克将此表述为能使法律适用较为容易的，可以直接检验的利益状态，“行为能力”是其典型。参见吴从周：《概念法学、利益法学与价值法学：探索一部民法方法论的演变史》，中国法制出版社 2011 年版，第 245 页。

人外，还有“农户”。那么若将“农民”的自然载体直接指向“自然人”会不会与既有的“农户”之间产生不协调甚至冲突呢？我们的回答是否定的。原因有二：一是从制度功能来看，现行土地承包制度将“农户”作为重要主体（承包方）主要源于两点功能性考虑：对长期以来家庭经营惯例的遵循，经济学家将其正当性解释为家庭之于农业生产活动特质的天然契合性，以及防止农地因继承细碎化。而《农业法》界定“农民”的目的则是确认新时期农民应享的利益类型，二者不具有相互冲突的利益基础，可以并行不悖，因此“农户”的存续并不排斥对“农民”的界定，反之亦然。二是从权利享有的法律状态来看，作为“自然人”的农民，其一部分与“农户”在土地承包经营权的享有上具有同质性。在将“农户”所获取的土地承包经营权理解为一个用益物权的情形下，户内所含自然人成员共同共有该物权作为通说，已为司法机关所普遍采纳，这些成员中具体从事农业生产者与生产型“农民”之间的同质性不言自明。

综上分析，笔者建议将“农民”界定为：以种植业、渔业、畜牧业和林业产品的生产或经营为主业的自然人，还包括将为各业产品生产或经营提供服务作为主业的自然人。为了进一步细化“主业”的认定标准并保持其对生活利益状态的灵活因应性，可以考虑增设一款：主业的判断应当以从事各业产品生产、经营或服务的时间，所得收入占全部收入的比例以及从事生产、经营或服务的方式等为标准，国务院有权制定具体的判断标准。

基于行为类型对“农民”进行的宽泛界定其实是在践行“将农民作为一种职业指称而非身份象征”这一理念，在可以预见的城乡一体化前景中，其科学性与正当性是明显的，对此无须赘述。需要特别指出的是，这种界定方法为国家基于特定的价值判断介入并干预农业及农村发展留足了空间，因为国家所有的干预措施最终都只有落实到对个人利益的影响上才能产生实效，而对“农民”的宽泛界定无疑有助于这种“落实”游刃有余地实现。在现阶段，为了应对“农业后继无人”以及“农产品附加值偏低”等现实问题，国家已经将培养具有高素质的新型“农民”和实现“农产品市场化”列为新的政策目标并着力实现，而行为类型的“农民”定义与这些目标的实现之间具有契合性。将身份排斥于“农民”界定基准之外，为具有营农意愿的高素质人员进入农业生产打开方便之门，国家扶助与引导性的规制措施也因此具有了更大的施力空间。将农产品经营行为作为认定基准，并辅之以相应的扶助措施，有助于激励从事农产品营销且具备相当经营技能的人选择以此为主业，更利于吸引其他人从业。

在比较法上，并无与我国《农业法》上的“农民”可直接互译的概念界定，但与其具有相近性的概念却是有的。韩国1999年《农业农村基本法》第3条之（2）界定了“农业人”的内涵，即“农业人是从事农业的人，具体是指符合总统令规定标准的人”。日本《食品 农业 农村基本法》（1999年制定，2006年修改）上并无概念界定，但其《农地法》（1952年制定，2005年修改）第2条却界定了“自耕农”与“佃耕农”这两个概念，具体规定为：“本法中的自耕农，指根据农用地或采草放牧地的所有权从事耕种或畜牧业者。佃耕农指根据农用地或采草放牧地所有权以外的权限进行耕种或畜牧业者。”美国农业法典——《2008年食品、环境保护与能源法》（The Food, Conservation and Energy Act of 2008）在第一部分“农产品项目”（Title Ⅰ—Commodity Programs）的“定义”中（SEC. 1001. Definitions.）对“生产者”（Producer）进行了界定，具体规定为：生产者一般是指分担某种作物的生产风险并有权分享这些用于销售的作物，或将会分享已经处于其支配之下的作物的所有者、经营者、地主、佃农抑或分成佃农。以所运用基准的基准不同，可将这些国外立法例分为两类：一是以单一的从事农业的行为为基准所进行的概念界定，韩国农业基本法是典型；二是基于行为和权利的双重基准所进行的概念界定，日本《农地法》和美国农业法典可归于此类。不过二者在权利内容的表述上侧重不同，日本法侧重于对土地所有权和其以外权利的界分，这可能源于其扶持自耕农的立法目的。美国法则重在强调各类主体对于农产品的分享权限。我们在此处界定“农民”时采用了与韩国立法例相同的思路，并未将权利纳入界定基准。

4. 对“农村”作出界定。美国农业法典——《2008 年食品、环境保护与能源法》（The Food，Conservation and Energy Act of 2008）对“农村”采取了排除性的界定思路，其第六部分“农村地区发展”（Title Ⅵ—Rural Development）中的“定义”（SEC. 6018. Definitions）在界定“农村地区”（Rural Area.）时，规定，“农村地区一般是指居民在 50，000 人以上的城市和乡镇之外的地区，还包括邻近这些城市和乡镇的已经城市化了的地区以外的地区”。借鉴这种思路的前提是法律对“城市”已经有了如美国法那样精确的界定，但事实却并非如此。因此，笔者认为，可行的思路还应当是正面界定，基准应当有二：一是能容纳最主要的农事活动——农业生产，二是能包含农业生产者的日常生活。基于此，“农村”可被界定为：农民从事农业生产并进行日常生活的地区。法律还可授权国务院进行进一步的细化，如可增加一款：农村的具体地域范围由国务院具体划定。

5. 对“农产品”、“重要农产品”及“粮食”作出界定。“农产品”可以被界定为：进行种植业、渔业、畜牧业及林业生产所获得的产品。“重要农产品”则可被界定为：农产品中关系国计民生及国民基本生活的特殊农产品。同时授权国务院予以具体化，即规定：重要农产品的种类由国务院规定。对于"粮食"进行界定时有两种思路：一是直接表明具体粮食品种，二是仅进行例示性界定，具体品种授权国务院具体化。从我国实行有年的最低保护价收购、直接补贴、临时收储等政策所针对的粮食品种早已固定化这一角度而言，第一种思路是可行的，但考虑到这些政策仍处于制度试验阶段，同时为了使《农业法》能够及时因应生活利益的变迁并且为今后的粮食立法留下空间，我们还是赞成例示性的界定，将粮食定义为：小麦、稻谷、玉米等谷物，豆类及薯类，具体品种由国务院规定。

（三）对基本政策理念的修改和完善建议

由于对相关基本政策理念进行完善和修改的具体思路在前面的缺陷阐释中均已有详述，因此这里直接切入具体的规范建议。

1. 将第3条第2款独立为一条，专门表述"农业和农村发展的基本目标"，在原位置加入具体阐释"国家优先发展农业理念"的内容。可考虑作出如下表述：国家为促进农业发展，在财政支出、税收、信贷等方面对农业予以重点支持。

2. 将第6条"农业可持续发展理念"的阐释性内容规定为：国家采取措施调整和优化农业产业结构，加强水利设施的建设与管理，保护农业生态环境，保障农民能获得公平的农业生产与经营收益，培育高素质的新型农民，充分发挥老年农民在农业生产技术与经验传承中的应有作用。

3. 将第4条"农业多功能性理念"的表述修改为：国家采取措施，保障农业在提供食品、工业原料，维护和改善环境，促进农民增收，观光休闲，文化传承等多方面作用的充分发挥。

4. 将第5条纯化为促进集体所有权实现的理念表述，具体可规定为：

国家采取措施保护和促进集体所有权的实现，拓宽集体收益渠道，保障集体收益在其成员间的公平分配，努力实现共同富裕。将第 7 条纯化为积极促进农民财产利益实现的理念表述，具体可规定为：国家采取措施扩展农民收入渠道，保障农民的土地等财产利益和涉农补贴的公平发放，努力缩小农业收入与其他产业收入之间的差距。

5. 将第 8 条修改为倡导性条款，删去其中的“假义务”表述，具体可修改为：国家号召全社会高度重视农业，支持农业发展。国家对农业和农村发展作出重大贡献的单位和个人，给予表彰奖励。

6. 增设两条，分别表述“粮食等重要农产品稳定供给”理念和“促进城乡一体化发展”理念。前者可以作出如下规范设计：国家保障粮食等重要农产品稳定供给。粮食等重要农产品主要立足于国内生产，并适当进口。国家应当采取必要措施努力实现保障粮食等重要农产品稳定供应的基本方针。后者则可做如下规范设计：国家采取措施促进城乡居民在生产生活条件和公共服务水平等方面上的均等化。

7. 考虑到前述的体例编排问题，《农业法》总则中修改与新设的各条排列次序应当作出如下调整：第 1 条规定立法目的，第 2 条界定“农业”“农民”等基础概念，第 3 条罗列国家在现阶段为农业和农村发展所设定的基本目标，第 4 条表述“保证粮食等重要农产品稳定供给”的理念，第 5 条表述“促进集体所有权实现的理念”，第 6 条表述“国家优先发展农业”的理念，第 7 条表述“农业多功能性理念”，第 8 条表述“农业可持续发展”的理念，第 9 条表述“积极促进农民财产利益实现”的理念，第 10 条表述“促进城乡一体化发展”的理念，第 11 条规定国家号召性规定，第 12 条规定基本管理体制。

第三章 “农业补贴”融入《农业法》的相关问题研究

一、“农业补贴”的内涵、性质及其法制化的必要性

（一）“农业补贴”的内涵

一般意义上的农业补贴指的是对农业的财政补贴，即国家为了实现特定的农业产业政策目的，将财政收入依法定的标准和方式，转移给特定的农业生产经营者的国家行为。在理论上，农业补贴因其外延涵涉范围不同有最广义的农业补贴、广义的农业补贴和狭义的农业补贴之分。最广义农业补贴的外延涵涉范围依国际法性质的《补贴与反补贴措施协定》第1条对“补贴”的外延描述以及德国公法学界的研究成果可以概括为：（1）国家现实的涉及财政资金的直接转移，如补助金（补贴金）、国家的低息或无息贷款、国家对特定农业经济组织或项目的投资入股等；（2）国家潜在的涉及财政资金或民间债务的直接转移，典型的是国家对特定农业生产经营者商业贷款一定比例的担保、再担保或保证保险；（3）租税优惠，即国家依法放弃在正常情况下应征收的政府租税；（4）国家向特定农业生产经营者提供一般公共性或基础性设施和服务之外的物品或

服务，以及依法定优惠价格购买特定农产品。[①] 广义的农业补贴的外延涵涉包括国家现实的财政资金的直接转移支付，国家潜在的涉及财政资金或民间债务的直接转移和国家依法放弃的政府租税三种。[②] 狭义的农业补贴则仅指国家为了实现特定的农业产业目标而进行的现实的财政资金直接转移中的“赠款性”补助金或补贴金的依法发放，德国公法学界称为“亏损性补贴”，意指“不要求返还的金钱给付，对国库来说，这种给付是一种‘亏损’”,[③] 这种“亏损性补贴”在各国农业法律体系中占据着非常重要的地位，是各国保护、扶持农业生产和农业生产经营者的主要手段，其在各国农业补贴实践中称谓不一，如美国农业法称为“直接支付”“反周期支付”“营销贷款差额补贴”,[④] 德国在法律实践中则采用“财政援助”“奖励”“补助”“补贴”等多项术语。[⑤] 本书所论及的“农业补贴”仅指“亏损性农业补贴”，其发放主体多为行政机关，具体为农业生产主管机关或促进机关，在法定条件下也授权非政府的公益性组织（如农业合作社）或委托私营机构（如银行）发放农业补贴；农业补贴接受主体一般为实际从事特定农产品生产或经营活动的自然人、法人或其他法定组织；农业补贴的目的因各国亏损性补贴项目不同而有差别，但概括起来主要有两类：一类是为了促进农业生产经营水平或保障食品供应安全，另一类则是为了提高或保障农业生产经营者的生活水平。

各工业化国家的社会经济状况不同，农业补贴的目的存有差异，随之而产生的是为各种目的服务的不同补贴方式。综观各国农业补贴法律

---

① 参见［德］哈特穆特·毛雷尔：《行政法学总论》，高家伟译，法律出版社2000年版，第424页。

② 参见陈慈阳：《环境法总论》（修订版），中国政法大学出版社2003年版，第256页。

③ ［德］哈特穆特·毛雷尔：《行政法学总论》，高家伟译，法律出版社2000年版，第424页。

④ 张汉麟等编译：《美国2002年农业法专题研究》，经济管理出版社2005年版，第131~171页。

⑤ ［德］哈特穆特·毛雷尔：《行政法学总论》，高家伟译，法律出版社2000年版，第424页。

制度，可作以下分类：一是以鼓励和支持农业生产效率的提高为目的，即以国家财政补贴的方式或引入先进的农业生产要素以替代传统要素，或促进特色农产品的生产和传统农业资源的保护，或推动农业生产的规模化及产业化，最终达到改造传统农业，寻求和保有农业在国民收入中新的收入增长点，从根本上改变农业生产的弱质性和减缓农业产业比较利益急速下降的目的。为实现该类目的的补贴类型一般有：农业生产资料投入补贴、农业科技开发与推广补贴、促进农用土地集中化补贴、农业环境保护补贴、农民职业培训补贴、农用土地休耕补贴、农业生产者退休或转业补贴、不发达地区农业开发补贴等。二是以保障或提高农业生产经营者的农业收入水平为目的，即通过各类国家财政的转移支付来保证农业生产经营者的收入水平不低于其他产业的经营收入，在一定条件下甚至超过其他产业的经营收入。为实现该类目的的补贴一般为农业生产经营者收入支持补贴，该补贴又分为直接给付式的收入支持补贴和农业保险补贴两类。前一类最初表现为“国家购入”制度，即当农产品价格低于国家制定的保护价时，由国家以保护价全部购入，后又演变为“不足支付制度”，即当农产品价格以低于国家制定的保护价出售时，由国家财政支付保护价与售出价之间的差额。由于经济学理论认为对农业生产经营者的前两类补贴与特定农产品的当期产量与价格挂钩，有扭曲价值规律的危险，因此各国的农业补贴实践创造出对价值规律影响最小的与农业生产脱钩的“直接支付”制度，该制度规定了固定的不受当期产量与价格影响的各类农产品的“直接支付率”，以此为基础，根据历史种植面积与历史单产最终确定直接支付额。农业保险是为保障农业生产经营者在自然灾害发生时农业收入水平的制度，农业保险补贴主要包括国家对农业生产经营者保险费的补贴和对农业保险经营者运营费用与亏损的财政补贴。

（二）“农业补贴”的性质

在财政学或经济学上，农业补贴“与价格、工资利息等经济杠杆”一样，其运作的本质是“以产品价值量为分配对象，引起国民收入分配额在不同利益主体之间发生变化，改变国民收入分配结构，从而对社会再生产的生产、分配、交换和消费发生影响”，[①] 进而影响农业产业与其他产业之间相关资源的合理配置，实现国家特定的经济和社会政策目标。经济目标主要指通过对农业生产率的促进和提高，使之与其他产业均衡发展；社会目标主要指提高农业生产经营者的农业生产经营收入，使农业生产经营者与其他各业经营者之间的生活水平大体相当；在某些经济转型国家（如我国），通过农业补贴的资源配置所实现的国家目标中还包括保证粮食等重要农产品的供应安全。引发国家以补贴方式介入并干预国民收入分配结构的根本原因在于农业产业的天然弱质性及其对国家与社会的不可或缺性。农业产业的弱质性主要表现为：农业生产对土地、气候等自然禀赋的严重依赖性，农业产品在市场上缺乏供给弹性，农业新技术、新品种开发和引进的巨大成本以及在实践运用中的巨大外部性。农业对国家与社会的不可或缺性则表现为：农业是一国食品供应的唯一来源；农业是一国诸多工业生产领域最重要的原料提供源；农村和农业生产经营领域为一国工业和服务业的发展提供了广阔的市场空间。

在法学界，大陆法系对补贴的法律性质及补贴运作法律关系的研究比较成熟，在农业补贴的研究中引入这些研究成果对于我国农业补贴制度中各项公私权配置与相关公私法主体责任的追究和实现机制的构建有着重大的理论意义。在德国公法学界，对补贴运作的法律分析以“阶段

---

① 李本：《补贴与反补贴制度分析》，北京大学出版社2005年版，第3页。

理论”为通说，其中又因补贴形式的不同而包括“二阶段理论”“一阶段理论”等各种观点。“阶段理论”认为，补贴的发放一般分为两个阶段，第一个阶段是“作出有关特定领域补贴行为的抽象——一般的补贴决定，规定发放补贴的条件、特别是补贴受领人的范围，其形式是法律或者预算计划中的专项拨款；如果有明确的补贴法律规定，预算计划就必须准备相应的资金；如果没有补贴法律规定或者规定得不明确，则要通过预算计划拨款的方式作出标准界定，再由行政规则（补贴准则）确定具体的补贴细节”，这一阶段的抽象行为—— 一般的补贴行为“是一种政治决定，提出的是宪法问题（基本权利、法律保留、宪法预算规定的遵守）”；第二个阶段是根据第一阶段所形成的抽象一般的规则和计划作出个别的补贴作为，即在具体个案中分配补贴，这主要涉及典型的行政法问题。[①] 在我国台湾地区公法学界，比较一致的观点是：补贴（补助金）的提供需有法律基础，或者必须有法律规定，或者必须有预算根据，但对补贴（补助金）提供的法律性质却理解不一。持“私法契约说”观点的学者认为，行政主体对私人或事业之补助金行为，性质上为私法上附负担的赠与契约，应依私法相关规定处理；持“公法契约说”的学者认为，行政主体基于公益目的而给付补助，须依人民之申请，且经审查，对符合补助要件者才提供补助金，本质上属公法行为，补助金契约形成公法上的对等当事人关系，行政主体保留可撤销交付决定及命令返还补助金之请求权，相对人对申请补助金事件不服者，可主张行政救济。持“行政行为说”的学者认为，补助金交付决定属于行政行为，相对人依法申请补助金，但行政主体拒绝未提供时，属于对人民之不利行政处分，

① ［德］哈特穆特·毛雷尔：《行政法学总论》，高家伟译，法律出版社2000年版，第426页。

可提起行政救济。①

从以上关于补贴的理论中可以看出，德国公法学界对补贴的研究视野比较宽，涉及补贴法律及补贴预算计划的形成与具体的补贴发放，我国台湾地区公法学界则对因具体的补贴（补助金）发放而产生的法律关系的性质和内容有着较深入的研究。笔者认为，在我国农业补贴的研究中，德国与我国台湾地区对补贴的研究成果可以借鉴，分别以抽象原则意义上的补贴法律与补贴预算计划的形成和具体补贴发放两个阶段互为补充，从而为各阶段公私法主体的相关责任及其追究提供理论依据和前提。

从法理上分析，国家财政对农业的各类补贴，是国家公权力对市民社会私法体系的影响。进言之，是国家公权力通过受益性的补助行为使符合国家农业产业政策目标的农业生产经营者传统的私权内容得以扩张，亦即受补贴的农业生产经营者与一般市民社会私法主体相比较，获得了某类“特权”，与此相应，其亦应承担各种促进国家农业产业政策内容实现的义务，这些义务或者为纯粹的对国家的公法义务，或者为以公法为背景或有公法因素渗入的以私法形式表现的“混合型义务”。这些足以影响传统私权体系甚至于扩张私权内容的国家对农业的财政补贴理应有法律上的实体权源和程序依据。由于国家对农业的财政补贴涉及国家内部各类机关及国家与社会主体等各种性质的社会关系，其内容极其复杂，若无法律上对各类补贴所涉主体的权力（利）与义务（职责）明确而具体性的规定，极易造成各类社会关系运行的无序化甚至于相互冲突，实难保证国家农业产业政策目标的顺利实现。另外，国家财政对农业的补贴关涉公共财政的支出，而公共财政的民主性与法治性又要求支出有法

① 陈樱琴：《补助金之法律问题》，载台湾行政法学会：《行政法争议问题研究（下）》，台北，五南图书出版公司2000年版，第1382页。

律上的规范依据。因此，从国际惯例来看，对各类农业补贴均有国际法与国内法的具体规定。

（三）“农业补贴”被纳入法制化轨道的必要性

我国以中央和地方的相关支农政策为依据在多地实行的对种粮农民的直接补贴、良种补贴、农机购置补贴以及其他补贴，取得了一定的社会效果，但《农业法》及其他法律中并未对农业补贴做出任何规定，笔者认为，完善农业补贴法律制度，将实行多年的农业补贴政策法律化和制度化确有必要，其必要性可以从以下几个方面进行认识：

1. 将“农业补贴”法制化是现阶段实现国家保护、支持农业这一政策理念的需要。“工业反哺农业”“城市支持农村”是世界各国工业化和现代化发展到特定阶段后产业政策转向的一般规律，目前我国已经步入这一阶段，确立“工业反哺农业”“城市支持农村”的基本政策理念是这一发展阶段的必然要求。《中共中央、国务院关于进一步加强农村工作提高农业综合生产能力若干政策的意见》（中发〔2005〕1号）、《中共中央、国务院关于促进农民增加收入若干政策的意见》（中发〔2004〕1号）与《中共中央、国务院关于推进社会主义新农村建设的若干意见》（中发〔2006〕1号）等政策性文件的出台正是党中央和国务院对这一发展阶段的政策回应。《农业法》及相关法律理应在内容和结构上对国家保护、支持农业发展的政策理念做出全面而具体的制度安排，这是法治理念的基本要求。

2. 将“农业补贴”法制化是在全国范围内提高农业补贴效果的需要。以政策尤其是地方政策为法制依据的农业补贴，在补贴种类、标准、程序和方式等方面千差万别，难以实行统一和全面的规划和监督，影响农业补贴在全国范围内的推行效果。在前几年，粮食直接补贴的模式依据地方政策主要有两种：按面积补贴和按交售量补贴；安徽省的补贴是按面积补贴的，主要办法是按近3年全县保护价平均收购量和保护价与市场价的平均价差核定全县的补贴总额，按全县耕地面积计算每亩补贴标准，再按近3年全县年均保护价收购面积与全县计税农田面积测算出亩均商品粮常数，最后按农户承包地的计税面积将补贴核定到户，以抵扣农业税的办法支付。后一种补贴模式以湖北省为典型，湖南、河南和浙江省也进行了类似试点。以湖北为例，其主要做法是：按1998年至2000年全县保护价平均收购量（或以前的全县粮食定购量）和保护价与市场价的平均差核定全县的补贴总额，再按农户与国有粮食购销企业的产销订单（或以前的定购任务）核定各户应得补贴额。补贴以价外加价的形式，由国有粮食企业在按订单收购农民粮食时直接结算给农户。[①] 这两种模式在计算方法、发放程序等方面存在巨大差异，推行中根本无法调和。更为重要的是，随着农业税及粮食定购制度的废止，这两种模式将更无可行性。在当前的补贴实践中，各地粮食补贴的补贴标准仍旧是“由省级人民政府根据国家的指导意见，结合本地实际情况自主制定。可以按照计税土地面积、计税常产或粮食种植面积进行补贴，粮食主产区原则上按种粮农民的实际种植面积补贴”，[②] 粮食补贴品种也“由各省自主决定，如江苏省只补贴水稻，山东省只补贴小麦，河北补贴小麦和玉米，黑龙江补贴小麦、水稻、大豆和玉米，辽宁则补贴玉米、水稻、高粱、小麦和杂粮”。[③] 我们并不否认将粮食补贴的推行委于地方政府自由裁量在实效性上具有优势，制度试验的目的也为这种委权提供了一定的正当性，但若缺乏基本的规范框架，而任由地方政府无约束地自由裁量，

① 周刚志：《论公共财政与宪政国家：作为财政宪法学的一种理论前言》，北京大学出版社2005年版，第24页。

② 程国强：《中国农业补贴：制度设计与政策选择》，中国发展出版社2011年版，第44页。

③ 程国强：《中国农业补贴：制度设计与政策选择》，中国发展出版社2011年版，第44页。

非但易使“实效性”沦为创造政绩的华丽“借口”，也与制度试验的目的背道而驰。国家进行制度试验的最终目的莫过于经由实践抽离出既能囊括各类亟须确认的共通性生活利益状态，又能顾及特殊利益诉求的制度型塑思路或者素材，因此求取各试验地方制度经验之“同”，应当是判定试验成效的主要指标。如粮食补贴这样极具地方特色性的制度实践，除补贴目标层面上的一致性外，要找出能够充当制度型塑思路或素材的共通性制度经验恐怕很难。这种情况若长期持续下去，制度试验推行者将会陷入一种“欲进无益，欲罢又不能”的“鸡肋”窘境，继续试验下去明显与其初衷渐行渐远，而要戛然终止，受补贴者因长期参与制度试验所形成的信赖利益又不能不考虑。

3. 将“农业补贴”法制化是使补贴获备公共财政支出所需法律依据的需要。农业补贴涉及公共财政的支出，依法治理念应有权源及程序方面的法律依据。公共财政的本质在于其公共性，而公共性最重要的特征是在财政管理体制上的公共性，表现在国家对财政收入、财政支出的运行管理机构设置都制定了详细的法律，权力机关可以通过预算审批监督、税费的开征立法等活动来控制和制约政府的财政活动，使财政行为在人民通过法律设计出来的轨道上按照人民的公共意志规范运行。[①]

二、农业补贴的理论基础

（一）既有的农业补贴证成性理论

1. 经济学上的证成性理论

（1）农业产业弱质论

农业产业弱质论又可称为比较利益偏低（下降）论，基本观点可概

① 刘剑文主编：《财政税收法》（第3版），法律出版社2003年版，第8页。

括为：在同等的市场条件下，随着经济和社会的发展，农业与其他产业尤其是工业相比，比较利益将大幅下降，具体表现为“农业和工业部门之间，劳动者的生产率和收入有很大差别”①，从而导致农业从业积极性降低，农业自身资源不断向外流失，而农业外部资源却更加难以进入农业领域，长此以往，农业发展必然趋向停滞和衰落，② 国家因此负有扶助、促进农业产业发展的义务。

经济学界一般将致使农业比较利益低下的原因概括为以下几点：其一，农业是一个融自然再生产与社会再生产于一体的特殊产业，农业生产承受着自然与市场风险的双重影响。自然风险主要表现为无法预料且无法抗拒的各种自然灾害，市场风险则主要表现为基于农业生产周期性与季节性的滞后性市场反应。③ 其二，生产技术的影响。农业受土地等自然禀赋的制约，极容易出现土地报酬递减现象。其三，恩格尔定律的影响，亦即提高了收入水平的人们并不必然增加对农产品消费的投入，相反，却往往增加工业品与服务的消费量。④ 其四，投资回报率低下，即农业生产普遍存在资金周转缓慢、固定资产利用率偏低、投资回报周期长和资本利润率不高等情形，因此对以追逐利益为目的的资本而言，缺乏吸引力。⑤

（2）农产品供需缺乏“弹性”论

经济学上所谓供需“弹性”，简单而言，即是供给与需求相对于市场价格的灵敏度。按照一般的经济学原理，在正常情况下，当某一产品在

---

① ［日］早见雄次郎、［美］弗农·拉坦：《农业发展：国际前景》，商务印书馆1993年版，第255页。

② 参见李湘松：《论西方国家农业保护政策的理论依据》，载《乡镇经济研究》1998年第1期。

③ 参见许志鹏：《农业补贴法律制度研究》，中国政法大学出版社2013年版，第54～55页。

④ 参见李湘松：《论西方国家农业保护政策的理论依据》，载《乡镇经济研究》1998年第1期。

⑤ 参见许志鹏：《农业补贴法律制度研究》，中国政法大学出版社2013年版，第55页。

市场上出现供需不平衡时，供需差距往往对应于价格上的升或降。供需差距与价格之间无法呈现正常对应关系的产品，经济学称为缺乏供需弹性的产品，农产品一直被认为是此类产品之典型。“农产品供求缺乏弹性，导致农产品价格、产量、收入的明显波动，谋求稳定无疑是政府在制定政策时的一个重要目标”。①

农产品供给弹性缺乏的原因被学者归纳为两点：一是受自然条件、农业资源状况、农业生产经验、农业技术水平等因素的制约，农业生产者在短期内，对农业生产安排的自由选择余地不大，即使市场价格发生变动，也很难及时对生产结构和规模作出调整；二是尽管农业技术变革会促使农业生产率提高，但由于农业生产者数量巨大，一部分生产者的技术革新由于缺乏可行的保密方式，会很快被其他生产者无成本地仿效，因此，农业领域的科技创新外部成本较高。②

农产品作为人类赖以生存的必需品，对其需求具有较高的刚性，但限于生理需要的“边界”和长期储备的成本与能力，对其的需求又具有数量上的限制。这两点需求上的特性相结合，即是农产品缺乏需求弹性的原因所在。③

（3）农业外部性理论

农业外部性理论认为：农业生产的某些环节以及重要农产品客观上具有有益于社会福利的正外部性，因此通过公共财政补贴等手段内化其成本具有正当性。

农村基础设施建设、农民技术培训以及农业科技创新等产业环节被

---

① ［美］詹姆斯·P. 豪克：《农产品贸易政策原理》，中国人民大学出版社1991年版，第32页。转引自李湘松：《论西方国家农业保护政策的理论依据》，载《乡镇经济研究》1998年第1期。

② 参见李湘松：《论西方国家农业保护政策的理论依据》，载《乡镇经济研究》1998年第1期。

③ 参见李湘松：《论西方国家农业保护政策的理论依据》，载《乡镇经济研究》1998年第1期；许志鹏：《农业补贴法律制度研究》，中国政法大学出版社2013年版，第55页。

许多学者认为具有明显的正外部性，因此存有普遍的“搭便车”现象。[①]

对于粮食等重要农产品，学者认为：基于其对人之生存的不可或缺性，以及足量供应虽符合社会稳定等公共需要但却因经营上的比较劣势，私人一般不愿单独提供等特性，认定为具备一定程度的公共物品应属正当。[②]

另有学者针对国家为了粮食安全而限制耕地转用这一实况，指出：政府补贴农业的本质在于花钱向农业生产者购买粮食安全，而非对农业的产业倾斜政策。[③]

（4）土地资源价值全面实现论

土地资源价值全面实现理论认为：土地资源在当代具有效用多元化的特质，这种多元化体现为经济价值、生态价值、社会价值和文化价值的综合。经济价值是指土地用于农业生产所获得农产品的价值；生态价值是指土地及其上生物构成的生态系统所具有的调节气候、净化环境、维持生物多样性等方面的价值；社会价值包含保障粮食安全、维护社会稳定、提高就业和收入保障、推进可持续发展等方面的价值；文化价值是指土地本身构成的自然和人文综合景观带给人们的休闲、审美和教育的价值。[④] 农业补贴虽然表现为政府对农民的转移支付，但是实质上不是对农民的恩赐，也不是偿还历史的欠账，而是农民作为集体土地最终所

---

① 参见曾富生、朱启臻：《农业补贴的历史与理论探析》，载《西北农林科技大学学报（社会科学版）》2010 年第 3 期；杨林、邓丽禛：《农业补贴理论的最新发展：一个文献综述》，载《经济研究参考》2012 年第 22 期。

② 参见许志鹏：《农业补贴法律制度研究》，中国政法大学出版社 2013 年版，第 60 页；张彦英、夏海英：《农业财政补贴的经济学理论依据分析》，载《中国集体经济》2007 年第 2 期。

③ 参见王东京：《论农业补贴的性质及其补贴方式的转变》，载《贵州财经学院学报》2009 年第 1 期。

④ 参见曾富生、朱启臻：《农业补贴的历史与理论探析》，载《西北农林科技大学学报（社会科学版）》2010 年第 3 期。

有者的应得，是土地资源价值的各个部分在经济上的实现。[①]

2. 农业多功能性理论

农业多功能性理论的最大贡献在于揭示出了农业除产业贡献而外，在社会、环境、文化等领域亦存在诸多重大甚或根本性的利益，农业因此得以特殊化，相关保护与扶持性措施也因此获得正当化的证成可能。但对于农业所涵多种功能的精确内容，实务界与学术界尚未形成完全统一。

经济合作与发展组织（OECD）、联合国粮食及农业组织（FAO）、世界银行等国际组织，虽然都承认农业的多功能性，但对各项功能的涵摄外延却有不同界定：经济合作与发展组织侧重于从公共产品生产角度阐释农业提供的景观和生物多样性保护功能；联合国粮食及农业组织界定的农业多功能性强调食品安全、环境外部性、经济功能和社会功能等；世界银行在《2008年世界发展报告》中提出了农业的经济增长功能、就业功能、社会保障功能和环境功能。[②]

学术界对农业多种功能涵摄外延的界定，基于不同的学科背景而有不同，我们在此处仅借鉴农业社会学的研究成果。在农业社会学上，农业的多种功能被解读为经济功能、生态功能、就业与保障功能、文化传承功能。经济功能主要表现为农业作为国民经济的基础，为人类提供食品、工业原料和工业化的资金积累；文化传承功能表现为农业对诸多传统和民族文化的承载及可溯源性；社会功能主要体现为农业作为社会稳定的基础为农民的生存和自我价值的实现提供广阔的物质依托；生态功能则具体表现为农业生产所具有的维持生态系统、涵养水源、保

① 参见李传健：《关于我国农业补贴的经济学解释》，载《生产力研究》2007年第19期；曾富生、朱启臻：《农业补贴的历史与理论探析》，载《西北农林科技大学学报（社会科学版）》2010年第3期。

② 参见许志鹏：《农业补贴法律制度研究》，中国政法大学出版社2013年版，第45页。

护土壤及生物多样性等方面的功效。[①]

农业的诸多非经济功能的实现成本因无法渗入农产品价格而经由市场价格得以补偿，因此便产生了正外部性。较大的外在成本增加了具体实现这些非经济功能的生产者的负担，理性将促使他们尽量选择不再顾及文化、生态等功能的生产方式，直至退出农业生产领域，相关社会公共利益因此将遭遇重大损失，国家补贴的必要性随即凸显出来。

另需注意的是，农业多功能性理论除在农业补贴正当性证成方面的意义而外，对农业补贴重点领域的择取以及补贴类型的型塑等也具有根本性的指导意义，可惜的是农业社会学界对此问题研究的深度还不够。

3. 保护家庭农业和国家经济安全论

保护家庭农业和国家经济安全是美国农业立法的重要理论基点。

美国自20世纪20年代即开始了对农业的支持和保护，家庭农场主农产品的定价能力是当时立法者的主要关注领域，而催生此种关注的理论基础即是“美国需要保护家庭农场以及其所代表的重要的价值观”，这从1929年《农业营销法》（The Agricultural Marketing Act of 1929）出台的立法理由——“由于家庭农场主们不能合作以谋求最优的农产品价格，因此我们正在面临着失去美国社会最重要阶层的风险”中可见一斑。该法的主要内容是扶助家庭农场主建立一个具备市场定价能力的农产品合作社，以此避免他们之间的相互竞争以及由此而引发的农产品价格跌落。20世纪30年代的大萧条时期，美国开始着力构建全面保护农业的立法体系，价格支持成为最重要的保护手段，而建构价格支持制度的最初目的仍旧是“保护作为美国社会中坚以及国家结构柱石的家庭农场”。经过80余年的立法发展，补贴方式虽历尽变迁，但以价格支持为内容的补贴

① 参见曾富生、朱启臻：《农业补贴的历史与理论探析》，载《西北农林科技大学学报（社会科学版）》2010年第3期。

手段却从未真正退出过法制史舞台，相反却呈现历久弥新的态势，其得以证立的家庭农业保护理论虽面临已经过时了的学者质疑，[①] 但在立法者那里，我们还丝毫看不出有要抛弃的意思。

美国学者也时常将国家经济安全作为进行农产品价格支持的原因之一，其推理过程可概括为：农业生产者的经济状况决定了美国经济的状况，而前者已经与农产品的国际市场呈现密切相关性。以价格提升或稳定为基础的各项农产品补贴及其出口补贴得以构建的理论基础即在于此。

4. 法学上的证成理论

既有研究成果中，从法理上证立农业补贴的并不多，成熟的更少，多为学者的尝试性研究，此处择取较具代表性的几种证成思路和观点。

（1）基于经济法理论的证成

有学者基于经济法学诸理论中的“需要国家干预论”，认为：农业补贴是国家为了克服农业市场失灵现象，规制具有全局性和社会公共性的农业经济关系的行为，由此而形成的规范体系应当成为经济法的一个独立子部门法——农业补贴法；农业市场失灵现象主要表现为基于农业多功能性的个别产业环节以及重要农产品的正外部性；全局性被表述为农业生产经营的稳定与安全与整个国民经济生产的稳定、社会稳定和安全之间的必然联动性；社会公共性则被概括为农业生产经营所涉利益的双重性，即既关涉生产经营者的私人利益，又关涉广泛的社会公共利益，特定农业服务和产品所具有的一定程度上的公共物品性质是后种利益辨

① Thomas Richard I Poole 认为，在 20 世纪 30 年代，有大约 25% 的美国人生活或工作在农场中，因此当时以保护家庭农场为由实施价格支持尚有稳定社会核心阶层的正当性可言，但时至今日（2001 年），仅有不到 2% 的美国人生活工作在农场，社会结构已经发生了明显变化，仍旧将保护家庭农场作为实施包括价格支持在内的各项农业补贴的理论基础，正当性已失。

识的直接理论依据。[①]

（2）基于财政法理论的证成

此种观点以公共财政所应具备的弥补市场失灵、非营利性、实现效率和社会公正、民主法治等特质为检验标准，以经济学上对农业正外部性与公共产品属性等的揭示为检验对象，认为：农业补贴在发动的前提下，与公共财政的弥补市场失灵特质相合，在实施的目的上又与公共财政的非营利性特质相符，因此，政府基于弥补市场失灵这一正当理由向特定农业生产经营领域给付公共财政被认为是农业补贴的另一映像，秉持民主法治原则、实现效率与公平之间的平衡则被认为是农业补贴立法及活动所应蕴含的理念。[②]

（3）基于人权理论的证成

此种观点以平等生存权和平等发展权实现的应然和实然状态为基点，在探求弥合二者之间差距的过程中，对农业补贴从手段论角度进行了证成。具体而言：在平等生存权实现的层面上，农民生存权实现的应有状态被表述为农民能够"像人那样生存"，而在现实中，农民生存权的实现却陷入"弱者身份"和"权利脆弱"的泥淖，农业补贴就是国家为保证农民有尊严、体面的基本生活而为的积极性倾斜式保护手段；在平等发展权实现的层面上，农民发展权以平等参与和公平、公正地分享发展成果为内容，但现实中农民发展权内容上的极度欠缺促使国家经由农业补贴实现具体人权，促进农民的全面发展。[③]

---

① 参见许志鹏：《农业补贴法律制度研究》，中国政法大学出版社 2013 年版，第 76～79 页。

② 参见许志鹏：《农业补贴法律制度研究》，中国政法大学出版社 2013 年版，第 80～83 页。

③ 参见李长健、李伟：《从利益到权利：农业补贴制度的法理分析与发展研究——以社会主义新农村建设为背景》，载《上海交通大学学报（哲学社会科学版）》2007 年第 1 期。

（二）解读创设及承载农业补贴的相关政策文本

1. 政策文本的结构分析

堪称农业政策理论与实务热点的农业补贴，在初创与承载其的政策文本中很少看到直接的制度目的性表述，相关政策一般均将其作为某一因应社会实际需求的政策主题的必备内容，而仅对主题择取时所考量的理论与现实层面上的必要性进行阐释。以下仅列举三个连续性的“一号文件”加以例示性分析：作为农业补贴首创性制度载体的2004年“一号文件”（《中共中央、国务院关于促进农民增加收入若干政策的意见》）将“农机具补贴”、“良种补贴”以及“对种粮农民的直接补贴”分别作为“促进种粮农民收入增加”、“挖掘农业内部增收潜力”与“农民增收减负”等政策施力领域的促导性手段，纳入当年所选取的“农民增收”这一政策主题之内，所据以择取的价值判断与社会现实的考量则以极其宏观的表述被列入引言部分。2005年“一号文件”（《中共中央、国务院关于进一步加强农村工作提高农业综合生产能力若干政策的意见》）将“提高农业综合生产能力”选为政策主题，在引言部分表述过相关理论基础和现实必要性后，即将强化“对种粮农民的直接补贴、良种补贴和农机具购置补贴”等三项补贴作为首要政策；在“耕地保护”的政策施力领域，创设“农民购买节水设备补助”；在“加强农田水利建设”的施力领域，创设“农民兴建小微型水利设施所需材料补助”；在“农业科技创新”的施力领域，创设“超级稻推广项目补贴”；在“农业经济结构调整”的施力领域，创设“奶牛良种繁育补贴”。2006年“一号文件”（《中共中央、国务院关于推进社会主义新农村建设的若干意见》）在引言部分极其简要地表述了确立“新农村建设”这一政策主题的现实必要性，并将促进农民增收作为“夯实新农村建设”的经济基础，既有补贴的延续与强化被作为此一政策施力领域的主要内容。

以上的文本结构安排说明，国家将各政策主题所据以证立的理论及现实基础通用于农业补贴，或者更确切地说，各政策主题所据以证立的理论与现实基础对作为政策构成内容的农业补贴具有涵摄性。因此，要在相关政策中探寻创设农业补贴的各种型塑考量因素，将探究对象着重设置为各政策主题的证成性表述应当是一条可行的路线。

2. 两个层级的政策目标

各不相同的政策主题中都包含相同的农业补贴项目，这说明两点：一是农业补贴具有对各政策主题的普遍适用性；二是各政策主题虽然表述各异、施力点不同，但必有实质上的相通之处。后者是前者的基础和决定性因素，前者则是后者的外相和必然结果。二者的决定关系表明：探究各政策主题同质之处，并将其列为型塑农业补贴考虑因素具有可行性和逻辑性。细读各政策文本中的证成性表述，不难看出：各政策主题所包含的同质性内容主要表现在相似性的政策目标上，而这些目标因其抽象程度的不同又表现出层级性，我们经过归纳尝试将其列为两个层级，即终极目标与次级目标。

（1）终极政策目标

终极政策目标主要在两个维度上体现，一是经济维度，即国民经济平稳发展；二是政治与社会维度，即社会稳定。各政策主题在证成性表述中对这两个维度几乎都有所表述，尤以2004年、2005年、2006年三年的“一号文件”为著。2004年“一号文件”（《中共中央、国务院关于促进农民增加收入若干政策的意见》）在引言中阐释农民增收的重要性时，断言，“农民收入长期上不去……不仅制约农村经济发展，而且制约整个国民经济增长……不仅是重大的经济问题，而且是重大的政治问题”。2005年“一号文件”（《中共中央、国务院关于进一步加强农村工作提高农业综合生产能力若干政策的意见》）在引言部分总结2004年相关政策措施的实效时，叙述道，“粮食生产出现重要转机，农民收入实现较快增长，农村改革迈出重大步伐，农村社会事业取得新的进展。这对促进国民经济发展和保持社会稳定发挥了至关重要的作用”。2006年“一号文件”（《中共中央、国务院关于推进社会主义新农村建设的若干意见》）在引言部分对“农业与农村发展的良好形势”之于国家的重要意义做了与2005年“一号文件”相同的表述——保持国民经济平稳较快发展和社会稳定。

（2）次级政策目标

次级政策目标也体现在两个维度上，一是产品供应维度，即粮食等重要农产品的有效供给；二是产业发展维度，即农业稳定发展。对于粮食等重要农产品有效供给的强调，可以说是各个政策主题中必备的内容，这从多个“一号文件”的引言部分及内容编排中不难发现。将农业稳定发展设置为政策目标则主要体现在2008年以后的各政策主题中。2008年“一号文件”（《中共中央、国务院关于切实加强农业基础建设进一步促进农业发展农民增收的若干意见》）在引言中将工作目标明确设定为：积极促进农业稳定发展、农民持续增收、努力保障主要农产品基本供给。2009年“一号文件”（《中共中央、国务院关于2009年促进农业稳定发展农民持续增收的若干意见》）直接将“农业稳定发展”择取为政策主题。2012年“一号文件”（《中共中央、国务院关于加快推进农业科技创新持续增强农产品供给保障能力的若干意见》）的引言在强调政策主题所据以选取的价值判断时，叙述道：“实现农业持续稳定发展、长期确保农产品有效供给，根本出路在科技。”

（3）两个层级政策目标之间的关系

细读相关政策文本，笔者发现：我国农业政策是将次级政策目标做为终极政策目标的实现性目标而设置的，其意在通过次级政策目标的实现促进终极政策目标的实现。但需注意两点：一是前者对后者的实现是局部性的而非全部性的，亦即次级目标的实现仅能部分地实现终极性目标，这和后者所涵摄内容的宽泛性和实现机制的复杂性相关；二是前者是后者的实现性目的，但却并非工具性目的，次级目标除具有助成终极性目标实现的意义外，尚有其独立实现的意义，这和农业产业的基础性相关。

粮食等重要农产品的有效供应对于保障国民经济平稳发展和社会稳定的重要意义，2006 年“一号文件”（《中共中央、国务院关于推进社会主义新农村建设的若干意见》）第二部分中有明确论断——“确保国家粮食安全是保持国民经济平稳较快增长和社会稳定的重要基础”，2008 年“一号文件”（《中共中央、国务院关于切实加强农业基础建设进一步促进农业发展农民增收的若干意见》）第二部分引言重述并细化了这一论断——“确保农产品有效供给是促进经济发展和社会稳定的重要物质基础”。农业稳定发展对于国民经济平稳发展和社会稳定的“基础支撑”作用为 2009 年“一号文件”（《中共中央、国务院关于 2009 年促进农业稳定发展农民持续增收的若干意见》）的引言所点明。

政策文本对于次要目标实现性作用的表述虽然极其简要，但却切中要害，更能为我们勾勒出一个有血有肉、凸显中国真问题的农业补贴理论基础，因此值得细究。粮食对于人类生存的不可或缺性可以用来很容易地证成粮食有效供应对社会稳定的“物质基础”作用，但这一证立基础对“其他重要农产品”是否同样适用并非毫无疑问。问题的关键在于如何理解“人类生存”的确切含义，如果我们将其限于“饿不死人”这样的生理学最低需求意义上，“其他重要农产品”无疑将被排斥在生存所需之外；但如果我们将其理解为社会文化意义上的“最起码的生活必需”，粮食之外的其他农产品则有可能被纳入生存所需，至于可被纳入的其他农产品到底是些什么，则需根据社会生活诉求具体确定。从政策文本的相关表述来看，政策制定者对“人类生存”明显采取的是第二种理解，2008年“一号文件”（《中共中央、国务院关于切实加强农业基础建设进一步促进农业发展农民增收的若干意见》）第二部分即将粮食生产、蔬菜生产、奶业、渔业、生猪产业等明确列为实现“保障主要农产品基本供给”政策目标的主要施力领域。质言之，包括粮食、蔬菜、奶、肉等在内的主要农产品被政策制定者认为对当下中国人生活具有不可或缺性，因此其能否充足供应就与社会稳定与否密切相关。

粮食等重要农产品对于国民经济平稳发展的“物质基础”性作用则源于它们不同于一般商品的特殊性，这可主要从两个方面进行说明：首先，粮食等重要农产品在国民商品价格体系中具有“牵一发而动全身”的作用，其价格的异态变动往往会产生迁延效应，导致其余商品的大起大落，国民经济的波动常常因此无法避免；其次，包括粮食在内的诸多重要农产品是许多加工业不可替代的原料来源，也常常催生一系列专属性的服务业。基于这两点，政策制定者将粮食等重要农产品定位为保障国民经济平稳发展的“物质基础”。

我国农业政策将农业稳定发展作为社会稳定的“基础支撑”这一论断是基于对国情的准确把握。占全国人口将近一半的人正在从事农业生产经营，营农收入占据了其收入的相当部分，农业若无法实现稳定发展，营农收入必然大起大落，几亿人的收入会出现问题，也会影响农村的稳定。因此，在中国，任何农业政策的变动，尤其是涉及农民切身利益的政策变动，都绝非仅是经济问题，政治考量的因素在很多场合要居于优位。某些在经济学原理上缺乏依据的农业政策，却可能具备政治或社会考量意义上的正当性。

农业稳定发展之于国民经济平稳发展的“基础支撑”作用可在两个层面上进行理解：一个是农业产业的本质属性层面。作为第一产业的农业无疑是国民经济的基础性产业，对此的理性论证在农业经济学上已有大量成果。另一个是一国良性产业结构的型塑层面。一国要想实现经济健康发展、社会结构稳定，非得有良性的产业结构不可，任何一个产业的畸重畸轻，都将导致经济发展失调和一系列社会问题，这在一些西方国家和苏联都有过前车之鉴。农业作为一国良性产业结构中的不可或缺部分，谓之为“基础支撑”或不为过。

3. 政策着力点——“农民增收”

各层次政策目标的有效实现，依赖于恰当的政策着力点的选取。分析相关政策文本，可以看出：将“农民增收”确定为基本的政策着力点，意欲以促进农民增收为力源，经由环环相扣的利益传导机制，逐级推动各层次政策目标的实现，而利益传导机制之所以发挥作用的根源则在于农民积极性的调动。2004 年“一号文件”（《中共中央、国务院关于促进农民增加收入若干政策的意见》）第一部分对此原理的表述是，“抓住了种粮农民的增收问题，就抓住了农民增收的重点；调动了农民的种粮积极性，就抓住了粮食生产的根本”。

通过促进营粮收益，调动种粮积极性，从而保持粮食播种面积的稳定甚或促其增加，这为粮食产量的稳定及提升奠定了极其重要的基础，粮食的有效供应因此得以保障。这是“农民增收”这一政策着力点发力于粮食生产领域，并助成粮食有效供给政策目标实现的传导原理，其利益本质在于以私利激发机制诱导利于特定政策目的行为之作成。农民增收在这一阶段对相应终极性政策目标的实现仅起到间接性的促成作用，因为粮食的有效供给还要经由上述 2 中的实现原理，成为国民经济平稳发展和社会稳定的“主要物质基础”。粮食之外的其他重要农产品的有效供给基于“农民增收”得以助成的传导原理与利益本质与粮食并无不同，此处不再赘述。

除间接性传导原理外，“农民增收”作为着力点还可直接助力“国民经济平稳发展”这一终极性政策目标，相关政策文本对此有明确表述。2006 年“一号文件”（《中共中央、国务院关于推进社会主义新农村建设的若干意见》）第一部分之（1）即指出：“农村人口众多是我国的国情，只有发展好农村经济……让农民过上宽裕的生活……才能不断扩大内需和促进国民经济持续发展。”2009 年“一号文件”（《中共中央、国务院关于2009 年促进农业稳定发展农民持续增收的若干意见》）的引言重申了促进农民增收以扩大国内需求的政策目的。2010 年“一号文件”（《中共中央、国务院关于加大统筹城乡发展力度进一步夯实农业农村发展基础的若干意见》）更是将促进农民增收作为“调整国民收入分配格局”“转变经济发展方式”的重要抓手。直接助成的原理在于通过提升私利，为利于特定政策目的实现的行为的作成奠定基础。这与间接传导的利益本质不同，因为后者在私利与政策目的的联动性上要明显强于前者。

4. 政策工具——农业补贴

在各政策文本中，农业补贴都是被作为激活“农民增收”这一政策着力点的一种政策工具而被设置的，不同的作用领域决定了不同的补贴类型。以分担营农成本为目的的补贴，将营农必需的物化及服务成本作为作用领域，通过财政转移支付，减轻营农负担，进而间接地实现营农增收，良种补贴、农资综合直补、农机具购置补贴、科技推广补助、农田水利建设补助、测土配方补贴等都可纳入此类补贴。以收入支持为目的的补贴，则将营农行为或农产品价格选为作用领域，通过直接的财政给付，增加营农的现实收入，对种粮农民的直接补贴、目标价格补贴等是此类补贴的典型。

综合以上各点可知：在现实的制度层面上，农业补贴的合理性要追溯到其最终所能助益于实现的相关政策目标上，而这一追溯过程则包含两到三个阶段的推理，贯穿其中的既有政策目标之间的实现原理，又包含以私利激发为基础的利益传导机制。这一内涵的制度运作机制的揭示，对检验某一农业补贴的合理性依据至关重要，无论是终极性政策目的，还是次级政策目的，只要能经由所揭示的追溯过程与特定补贴项目关联起来，此补贴的合理性则已具备。相反，若经由所揭示的追溯过程，无法建立起特定补贴项目与政策目的的关联，或者关联十分牵强，则此项补贴的合理性存疑。

终极性政策目的与次级政策目的在相当时期内会具备稳定性，这从多份“一号文件”在政策主题上的连续性以及政策制定者持久化既有农业政策理念的意图上不难看出。以“农民增收”作为政策着力点，则紧扣住了政策实现机制的“脉动”，在当下无疑具有普遍适用性。

三、利益法学视域中的农业补贴

（一）农业补贴的利益构成

农业补贴的两个基本构成要素分别有着不同的利益蕴意。作为补贴施力要素的授益性公权力必定立基于特定的公共利益，这可从两个层面进行证成：首先，在公权力的本质层面上，一切国家行为都是服务于共同利益的行为。具体而言，表现为授益性公权力的补贴行为实质上由两大部分组成，一是公权发动的法制基础，二是公权行使的具体内容，前者是后者的型塑依据，后者则对前者具有实现上的工具意义，因此，前者的公益内涵将无可避免地“渗入”后者之中，并成为其所据以成形的基础。其次，在具体制度层面上，无论是我国设置或承载农业补贴项目的政策文本，还是美国、欧盟等国的各项农业补贴立法，均载明了具体的农业产业政策目的，而这些政策目的要在法学上转换为特定公共利益并不困难，以下的具体阐释将表明这一点。

作为补贴受力要素的被补贴主体以其各类利益承接授益性公权力的作用，并作出相应的反作用。特定农产品及其价格、生产经营行为等诸种补贴对象，无一不可还原为受补贴主体的所享利益，或营业（经营）利益，或财产利益。它们在补贴行为不同层面的刺激下，对补贴所欲实现的各类政策目的发挥不同程度的助成作用。

这里有两个理论上亟须辨明的重要问题：其一，农民能否仅依其身份获得农业补贴？对此，美国学者 Kelley 给出了否定性回答，他认为：农业补贴只能作为弥补市场失灵和激励特定的环境、食品及能源政策目的实现的工具，只能发给为相关公共利益做出实际贡献但并未获得市场补偿的人，而毋用考虑该人的社会经济地位。[①] 这种对农业补贴的认识与我们对农业补贴的定性一致，其基本观点我们也赞同。从利益法学的角度出发，则另有一种殊途同归性质的解释：农业补贴对象既然是用来承接公共利益的，其与特定公共利益之间就应当具有兼容性。作为产业政策目标的公共利益是不可能与特定身份利益相兼容的，因为对身份的强化就意味着对产业参与群体的固化，而这又与现代产业发展的基本规律相悖。和身份利益兼容的公共利益在现代一般蕴含在组织法、家事法等立法的目的当中。其二，农民能否因其生活贫困危及生存而获得农业补贴？笔者的观点依然是否定的。依上述分析思路，农民生存利益与表现为产业政策目标的公共利益之间仍旧缺乏兼容性，若将二者强行联结，非但相关产业政策目标徒费成本不能实现，也会在部门法体系之间产生

---

① See Christopher R. Kelley, *Rethink the Equities of Federal Farm Programs*, Northern Illinols University Law Review 695 (1993 - 1994).

混淆，因为和前者相容的公共利益在现代法制体系中仅存续于社会法领域。

两个理论问题的点明与回应对当下中国农业补贴基础范畴的辨析、法制的建构及其运作实践等至关重要。学界及立法者应当首先明确农业补贴的确切利益内涵，辨明其与相似制度现象的本质区别之所在，在研究成果和政策文本中切忌“补贴”一词的滥用和不规范使用。对于既存的补贴项目，尤其是“撒胡椒面式”的“补贴”类型需要进行全面的理性检视，务求实现“补贴的归补贴，其他的归其他”。

作为授益性公权力之立基的公共利益与承接其的私人利益共同形成农业补贴的基本利益构成。前者成为农业补贴设置的源动力，但其择取往往是政治考量层面上的价值判断；后者成为补贴内容和方式型塑的基础，对其选择的精准性常常在很大程度上决定着补贴项目的实用与否，社会、经济状况的实证性研究在其中起着举足轻重的作用。联结并使二者互动的机理则需要从公共利益与私人利益之间的关联模式入手进行分析，而这也是后续深入探讨的基础和前提。

（二）公私利益的关联模式与农业补贴

综观当代的法治现象，任何种类的公共利益无不借助于特定的私人利益得以实现，因为公共利益实乃私人利益之聚合。实现性私人利益又因其与特定公共利益在法制载体上出现的时差而分为两大类：一是先于特定公共利益出现的既存私人利益，二是与特定公共利益共同出现的私人利益。公私利益的关联模式因此亦可被概括为两大类：一为某项公共利益借助既存的私人利益得以实现时的利益关联模式，二为特定公共利益借助与其并生的私人利益得以实现时的利益关联模式。为表述方便，我们将前者简称为既存状态中的模式，将后者简称为共生状态中的模式。

在既存状态中，特定公共利益与实现其私人利益之间一般呈现两种关联模式：

一是竞争模式，即公共利益与私人利益于一特定的利益对象上呈现“挤占”关系，亦即前者的实现必需后者的减让。依据私人利益的减让程度，公私利益的法制外化——公权与私权之间的互动关系具体表现为三个阶次：在初级层次，私权为实现公共利益而受公权限制，但限制程度最低，私权还保留着较为完整的利益内核，并可据此针对公权实现其大部分“对抗性”的“消极权能”；在中级层次，私权为实现公共利益亦被公权限制，但限制程度较强，私权的利益内核被公权基本“掏空”，仅剩下“权利外壳”，其因此失去对抗公权的实际效力，但亦可因此换来相关救济性补偿；在高级阶段，私权为实现公共利益被公权完全消灭，权利替代性质的补偿性措施及相关救济路径因此被法制赋予。这一三阶次理论，在财产权与相关限制性公权的互动关系上表现得尤为明显，德国、日本等法学界对此已有较为成熟的研究。①

二是助成模式，即公共利益与私人利益在特定的利益对象上呈现“相向”关系，亦即后者的充分实现有助于前者的彰显。因公共利益的实现对私人利益需要的程度有所不同，助成模式又可细分为两大类：一类是完全助成型，即公共利益的彰显完全依赖于私人利益的实现。这与竞争模式在作用机理上相同，但方向相反。保障私人营业自由，借以促进市场竞争的充分展开可为例证；另一类则是部分助成型，即私人利益的实现仅能为公共利益提供展现基础、创造实现动力抑或塑造部分内容，但却无法直接促其完全彰显。私人利益在此为公共利益实现的必要条件，而非充分条件，它需要特定社会现实的呼应、其他利益类型的配合以及

① “财产权的社会义务”、“准征收（类似于征收的侵害）”以及“征收”等理论就与三阶次理论呈现对应关系。

适当实现机制的附随，才能最终促成公共利益。两种类型中的私人利益一旦在法制上被确认为权利，“助成”随即可被转述为“权利的实现”，助成模式的利益关联性论述也面临语境转换的任务，这对相关法制的检视和完善来说，更具现实指导意义。一般而言，权利的行使与否以及行使至何种程度均应依权利人的意愿，权力多在权利行使可能出现负面效果的领域内采取预防措施，对权利滥用的规制以及对重要财产权社会义务的设置等堪为例证。但这并不意味着权力对权利的行使就听之任之，相反，公私法上均有针对权利的“负向”促进性规制手段，即将不利法律后果与其怠于行使挂钩，我国《土地管理法》与我国台湾地区“土地法”针对农地抛荒的失权性规定是公法上的典型，诉讼时效与除斥期间则是私法上的典型。随着法治实践的发展，“正向”诱导权利行使的权力也开始出现，以附加性利益的授予激励权利人主动抑或充分地行使权利是其主要内容。

两种权利行使的促导方式依其本质，在作用点上各有侧重。“负向”促进方式仅能在权利行使与否这一点上起作用，却不能深入权利行使的程度上，这主要源于其所内涵的权力内容与权利本质之间的冲突。若允许失权处分性的权力内容介入权利行使的程度，则权利的存续将端赖公权对其行使效果的审视结果，权利将因此异化为仅向国家负担的一种义务。与此不同，“正向”诱导方式基于其授益特质，在权利行使与否及其行使程度上均可发挥作用的法理障碍在当下似乎并不明显，尽管对公权戴着“温情面具”越界的担心并不能被永久排除。如此一来，在一项权利的行使与否这一点上，就既可适用“负向”促进方式，又可适用“正向”诱导方式，到底该如何择取，是法制构建上的一个问题。笔者认为，要在理论上辨明两种方式对一种权利行使与否的作用力具有优劣之分是困难的，但一个原则却不难证成，即不能并立原则，此原则要求针对同一权利，只能在两种促导方式中择取一种，因为否定性法律后果与授益性利益附加同时作用于一种权利的行使可能性上，将使该权利的行使变得无所适从。

可同时作用于权利实现可能性及其程度上的“正向”诱导方式实际发挥作用还必须一个恰当的利益联结点，其介于表现为诱导目的的公共利益及相应公权与已述的两个权利诱导作用点——行使与否和行使程度之间，并通过特殊的作用机制联动二者。此种联结点可能是权利诱导作用点所涵摄的利益，也可能是与权利诱导作用点所涵利益具有关联性的利益，但无论哪一类，都不具备权利外形，而仅有工具意义。

在共生状态中，特定公共利益的实现因为没有既存的且可资利用的私人利益存在，新的私人利益因此被塑造。新利益与公共利益之间呈现“共生”关系，质言之，前者因后者之生而生、亦随后者之灭而灭，新利益在此具有浓厚的工具意味。

共生状态与既存状态的利益关联情形在两点上存在差异：一是私人利益的地位不同。在既存状态中，私人利益除为公共利益服务外，尚有其自身存续的价值和正当性，这在很大程度上源于这些利益对人之生存的极端重要性。但在共生状态中，私人利益因公共利益的实现而被塑造，因此除为公共利益服务外，并无独立存在的价值。二是私人利益的工具意味并不相同。虽同具工具意义，助成模式中的私人利益具备的是中介公私利益层面上的工具意义，其直接目的在于激发对公共利益具有助成功能的私人利益，以此间接促成公共利益，不具权利外形；共生状态中的私人利益，具备的则是直接促成公共利益实现层面上的工具意义，常具权利外形。

深入分析其他国家及我国各类基础性农业补贴运作过程中的利益构成，笔者认为，农业补贴所蕴含的公私利益关联状态应归属于既存状态中的助成模式和共生状态中的利益塑造模式，其中所涉及的公私利益之间的勾连状态、权利（力）之间的互动机制、相应制度的审视与评价等诸多问题，都要以本部分相应的理论阐释为基础展开，下文对此将有展示。

但需要提前说明的有两点：第一，下文的分析中所涉及的补贴仅是一些在各国农业法制体系中具备制度目的共通性或作用领域相似性的项目，而并非对全部补贴无遗漏地分析，因为这样做一则力所不逮，二则也无必要；第二，对所选取的补贴，也并非个个都全面分析一遍，我们仅择取其中具有典型性的项目进行例示性分析，意在为农业补贴创设一种利益法学上的标本式分析进路。

（三）作为农业补贴塑造基础的公共利益

公共利益至今仍是一个“罗生门”式的范畴，学科背景、分析路径、意识形态等的不同都将导致对其的不同界定。我们在这里秉持一种立基于私人利益之上的公共利益分析观，认为：任何公共利益在实质上都应当是不同种类私人利益的聚合，因此，要辨识公共利益，必须首先在终极意义上将辨识对象还原为一种或几种私人利益，再根据被还原利益的性质、聚合方式与程度等进行判定。一种利益的公共性可能因被还原私利的重要性而得以确认，如生命、自由、名誉、安全、生存等，也可能因被还原私利高度的聚合性而得以确认，如在一国范围内被普遍认同的某种需求。若某种“公共利益”最终无法与特定私人利益建立任何联系，或者经还原后的私利仅为少数人所享有而不具有普遍性，则其为“假面”的公共利益。

通过对农业补贴法制内容的提炼和总结，笔者认为，四项利益——国民粮食（食品）供应利益、农业发展利益、农村发展利益及农业生态利益在各立法例中具有普适性，但其各自的公共性需要分别证成。

1. 国民粮食（食品）供应利益

对此种利益的强调，美国农业综合性法典、欧盟农业法、日本农业基本法、我国《农业法》和相关政策在制度目的部分都有较为明显的表述，具体内容可参见本书农业生产经营体制本质部分的相关阐释，此处不再重复。

国民粮食供应利益本质上由两部分内涵构成：一部分是国民对其基本生存所需粮食在数量与质量上的保障性诉求，即所需粮食要有充足的市场供应和有保障的品质；另一部分则是国民对其基本生存所需粮食可得性的诉求，即可在需要时随时有能力获取这些粮食。第一部分利益内涵涉及粮食生产领域，国民的保障性利益诉求与营粮者的生产性利益诉求在这里相遇，二者呈现相辅相成关系，即前者的实现必需后者，而后者实现的动力在根本上则源于前者；第二部分利益内涵涉及粮食销售领域，国民的可得性利益诉求在此与营粮者的财产性利益诉求相逢，二者在很大程度上呈现对立关系，即前者的充分实现常常意味着后者的不完全实现，而后者的充分实现则往往压缩了前者实现的空间，“谷贱伤农、谷贵伤民”的政策难题即源于此。

国民粮食供应利益的公共性判定主要可从两个层面上进行：一是粮食上所承载的私人利益的性质。粮食除具备一般商品的特质因此承载财产利益外，还因其对人之生存的不可或缺性而承载生存利益，但两种利益的享有主体并不统一。财产利益依据通行的财产权规则，为粮食所有权人所享有，农地所有权或者用益权（包含物权和债权）是权源。生存利益既为粮食所有权人所享有，也为营粮主体而外的其他人所享有，但因为粮食所有权的利益内涵可吸收其权利人的生存利益，所以前者的生存利益常不单独彰显。二是粮食所承载生存利益的普遍性。无论对于享受显性生存利益的非营粮主体而言，还是对享受潜在生存利益的营粮主体而言，粮食对生存的不可或缺性都是普遍存在的。这是否意味着国家应当对其境内所有人在粮食上的生存利益进行一体性保护呢？我们的答案是否定的，区别国民与非国民，对前者粮食上生存利益的保护强度优于后者，但却并不否定后者在粮食上的基础性生存利益，才是理性抉择。国家立法权和行政权的主权来源以及主权的属人特质是支持这一答案的理论基础，我们在粮食供应利益之前冠以“国民”这一限定性主体称谓也是基于此。至于区别保护的具体方式，则需要专题研究。

2. 农业发展利益

对此利益，前述我国农业补贴的政策文本对此有明确表述，相关政策分析性内容中也有理性阐释，此处不再赘述。

农业发展利益的内涵极其丰富，将其还原成的私人利益也并非一类，而主要是两类：一是营业利益或曰从业利益，即进入农业生产经营领域并从业的利益；二是财产利益，即获取、保有、存续农业生产经营所必需的各种物质条件以及营农成果的利益。这两类利益在主体上不具有国民粮食供应利益那样的普遍性，仅仅为营农者或有营农意愿的人所享有。

农业发展利益的公共性判定可从以下三个层面展开：其一，两类利益的性质。营农性从业利益与财产利益虽不如生存利益那样重要，但其在当代，对营农者基本生活条件的塑造、人格自由的保障以及人生价值的实现等均具有不言而喻的重要功能。其二，两类利益的聚合方式。营农从业利益与财产利益在法律上并非相立并存、互不关联，而是呈现相互交集与渗透的关系，由此所产生的新利益，其重要性要大于催生它的利益，我国农业立法中的土地承包经营权可作典型例证。土地承包经营权从来就不单单是一项财产权，其中所蕴含的从业利益是任何人都无法否定的，因为不事先获取物权或债权性质的土地承包经营权，经营农业就无从谈起。法律为土地承包经营权设置明显严格于其他用益物权的管制性规范，恐怕正是基于其双重利益内涵的考量。其三，两类利益的聚合程度。两类利益若仅为营农者或具备营农意愿者所享有，则其聚合程度仅从利益享有者的数量上进行判定，就存在一个重大风险：利益的聚合度将随营农人数的减少而逐步降低，而这正是农业发展的一般规律，农业发展利益依此规律将渐失公共性。因此就需要一个新的判定标准，两类利益在质上的重要性以及农业产业本身对国民经济的基础性等可为选项，美国对其不足2%的农业从业者给予巨大财政补贴的制度实践就是这种选择的例证。

3. 农村发展利益

将农村发展专列为一章是美国综合性农业法典与我国农业基本法的立法体例，欧盟农业法在2005年时也经历了一个“从结构政策转向农村发展政策”的过程。[①]

分析各立法体例中的具体规范内容，农村发展利益可被主要还原为两类私人利益：一是农村居民的生活条件性利益，即居民基本生活条件改善或提升的需求；二是营业利益，即特定主体进入并经营农村地区非农产业的诉求。前者包含的具体内容极其丰富，且有国别特色。整洁的生活环境、清洁的水、必需的公共设施等需求在美国、欧盟及我国的农业法制当中均有体现；接受适当的教育为美国农业法典农村发展部分所独有，对脱贫利益、农民社会保障利益及进入城镇就业利益的强调则是我国农业基本法中“农村经济发展”一章的特色。后者之所以被作为农

① 1996年欧洲共同体代表会议通过了农村地区未来政策的10点声明；第1257/99号条例创设“农村发展计划”，以替代推行多年的农业结构政策；第1698/2005号条例为农村发展政策设置了四大类22项具体措施。参见［英］布莱恩·杰克：《农业与欧盟环境法》，姜双林译，中国政法大学出版社2012年版，第15～17页。

村发展的构成性利益，其目的在于通过对经济发展的促进，优化农村地区的社会结构，最终促进经济与社会的整体和协调性发展。

农村发展利益的公共性可经由以下几点予以证立：首先，农村居民的生活条件性利益在性质上具有重大性，是当下“体面生活”所应具备的基本内容；其次，享有生活条件性利益的主体具有一定的普遍性，这在农村人口还占全国人口近一半的我国，表现得尤为明显；最后，营业利益的充分实现有助于增强农村地区的吸引力，因此所引致的社会结构变动对全国经济与社会结构的优化具有促进作用，这对正在深陷“城市化病”困扰当中的我国而言，意义尤其重大。

4. 农业生态利益

欧盟在创制环境政策时就认识到了农业对自然与生态的重大影响，其六个环境行动方案都针对不同的问题，在不同程度上强调这一点。欧洲共同体委员会在 1991 年更是明确指出：农民及其农业生产行为具有生产粮食和保护环境的双重功能。[①] 对与农业生产相关环境问题的应对，是美国农业综合性法典中的一贯主题，其立法第二部分即以环境保护命名，其中包含环境保护计划、环境管理计划、环境质量提升计划、环境地役权等补贴项目。我国《农业法》第 4 条也明确了农业“维护和改善生态环境”的作用，并将其列入国家保障农业发展的重点作用领域。

与国民粮食供应利益一样，农业生态利益最终只能被还原为人的生存利益，其公共性的证成路径与理由也因此同于国民粮食供应利益，为避免重复，此处不再细述。

① 参见［英］布莱恩·杰克：《农业与欧盟环境法》，姜双林译，中国政法大学出版社 2012 年版，第 56 ~ 61 页。

（四）各项公共利益实现中的农业补贴

1. 国民粮食（食品）供应利益实现中的农业补贴

（1）国民粮食（食品）供应利益的助成性利益

国民粮食供应利益实现的助成性利益一般为针对农地的经营性利益，其权利外相既可表现为农地所有权，又可表现为债权或物权性质的农地使用权，在我国，农村土地承包经营权是包含此种利益的唯一权利类型。

如前所述，农村土地承包经营权所包含的利益内涵概有两种，一是针对农地的财产性利益，具体表现为对农地的保有或存续性诉求。限于土地承包经营权的他物权性质，这里的保有或存续是有期限的，并且其效力也不如农地所有权所内涵的保有或存续那样全面。二是从事农业生产的营业性利益，具体表现为获取了土地承包经营权也就同时意味着具备了进入农业领域进行生产的资格。现行法制仅对土地承包经营权以流转方式获取时的主体资格，进行了原则性规定，表现为发包的原始取得，在很大程度上是成员权运行的结果。能够充任国民粮食供应利益实现的助成性利益的仅是农业生产营业性利益，因为与前者相比，其与粮食生产行为之间更具关联性，公权力作用的实效性因此更强。具体而言，在促进粮食生产上，直接诱导土地承包经营权人选择经营粮食产业，无疑要比强化其对农地的保有更加有效。从我国既有的制度实践来看，对农地保有的过度强化非但不能诱导权利人进行种植粮食的产业选择，相反在一定程度上会激发其进行更高收益的非粮种植的冲动。

（2）作为助成性利益“正向”诱导手段的营粮补贴

国民粮食供应利益的助成性利益一旦确定，营粮补贴就作为诱导手段发挥正向的促导实现作用，利益关联点的择取在此至关重要。从本章所引述的各农业补贴立法及制度体例来看，营粮收益被普遍地确立为联结国民粮食供应利益及其助成性利益，并使营粮补贴落到实处的着力点。在具体的法制中，作为利益关联点的营粮收益主要表现为四种面相：一是对种粮行为的激励，即以对种粮行为进行补贴的方式，促进营粮者的种粮收入。在美国2013年以前的农业综合性法典中存续多年的直接支付（direct payment）以及我国现行农业政策中对种粮农民的直接补贴都是此种激励的典型，只不过激励的对象有所不同。前者以法典中所载明的基期内的种粮行为为补贴对象，后者则将当下的种粮行为作为补贴对象。二是对粮食价格的保障，即对营粮者实际售粮价格与国家所设定的保护性价格之间的差价进行补贴，以此促进营粮者的售粮收入。美国最新农业综合性法典所新创的、被视为传统“反周期支付”（counter - cyclical payment）改造版的“价格损失保障”（price loss coverage），[①] 以及我国相关政策当中试点推行的“目标价格”补贴都是此类保障的典型。三是对种粮成本的分担，即对种粮所需的各种基础的物化或服务类成本，通过补贴予以分担，以此减轻营粮者的经营负担。日本农林水产省2005年制定的《重建强大的农业补助金制度》中罗列了为实现“强化产地竞争力”、“强化经营力”以及“食品流通的合理化与促进进出口”等政策目标所设置的多种补贴，其中的“整建事业”类补贴即主要针对农道、土壤、暗渠、良种、育苗与干燥设施等的运行与购置成本。我国相关政策与法律中所规定的农业科技推广与服务类补贴、良种补贴、农资综合直接补贴、农业机械购置补贴等也都以相关营农成本的负担为制度目的。四是对种粮自然风险的分担，这必须相应的农业政策性或商业性保险法制体系的构建，补贴一般存续在保险费领域内，本书中农业保险一章对此有详尽的立法体例介绍与理论分析，此处不再赘述。

---

① 法典先设定一个参考价格，当农产品的市场价格低于该参考价格时，由国家给予补贴。具体制度内容参见 *Agricultural Act of Law* Title Ⅰ - Commodities Part Ⅱ - Commodity Policy Sec. 1116.

（3）营粮补贴获取权与农村土地承包经营权的互动

营粮补贴权利化后即变形为营粮补贴获取权，其在本质上是针对国家的公法上的请求权。该权与农村土地承包经营权之间的互动关系是一个无法绕过的法理问题，对其的回答将在极大程度上成为型塑与审视我国相关补贴制度的理论前提。

营粮补贴获取权与农村土地承包经营权之间的互动关系主要表现在以下几个层面上：

首先，农村土地承包经营权是营粮补贴获取权的权源，后者的取得必须以相应的农村土地承包经营权的保有为前提。这主要源于营粮补贴作为公共利益的助成性工具，以农地承包经营利益为唯一作用对象这一利益原理。

其次，营粮补贴获取权的实现以农村土地承包经营权在粮食生产领域内行使的程度为条件。具体而言，表现为直接支付的营粮补贴以农村土地承包经营权在粮食生产领域内的实际行使为实现条件；表现为目标价格的营粮补贴以农村土地承包经营权在粮食生产领域已经产生行使结果——体现为自然孳息的粮食为实现条件之一；表现为成本负担的营粮补贴以农村土地承包经营权在粮食生产领域已具备确定的行使意愿为实现条件；表现为自然风险分担的营粮补贴则以农村土地承包经营权在粮食生产领域内的非常态行使结果为实现条件。前已阐释的助成性私益权利化后的“正向”诱导性实现机理是直接催生此类权利关系的利益原理。

最后，农村土地承包经营权的灭失是营粮补贴获取权失权的原因。农村土地承包经营权在粮食生产领域不再行使，转而成为经营其他农内非粮产业的权源，或者虽仍留于粮食生产领域，但却行使不力、作用不显等都可成为后者灭失的原因。

2. 其他公共利益实现中的农业补贴

农业产业发展利益实现的助成性利益一般也为农地经营性利益，农业补贴作为正向诱导手段促进其权利外形——农地所有权或使用权行使的机理与国民粮食供应利益基本相同，因此不再展开。但有一点需要注意，即农业产业发展利益的彰显在某种程度上会挤占国民粮食供应利益的实现空间。这主要源于两点：一是同为二者助成性利益的农地经营利益因其客体的特质而具备稀缺性，二是非粮农业产业与粮食产业相比具有较高的比较利益。如何妥善协调农业产业发展利益与国民粮食供应利益之间的关系，促使二者共赢局面的出现因此成为决策者在进行农业补贴制度设计时所面临的难题，农业补贴在农业产业结构调整领域的作用机制也因此成为农业法学界所应重点关注的研究课题。

农村发展利益实现的助成性利益类型呈现多样性，从本部分所列各国农业补贴的制度内容分析，非农营业利益、生活条件提升利益等多被选定，但农地经营利益一般被排除在外。农业补贴作为正向诱导手段促进相应利益权利化结果行使的分析思路及重点与国民粮食供应利益实现中的相关阐释并无不同，限于篇幅及本书立法修改论的主题设定，此处亦不展开。

在相关制度实践中，农村发展利益的实现除依靠相应的助成性利益而外，还可能借助前述共生状态中的新塑造利益。我国《农业法》农村经济发展一章所设置的扶贫、农村富余劳动力转移引导等条款中，就蕴含这种新利益，对其的发掘、分析以及农业补贴在其中施力的可能性与作用机理等需专文另述，此处仅点出论题。

农地经营利益在与农业生产相关的生态利益的实现中也发挥着重要的助成性作用，农业补贴作为其正向诱导性手段，在对应性权利行使的作用方式、利益联结点的选取、权利互动等内容上亦与国民粮食（食品）

供应利益实现中农业补贴的相关阐释同理。但须注意，如上所述，于国民粮食供应领域，农业补贴对农地经营利益的诱导，具体表现为对土地经营性权利行使的不同程度的观照，而在生态利益实现领域，农业补贴对农业经营利益的诱导，则重点关注土地经营性权利的行使方式，因为农业生态补贴发放的共通性目的都在于：激励营农者放弃容易造成面源污染的集约式生产方式，转而采用有益于生态环境的生产方式。欧盟农业环境计划（2078/92 号理事会条例）为转而采用或者继续使用有机耕作方式的农民设置补贴的制度意图——与耕作有关的环境效益的改善[①]即为例证。

四、制度载体呈现多样态的农业补贴类型概览

当前实践中推行的农业补贴类型较多，依据其制度载体的不同，可以概分为两类：一是有法源基础的农业补贴，二是以政策等非法源性制度为法制依据的农业补贴。对这两类补贴的主要制度内涵进行梳理，不但是基于填补既有研究空白的考虑，更有为在《农业法》中型塑补贴条款提供可取素材的考虑。

（一）有法源基础的农业补贴

需要指出的是，这里所谓的法源基础是除《农业法》之外的法律、法规和规章等为《立法法》所明确的法制依据类型。之所以将《农业法》排除在外，主要是基于内容设置的考虑，因为本书在下一部分将专门阐述各类既有农业补贴及其法制依据与现行《农业法》相应条款之间的关联性。

---

① 参见［英］布莱恩·杰克：《农业与欧盟环境法》，姜双林译，中国政法大学出版社 2012 年版，第 174～176 页。

1. 农业机械购置补贴

农业机械购置补贴被正式型塑的法制依据是《农业机械化促进法》[①]（2004年制定并实施）第27条，该条规定："中央财政、省级财政应当分别安排专项资金，对农民和农业生产经营组织购买国家支持推广的先进适用的农业机械给予补贴。补贴资金的使用应当遵循公开、公正、及时、有效的原则，可以向农民和农业生产经营组织发放，也可以采用贴息方式支持金融机构向农民和农业生产经营组织购买先进适用的农业机械提供贷款。具体办法由国务院规定。"从规范内容来看，该条对农业机械购置补贴的型塑基本上是全面且可操作的。补贴资金的来源被明确为中央和省级财政的专项资金，两级政府因此负有相应的预算义务。补贴对象被限定为符合条件的农民和农业生产经营组织。补贴条件被规定为补贴对象购买国家支持推广的先进适用的农业机械。补贴方式则被设定为向补贴对象发放，或者转化为购买补贴标的的贷款贴息，二者可择一而行。预算义务的具体实现、补贴对象和条件的进一步细化以及补贴方式的择取等都被委由国务院通过委任立法进行。但在实践中，国务院通过转委托，将部分问题再委托财政部和农业部，经由部门规章——《农业机械购置补贴专项资金使用管理暂行办法》[②]（财政部、农业部于2005年联合发布）予以规定。之所以将该规章称为"部分问题"的再委托，原因在于其规范内容只涉及中央财政支持的农业机械化购置补贴的推行，对法定的应由省级财政支持的补贴推行，并未涉及。

规章将法律明确的补贴资金使用原则具体化为：（1）公开，即补贴政策、办法公开，补贴资金操作过程透明。通过公示、公布等多种形式使农民充分了解补贴政策等信息。（2）公正，即资金分配、补贴机具目

---

① 该法于2018年修正。

② 该办法于2017年6月1日被废止。

录、补贴对象确定等全过程公正。按照事先公布的优先补贴条件，公正确定享受补贴的农民名单，并在县或乡镇范围内公示，接受监督。(3）农民直接受益，即保证补贴资金全部补贴到农民，做到资金到位，机具到位，服务到位，使补贴的农业机械切实在生产中发挥作用，确保农民受益。该项原则说明：两部门在法定的两类可选择的补贴方式中，择取了第一类，即直接补贴发放方式。补贴资金的落实在规章上主要有三个前提，一是已经具备法律效力的对农业机械购置补贴专项资金的中央预算安排，二是以生效预算为主要基础的《农业机械购置补贴专项实施方案》，其中确定国家年度补贴的机具种类、实施范围、补贴资金额度、工作进度及要求，三是省级政府根据《农业机械购置补贴专项实施方案》组织编制的《农业机械购置补贴资金使用方案》，其中具体确定实施地域名单、资金配套、补贴机具种类、工作进度安排等。补贴对象被规章细化为“符合补贴条件的农民（农场职工）和直接从事农业生产的农机服务组织”。规章对补贴标准采取了最高限额的规定方式，即中央财政资金的补贴按照不超过农机具价格30%进行补贴。规章为补贴的标的择取确定了如下标准：符合国家产业政策、农业可持续发展和环境保护的要求，并经农机鉴定机构检测合格；同时明确列出需要重点补贴的机具类型：(1）大中型拖拉机等农用动力机械；(2）农田作业机械，主要包括：耕整、种植、植保、收获和秸秆还田等机具；(3）粮食及农副产品的产后处理机械；(4）秸秆、饲草加工及养殖机械。补贴发放方式被规章进一步细化为如下补贴申领程序：根据《农业机械购置补贴专项实施方案》形成年度补贴机具目录、实施范围、申请程序和具体要求——通过媒体及乡村公告等形式向农民公布前述内容——农民填写购机申请表并通过乡镇农机管理机构向县级农机管理机构递交——县级农机管理机构根据《农业机械购置补贴资金使用方案》和优先补贴条件对申请进行审查，确定购机者名单和数量并张榜公布——县级农机管理机构与经确定的购机者签订购机补贴协议，并报省级农机主管部门和财政部门——省级农机主管部门与供货商协商确定供货事宜——购机者向供货方提交购机补贴协议，并按扣除补贴金额后的机具差价交款提货——供货方凭补贴协议和发票存根定期向省级财政部门提出结算申请——省级财政部门在接到申请后10个工作日内予以审核并与供货方结算补贴资金。规章还对已购补贴农机具设置了两项管理措施和一项服务措施。管理措施包括建立购机补贴档案和机具处分限制两种。前者的实施职权被设定给县级农机管理机构，其应对已购补贴农机具及时进行登记、编号，并在机具显著位置做出国家补贴机具和编号的统一标记，登记的内容包含购机者姓名、身份证号码、地址、联系方式、机具型号、购置数量、补贴金额及机具编号等。后者的具体内容则为：享受补贴购买的农机具，原则上2年内不得转卖或转让。

2. 能繁母猪补贴

能繁母猪补贴存续和据以推行的法制依据为《能繁母猪补贴资金管理暂行办法》[①]（财政部2007年发布并实施）。该部门规章将补贴型塑的政策目的表述为：保护和提高能繁母猪的生产能力，调动农民养殖母猪的积极性，促进养猪业持续健康发展。补贴资金的发放原则被规章明确为公开透明、据实补贴和直补农民。公开透明是指补贴政策、补贴办法和受益对象公开，严格按照规范和程序操作，保证补贴资金发放全过程透明；据实补贴是指按照能繁母猪的实际饲养数量予以补贴，对饲养其他类型生猪不予补贴；直补农民则要求采取直接补贴的方式，将补贴资金及时、直接发放到农民手中。规章将补贴对象设定为“饲养能繁母猪

① 该办法于2017年6月1日被废止。

的养殖者”，补贴标准则被确定为：每头能繁母猪补贴50元，补贴资金由国家承担。其中东部地区由地方财政负担；中西部地区由中央财政负担60%，地方财政负担40%。新疆生产建设兵团以及黑龙江农垦总局、广东省农垦总局和海南省农垦总局等中央直属垦区的补贴资金全部由中央财政负担。为了进一步明确东西中部的地域范围，规章还对各地区所辖的具体省份进行了罗列。补贴发放的方式被规章细化为如下基本程序：地方各级财政部门会同有关部门认定核实能繁母猪的实际饲养量——财政部根据中西部地区能繁母猪饲养数量将补贴资金拨付省级财政部门，省级财政部门根据核定的各县能繁母猪饲养数量，按规定的分担比例将补贴资金拨付县级财政部门——县级财政部门根据农户饲养能繁母猪数量确定补贴资金——乡（镇）政府及其相关机构将补贴情况在受益农民所在村张榜公布，公布内容包括：农民姓名或企业名称、能繁母猪养殖数量、参加保险能繁母猪数量、补贴标准和金额——向农民发放兑付通知书，其中载明补贴头数、补贴标准、补贴金额、补贴方法等——县级财政部门通过“一卡通”或“一折通”将补贴资金直接兑付农民，不具备条件的也可直接发放现金。

3. 农业保险保费补贴

正式型塑农业保险保费补贴的法制依据是《农业保险条例》①（国务院2012年发布，2013年实施）第7条，该条规定：“农民或者农业生产经营组织投保的农业保险标的属于财政给予保险费补贴范围的，由财政部门按照规定给予保险费补贴，具体办法由国务院财政部门商国务院农业、林业主管部门和保险监督管理机构制定。国家鼓励地方人民政府采取由地方财政给予保险费补贴等措施，支持发展农业保险。”相关部门规

① 该条例于2016年修订。

章将此类补贴细化为种植业保险保费补贴和养殖业保险保费补贴两种。与农业机械购置补贴相同，规章仅为源于中央财政的两种保费补贴提供了法制依据，并未涉及地方财政支持的保费补贴。

（1）种植业保险保费补贴

《中央财政种植业保险保费补贴管理办法》① （财政部2008年发布并实施）将（中央财政）种植业保险保费补贴定义为：财政部对省级政府引导有关农业保险经营机构开展的特定农作物的种植业保险业务，按照保费的一定比例，为投保人提供的补贴。规章将投保人（补贴对象）限定为农户、龙头企业和专业合作经济组织。补贴的保险标的被规章设定为“种植面广，对促进三农发展有重要意义的大宗农作物”，具体包括：玉米、水稻、小麦、棉花；大豆、花生等油料作物；以及其他农作物。补贴地区也可根据本地财力和农业特色，自主确定这些作物之外的其他作物险种予以保费补贴。规章将补贴险种的保险责任限于因人力无法抗拒的自然灾害，包括暴雨、洪水、内涝、风灾、雹灾、冻灾、旱灾、病虫草鼠害等对投保农作物造成的损失；补贴险种的保障水平及保险金额确定的原则则被表述为“低保障、广覆盖”，以保障农户灾后恢复生产为出发点，原则上保障保险标的在生长期内所发生的包括种子成本、化肥成本、农药成本、灌溉成本、机耕成本和地膜成本等在内的直接物化成本。补贴的具体标准在规章上被规定为：先由补贴地区省级财政部门补贴保费的25%，再由财政部补贴35%，剩余保费由农户单独承担，或者其与龙头企业地方财政部门共同承担，分担比例由补贴地区自主决定。投保农户根据应当承担的比例缴纳保费。

① 该办法于2017年1月1日被废止。

（2）养殖业保险保费补贴

《中央财政养殖业保险保费补贴管理办法》[①]（财政部2008年发布并实施）将（中央财政）养殖业保险保费补贴定义为：财政部对省级政府引导有关农业保险经营机构开展的特定品种的养殖业保险业务，按照保费的一定比例，为投保人提供的补贴。规章将投保人限于“农户、养殖企业和专业合作经济组织”。补贴的保险标的被规章设定为“饲养量大，对保障人民生活、增加农户收入具有重要意义的养殖业品种”，具体包括：能繁母猪、奶牛和其他养殖品种。补贴地区也可以根据本地财力和农业特色，自主确定其他养殖险种予以补贴。规章将补贴险种的保险责任限于“重大病害、自然灾害和意外事故所导致的投保个体直接死亡”，并对重大病害分能繁母猪和奶牛进行了详细罗列；自然灾害被具体化为暴雨、洪水、风灾、雷击、地震、冰雹和冻灾，意外事件则被细化为泥石流、山体滑坡、火灾、爆炸、建筑物倒塌和空中运行物体的坠落。补贴险种保险金额的计算标准在规章上被明确为投保个体的购买价格和饲养成本。规章对补贴的具体标准及方法做了与上一补贴项目相似的规定，即先由补贴地区地方财政部门补贴保费的30%，财政部对能繁母猪再补贴50%的保费，对奶牛则再补贴30%的保费，剩余保费由农户承担，或者由农户与养殖企业、地方财政部门共同承担，分担比例由补贴地区自主决定。投保农户根据应当承担的比例缴纳保费。

4. 农作物良种补贴

农作物良种补贴所据以推行的法律依据是《中央财政农作物良种补贴资金管理办法》[②]（财政部、农业部2009年发布、2010年实施）。与前已述及的所有补贴一样，此规章也仅涉及源于中央财政的农作物良种补

---

① 该办法于2017年1月1日被废止。

② 该办法于2016年6月23日被废止。

贴资金的运作。规章将适用于补贴的农作物良种限于：水稻、小麦、玉米、大豆、油菜、棉花和国家确定的其他农作物，经国家和省级农作物品种审定委员会审定，适合推广应用、符合农业生产需要和市场前景较好的种子。补贴的对象被规章限定为在农业生产中使用农作物良种的农民；补贴范围则被规定为国家规定的补贴品种的种植区域，全覆盖补贴品种的范围按补贴品种的实际种植面积核定，未全覆盖补贴品种的范围由农业部、财政部根据国家政策确定。规章对补贴标准做了固化规定，即早稻 10 元一亩，中稻、晚稻 15 元一亩，小麦 10 元一亩，玉米 10 元一亩，大豆 10 元一亩，油菜 10 元一亩，棉花 15 元一亩。规章对补贴的发放方式依据补贴标的的不同进行了区别处理：对于水稻、玉米、油菜明确规定采用现金直接补贴方式，具体发放程序由各省按照简单便民的原则自行确定；对于小麦、大豆、棉花既可以采用现金直接补贴的方式，也可以采用差价购种补贴的方式，选择后者的，由省级农业、财政等部门组织良种的统一招标，中标单位实行统一供种。补贴资金发放的村级公示制是规章特别强调的制度内容之一，规章要求公示的内容应当包括农户良种种植面积、补贴品种、补贴标准、补贴资金数额等，公示时间不得少于 7 天。

5. 奶牛良种补贴

奶牛良种补贴所据以推行的法制依据是《奶牛良种补贴资金管理暂行办法》[①]（财政部、农业部 2007 年发布并实施）。规章将补贴对象限于“项目区内使用优质种公牛冷冻精液进行品种改良的奶牛养殖者”，具体包括散养户和规模养殖户。补贴标准规章授权财政部和农业部根据优质种公牛冷冻精液的供需情况具体确定。补贴品种则被明确为奶牛养殖者

① 该办法于 2017 年 6 月 1 日被废止。

饲养的具有繁殖能力的荷斯坦牛、奶水牛、褐牛、牦牛等。根据规章内容，补贴推行的程序大概包含以下阶段：农业部、财政部根据相关产业规划和生效预算制定《全国奶牛良种补贴项目实施方案》，其中确定年度补贴品种、补贴数量、补贴资金额度、补贴标准、实施范围等——省级农牧业部门会同财政部门根据《全国奶牛良种补贴项目实施方案》编制本行政区域的年度奶牛良种补贴项目实施方案并报批，其中确定实施的县、补贴品种、补贴数量、补贴资金、组织方式、保障措施等——方案报批且资金下拨后，省级农牧业部门会同财政部门组织种公牛站冷冻精液的招标和项目县冷冻精液的统一采购，并与中标的种公牛站签订采购合同——中标种公牛站以招标价格扣除补贴后的优惠价格向奶牛养殖者供应冷冻精液——中标种公牛站依据冻精招标采购合同和供货发票等凭证与省级财政部门结算。规章还特别要求各级农牧业部门要在同级新闻媒体上公布补贴政策、补贴范围和补贴标准，项目实施村（农场）要张榜公布奶牛补贴的有关政策和本村（农场）项目的实施情况，接受监督。

6. 生猪良种补贴

生猪良种补贴推行的法制依据主要体现在《生猪良种补贴资金管理暂行办法》[①]（财政部、农业部2007年发布并实施）上。该部门规章将补贴对象设定为：项目区内使用良种猪精液开展人工授精的母猪养殖者，具体包括散养户和规模养殖户（场）；补贴标准则被固定为：每头能繁母猪每年补贴40元（按照每头能繁母猪年繁殖两胎，每胎配种使用2份精液，每份精液10元测算）。根据规章的相关规范，补贴发放的主要环节可以被归纳为以下几个方面：农业部、财政部根据需要及生效预算制定并下达年度《生猪良种补贴实施方案》，明确补贴品种、补贴规模、补贴

① 该办法于2017年6月1日被废止。

金额及实施范围等——省级农牧业部门会同财政部门根据年度《生猪良种补贴实施方案》编制本行政区域内的生猪良种补贴项目实施方案，具体确定实施县、补贴品种、补贴母猪数量、补贴金额、组织方式及保障措施等，并报批——方案获批且资金下拨后，省级农牧业部门开展种猪场及其良种公猪品种评定，并报备——县级农牧业部门在评定入选的种猪场及良种公猪品种范围之内，通过招标确定供精单位及价格、配种范围、人工授精收费内容及标准——供精单位按照补贴后的优惠价格向养殖者提供精液——县级财政部门在省级财政部的补贴资金下拨后，根据农牧业部门核定的配种情况及供精单位提供的有关凭证，与供精单位结算补贴资金。结算的标准为：配种没有成功或达不到配种要求的，不予补贴；配种成功并达到配种要求的，每份精液价格少于 10 元的，按实际价格结算，每份精液价格多于或等于 10 元的，按 10 元结算；每胎配种使用一份精液，按 1 份精液结算，使用 2 份或 2 份以上的，按 2 份结算。规章对此类补贴也做出了与奶牛良种补贴相同的公示要求。

7. 天然橡胶良种补贴

天然橡胶良种补贴的法制依据是《中央财政天然橡胶良种补贴项目资金管理办法（试行）》① （财政部、农业部 2009 年发布实施） 和《天然橡胶良种补贴项目验收办法（暂行）》（农业部、财政部 2011 年发布实施）。与上述许多补贴一样，规章仅涉及中央财政负担的天然橡胶良种补贴的运作。补贴标的被规章限定为：经过省级以上农业部门鉴定并推荐的天然橡胶品种的种苗，补贴对象则被明确为植胶人。规章将补贴推行的区域确定为海南、云南、广东省优势植胶区（以下简称项目区）。总结规章相关规范，补贴运作的大体程序可被概括为以下几个关键环节：财

① 该办法于 2016 年 6 月 23 日被废止。

政部会同农业部确定项目区年度良种补贴标准、补贴资金规模和补贴面积——农业部会同财政部下发年度良种补贴实施指导意见，其中包括指导思想、基本原则、实施规模、补贴标准、工作内容及保障措施等——项目区省级农业部门会同财政部门根据实施指导意见编制本省年度具体实施方案，内容包含补贴政策目标、补贴重点、实施区域、补贴品种及管理措施等——项目区省级农业部门会同财政部门采取公开招标或通过公示竞选条件、基地申报、专家评审的方式，确定种苗基地及当年种苗销售价格，并在媒体上公示基地名单、种苗销售价格和补贴后的销售价格——被确认的种苗基地挂牌公告补贴品种、类型、质量、确定的销售价格和补贴后的销售价格等信息——预算资金逐级拨付至种苗基地所在县的财政部门，财政部门先将补贴资金的70%拨付到被确认的种苗基地——植胶人提出良种补贴申请由村委会汇总公示——村委会提出初审意见经乡镇政府审核后报县（市）财政、农业部门审批——植胶人持审批表到被确认的种苗基地按照扣除补贴后的价格购买种苗（签订购销合同）——省级农业、财政部门组织实施补贴项目的验收，验收内容包括供苗价格的合理性、时效性、苗木质量、实际供苗与申购苗木一致性、售后服务，种植地点、面积和成活率等——验收合格，拨付剩余的30%补贴资金。

8. 农村金融机构定向费用补贴

农村金融机构定向费用补贴所据以推行的法制依据是《中央财政农村金融机构定向费用补贴资金管理暂行办法》[①]（财政部2010年发布实施）。与前述各类补贴相同，规章亦仅涉及源于中央财政的补贴推行。规章将农村金融机构定向费用补贴界定为：财政部对符合规定条件的新型

① 该办法于2014年4月11日被废止。

农村金融机构和基础金融服务薄弱地区的银行业金融机构（网点），按照贷款平均余额给予的一定比例的财政补贴。所谓新型农村金融机构被限定为经中国银行业监督管理委员会批准设立的村镇银行、贷款公司和农村资金互助社。所谓基础金融服务薄弱地区被规定为根据中国银行业监督管理委员会统计和确认所确定的西部偏远乡镇，具体由财政部确定。所谓贷款平均余额则是指农村金融机构（网点）该年度每季度末贷款余额的平均值。补贴对象被规章分别设定为：当年贷款平均余额同比增长且达到中国银行业监督管理委员会监管指标要求的贷款公司和农村资金互助社；当年贷款平均余额同比增长、年末存贷比高于50%且达到中国银行业监督管理委员会监管指标要求的村镇银行；基础金融服务薄弱地区的银行业金融机构及其网点。补贴标准被统一确定为当年贷款平均余额的2%。根据规章内容，补贴发放的程序主要包含以下关键环节：包含补贴项目的中央预算的生效——新型农村金融机构按照规定的补贴比例计算上年贷款平均余额和相应的补贴资金，向县级财政部门提出补贴申请——县级财政部门审核后向省级财政部门报送补贴申请资料——省级财政部门审核后向财政部报送补贴申请资料——财政部审核后据实向省级财政部门拨付补贴资金——省级财政部门收到拨付的补贴资金后，转拨县级财政部门——县级财政部门将补贴发放给新型农村金融机构。

9. 农业技术推广与服务补助

农业技术推广与服务补助的法律依据是《农业技术推广法》（1993年制定，2012年修正）第28条第2款第2句，即“中央财政对重大农业技术推广给予补助”，而具体型塑补助内容的则是《中央财政农业技术推广与服务补助资金管理办法》[①]（财政部2012年发布，2013年实施）。规

① 该办法于2014年6月16日被废止。

章将补助支持的技术和服务类型化为四种：（1）有效提高粮食等主要农产品生产能力的先进适用技术，包括农作物、畜禽、水产良种的繁育、改良、种植、养殖等；（2）有效提高农产品附加值的先进适用技术，包括主要农产品储藏、保鲜、干燥、包装初加工技术等；（3）有效提高农产品质量安全水平和保护农业生态环境的先进适用技术，包括农作物病虫草鼠害和动物疫病防控中高效低残留药物施用，农业生产投入品面源污染防治，农业生产残余物资源综合利用；（4）有效提高农技推广体系服务水平，包括建立健全基层农技推广体系为农服务的激励约束机制，支持开展公益性服务，示范推广先进农业技术，鼓励引导农业生产社会化服务组织发展等。补助主要支出范围被规章限定为：材料、农资、小型仪器设备等技术物化投入品的购置补助，推广服务、宣传培训、技术咨询等费用补助，其他与农业技术推广相关的支出。被明确排除在补助支出范围之外的包括行政事业单位的人员工资、办公费等基本支出，购买农业科技成果和专利的支出，建造办公场所、购置车辆和通讯器材的支出，基础性农业科研支出以及与农技推广工作无关的其他支出。补助对象被规章具体化为主推技术推广的承担者、服务提供者和实际使用者，主要包括事业单位、企业、农民专业合作社和个人等；补助方式则被规定为可视情况采取现金补助、实物补助、定额补助、以奖代补、奖补结合、先建后补等。补助推行的基本程序为：中央财政综合考虑各省耕地面积、粮食等主要农产品产量、农业增加值、绩效评价结果等因素，设置具体的预算项目并经审议通过——中央财政依据生效预算将补助资金按具体项目拨付省级财政——省级财政部门和农业部门制定项目实施方案，内容包含：总体要求、主要目标、实施范围和规模、实施内容、补助对象和标准、管理措施等——补助项目的申请者申请——省级财政、农业部门组织专家评审，择优确定当年的支持项目——补助资金拨付，省级农业、财政部门组织指导项目实施——省级财政、农业部门对项目实施情况、资金使用效果等展开绩效评价——农业部、财政部对各省实施的补助项目绩效评价进行抽查，抽查结果与资金分配挂钩。

10. 森林抚育补贴

森林抚育补贴的法制依据是《森林抚育补贴试点资金管理暂行办法》①（财政部、国家林业局2010年发布、2011年实施）。规章将补贴资金的来源限于中央财政预算。补贴对象则被设定为承担森林抚育试点任务的国有森工企业、国有林场、村集体、林业职工和农民。补贴标准被明确为平均每亩100元。补贴资金的用途被规章细化为：森林抚育有关费用，具体包括间伐、修枝、除草、割灌、采伐剩余物清理运输、简易作业道路修建等生产作业的劳务用工和机械燃油等直接费用以及作业设计、检查验收、档案管理、成效监测等间接费用。楼堂馆所建设、汽车购置、人员工资福利支出等被明确排除在补贴范围之外。补贴发放的程序为：试点省级财政会同林业主管部门向财政部申请补贴资金——国家林业局向财政部提出补贴试点任务建议——财政部根据生效预算、各省申请以及补贴试点任务建议确定当年补贴资金分配方案——按预算级次下拨补贴资金——试点单位编制补贴实施方案，并报批——试点省拨付40%的补贴资金——试点单位按照合同向开展森林抚育作业的职工和集体林所有者发放40%的补贴——开展抚育作业——省级林业部门对抚育作业进行检查验收后拨付剩余60%补贴资金——试点单位按照合同向开展森林抚育作业的职工和集体林所有者发放60%的补贴。

11. 小型农田水利设施建设和国家水土保持重点建设工程补助

小型农田水利设施建设和国家水土保持重点建设工程补助的法制依

① 该办法于2013年1月1日被废止。

据是《中央财政小型农田水利设施建设和国家水土保持重点建设工程补助专项资金管理办法》[①]（财政部、水利部2009年发布实施）。从规章名称可以看出，此项补助的资金也源于中央财政预算。规章将小型农田水利设施建设补助（以下简称小农水补助）与国家水土保持重点建设工程补助（以下简称水土保持补助）的核心内容分章进行了规定。

小农水补助被规章界定为：中央财政预算安排的，采用“民办公助”等方式，支持农户、农民用水合作组织、村组集体和其他农民专业合作经济组织等，开展小型农田水利设施建设的补助资金。补助的工程类型被列为塘坝、小型灌溉泵站、引水堰闸、灌溉机井、雨水集蓄利用工程等小型水源工程，大中型灌区末级渠系、小型灌区渠系、井灌区输水管道、高效节水灌溉工程等，小型排水泵站、控制面积3万亩以下的排水沟道等，具体的年度补助工程类型，授权财政部与水利部每年通过小农水专项资金项目立项指南发布。补助的使用范围被限定于项目建设材料费、工程设备费、施工机械作业费及项目管理费。补助的运作程序如下：中央财政在包含补助项目的预算生效后，根据自然因素、经济因素和绩效因素测算确定分配给各省的补助资金额度（额度的确定因补助工程类型的不同而有区别，具体而言，对于重点县的建设实行定额补助，即中央财政按照一定的补助标准和重点县名额，核定分配给各省的重点县建设资金补助额度；对于专项工程建设实行比例补助，即中央财政按照项目总投资的一定比例，核定分配给各省的专项补助额度）——财政部、水利部制定、发布年度补助项目立项指南，其中包括重点县分配名额和专项补助控制指标——省级财政、水利部门根据立项指南组织开展重点县和专项工程的立项申报——县级财政和水利部门作为重点县申请主体，

① 该办法于2012年5月24日有所修改，于2015年12月20日被废止。

编制相关申请材料和文件，逐级向省级财政、水利部门申报；农户或联户、农民用水合作组织以及村集体作为专项工程的申请主体，向县级财政、水利部门提出相关申请材料，二部门逐级将相关材料汇总后逐级向省级财政、水利部门申报——省级财政、水利部门组织专家对县级申报材料进行评审，确定重点县和专项工程建设内容、资金支持重点，编制省级申报材料及资金申请文件，上报财政部、水利部——财政部、水利部组织专家对各省上报的申请材料进行合规性审查——审查通过后，财政部根据各省报送的立项和资金申请文件以及下达的资金控制额度，拨付补贴资金——补贴给付相应的申请主体并开始项目的建设。

水土保持补助被规章界定为中央财政预算安排的，由财政部、水利部根据国家水土保持重点建设工程有关规划，用于支持规划治理范围内的重点地区开展水土流失治理项目建设的补助资金。补助的使用范围被明确为规划治理区内的坡改梯、淤地坝、小型水保工程以及营造水保林草和经果林等项目支出，具体包括：购买水泥、钢材、砂石料等材料的费用，小型灌排设备、水土保持监测设备等的购置费用，机械施工费，营造水保林、经果林、种草及封禁治理中补种所需的苗木、种籽费，苗圃基础设施建设费，设置围栏、封禁标志牌以及雇佣管护人员等的费用。补助发放的程序如下：省级财政和水利部门确定年度治理任务，编写项目和资金申请文件，上报财政部和水利部——水利部审核各省年度治理任务——财政部、水利部根据审核的各省年度治理任务和已经生效的中央财政预算，提出资金分配方案——方案报批后，财政部将补助资金拨付有关省级财政部门——治理区内的县级财政、水利部门以小流域为单元组织编制初步设计，报省财政、水利部门审批后组织项目实施。

12. 人工影响天气补助

人工影响天气补助的法制依据为《中央财政人工影响天气补助资金

管理暂行办法》[①]（财政部、中国气象局2012年发布、实施）。此类补助亦源于中央财政预算。该部门规章将补助定义为：中央财政预算安排的，用于补助各省开展人工影响天气作业的专项资金。所谓人工影响天气作业是指利用飞机、高炮、火箭等设备开展的人工增雨、增雪、防雹、消雨、消雪、消雾等作业。作为补助申请人的各省所应具备的条件被规章明确为三点：一是需有省级政府批准的人工影响天气作业计划，二是需有比较完备的人工影响天气作业设施设备和业务指挥平台，三是需有科学规范的人工影响天气作业运行机制和业务流程。规章将补助使用的范围细化为：飞行作业和地面保障费，具体是指飞机作业发生的租赁和停场费、飞行小时费、机场保障费、空域协调费、通讯费；购置和仓储费，具体是指催化剂、炮弹、火箭弹购置费、差旅费、专用运输车辆租赁费、仓储保管费以及保险费；设备保障费，具体是指作业探测、通讯、指挥系统设备购置费、高炮、火箭等设施设备维护、检修专用材料费、委托业务费、交通费和差旅费。高炮、火箭、雷达等大型设备和交通工具购置费被明确排除在补助范围之外。补助发放的主要环节为：省级财政部门会同气象部门向财政部和中国气象局申请补助资金——中国气象局对各省的申请进行初审后提出资金补助建议，并商财政部确定具体的补助方案（方案需考虑气象灾害发生严重程度，粮食生产、农产品保障、森林和草原保护、区域水资源补给等情况）——财政部会同中国气象局将补助下拨省级财政和气象部门——省级气象和财政部门按照作业计划开展相关工作。

13. 秸秆能源化利用补助

秸秆能源化利用补助的法制依据是《秸秆能源化利用补助资金管理

---

① 该办法于2020年1月23日失效。

暂行办法》[①]（财政部2008年发布、实施），但在种属关系上，其可被认定为《可再生能源法》（2005年制定、2006年实施，2009年修正）第24条型塑的“可再生能源发展资金”支持“农村、牧区的可再生能源利用项目”的具体化。规章将作为补助标的的秸秆明确为：水稻、小麦、玉米、豆类、油料、棉花、薯类等农作物秸秆以及农产品初加工过程中产生的剩余物。补助对象被规章限于从事秸秆成型燃料、秸秆气化、秸秆干馏等秸秆能源化生产的企业。申请补助的条件则被细化为四项：一是企业注册资金在1000万元以上；二是企业秸秆能源化利用符合本地区秸秆综合利用规划；三是企业年消耗秸秆量在1万吨以上（含1万吨）；四是企业秸秆能源产品已经实现销售并有稳定的用户。规章虽未明确补助标准，但却规定了补助发放应当考虑的因素，即企业每年实际销售秸秆能源产品的种类、数量折算消耗的秸秆种类和数量。补助推行的程序规章规定得较为简略，主要包含以下关键节点：企业根据属地原则向所在地财政部门递交补助申请及相关材料——省级财政部门组织检查、核实汇总并向财政部上报——财政部组织专家对申请及相关材料进行审查，核定补助金额，拨付补助金。

14. 草原生态保护补助与奖励金

草原生态保护补助与奖励金的法制依据是《中央财政草原生态保护补助奖励资金管理暂行办法》[②]（财政部、农业部2011年发布、2012年实施）。该规章亦仅涉及源于中央财政预算的补助与奖励金的推行。规章将此类补助与奖励金定义为：为加强草原生态保护、转变畜牧业发展方式、促进牧民持续增收、维护国家生态安全，中央财政设立的专项资金，具体包括禁牧补助、草畜平衡奖励、牧草良种补贴、牧民生产资料综合

① 该办法于2015年4月2日被废止。
② 该办法于2014年6月9日被废止。

补贴和绩效考核奖励资金。可见，该补贴其实是多项补助和奖励金的统称，各具体补助和奖励金在存续和推行的细节上虽各有不同，但却在促进草原生态保护这一政策目标上具有共通之处。规章将各类补助和奖励金的推行地域明确为内蒙古自治区、四川省、云南省、西藏自治区、甘肃省、宁夏回族自治区、青海省、新疆维吾尔自治区和新疆生产建设兵团，以及国家确定的其他草原牧区半牧区县。禁牧补助的对象被规章确定为禁牧区域内承包草原并实施禁牧的牧民；草畜平衡奖励的对象被确定为草畜平衡区内承包草原并履行草畜平衡义务的牧民；牧民生产资料综合补贴的对象被确定为承包草原并主要从事草原畜牧业生产的牧户；牧草良种补贴的对象则被确定为人工草场种植者。规章将各类补助与奖励金的发放标准固化为：禁牧补助平均每年每亩6元；草畜平衡奖励补助平均每年每亩1.5元；牧民生产资料综合补贴每年每户500元；牧草良种补贴平均每年每亩10元。规章对禁牧补助和草畜平衡奖励金的发放程序进行了较为全面的规定，大体包括以下环节：各省确定禁牧区和草畜平衡区，并逐级细化到乡镇、村组和承包户——项目县农牧部门与牧民签订禁牧和草畜平衡责任书，明确牧民实施禁牧和完成草畜平衡任务的责任和权益——各省财政和农牧部门向财政部和农业部申请补助和奖励金——财政部会同农业部根据各省申请的实施禁牧和草畜平衡的草原面积，在已经生效的中央财政预算基础之上将补助和奖励金拨付省级财政部门——省级财政部门和农牧部门编制本行政区域内年度草原生态保护补助奖励实施方案并报批，内容包括基本情况、目标任务、实施内容、补助奖励标准和具体实施区域等——相关部门根据禁牧和草畜平衡责任落实考评情况，按照牧民承包到户的实施禁牧和草畜平衡的草原面积直接向其发放补助和奖励金。对牧民生产资料综合补贴与牧草良种补贴的发放程序，规章未做系统规定，仅原则性地表述了二者通用的发放方式：

直接发给牧民。

15. 退耕还林补助

退耕还林补助的立法依据是《退耕还林条例》[①]（2002 年制定并公布，2003 年实施）。《退耕还林条例》第四章“资金和粮食补助”对补助的具体内容、补助对象和标准等做了较为具体且系统的规定。补助内容被细化为：粮食补助、种苗造林补助和生活补助。补助对象则被明确为参加退耕还林的土地承包经营权人；尚未承包到户和休耕的坡耕地参加退耕还林的，以及纳入退耕还林的宜林荒山荒地造林，只享受种苗造林补助费。种苗造林补助费和生活补助费的确定与下拨职责被法规设定给了国务院计划、财政和林业部门。补助粮食品种的确定则被授权省级政府根据当地口粮消费习惯和农作物种植习惯以及当地粮食库存实际情况合理确定。法规将补助粮食的发放方式确定为：退耕还林第一年的补助粮食分两次兑付，每次兑付数量由省级政府确定；从退耕还林第二年起，在规定的补助期限内，县级人民政府应当及时向持有验收合格证明的补贴对象一次性兑付该年度补助粮食。种苗造林费的适用范围被《退耕还林条例》限于种苗采购，节余部分可以用于造林补助和封育管护。发放方式则被规定为补助对象自行采购种苗的，县级人民政府或其委托的乡级人民政府一次性付清补助；集中采购种苗的，验收合格后，种苗采购单位与补助对象结算补助。生活补助的发放方式被《退耕还林条例》确定为：退耕还林后，在规定的补助期限内，县级人民政府及时向持有验收合格证明的补助对象一次性付清该年度生活补助费。补助发放的关键环节主要包含以下几点：国务院林业部门编制退耕还林总体规划并报批——省级政府林业部门根据总体规划编制本行政区域内的退耕还林规

① 该条例于 2016 年修订。

划并报批——省级林业部门根据退耕还林规划会同有关部门编制本行政区域内下一年度退耕还林计划建议并报批——年度退耕还林计划上报国务院汇总，形成全国退耕还林年度计划——省级林业部门根据全国计划会同有关部门编制本行政区域内的年度退耕还林实施方案并报批——县级林业部门根据省级退耕还林实施方案编制本行政区域内退耕还林年度实施方案并报批——县级林业部门根据其年度实施方案组织编制乡镇作业计划，把实施方案确定的内容落实到具体地块和土地承包经营权人——县级政府或其委托的乡级政府与有退耕还林任务的土地承包经营权人签订退耕还林合同——退耕还林者按照作业计划和合同植树种草——县级林业部门对退耕还林项目进行验收，验收合格的，向退耕还林者发放验收合格证明——补贴对象持验收合格证明领取相关补助。

《完善退耕还林政策补助资金管理办法》[①]（财政部 2007 年发布、实施）型塑了一种新型的退耕还林补助，其适用于原退耕还林政策补助期满后对生活困难的退耕农户的专项补助。规章将补助标准确定为：长江流域及南方地区每亩退耕地每年补助现金 105 元，黄河流域及北方地区每亩退耕地每年补助现金 70 元。补助期限则被明确为还生态林补助 8 年，还经济林补助 5 年，还草补助 2 年。补助推行程序规章并未涉及。

16. 农村劳动力转移培训补助

农村劳动力转移培训补助的法制依据为《农村劳动力转移培训财政补助资金管理办法》[②]（财政部、农业部 2005 年发布、实施）。规章规定补助资金由地方财政和中央财政共同负担，但以地方财政为主。补助范围被规章确定为：对农村劳动力转移就业前进行的短期非农职业技能培训和引导性培训的专项资金。中央财政的补助标准被明确为平均每期每

① 该办法于 2020 年 1 月 23 日被废止。

② 该办法于 2017 年 6 月 1 日被废止。

人不低于100元，各省的补助标准则授权其自由裁量。规章将补助方式设定为可选择的两种：以培训券或现金等形式直接补贴受培训农民，或者以降低收费标准的方式补贴培训机构。补助发放的程序可概括为：各省向中央申报农村劳动力转移示范性培训任务和补助资金——中央财政下达各省劳动力转移示范性培训任务和补助资金——各省将劳动力转移培训任务分解到各市县，并拨付相应的补助金——采用培训券补助方式的，基层财政部门直接将培训券发给受培训农民，由农民作为培训学费交到培训机构，培训机构凭培训券、收费凭证和受培训农民考核合格证明等到当地财政部门申领补助金；采用降低收费补助方式的，培训机构凭项目合同书、经验收合格并由受培训农民签名的名单、收费凭证等到当地财政部门申领补助金。

（二）源于政策的农业补贴

由综合性农业政策确定并推行的农业补贴主要有两种：一是对种粮农民的直接补贴，二是农业生产资料综合补贴。

1. 对种粮农民的直接补贴

对种粮农民的直接补贴首先被确认是在2005年的中央“一号文件”中，此后的“一号文件”对此几乎都有涉及，但具体的政策施力方向或者施力点都有因应现实的调整。2005年“一号文件”仅表明要“对种粮农民实行直接补贴”，并阐明了确认缘由——对调动农民种粮积极性、保护和提高粮食生产能力意义重大且行之有效。2006年“一号文件”重点强调了各地区需强化对种粮农民的直接补贴，并且对粮食主产区的强化力度作出了资金规模上的明确要求——将种粮直补的资金规模提高到粮食风险基金的50%以上。2007年“一号文件”将2006年“一号文件”中对粮食主产区强化力度的要求进一步扩展至所有地区，即各地用于种粮农民直接补贴的资金都要达到粮食风险基金的50%以上。2008年“一号文件”无甚创新性的政策内容，仅要求“继续加大对农民的直接补贴力度”。2009年“一号文件”在补贴对象上开始有所偏重，要求“逐步加大对专业大户、家庭农场种粮补贴力度”。2010年“一号文件”在补贴对象的偏重上又与2009年文件不同，强调“新增农业补贴适当向种粮大户、农民专业合作社倾斜”。2012年“一号文件”除在2010年文件偏重补贴的对象类型中增加了“主产区”和“种养大户”之外，还强调要“提高对种粮农民的直接补贴水平”。2013年“一号文件”对补贴倾斜对象又进行了调整，规定“新增补贴向主产区和优势产区集中，向专业大户、家庭农场、农民合作社等新型生产经营主体倾斜”。

综合性政策的原则性规定仅表明了对种粮农民直接补贴的重点施力方向，有关补贴对象的认定标准、补贴范围、补贴标准或其计算方式、补贴发放程序等具体规定均有待政府有关部门明确。因此，对相关政策规定在实践中的运行机制进行研究，就显得十分必要。具体而言，原则性的政策规定将通过政府有关部门的细化政策来实现。在对种粮农民的直接补贴领域，财政部的专项性政策就是这一细化机制中极具实效性的环节。例如，为贯彻2007年“一号文件”中强化补贴力度的要求，财政部于2007年4月即发布《财政部关于进一步做好2007年对种粮农民直接补贴工作的通知》，其中明确规定：各省、自治区、直辖市2007年用于粮食直补的资金要达到本省（区、市）粮食风险基金包干规模的50%以上；2006年已达到50%以上比例的省份，要确保2007年粮食直补规模及对农民补贴标准不降低，2006年未达到50%比例的省份，要确保2007年“一号文件”所提的补贴任务圆满完成。此外，该通知还将补贴发放的方式具体化为：原则上采用“一卡通”或“一折通”的方式，一次性直接兑付给农民，个别暂不具备条件的地方，可以暂时采取直接发放现金的方式。补贴计算的基准则被细化为：粮食主产省、自治区（指河北、内蒙古、辽宁、吉林、黑龙江、江苏、安徽、江西、山东、河南、湖北、湖南、四川）原则上按照种粮农户的实际种植面积补贴，采取其他补贴方式的，也要剔除不种粮的因素，尽可能做到与种植面积接近，具体由省级政府根据本省实际情况确定。

2. 农业生产资料综合补贴

农业生产资料综合补贴在综合性农业政策上的首次亮相是在2007年的“一号文件”上。2008年“一号文件”仅表明“继续加大农资综合直补”的政策方向。2009年“一号文件”提出“完善补贴动态调整机制，加强农业生产成本收益监测，根据农资价格上涨幅度和农作物实际播种面积，及时增加补贴”，型塑新制度的政策目的极其鲜明。2010年“一号文件”进一步要求“落实和完善农资综合补贴动态调整机制”。2012年和2013年“一号文件”都在重申2010年的政策要求。

对农业生产资料综合补贴基本内容的认识因载体的同一性势必遭遇到与对种粮农民直接补贴相同的难题，因此解决思路也应当是相同的。在实践中，经由特定权力主体的专项性政策细化农业生产资料综合补贴的综合性政策内容，与对种粮农民的直接补贴一样也是常态，但与后者不同的是，前者的细化主体呈现多样性，这可能源于附加性政策内容或目的的出现。具体而言，为细化首次出现在综合性农业政策中的农业生产资料综合补贴，财政部在2007年“一号文件”出台后不久，即发布实施《财政部关于做好2007年对种粮农民农资综合直补工作的通知》(2007年5月发布、实施)，其中对补贴资金的分配原则、管理和拨付以及对农户的发放方式等均做了细化规定。2009年“一号文件”提出完善“补贴动态调整机制”这一政策目标后，财政部、发展改革委和农业部随即联合印发了《关于进一步完善农资综合补贴动态调整机制的实施意见》

(2009年8月发布，2009年9月实施)，其中将“动态调整”具体化为：中央财政安排补贴增量资金与农资涨价引起的种粮增支联动，补贴额度动态调整，即当年农资价格水平较基期上涨较大，导致农民种粮增支较多，中央财政相应多安排增量补贴资金；当年农资价格水平较基期没有上涨或略涨，农民种粮不增支或少量增支，中央财政不安排或少安排增量补贴资金；“基期”则被设定为初始基期参考2008年农资价格水平，以后年份，农资价格上涨，全国粮食亩均化肥、柴油支出高于初始基期，则以该年作为新的基期年，基期滚动调整。

源于综合性农业政策的两类农业补贴及其实现机制，不会因直接、明确的法制依据的缺失而遭法理上的必然否认，因为如前所述，在现代法治理念中，授益性的公法行为，尤其是行政行为并不需要如羁束性行为那样确定、明晰的法源基础，生效预算、原则性法律规定等都可被引为法源。笔者认为，单以预算作为综合性政策与相应专项性政策之间的法治化导入纽带是不足的，还需基础性的法律规范介入进来。而且从长远的角度来看，使基础性的法律规范更进一步地成为相应预算的形成基础，将会更加强化这一纽带，农业政策与农业法律之间的相互辅助关系亦将因此呈现更加顺畅的状态。农业基本法及专项性立法都可充任承载基础性法律规范的角色，但应该如何进行角色定位才既能顾及农业法律体系的逻辑美感，又能收到法治实效，则需进一步的理论探究。限于主题，本书仅将视角着落于农业基本法对两类补贴基础性规范的型塑上。

五、各项农业补贴与《农业法》相关条款之间的关联性分析

（一）各项农业补贴与《农业法》相关条款之间的关联性梳理

依据特定农业补贴与《农业法》相关条款之间的呼应关系，可将二者之间的关联性概分为两大类：一是直接关联，二是间接关联。前者是

指特定农业补贴的类型或其核心内容在《农业法》相应条款中已有明示；后者则是指特定农业补贴的类型或其核心内容并未在《农业法》中被明示出来，但相应条款的表述却为补贴的型塑或推行提供了基础性的法源，质言之，对相应条款的文义解释可以将补贴的型塑或推行涵摄于内。具体分析如下。

1. 直接关联

与《农业法》有直接关联关系的补贴类型是退耕还林补助。《农业法》第62条第3款直接型塑了退耕还林补助，并且还明确了补助对象及补助条件。该款规定：对在国务院批准规划范围内实施退耕的农民，应当按照国家规定予以补助。将补助内容、对象、标准及程序进一步细化的《退耕还林条例》在法理意义上是该款的实现性立法，亦即《农业法》第62条第3款则是《退耕还林条例》的法源基础。退耕还林补助就是经由"基础性法律规范——实现性立法"这一法制衍生体系逐渐被型塑完全的。

然而，在实际的法制成型时点上，《退耕还林》条例却要早于《农业法》第62条第3款。前者是国务院2002年12月14日发布的，而后者则是在2002年12月28日第九届全国人民代表大会常务委员会第三十一次会议通过的《农业法》修订案中首次出现的，1993年《农业法》中并无此款。可见，《农业法》第62条第3款其实是对《退耕还林条例》规范内容高度抽象后的吸纳。这种法制成型时点上的先后并不能否认上述的法理推断，因为法学研究不同于历史索隐，基于其特有研究范式的拟制在各类教义体系中极其常见，以位阶及附随的法律效力为基础的规范体系化就是典型之一。更为重要的是，探究立法目的可知，立法者之所以要将已被《退耕还林条例》型塑的退耕还林补助在《农业法》上重申，恐怕不是无关紧要的文字游戏，通过明确法源基础填补委任立法的法律授权空白进而强化其合法性的目的应该不难推知。

以本书第一章所述的对《农业法》规范的类型化理论为基础，《农业法》第62条第3款可被归入“制度性条款”，而且是已经得到基本实现的“制度性条款”。但缺陷却还是明显的，主要表现有二：一是既然是制度性条款，《退耕还林条例》作为该款的实现性立法，在性质上就应属于委任立法或曰授权立法，根据《立法法》[①] 及相关法理，委任的权源应该在该款中有明确体现。如上所述，2002年立法者在修订《农业法》增设此款时，虽有填补授权空白的目的，但并未明示出来，导致其与《退耕还林条例》之间的法理关联需要理论推知。二是既有的规定对《退耕还林条例》规范内容的抽离不完全，上述退耕还林补助所包含的三类补助内容、补助对象获取补助所必需的义务承担等核心内容均告阙如。

2. 间接关联

除退耕还林补助之外的所有补贴类型均与《农业法》相关条款之间呈现出间接关联关系。具体而言，与农业机械购置补贴具有间接关联关系的是《农业法》第20条第2款，该款规定：“国家对农民和农业生产经营组织购买先进农业机械给予扶持”，“补贴”则被《农业机械化促进法》[②] 第27条型塑为“扶持”的措施之一，在此意义上，《农业机械化促进法》第27条亦可被看作《农业法》第20条第2款的实现性立法，只不过前者还将补贴进一步细化的任务委由行政法规完成，但国务院却进行了转委托，因此有违《立法法》第10条之嫌，[③] 上已述及，不再重

---

① 《立法法》（于2015年修正、2023年修正）第9条规定：本法第八条规定的事项尚未制定法律的，全国人民代表大会及其常务委员会有权作出决定，授权国务院可以根据实际需要，对其中的部分事项先制定行政法规，但是有关犯罪和刑罚、对公民政治权利的剥夺和限制人身自由的强制措施和处罚、司法制度等事项除外。

② 该法于2018年修正。

③ 《立法法》（于2015年修正，2023年修正）第10条第3款规定：被授权机关不得将该项权力转授给其他机关。

复。与农业保险保费补贴具有间接关联关系的是《农业法》第46条的相关表述，该条第2款第1句规定“国家逐步建立和完善政策性农业保险制度”。《农业保险条例》[①] 作为这一制度性条款的实现成果，在第7条对保费补贴进行了专门规定，这里也存在与退耕还林补助相似的缺乏委任立法权源表述的问题。与农作物良种补贴、奶牛良种补贴、生猪良种补贴以及天然橡胶良种补贴具有间接关联的是《农业法》第18条第2句：国务院和省、自治区、直辖市人民政府设立专项资金，用于扶持动植物良种的选育和推广工作。此句为典型的“项目性条款”，以四部规章为法制依据的这四项补贴其实就是此条款的部分实现性成果。与农业技术推广与服务补助呈间接关联关系的是《农业法》第50条的部分表述“国家扶持农业技术推广事业……促进先进的农业技术尽快应用于农业生产”，及《农业法》第52条第3款：国家鼓励和支持农民、供销合作社、其他企业事业单位等参与农业技术推广工作。《农业技术推广法》第28条第2款第2句在法律本质上是这些“制度性条款”的实现成果，其将“扶持”“鼓励”等抽象性表述细化为具体的补助措施。当然这仅是部分细化，因为补助并非“扶持和鼓励”唯一的文义涵摄。与森林抚育补贴具有间接关联的是《农业法》第60条的相关表述：“……各级人民政府应当采取措施……保护林地和林木……提高森林覆盖率。”补贴成为中央政府为保护林地、提高森林覆盖率而设计的授益性措施之一，这些表述的项目性条款性质由此得以彰显。与小型农田水利设施建设和国家水土保持重点建设工程补助之间呈现间接关联关系的是《农业法》第19条的相关表述，即各级人民政府应当加强农田水利设施建设，以及第59条第1款第1句：各级人民政府应当采取措施，加强小流域综合治理，预防和

① 该条例于2016年修订。

治理水土流失。这些项目性条款因补助的成型和推行得以部分实现，因为补助实质上仅是中央政府细化的授益性措施之一，而并非其全部。与人工影响天气补助间接关联的是《农业法》第21条：各级人民政府应当支持为农业服务的气象事业的发展，提高对气象灾害的监测和预报水平。补助成为这一项目性条款部分实现的成果，“部分”如前种补助一样体现在补助主体的中央层面和“支持”较“补助”为广的文义涵摄范围上。秸秆能源化利用补助作为《可再生能源法》中“可再生能源发展专项基金”的进一步细化，与《农业法》第57条第1款第2句呈现间接关联关系，该句的表述为：合理开发和利用水能、沼气、太阳能、风能等可再生能源和清洁能源，发展生态农业，保护和改善生态环境。“可再生能源发展专项基金”应被看作这一“制度性条款”实现成果中重要的措施性内容。与农村劳动力转移培训补助呈现间接关联性的是《农业法》第82条第1句：国家采取措施引导农村富余劳动力在城乡、地区之间合理有序流动。补助实质上成为引导措施的部分具体化，这一项目性条款由此得以部分实现。与对种粮农民的直接补贴和农业生产资料综合补贴之间呈现间接关联性的是《农业法》第37条第2款：在不与我国缔结或加入的有关国际条约相抵触的情况下，国家对农民实施收入支持政策，具体办法由国务院制定。两类补贴具有农民收入支持的功效，但却以政策为法制依据，与该款制度型塑的职权设定是否相符，存在疑问，对此下面将有详述。

（二）对关联性的评述

通过上述梳理可以将各项在《农业法》上有基础性条款的补贴与其对应条款之间的间接关联关系，依据关联的紧密度作出如下分类：一是紧密型，即基础性条款指明补贴可能存续的具体生活利益领域，抑或设置补贴的资金来源，并表明助益（扶助授益）性的规制态度，但未将补贴（助）明确列为措施类型，农机购置补贴是前者的典型，农作物良种补贴、奶牛良种补贴、生猪良种补贴以及天然橡胶良种补贴等则是后者的典型体现。二是半紧密型，即基础性条款仅表明助益性的规制态度，对种粮农民的直接补贴和农业生产资料综合补贴、农业技术推广与服务补助以及人工影响天气补助等均是典型。三是松散型，即基础性规范仅表明国家介入或干预的领域，未明确规制态度，农村劳动力转移培训补助、森林抚育补贴等是其典型。四是最松散型，即基础性规范仅表明特定的制度型塑目的，连规制领域都未涉及，农业保险保费补贴是其典型。

在法律技术层面上，上述四类关联性中，与《农业法》基础规范呈现紧密型关联的农业补贴最容易被直接型塑，依此类推，最不容易被型塑的就是处于最松散型关系中的农业补贴。但这也不尽然，例如，农业保险保费补贴在与基础规范的关联紧密性上不及对种粮农民的直接补贴，但由于其已经由行政法规及配套规章进行了型塑，可资利用的制度素材就明显多于仅以政策为法制依据的后者。因此，单纯的关联紧密度并不能完全决定相关补贴进入《农业法》的难易度，既有的制度或项目实现成果也应被虑及。既然如此，探究间接关联性的分类又有何实益？这就涉及对相关基础规范的检视。

与既有补贴呈现紧密度不同的《农业法》相应规范，在法理上可能遭遇如下几个方面的质疑：

1. 法律规范体系逻辑性上的质疑。首先要明确的是作为基本法的《农业法》可否设定明确的补贴（助）类型。对此，外国立法例作出了不同回答。日本和韩国农业基本法上均不存在具体的补贴（助）设置，而仅有扶持性的政策意向表述。美国项目综合性农业法典则以具体规定包括各类补贴在内的诸农业项目著称。我国《农业法》走了“第三条道路”，即明确承认补贴（助）类型，但却仅为其设置基础性规范，进一步细化则需要专门的立法或者授益性项目，退耕还林补助是典型。因此，在我国的农业法律体系中，理想的补贴承载规范体系应当呈现以下两种位阶分布结构：（1）农业基本法上的基础性规范——专项立法中的进一步细化性规范——授权立法中的可操作性规范——规章或其他规范性文件中的运作性规范；（2）农业基本法上的基础性规范——承载项目的实现性规范（最通常表现为规章或其他规范法律文件）。最终择取何种结构，取决于农业基本法上基础性规范的性质归属，当其属于制度性条款时，第一种结构是理想状态；当其属于项目性条款时，第二种结构则是理想状态。将基础性规范设置为以项目还是以制度型塑为目的，取决于农业基本法立法者的特定价值判断。在四类间接关联性中，处于松散和最松散关联性中的规范，由于其对相应的补贴在内容形成上几乎无甚指导作用，因此形成理想法律体系分布结构的联结点并不牢固，农业基本法的统摄性因此也被削弱。以农业保险保费补贴为例，由于与其具有间接关联性的《农业法》上的规范仅表明了制度型塑目的，《农业保险条例》所设施的补贴因此就与《农业法》无直接联系。

2. 法治理念上的质疑。上述两种理性的补贴法律体系位阶分布结构其实就是法治理念的制度体现，因此，基础规范处于松散和最松散关联中的相关补贴，无论是以立法或委任立法为其法制依据，抑或是以具体项目的设置为其法制依据，都将面临法律基础薄弱这一基于法治理念的质疑。虽然如上所述，在现代法治理念中，授益性行政行为并不需要非常明确、具体的法律基础，但薄弱到类似于无的法律基础很显然会引发质疑。

3. 对生活利益变迁因应程度的质疑。四类间接关联中的基础性规范对相应补贴所涵摄的生活利益状态不进行（如退耕还林补助）直接确认，很可能是因为相关利益的诉求还不明确，但《农业法》至今已运行10年（截至2013年），原先不鲜明的利益诉求早已经相关制度试验得到凸显，原先不熟悉的利益实现方式也早已经相应的法制和项目推行实践得以成熟化。基本法的性质虽然决定了《农业法》需保持一定时期内的稳定性，但并未赋予其无视生活利益变迁状态而墨守成规的正当性，因此对现实利益状态的回应性反应应当是必要的，而自2005年以来，大量涌现的各类农业补贴正是当下最值得关注的新型利益形态。

需要特别指出的是：在本书所梳理的各项补贴中，除上述的与《农业法》相应规范之间具有直接或间接关联性的外，还有三类与《农业法》无任何关联性的补贴，即能繁母猪补贴、农村金融机构定向费用补贴和草原生态保护补助奖励金。第一项补贴在《农业法》上根本找不到任何可称基础性的规范。第二、三项补贴则不同，它们在《农业法》上虽无基础性的法律规范，却有在利益存续领域上相重叠的对应规范。与第二项补贴相对应的此类规范是第45条，该条第4款规定以贴息方式鼓励金融机构向农民和农业生产经营组织提供贷款。在目的设定上，补贴与此款中的贴息相同。在鼓励对象上，补贴较贴息的“金融机构”更具针对性，具体为特定的新型农村金融机构。与第三项补贴相对应的此类规范是第61条，该条从管制的角度要求设置休牧、禁牧制度，实行以草载畜。补贴则以禁牧补贴、草畜平衡奖励等具体激励措施促成与管制性措施相同的政策目标——保护草原生态环境。利益存续领域上的重叠性为后两项补贴无障碍地融入《农业法》提供了便利条件，与其呈对应关系的条款是理想的融入位置。

六、农业补贴融入《农业法》的思路及规范修改建议

（一）农业补贴融入《农业法》的思路

1. 体例编排上的思路

在体例编排上，是否有必要将各类应当融入农业基本法的农业补贴

聚合于一处，以专章设置于《农业法》中？笔者的观点是否定的。原因在于，农业补贴实质上是一种实现特定政策理念或目的的授益性措施，因此其必须与相应的理念或目的相互配合，才能发挥应有的作用。反映在立法上，即补贴往往需要与具有利益确认等实质性内容的表述搭配，搭配方式或者是将补贴融入实质性的利益表述中，又或者是将其专设为一款以配合前款的实质性利益表述，亦有将其专设一条以配合前条实质性利益表述的例子，但不多见。因此要将农业补贴专设一章，就必然会将与其搭配的实质性利益表述也牵连进来，补贴类型越多，牵连进来的实质性利益表述条款也就越多，但这些条款并不仅有补贴一类配合实现方式，在有其他实现方式的条款中，它们往往还得继续存在，这样一来，同一实质性利益条款，将在多处重复，明显不妥。

我们的思路是，尊重各类农业补贴与其相应实质性利益规范之间的应有的搭配关系，对于已有的补贴型塑性内容，审视其合理性并予以完善。对于原无补贴型塑性内容，但却有型塑必要和空间的条款，将以适当方式或者在原表述中融入补贴性内容，或者另以单款或独条重塑补贴性内容。顾及《农业法》的基本法性质，我们还将在适当位置设置可以统摄各类补贴的原则性条款。

2. 选择补贴的思路

上述的对既有补贴的全面梳理并不意味着它们将被全部融入《农业法》，基本法的性质决定了能够被融入其中的农业补贴所涵摄的生活利益状态必须具有相当的稳固性和持续性，而在一定时期内，基于特定价值判断能被清楚认识的重大利益往往都具备稳固性和持续性。鉴于智识储备上的不足，要想清楚地认定哪些补贴所涵利益是重大的，比较困难，我们因此将借助于两种确认捷径：一是相关权威性的载体，二是排除法，即将明显不具备稳固性利益基础的补贴排除在外。对种粮农民的直接补贴、各类良种补贴、农业生产资料综合补贴作为当下最重要的三大类农业补贴，在多个“一号文件”中都有持续性认定，我们因此承认这种“外源式利益发现”载体所确认的补贴类型。农业保险保费补贴、退耕还林补助、农业科技推广与服务补助、农业机械购置补贴、秸秆能源利用补助等都是已为法律或行政法规所正式型塑的补贴类型，其所涵摄利益的重大性不言而喻。在剩余的8项补贴中，能繁母猪补贴应对猪肉供求变化的回应性特色较为明显，其所涵摄的利益类型在存续上的长期性上不具有期待性，因此我们将其排除在《农业法》之外。

3. 规范设置的思路

无论是对统摄性补贴条款，还是对具体补贴条款的设置，都离不开适当的利益关联点的择取，因为它在很大程度上直接决定各条款内容的型塑。以前述德国公法学界关于补贴的“两阶段理论”为基础，笔者将理解补贴的利益关联点设置为：补贴对象所受补贴利益的性质及其法律实现方式。基于此，所有既存的农业补贴均可被纳入两大类型中去：一是补贴对象的受补贴利益被确认为正式利益并可权利化的农业补贴；二是补贴对象的受补贴利益仅为反射利益不可权利化的农业补贴。具体而言，前者所适用的补贴对象，对于从公权主体处接受特定补贴具有确定且独立的利益，这主要体现为“个人意志不仅仅是国家行为的动因，并且相应国家职能的整个运转过程，直到终止都持续地受到个人意志的左右”，[①] 亦即补贴对象的申请是激发特定农业补贴的主导因素，而申请获批后，经由补贴合同所附加给补贴对象的相应公法义务的完成与否，又在根本上决定着公法主体所欲之政策目标的实现可能性。补贴对象对这一利益的实现享有积极和消极两个层面上的请求权，积极请求权表现为

① [德] 格奥格·耶利内克：《主观公法权利体系》，曾韬、赵天书译，中国政法大学出版社2012年版，第72页。

补贴申请权和其成功实现后的补贴合同缔约请求权，消极请求权则表现为补贴申请被驳回后或者公法主体不履行或者不完全履行补贴合同时的公法救济权。农业机械购置补贴是这种补贴的典型。后者所适用的补贴对象对于从公权力处接受特定补贴并不具有独立的利益，而是在“为了共同利益，公法的法律规范要求特定国家机关为特定的作为或不作为”[①]的前提下，公法主体“为或不作为的结果客观上有利于特定个人”，[②] 因此而形成的利益。反射利益并无如正式利益那样的全面的实现方式，但最低限度的要求平等对待以及排除不当干涉的实现性利益却还是应当为利益人所享有的。在现实运作中，此类补贴所蕴含的反射利益往往通过补贴资金向一定区域内不特定补贴对象“撒胡椒面式”的支付来实现。补贴条件、补贴标准等都由公法主体单方决定，补贴对象的意志根本无从介入，被动接受这种“恩赐”是补贴对象唯一的选择，如一些以政策为法制依据的对种粮农民的直接补贴。

与第一类补贴相比，第二类补贴在政策目标的实现上不及前者，根本原因在于二者所涵利益不同。前者因正式利益的确认易于形成公私主体间的意志交流，公权主体所欲实现的政策目标从一开始就面临私权主体基于自身利益的考量与评价，评价结果将在申请人数上表现出来，私权主体一旦申请成功，公权主体即可通过补贴合同引导或匡扶其行为向有利于政策目标实现的方向实施，政策目标的实现程度因此也是可以预见的。后者因仅形成反射利益，私权主体在补贴发放中基本上处于公权附随地位，相关政策目标的预设及其实现可能性都将源于相应公权主体的理性。事实证明这种理性往往是有限的。对种粮农民“撒胡椒面式”

---

① ［德］格奥格·耶利内克：《主观公法权利体系》，曾韬、赵天书译，中国政法大学出版社2012年版，第64页。

② ［德］格奥格·耶利内克：《主观公法权利体系》，曾韬、赵天书译，中国政法大学出版社2012年版，第64页。

的直接补贴为人所诟病也正是基于此。[①]但是第二类补贴并非一无是处，第一类补贴也并非在所有领域都可适用。笔者认为，在诸如退耕还林、草原生态保护等以相关公法义务（退耕义务、禁牧义务、草畜平衡义务等）的预先设定和完成为前提的领域中，第二类补贴是比较好的选择，因为第一类补贴在此无适用余地。

（二）农业补贴融入《农业法》中的相关规范修改建议

1. 在第六章“农业投入与支持保护”（笔者建议改名为“农业支持保护”，具体原因第一部分已经述及）中设置一条补贴统摄性条款。规范内容可设计为：（第 1 款）国家为了实现保障粮食生产、优化产业结构、推进农业基础设施建设、增加农民收入、促进农村经济社会和文化发展、优化农业生态环境等目标，可以设置相应的补贴（助）。（第 2 款）补贴（助）一般应当包含潜在补贴（助）对象的申请、相关政府及部门的审批以及签订补贴（助）合同等程序。国家保障潜在补贴（助）对象的申请权和补贴（助）对象的补贴（助）获取权。（第 3 款）以法定义务的完成作为发放条件的补贴（助）在设置时可以不受第 2 款的约束。（第 4 款）法律和有授权依据的行政法规设置的补贴（助）应当有相应的财政预算保障。此条可以放置在第六章的首条。

2. 将第 37 条修改为：（第 1 款）在不与我国缔结或加入的有关国际条约相抵触的情况下，国家建立对农民的直接补贴制度。（第 2 款）直接补贴的条件、种类、内容、具体实施程序等由行政法规规定。

3. 将第 20 条第 2 款修改为：国家向农民（农场职工）和直接从事农

---

① 有学者通过实证研究指出：当农户逐渐了解到种粮与不种粮没有区别时，粮食直补促进粮食生产的激励初衷也随之消失。参见程国强：《中国农业补贴：制度设计与政策选择》，中国发展出版社 2011 年版，第 97 页。

业生产的农机服务组织购买先进农业机械给予补贴。再增设一款指引性规定：农业机械购置补贴的补贴对象、补贴标准、补贴方式等由《农业机械化促进法》规定。

4. 在第46条增设第4款，并规定：国家对从事种植业和养殖业生产的农户、企业及专业合作经济组织等给予一定比例的保险费用补贴。中央和地方财政分担补贴的比例、补贴的发放程序及具体标准等由《农业保险条例》规定。

5. 将第18条第2句独立为1款，并规定：国家对粮食、油料、棉花等重要种植业品种，奶牛、生猪、牧草、天然橡胶等良种的研究和推广使用给予补贴。补贴标的、补贴对象、补贴程序及补贴方式等由行政法规规定。

6. 将第45条第4款修改为：国家采取补贴、贴息等方式鼓励新型农村金融机构向农民、农业企业和专业合作组织中从事农业生产经营者提供贷款。

7. 在第50条中增设第2款，并规定：国家对于重大农业科技的推广给予补贴。补贴对象、补贴的技术类型、补贴方式等由《农业科技推广法》规定。

8. 在第60条中增设第3款，并规定：国家对承担森林抚育试点任务的国有森工企业、国有林场、村集体、林业职工和农民等给予补贴。

9. 将第19条第1款修改为：国家通过补助等方式鼓励农民、村集体及其他社会主体参与小型农田水利建设，建立健全小型农田水利建设补助制度和设施管理制度，发展节水农业。

10. 将第59条第1款第1句修改为：国家建立水土流失重点工程建设补助制度，预防和治理水土流失。

11. 在第21条中增设第2款，并规定：国家对有利于农业生产的人工影响天气作业进行补助，补助对象、补助标的、补助方式等由《气象法》规定。

12. 在第57条中增加第2款，并规定：国家对秸秆能源化利用给予补贴。补贴对象、补贴条件、补贴方式等由《可再生能源法》规定。

13. 在第61条增设第2款，并规定：国家对承包土地位于草畜平衡区和禁牧区的农（牧）户给予补助。补助对象、补助条件、补助方式等由《草原法》规定。

14. 将第62条第3款修改为：国家对在批准规划范围内实施退耕还林的农民给予补助。补助标准的确定和调整应综合考虑农民退耕前的平均生活水平及其退耕后的生活成本。补助对象、补助条件、补助内容、补助方式、补助标准的确定与调整等由《退耕还林条例》规定。

第四章 《农业法》中“农业生产经营体制”的修改与完善

一、农业生产经营体制的本质探源

“农业生产经营体制”是我国《农业法》上明确规定（第二章章名）的法律概念，也是我国农业法学研究中独有的范畴。但是，《农业法》却并未对其内涵和外延给出一个明确的界定，农业法学界对这一范畴的深入研究成果也比较少。因此，“农业生产经营体制”的准确内涵在我国农业法理论上至今仍十分模糊，以至于许多农业法学研究成果都有意无意地回避了对这一问题的探讨。①

回避显然无助于问题的解决，《农业法》在仅次于“总则”的第二章即设置“农业生产经营体制”，足以表明此部分规范内容在我国农业法上的重要地位。如果忽略如此重要的基础性范畴，那么以实证法为基础构建起来的我国农业法学理论体系显然是有所缺漏的，而且这种缺漏极有可能是“抓住芝麻、漏掉西瓜”式的缺漏。

---

① 课题组在“中国期刊全文数据库”中检索时发现：1990 年至 2010 年这 20 年，题目中包含有“农业生产经营体制”字样的论文在数据库中仅有 10 篇，其中多为经济学方面的文章，法学类文章竟无 1 篇；在这些文章中，并无专门探讨“农业生产经营体制”内涵之作。在课题组收集到的数十本农业法著作中，也仅有两本对“农业生产经营体制”进行过阐述，它们分别是韩松教授编著的《农业经济法教程》（法律出版社 1998 年版，第四章）和卞新民、张文方主编的《农业法》（中国农业出版社 2005 年版，第二章）。

经济学界的研究在深度上较法学界更强。西方经济学（尤其是农业经济学）理论往往是经济学界达至一定研究深度的“利器”，而对中华人民共和国成立以后我国农业生产经营体制政策演变史的翔实阐析更加深化了相关成果的历史纵深度。①

法学界的研究进路多是对现行法规范的阐述与解读，而解读却又往往离不开对经济学界既存成果的依赖。笔者认为：出现这种情况的原因在于法学研究方法在农业生产经营体制研究领域运用动力的缺乏。这源于众多法学研究者坚信“农业生产经营体制”属于中国特色，在外国法制上绝无找到相似性内容的可能。殊不知，此种认定具有主观臆断性和局限性。“农业生产经营体制”虽为我国特有之法律概念，但其所欲解决的问题、规制的对象及由此衍生的相关规制理念等都极可能具有国别普遍性，只是各国对这些内容的具体称谓各不相同罢了。而要澄清这一切，就需要运用比较法的研究方法。

（一）比较基准的确定

1. “思想取向”下的比较基准

比较基准，即据以确定比较范围和内容的基础与标准，它是进行比较法研究的逻辑原点和基础工具，对它的探究则取决于某项具体的比较法研究目的。

K. 茨威格特和 H. 克茨曾经将比较法研究的目的概括为两种：一是由于对本国制度的解决办法感到不满，转而探究别国的法律制度是否存

① 经济学界比较经典的最新研究成果当属陈锡文、赵阳、罗丹合著的《中国农村改革30年回顾与展望》（人民出版社2008年版）的第一篇“以放活为轴心的体制改革”，其中第一章“确立以家庭承包为基础、统分结合的双层经营体制”对中华人民共和国成立以来一直到21世纪我国农业基本经营体制的演变过程进行了较系统、翔实的介绍和分析，主要的研究方法是政策梳理及相应的解读，其中对家庭承包经营对于中国农业生产经营之合理性的经济学解读尤值一读。

在更好的解决办法；二是对外国的法律制度进行纯粹的原本并无目的的研究，从而对本国制度上的解决办法产生一种批判的敏锐感觉，并由此产生一种思想。[①] 现在看来，这种概括仍旧是比较精准的。[②]

笔者可以在比较通俗的意义上将上述第一种目的转述为“技术取向”，[③] 即以弥补和修正本国特定的法制缺漏为首要目的，在此，相关外国法制单纯成为以资借鉴的制度资源，因此，也可以说这种取向是法律技术层面上的。上述第二种目的，笔者可以转述为“思想取向”，[④] 即以特定的法学理论探究为直接目的，相关的外国法制资料主要发挥理论研究素材的作用，亦即以启迪思维、形成观念、证立观点为己任，因此，可以说这种取向是理论抽象层面上的。

在“技术取向”之下，比较基准的探究一般以本国与外国法制体系中所内含的基本范畴、规则、原理、部门法构成等具体内容之间有直接可比较性为前提，因此，这多发生在各国法制内容具有移植亲缘性的情形下。例如，英国财产法上的“非限嗣产权”（Free Simple）对美国法学理论和实务界来说，并不难理解，但对于德国物权法学界而言，却着实是个“异形”。

然而，“思想取向”下的比较基准的探究相对来说却比较宽松和自由，由于其摆脱了法学理论及制度上的移植亲缘性约束，不同法系国家的法制与理论都有纳入比较法研究的可能性，而不同视角的选择又决定

---

① 参见［德］K. 茨威格特、H. 克茨：《比较法总论》，潘汉典等译，法律出版社2003年版，第46页。

② 这在另一著名比较法学家大木雅夫的著作中得到了验证。大木氏在其《比较法》中将比较法研究的目的分为两种：理论目的及实践目的。前者包含深化认识与扩大法学视野、确认法的发展趋势及认识法律秩序的共同基础与确定理想类型等三方面内容；后者则包含为立法提供资料、法律解释的辅助及法的统一等功能。（参见［日］大木雅夫：《比较法》，范愉译，法律出版社2006年版，第67～78页。）这种目的分类基本未超脱K. 茨威格特和H. 克茨的抽象理论框架，相关的分类内容可以看作对K. 茨威格特和H. 克茨理论的进一步具体化。

③ 这种取向基本是以大木雅夫理论中的“实践目的”为指导型塑而成的。

④ 这种取向主要是以大木雅夫理论中的“认识法律秩序的共同基础与确定理想类型”这一理论目的为指导型塑而成的。

了比较基准的多元性。更为重要的是，由于"思想取向"下的比较基准是以型塑法学理论为目的的，因此，其提取要素的抽象性与普适性应当是可以预见的，诚如德国学者所言"如果不设定宽泛的范围，就难以坚持所得到的共同法的普遍性"①。

综观农业经济学界对我国农业生产经营体制演变史的研究，不难看出：我国现行法制所确认之生产经营体制，基本上是实践经验的总结，大概经历了"农民破冰式实践——政策确认——普及推广——法律设定"这样一个嬗变过程。这样一种源于中国现实的经验总结式法制安排完全排除了与国外相关制度之间的移植亲缘性，② 因此进行"技术取向"式比较法研究的可能性及可行性不大（但并不意味着不具可比较性），所以，"思想取向"式的比较法研究应该是我们最佳的选择。

2. "功能主义"的提取方式

比较基准的提取离不开"母体"的确定。毫无疑问，这一"母体"应当是本国法上意欲进行比较法研究的相关规范内容，具体到本部分，即为我国《农业法》"农业生产经营体制"章名之下所包含的相关规范。如何具体处理这些"母体"内容，使之成为具有可操作性与较广内容涵摄性的比较标准，则涉及比较基准的提取方式问题。

在比较法学界，先后出现了"结构主义"（"体系主义"）③与"功能主义"两种价值取向各异的比较方法，各自所要求的比较基准的提取方

① 转引自［日］大木雅夫：《比较法》，范愉译，法律出版社2006年版，第72页。

② 但这并不意味着中国《农业法》在生产经营体制方面就一直是"自生自长的秩序"，中华人民共和国成立初期在极短时间内型塑成的农业生产合作社（初级社、高级社及人民公社）体制，在很大程度上就是借鉴苏联及其他社会主义国家成形的制度及理论的成果。

③ "结构主义"或曰"体系主义"是一种比较狭隘的比较法研究方法，其基本方法是以不同法律制度中存在的概念相同的"结构性"或"体系性"的内容为比较基准，根据该种方法能够进行比较的法律制度之间必然应当存在某种法律继受关系。若以此方法对农业生产经营体制进行比较法研究，则为不可能，因为农业生产经营体制是我国《农业法》上独有的法律概念。

式也存在较大差异。理论发展的诉求与各法系巨大的制度性隔阂之间的张力，使“结构主义”（“体系主义”）的研究方法产生了较大局限性，因而渐趋式微，取而代之的是研究视角较为宽广的“功能主义”。这种研究方法认为：“在法律上只有那些完成相同任务、相同功能的事物才是可以比较的”，[①] 因此，在提取比较基准时遵循这样一种思路：“既然在本国法律秩序中有通过这种法律制度处理的某种法律需求，那有必要探究外国法是通过什么方式来满足这一需求的”。[②] 联系上述分析进一步思考不难发现这样一种趋向关系：“结构主义”（“体系主义”）的方法更加趋向于“技术取向”的研究目的，而“功能主义”的方法则与“思想取向”的研究目的具备亲和力。基于此，笔者认为，将“农业生产经营体制”这一法律概念及体现其内涵的系列规范直接提取为比较基准是不合适的，因为这基本不具有比较可能性。适当的做法应当是遵循“功能主义”的要求，以相关法律规范所反映出的法律需求为指导，深入探究它们所欲规制的对象类型、目的及所蕴含的功能性价值取向。

3. 比较基准的构成

《农业法》第二章“农业生产经营体制”中共包含了5条规范，基于规范内容，我们可以将其归为以下几种规制类型：

（1）设定型规制

“设定型规制”这一概念涉及对“双层经营体制”宪法规范的法学解读。我们在这里借用德国公法学界对于其《基本法》“财产权受保障”条款（第14条）之法律效果的通说性研究成果，尝试对我国《宪法》上“双层经营体制”的基本规范进行解读。

---

① ［德］K. 茨威格特、H. 克茨：《比较法总论》，潘汉典等译，法律出版社2003年版，第46页。

② ［日］大木雅夫：《比较法》，范愉译，法律出版社2006年版，第86页。

德国公法学界对其《基本法》中“财产权受保障”条款（第14条）之法律效果的理解有两种比较流行的学说：一是制度性保障说（Institutionsgarantie），该说将基本法财产权保障之基本规范视为一种确认人民私有财产的客观制度（Institution），其法律效果是要求立法者通过相关立法形成能具体实现这一客观制度内容的系列“法律制度”（Rechtsinstitution），因此，其直接约束对象为立法者；二是个别性保障说（Individualgarantie），该说认为基本法财产权保障之基本规范使人民据以产生了一个积极的、可直接主张的，用以对抗一切公权力的基本权利，若该权利横遭公权（包括立法权、行政权、司法权）之侵犯或有侵犯之虞时，权利人即可直接援引基本法经由宪法诉讼来保障其权利。①

我国现行《农业法》上“双层经营体制”最高位阶的法制依据是《宪法》第8条第1款第1句（“农村集体经济组织实行家庭承包经营为基础、统分结合的双层经营体制”），如何解读该句宪法规范，对《农业法》上“双层经营体制”的理解来说，至为重要。笔者认为，可以借鉴德国公法学界“制度性保障说”的观点，解读我国《宪法》的相关规定。笔者认为，我国宪法上关于“双层经营体制”的规范在理论上也可能具有两种法律效力：一是制度形成效力，即立法者因此负有了制定相关法律细化宪法基础性规范之义务；二是权利形成效力，即宪法规范中所涉及之私法主体（农民集体经济组织与其农户）将据此直接获得相应的权利。

将现行《农业法》上“双层经营体制”的规范内容视为立法者实现《宪法》基础性规范的“制度设定性结果”，就相应的产生两种法律效果：一是直接形成制度性内容，间接形成相关私法主体的权利（如土地承包经营权）；二是制度性内容具有更强的稳定性与持久性，至于立法者

① 参见陈新民：《德国公法学基础理论（增订新版·上卷）》，法律出版社2010年版，第453～461页。

因应社会、经济、法治观念等的发展需要，微调具体的制度内容，只要不触及基础性制度内容，当无违宪之虞。

设定型规制体现在《农业法》第10条，主要规制内容是设定以家庭承包经营为基础的双层经营体制。规制方式表现为对农村土地承包经营制度的确认，对农民土地承包经营权的设定，对农村集体经济组织促进土地承包经营权实现义务的设定。

（2）认许型规制

认许型规制体现在《农业法》第12、14条，主要规制内容是允许农民及农业生产经营组织兴办各类农业企业、成立各种农产品行业协会。规制方式表现为对农民及农业生产经营组织新办农业企业、成立各种农产品行业协会等结社权的确认，对各类农业企业、农产品行业协会基本运营规则或从业范围的许可。

（3）鼓励型规制

鼓励型规制体现在《农业法》第11、13条，主要规制内容是国家鼓励农民在家庭承包经营的基础上组成各类专业合作组织，国家采取多种措施发展各种形式的农业产业化经营。规制方式主要体现为对农民和农业生产经营组织组建专业合作社，以及参与一体化经营等行为的扶持、促进、引导和支持，对农民专业合作社基本运营规则的确定等。

从这三种规制的内容及方式中可以提取出两个方面的“比较基准”：一是功能基准，即这些规制所要解决的共同问题是国家如何对待参与农业生产经营活动的各类主体。质言之，它们分别体现了国家不同的规制态度，以及由此衍生的价值取向各异的规制方式。认许型规制体现的是国家的认可态度，由此衍生出对相关结社权的确认，而鼓励型规制体现的则是国家的赞许态度，由此衍生出对相关行为的扶持、促进及指导等主动干预措施。二是目的基准，即这些规制都以形式各异、法律资格迥然、权利义务及运营规则各不相同的农业生产经营主体的形成为直接目的。这些主体类型具体包括农户、各类农业企业、农产品行业协会、农民专业合作组织、农户与龙头企业结成的各种利益共同体等。

（二）外国农业法上的同质性规制及其比较

1. 欧洲各国农业法中的“农业单位”（farm units）

在欧洲各国的农业法中，与“农业生产经营体制”存在功能与目的同质性的范畴是“农业单位”（farm units）。2001年，欧洲农业法委员会（European Council for Agriculture Law）[①] 召集了第21届欧洲农业法代表大会（XXI European Congress of Agriculture Law），大会出版了三卷官方资料，其中第二卷“农村产业的类型及可行性”（Viability and types of rural industries）以类型化提问的方式限定了各国农业法报告的主要内容。[②] 其所设定的问题主要有三类共36个，第二类问题即“农业单位的可行性及结构性支持”（Viability of and structural support for farm units）。[③]

---

① 根据其官方网站的介绍，European Council for Agriculture Law（以下简称C. E. D. R）成立于1957年，是迄今为止唯一一个能够充分代表专注于农业法领域的法学家和其他专家的“泛欧洲组织”（pan-European organization）。C. E. D. R也是欧洲理事会（the Council of Europe）的一个咨询性组织，负责为欧盟的相关机构提供农业法方面的帮助和建议。C. E. D. R主要由欧盟各成员国内致力于农业法研究的法学家或其他专家的全国性组织组成，个人以及欧盟以外的相关学术机构或组织也可以获准成为其成员。

② 本书作者黄河教授长期担任欧洲农业法委员会的中国个人联络会员，曾分别于2001年、2003年、2005年和2007年4次赴欧参加第21、22、23、24届欧洲农业法代表大会。此处所援引之欧洲农业法资料即为黄教授于2003年参会时所带回之会议文件，其中大多数国家的农业法报告都同时用三种文字撰写而成，课题组仅翻译了其中的英文部分。

③ 这些问题具体包括：在本国的农业单位整体结构中，家庭农场的重要性如何？本国有多少农场被依法组建为公司制企业？对本国经营农业的公司所适用的法律主要有哪些？本国有无针对夫妻共同经营农场的专门规定？本国有无针对两代人共同经营农场的专门规定？本国有多少农场一直被作为兼业经营？本国有无针对全职农业经营者的专门规定？本国有无针对专职从事林业经营的特殊规定？鉴于土地是农业及林业的基础，本国有无针对通过长期的土地租赁合同或者使公司获得土地所有权的形式保证各种农业单位可行性的专门法律规定？See European Council for Agriculture Law, Viability and types of rural industries（Tome Ⅱ），L' Harmattan, 2003, p. 18.

为了回答这些问题，各国的农业法报告中都包含了针对这一问题的答复，笔者以下仅择其典型者予以简述。

芬兰在报告中指出：1999年时，在获得政府农业扶持政策支持的农场中，有88%是私人农场，有6%是公司制农场（包括家庭制公司）。在法律上，一个农业创业者可以选择的经营形式是没有限制的，既可以是自然人企业，也可以是普通合伙、有限合伙、有限责任公司或者合作社。涉及农民养老金（退休金）以及意外伤害保险的立法为家庭农场的各成员提供了比较健全的安全保障。该国并无专门鼓励各类企业获得农业土地的法律规定。①

意大利在报告中指出：其绝大多数农场都是家庭农场。在农业中出现的企业型组织多是合伙与合作社，有限责任公司很少，因为税制及组建费用对前两者都有优惠。法律（主要是民法典和欧盟立法）通过财政支持等方式鼓励年轻一代投身农业并赋予其相应的遗产处置权。法律（包括国内法和欧盟法）还为自耕农民专门设定了一系列规范，包括自耕农民的具体认定标准及扶持措施，被认定为自耕农民的人有权依法获得低息贷款用于购置自耕土地。②

从英国的报告中，笔者得知：英国的农业生产经营大多由家庭进行，而林业的生产经营则主要由公司进行。家庭从事农业生产经营的主体形式一般是私人公司（具有法律限制的股东人数）或者合伙。所有的公司运行都依照公司法，并无专门针对农业公司的法律规定。③

---

① European Council for Agriculture Law, Viability and types of rural industries（Tome Ⅱ）, L’Harmattan, 2003, p. 121 – 123.

② European Council for Agriculture Law, Viability and types of rural industries（Tome Ⅱ）, L’Harmattan, 2003, p. 202 – 205.

③ European Council for Agriculture Law, Viability and types of rural industries（Tome Ⅱ）, L’Harmattan, 2003, p. 342 – 343.

最后的“一般性报告”（General Report）特别指出：欧洲许多国家的立法已经开始应对因农业兼业现象大量出现而引发的诸多问题。例如，在卢森堡，由于酿酒业中大量存在兼业现象，因此法律规定，各种扶持机制在酿酒业中的适用范围要小于在其他全职农业产业部门中的适用。在比利时，农场租赁法为专职农业生产经营者提供一种额外的支持，而这种支持是临时性和间歇性从事农业生产经营的人所无权享有的。德国的各项农业支持措施也都适用于专职农业生产经营者。①

2. 日本、韩国农业法上“农业人法律制度”

（1）日本农业法上的“农业人法律制度”

在日本农业法上，与“农业生产经营体制”在规制功能和目的上堪谓同质性的制度类型是“农业人法律制度”。②日本学者关谷俊作在总结本国相关农业法律规范之后认为：“农业人”在现行日本农业法制体系中，根据具体规制语境的不同主要有四种“法律类型”。③ 而四种法律类型归纳起来其实最终只表现为两种基本的主体类型：一是个人，也称农民、农户。二是法人，也称农业生产法人。在具体的制度中，它们则根

---

① European Council for Agriculture Law, Viability and types of rural industries（TomeⅡ），L’Harmattan，2003，p. 383－385.

② “农业人”是日本2000年农业基本法——《食物·农业·农村基本法》上的法定概念，原先的《农业基本法》主要使用的是“农业从业人员”这一概念。

③ 一是不区分个人和法人，一并称为“农业生产者”或“农业经营者”，具体而言，在粮食及其他基本农产品的供需及价格管制法律制度中，被称为“农业生产者”，而在农业财政支持相关法律制度中（如《农林渔业金融公库法》《农业现代化资金补助法》《农业灾害补偿法》等），则被称为“农业经营者”；二是具体区分个人和法人，如《农业协同组合法》将其正式成员（依法享有表决权及高级管理人员的选举权）资格限定为“农民”，但同时规定：从事农业生产经营及附带事业的农事合作社也可以成为正式成员以外的其他成员，农事合作社与农民在该法中一并被称为“农业人”；三是只针对个人（农民），如《农业委员会法》规定的委员，“农业养老金制度”所适用的对象等；四是《土地改良法》上所规定的有关土地改良事业参加者资格，具体而言，对于农用地，拥有所有权的人具有参加土地改良事业的法定资格，拥有所有权以外权利而实际使用土地从事农业经营的人，如果要参加土地改良事业，必须与所有人商议并向农业委员会申报，由其批准更换参加资格。参见［日］关谷俊作：《日本的农地制度》，金洪云译，生活·读书·新知三联书店2004年版，第69～75页。

据规制目的和范围的需要演化为不同的名称及形态各异的组织形式。

农户一直是“二战”以后的日本农业法所重点关注的“农业人”主体类型，而且长期以来，日本农业法对于农户的维持、培育以及鼓励的规制态度并未有过根本性的变化。[①] 这源于“二战”后，日本对以“农业经营、农业劳动、农地所有”“三位一体”为特征的“自耕农”的特别青睐，[②] 以及由此所衍生的“自耕农主义”对相关农业立法尤其是农地立法的深远影响。

具体而言，日本农业法对农户的维持、培育以及鼓励性的规制内容主要表现在两种制度中：一是农业人养老金法律制度。该制度的初衷在于通过鼓励年老的农民向年轻一代转让农地及相关经营权，以实现农业经营者的年轻化和农业经营规模的扩大化。最典型的规制方式是所谓的“经营权转让养老金支付”，即将具有一定面积农地的权利作为加入养老金支付事业的前提，而要获得养老金的支付就必须把农地的相关权利转移给农业继承人或者第三人。[③] 二是农户继承法律制度。该制度的设定目的在于防止因“农业人的分割继承使得农业经营变得细分化”，以此维持

---

① 但是在日本的学界和政界，近年来不断有关于“自耕农主义”之存废的争论。2004年，日本经济调查协议会濑户委员会完成的《农业政策的彻底改革：基本方向和具体目标》认为“阻碍积极性高的农业人员充分发挥其能力的最重要的因素是农地制度”，现在面临的重要任务是必须要修改农地法所持的“自耕农是最理想的务农形态”的观点，应当追求“所有和利用的彻底分离”。农林水产省深受这些观点的影响，并以此为基础在2007年前后出台了相关农地制度的修正草案，主要内容包括：强调将自耕农业转变为“借地农业”；放宽“借地”从事农业的相关认定标准；在股份公司取得农地利用权方面实行自由主义，不予限制。对于这些理论主张和相应的制度建议，田代洋一等日本学者表示出严重的怀疑。参见［日］田代洋一：《日本的形象与农业》，杨秀平、王国华、刘庆彬译，中国农业出版社2010年版，第56～59页、第83～88页。

② 参见［日］关谷俊作：《日本的农地制度》，金洪云译，生活·读书·新知三联书店2004年版，第65页。

③ 2001年修订《农业人养老金基金法》时，对这一立法目的进行了修正，现行法的目的已经转变为：通过实施农业人养老金及特例附加养老金的支付事业，以期有助于提高农业人年老以后的生活稳定及福利。基于此目的，对许多条款进行了根本性的修改，最典型的就是“从事业中删去了经营权转让养老金支付事业和农地相关事业”。参见［日］关谷俊作：《日本的农地制度》，金洪云译，生活·读书·新知三联书店2004年版，第94页。

和培育农业的家庭经营及自立经营模式。[①] 在现行日本农业法制体系中，农户继承法律制度的规制内容主要体现在两个方面：融资扶持制度和税收优惠制度。前者主要包含2001年《农林渔业金融公库法》专门设置的“维持稳定农业经营资金”[②]、“培育强化经营体资金”[③] 及“强化农业基础（基盘）经营资金”[④] 等三类扶持性贷款。后者则具体包括生前赠与税与继承税的优惠。[⑤]

对于“农业生产法人”，日本农业法一直秉持着这样一种规制态度，即“在农业活动的主要领域，通过制定条款来制约法人经营”[⑥]。制约的基本方式是设定严格的主体构成要件，并以此作为取得和保有相关农地权利的法定前提条件。日本《农地法》（1952年制定，2005年修订）第2条“定义”之7对“农业生产法人”的构成要件做了如下的详细规定：首先，列明了“农业生产法人”的组织类型。具体包括：农事组合法人、除上市公司以外的股份公司或责任公司（《公司法》第575条第1款规定的责任公司）。其次，明确限定了“农业生产法人”的事业要件，即主要经营项目应当是农业，包括与农业相关的事业，如使用农畜产品作为原

---

① 日本1961年的《农业基本法》第16条规定：为防止继承情况下的农业经营的细分化，在继承遗产时，要采取必要的措施，尽可能使原来的农业经营由共同继承人之一来承担。2000年的《食品·农业·农村基本法》第22条又重申了这一立法目的，该条规定：建设促进农业经营合理化管理及其他经营的发展及继承的条件，以谋求农业家庭经营的发展。

② 该贷款年息在5%以下，偿还期在20年之内，还有3年的延期偿还期，用途为：共同继承人中有意经营作为遗产的农业生产经营资源者，为了获取其他继承人的继承份额所需之资金；为了防止农业生产经营资源等遗产被分割以致细碎化，为相关继承人提供的偿还其债务所需之资金等。

③ 该贷款年息在5%以下，偿还期在25年之内，还有3年的延期偿还期，主要用途也是向继承人提供偿还债务所需资金，以防止其主张分割农业生产经营资源等遗产用于还债。

④ 该贷款主要用于子女代偿父亲的营农负债，以及子女向父母购买农地及基础设施等。

⑤ 根据日本《租税特别措施法》第70条之6的规定，农地继承人在申报纳税时，将其纳税额分为两部分进行合计，一部分是根据农地的“农业投资价格”评估的部分，另一部分则是农地以外的继承财产部分，对超过“农业投资价格”部分农地的评估额的继承税，实行延缓纳税，而如果继承人已经连续经营农业20年以上，则免除其延缓纳税部分的继承税。

⑥ ［日］关谷俊作：《日本的农地制度》，金洪云译，生活·读书·新知三联书店2004年版，第66页。

料进行制造和加工。再次，以相当详细和具体的规定，限定了“农业生产法人”的构成人员要件，具体包括五种类型的成员认定情形及相应的判断标准。[①] 最后，规定“农业生产法人”长期从事者的构成人员要占到理事总数的一半以上，且该过半的理事一半以上需从事农林水产省令规定的日数以上的必要农业作业，判断构成人员是否为长期从事者的基准，由农林水产省令规定。

符合如上一系列法定要件的“农业生产法人”方才有权通过租赁、使用借贷、设定或转移他物权、购买等方式取得从事农业生产所必需之农用地或采草放牧地。然而这种权利获取却并非一劳永逸的，“农业生产法人”如欲保有土地权利，则需负维持各项法定要件之义务，一旦上述的各项法定要件有任何一项不再满足时，相应主管机关有权要求相关主体立即予以改正，这些主体若未能按要求进行改正的，则由政府出面强行收购其所经营的农地。[②]

日本《农业经营基础强化促进法》（1980 年制定，2005 年修订）还设置了一种极具特色的“农业人”法律制度——“认证农业人法律制度”。该制度的基本内容是：从事或意欲从事农业生产经营的人，可以依法制定出农业生产经营改善计划，[③] 将之提交市町村，由市町村根据法定的标准[④]和程序进行认证。一旦获得认证，计划提出者即成为法律上的

① 参见［日］关谷俊作：《日本的农地制度》，金洪云译，生活·读书·新知三联书店 2004 年版，第 79～80 页。

② 参见［日］关谷俊作：《日本的农地制度》，金洪云译，生活·读书·新知三联书店 2004 年版，第 84 页。

③ 根据《农业经营基础强化促进法》第 12 条的规定，这一计划主要应当包含三项内容：农业生产经营的现状；扩大农业生产经营规模，使农业生产经营方式合理化，改善从事农业的形态，改善农业经营的目标；为了完成上述各目标所采取的措施。

④ 市町村认证农业人时，应当参考三个标准：一是对照其基本构想是否切实可行；二是农用地综合利用是否切实可行；三是与其他农林水产省令规定的基准是否适合。

“认证农业人”，并因此可以获享“使用权设定”[①]、“租税优惠”及低息贷款等扶持性待遇和政策。

（2）韩国农业基本法上的“农业人法律制度”

韩国农业法创制了与日本农业法称谓相同的“农业人”这一法律概念，其规制理念和方式与日本“农业人”法律制度存在许多相似之处，但也有自己的特色。

从韩国1999年《农业农村基本法》的具体规定来看，其中“农业人”的主体类型有四种：农户、专业农业人、营农组合法人以及农业会社法人。对于农户，韩国的农业基本法彰显出与日本“农业人”法律制度相同的规制态度，即重在“培育”与“保障”。[②] 这是1947年韩国进行的“土地改革”所秉持的“耕者有其田”思想在农业基本法上的延续。“土地改革以后，大部分韩国农民成了自主的经营者，在农村一个村庄中农户的经济地位几乎是平等的”。[③] 为了保证农户经营的稳定及适时革新，韩国农业基本法还设置了与日本“农户继承法律制度”规制目的相类似的农业继承人援助法律制度，其基本内容为：农林部长官有权将正在经营农业或有经营农业愿望的人，依据农林部令的规定选定为农业继承人，并进行必要的援助。[④]

对于专业农业人，韩国农业基本法的规制态度是鼓励和支持，具体

---

① “使用权设定”是日本农业法上的一项颇具本国特色的土地制度，基本的规制内容是：对于在农业上利用效果不佳、利用率较低的土地，一般由市町村的农业委员会对其使用者进行劝告，促使其为其他能充分、高效地利用农地的人（多为“认证农业人”）设定使用权，若劝告不成，当地的农业委员会则有权请求市町村长要求农地所有人将其土地出售给“农地保有合理化法人”，农地所有人无权拒绝这一要求，且不能将土地出售给“农地保有合理化法人”以外的其他主体，“农地保有合理化法人”在购入土地后，有义务将其优先出租或出卖给“认证农业人”。

② 韩国1999年《农业农村基本法》第11条规定：政府为谋求提高以家庭劳动力为主的家庭农户的生产性和经营安全，为符合农户特征的规模化、专业化、合作化等，应制定并实施必要的政策。

③ ［韩］朴振焕：《韩国新村运动：20世纪70年代韩国农村现代化之路》，潘伟光、［韩］郑靖吉、魏蔚等译，中国农业出版社2005年版，第10页。

④ 参见韩国1999年《农业农村基本法》第12条。

的规制方式则是对依农林部的规定选定的，具备专业农业技术及经营能力、对农业发展起到“中枢性”和“先导性”作用的专业农业人，依法进行必要的援助。[①] 这一鼓励性法律制度的规制目的多少与日本农业法上的“认证农业人”制度存在相似之处。

对于营农组合法人与农业会社法人，[②] 韩国农业基本法并未显现出明确的鼓励和支持的规制态度，而仅是对它们各自的组成成员、设立、出资、运营、解散等基本事项作出了原则性的规定，而且规制的方式都是对它们各自组成成员的资格及其结社权进行确认，并明确规定：除农业基本法上的特别规定外，商法的相关条款亦可适用。[③]

3. 美国农业综合法典中的“农场所有权贷款”(Farm Ownership Loans)

早在1924年，美国国会就通过了《强化农场与农村发展法》(Con-

---

① 韩国1999年《农业农村基本法》第13条规定：农林部长官将具备专业农业技术及经营能力，并对农业发展起到中枢性、先导性作用的农业人，依据农林部令的规定，选定专业农业人并进行必要的援助。

② 根据韩国1999年《农业农村基本法》第15条和第16条的规定，营农组合法人，是指希望共同经营农产品的出售、加工、出口等的农业人，为了通过农业经营方面的协作提高生产力，所依法设立的法人，其性质与日本农业法上的“农事合作社”、欧洲各国农业法上的“合作社”(cooperative)以及我国农业法上的“农民专业合作社”基本相同。农业会社法人，则是指农业人和农产品的生产者团体依据总统令设立的以企业的形式经营农业或经营农产品的流通、加工、销售或代理农业人的耕作业的法人。

③ 韩国1999年《农业农村基本法》第15条规定：(1) 通过农业经营方面的协作提高生产力，希望共同经营农产品的出售、加工、出口等的农业人，可设立5人以上为组合员的营农组合法人。(2) 营农组合法人作为法人，在其主要事务所的所在地进行设立登记成立。(3) 营农组合法人把农业人和农产品的生产者团体中章程所规定的人员作为其组合员，虽然不是其组合员但总统令中所规定的人员根据章程规定可向农业经营法人出资，以没有决议权的准组合员身份加入。(4) 营农组合法人可以以总统令规定的生产者团体的组合员或准组合员的身份加入。(5) 关于农业经营组合法人的解散命令适用《商法》第176条的规定。此时，农林部长官可以向法院请求营农组合法人的解散。(6) 关于营农组合法人的设立、出资、事业、规章记载事项及解散等，必要事项依据总统令规定。第16条规定：(1) 以企业的形式经营农业或经营农产品的流通、加工、销售或代理农业人的耕作业的人，依据总统令可以设立农业会社法人。(2) 农业人和农产品的生产者团体可以设立农业会社法人，但非农业人也可以依据总统令中规定的比率范围之内，向农业会社法人出资。(3) 关于农业会社法人适用第15条第4项及第5项的规定。(4) 农业会社法人的设立、出资及事业等有关的必要事项由总统令规定。(5) 关于农业会社法人除该法中规定的外，适用《商法》中有关会社的规定。

solidated Farm and Rural Development Act)，其中已经设置了向符合条件的农场新开业者提供援助性贷款的相关条款，美国农业综合法典《2008 年食品、环境和能源法》(Food, Conservation, and Energy Act of 2008) 在第五部分“农业信贷”(TITLE Ⅴ—Credit) 的第一分部分“农场所有权贷款”(Subtitle A—Farm Ownership Loans) 中对这些条款进行了相应的修改。

具体而言，“农场所有权贷款”(Subtitle A—Farm Ownership Loans) 中共包含了三项扶持性内容 (Sec. 5001— Sec. 5005)，以下予以分述。“环境保护贷款与贷款担保计划”(Conservation Loan and Loan Guarantee Program.) 授权农业部长向合格的 (eligible) 借贷者提供贷款担保或者贷款。“合格的借贷者”包括主要或直接从事农业生产经营的农场主 (farmer) 和牧场主 (rancher)，以及由农场主或牧场主控制的、直接或者主要进行农业生产的农业合作社 (farm cooperative)、国内私法人 (private domestic corporation)[①]、合伙 (partnership)、联合经营 (joint operation)[②]、信托 (trust)、有限责任公司 (limited liability company) 等。[③] 在贷款担保方面，农业部长将给予合格的农场起业者、牧场起业者 (beginning farmers or ranchers) 或者在社会上处于弱势的农场主、牧场主 (socially disadvantaged farmers or ranchers) 优先权 (priority)。[④]“首期支付贷款计划”(Down Payment Loan Program) 用以满足相关主体购买农场或牧场的资金需求。根据法律规定，首期支付贷款的额度不得超过相应

① 这是与公法人 (public corporation) 相对应的一种法人类型，其典型特征是主要由私人为了非公共目的 (for nonpublic purpose) 设立或组成，如商品生产法人、银行、铁路公司等，还包括一些宗教性质的法人。See Black's Law Dictionary (Ninth Edition), Thomson Reuters 2009, p. 393.

② 也称“联合经营协议”，是一种合资经营形式，具有共同投资、共同经营、共负盈亏的特点，但参加协议的各方并不组成一个独立的法人，在法律上仍然保持各自独立的法律地位。参见夏登峻主编：《英汉法律词典》，法律出版社 2008 年版，第 505 页。

③ See Food, Conservation, and Energy Act of 2008, TITLE Ⅴ, Subtitle A, Sec. 5002.

④ See Food, Conservation, and Energy Act of 2008, TITLE Ⅴ, Subtitle A, Sec. 5002.

主体所欲购买的农场或牧场最低市场价的45%，或者所欲购买农场或牧场估算价值的45%，或50万美元的45%。法律还详细规定了该种贷款的利率计算方式。[①]“土地购买合同计划”（Beginning Farmer or Rancher and Socially Disadvantaged Farmer or Rancher Contract Land Sales Program.）授权农业部长，向符合条件的农场、牧场起业者或者在社会上处于弱势的农场主、牧场主提供一种购买土地的贷款担保。[②] 法律对符合条件的相关主体获得此种贷款担保的资格和条件进行了明确规定。概而言之，主要有土地购买合同、信贷记录、若无援助即无力开业或从事生产经营的证明等几方面的要求。[③] 法律还设置了贷款担保的两项限制：首次付款的限制[④]与购价限制[⑤]。法律设定的贷款担保有效期是10年，从担保被正式提供时起算。[⑥]

综观美国农业法上“农场所有权贷款”（Farm Ownership Loans）的相关规范内容，可以看出，与日本及欧洲多国限制公司等参与农业生产经营不同，美国农业法表面上呈现一种自由主义的规制特色，即在原则上并不限制特定的主体类型参与农业生产经营，这一点与我国现行农业法比较相似。但若深入分析，不难发现，这种自由主义的外表下掩盖的却是有所偏爱的规制态度，即对私人（家庭）农场和牧场的特别鼓励、扶持和培育。“环境保护贷款与贷款担保计划”虽然以农场主、牧场主、合作社、私法人、有限责任公司、信托、合伙、联合经营等为其“合格的借贷者”，但却明确授予农场和牧场起业者优先权。“首期支付贷款计划”与“土地购买合同计划”则独以农牧场的起业者和弱势的农牧场主

---

① See Food, Conservation, and Energy Act of 2008, TITLE Ⅴ, Subtitle A, Sec. 5004.

② See Food, Conservation, and Energy Act of 2008, TITLE Ⅴ, Subtitle A, Sec. 5005.

③ See Food, Conservation, and Energy Act of 2008, TITLE Ⅴ, Subtitle A, Sec. 5005.

④ 即符合条件的农场、牧场起业者或者在社会上处于弱势的农场主、牧场主首次支付的款项不得低于作为交易标的的农场或牧场市场购买价格的5%。

⑤ 即所欲购买的农场或牧场的总市场价或评估价不得超过50万美元。

⑥ See Food, Conservation, and Energy Act of 2008, TITLE Ⅴ, Subtitle A, Sec. 5005.

为适用对象。尤其值得注意的是：美国农业法在着力实现扶持、培育私人（家庭）农场这一理念的同时，还巧妙地将环境保护、弱者扶助等政策理念融入其中，实现了以小制度成本获致大社会收益之功效。

4. 俄罗斯农业法上的"农场结构"（Farm Structure）

20 世纪 90 年代，俄罗斯政治及经济体制发生剧变，农业生产经营的主体结构也随之发生重大变化，最典型的便是主要表现为两种主体类型的"农场结构"（Farm Structure）的产生与发展。

第一种典型主体是农户（农民）农场。国家对这种农场的创建及运营总体上表现出鼓励、扶持及培育的规制态度。根据 1990 年通过的《农户（私人）农场法》，农户农场具备法人地位，其成员为具有劳动能力的家庭成员及其他公民。凡年满 18 周岁具有农业劳动经验和技能，或者经过专门培训的有行为能力的俄国公民均有权设农场。对于设场公民申请土地转让或租赁的，政府都给予相应的支持，在无相关基础设施的荒芜区设场的，政府负责土建、道路、电力、通讯、供水、土地改良的首期工程及各项生活设施。政府根据财政情况在农场运营过程中为其提供无偿的物质援助或为之发放无息贷款。[①] 第二种典型主体是"公司农场"（corporate farm），其具体表现形式包括：普通股份公司（common stock company）、有限责任合伙（limited liability partnership）、农业生产合作社（agricultural production cooperative）等。这种主体类型其实承继于苏联时期的集体和国有农场，是这些公有制农场在私有制下的转化。国家对这些公司型农场也依法提供信贷、贴息等方面的资助。

与美国农业法一样，俄罗斯农业法在表面上对上述两种农场的规制也体现出一种自由主义的态度，即不设置任何限制，但俄罗斯的"农场

---

① 相关规定参见李伟主编：《世界农业法鉴》（上部），中国民主法制出版社 2004 年版，第 253 ~ 257 页。

结构”却有其独特的产生背景与路径——私有化。这种私有化主要以西方学者的新自由主义主张为依据，并期望出现农户农场蓬勃发展进而成为农业生产经营主体的景象。

（三）各国同质性规制的理论抽象：呈现层次递进性

通过对前述各国农业法上同质性规制内容的理论化抽象与归纳，我们可以抽离出在逻辑关系上呈现紧密递进性的三个层次的内容。这些内容为我们展现出的是各国在对待参与农业生产经营的各类主体时所普遍秉持的一种框架式思路。正是在这一框架思路中，许多终极性的伦理价值、法律价值及特定的回应性政策考量才得以“正位”，并逐次展现于相应的立法及政策当中。因此，可以说，这里所抽离出的递进性层次框架无论是在普遍性上，还是在稳定性上均优于具体的国别制度。

1. 外在表现：形态各异的主体类型

从各国的同质性规制来看，参与农业生产经营的各类主体是相关制度中最直观的也最普遍的规制对象，绝大多数的规制方式都是围绕不同的主体类型而设置的。虽然参与农业生产经营的主体组织形式及对其的具体规制在各国农业法上差异较大，但有两点却是普遍性的：一是形态各异的农业生产经营主体基本上都可划分为两种终极性类型：家庭型生产经营体与法人型生产经营体；[①] 二是家庭型生产经营体，尤其是典型的

---

① “家庭型生产经营体”和“法人型生产经营体”是我们在此处创制的概念，不同的国家因为其法系归属、法律传统及具体国情等原因，在参与农业生产经营的法律主体类型（尤其是企业类型）、运营规则、法律地位、权利义务等问题上存在微观规范上的较大差异，根本无法找寻到具有普适性的法定主体类型，因此，可行的办法只能是在比较宏观的层面上，依据这些主体形成的最典型的法理特征进行抽象和归类。具体而言，“家庭型生产经营体”大概可以分为两种类型：一是典型的家庭生产经营体，即自然家庭与农业生产经营主体合二为一的主体类型，其在欧美农业法上被称为“家庭农场”“私人农场”等，在日本、韩国、俄罗斯及我国农业法上，其被称为“农户”或“家庭农户”；二是以家庭为基础的生产经营体，包括非法人的私营企业、各种经营农业的合伙等。“法人型生产经营体”则包括农业合作社、营利或非营利的农业企业、各种农产品协会、行业协会等。

家庭生产经营体（家庭农场、农户、私人农场等）在各国农业法上普遍存在，也都是被扶持的重点。

2. 内在推力：鲜明的规制态度

形态各异的农业生产经营主体类型必然随着内容迥然的权利和义务，而这些权利和义务设置的背后蕴含国家特定的规制态度：或鼓励、或允许、或限制、或禁止。可以说，国家对特定农业生产经营主体类型的规制态度在根本上决定了相关主体参与农业生产经营活动的权利及义务内容。如果国家鼓励某种主体参与农业生产经营，那么授予其经营权的内容就宽广一些，许多时候还赋予其向国家主张的一系列公法上的受益权（与国家的授益性义务相对应，如美国“农场所有权贷款”中的贷款担保或贴息义务、日本“农户继承法律制度”中的融资扶持义务、俄罗斯农业法上的农户农场资产授予、生产及生活基础设施的提供义务等）。施加在其身上的义务也就相应较轻，有时甚至还有意免除其一些基本义务（如日本“农户继承法律制度”中的税收优惠）。相反，如果国家限制某种主体参与农业生产经营，那么授予其经营权的内容与鼓励的主体相比就狭窄得多（如欧洲许多国家农业法禁止依法特设的农业法人从事商业经营、日本农业法上对农业生产法人的各项构成要件进行严格限定等），有时也会在其身上施加一些特殊的义务（如日本农业法为农业生产法人设定了定时报告其各项法定构成要件变动情况的义务）。

从各国同质性规制的分析中，可以看出：对家庭型生产经营体的鼓励（扶持、培育、保护）这一规制态度在各国农业法上具有普遍性。对合作型法人生产经营体，绝大多数国家的农业法都秉持支持与鼓励的规制态度。欧洲许多国家和日本的农业法对企业（公司）型农业生产经营法人秉持的是限制主义的规制态度，但具体的限制方式却各不相同。韩国、美国、俄罗斯等国的农业法对企业（公司）型法人生产经营体秉持一种自由主义的规制态度，并未专门设置限制性规制内容。据此，我们可以在各类农业生产经营主体与特定的国家规制态度之间建立起一种普遍性的对应关系：家庭型生产经营体——扶持与培育主义；合作型法人生产经营体——支持与鼓励主义；企业（公司）型法人生产经营体——限制主义抑或自由主义。

3. 理念基础：特定的价值判断

促使国家对参与农业生产经营的各类主体形成不同规制态度的根本原因是其所奉行的特定价值判断，即国家在理念层面上预先设定某种自认为正确或有效的农业生产经营模式，以此为基础，检视本国法制背景中参与该模式的所有既存或可能的主体类型，并做出相应的价值评判性认定：哪些主体有助于预设模式的实现，哪些主体无助于甚或有害于预设模式的实现。

可见，对特定农业生产经营模式的预设是国家进行价值评判的关键，但其形成却是一个十分复杂且具有极大国别差异性的过程，其中充斥着不同利益之间的博弈与调和。所以，在此处我们并不追求对上述所有国家预设特定农业生产经营模式的详尽过程进行周详的阐释，而仅仅归纳蕴含其中的共同理念。通过对上述各国同质性规制的分析，笔者认为，这些理念主要可以归纳为以下几点。

（1）国民食品保障。各国在预设本国的农业生产经营模式时，首先要考虑的都是预设模式的运行能否最大限度地满足本国国民的食品需求。因为“充分满足国民的食品需求”是各国农业法所普遍蕴含的基本理念，在许多国家的农业法上还被明确列为基本立法目的。①

"充分满足国民的食品需求"具体包含两个方面的内容：一是对生存所必需之数量与质量的食品的生产需求，二是对生存所必需之数量与质量的食品的公平分配需求。②

在对典型家庭生产经营体（家庭农场、农户）的普遍性鼓励或培育中就蕴含对家庭自耕式农业生产经营模式的预设，而这种预设又在很大程度上基于家庭自耕对国民生存所必需食品的生产具有重要意义。在经

---

① 就本文所涉及的各国而言，日本和韩国的农业基本法都将"食品（粮食）安全"明列为基本的立法目的，日本《食物·农业·农村基本法》第2条规定：（1）鉴于食物是维持人的生命所不可缺并且保证健康和充实生活的重要基础，必须供应优质的食物和实行合理的价格。（2）鉴于世界上还存在食物供求及贸易不安定因素，对于国民食物的安全供应，应谋求以扩大国内农业生产为基本点，在输入和储备上应当进行适当的搭配。（3）食物的供应，应促进农业生产的提高，谋求农业和食品生产的综合健全发展，并且必须适应国民高度精密化、多样化的需要。（4）国民最低限度必要的食物，由于输入的中断或国内的需要处分困窘或有紧迫情况时，也应当确保国民生活安定和国民经济正常运营。韩国1999年《农业农村基本法》第2条规定：将农业发展成为向国民稳定供给粮食，为国土环境的保护做出贡献并能够履行经济性、公益性职能的基础产业。

据学者介绍，2006年12月28日俄联邦委员会批准了《联邦农业发展法》，并于次日由普京总统签署，2007年1月11日生效。根据新农业法，国家农业政策的主要目标之一就是"提高农业生产者的竞争能力，为国民提供高质量的食品"，而政府农业政策的首要方向则是"为国民稳定提供国产食品"。参见朱行：《俄罗斯新农业法》，载《粮食科技与经济》2007年第4期。

"食品安全保障"的字眼并未在美国现行综合性农业法典上出现，但这并不意味着美国农业法中就无保障食品安全之意蕴。我国台湾地区学者方立维认为美国2002年《农业安全与农场投资法案》(Farm Security and Rural Investment Act of 2002)"之立法精神在于为美国之农业政策提供粮食安全之战略架构"，而2008年的农业综合法典则延续了这一精神。参见方立维：《以美国、欧盟与日本农业补贴立法提出对台湾农业基本法立法之建议》，载《中原财经法学》第23期（2009年）。

1958年，由法国、德国、意大利、荷兰、比利时、卢森堡等6国签订并据以建立"欧洲共同体"的《罗马条约》中即包含建立"共同农业政策"（Common Agricultural Plolicy，CAP）的内容，在当时设定的5项政策目标中，"保持食品的经常供应"就位列其中；1999年后，CAP的目标转变为所谓"三大支柱"（Pillars），即降低农产品价格；保障食品安全及品质；稳定提高农民收入。参见赵昌文、［英］Nigel Swain：《欧盟共同农业政策研究》，西南财经大学出版社2001年版，第43页；方立维：《以美国、欧盟与日本农业补贴立法提出对台湾农业基本法立法之建议》，载《中原财经法学》第23期（2009年）。

② 需注意的是，"充分满足国民食品需求"与"食品（粮食）安全"并非同义。在理论和具体制度上，一直存在实现"食品（粮食）安全"的"两种路线"——立足国内生产（以国外进口为补充）与立足国外进口（以国内生产为补充）之争，本文所述之"充分满足国民食品需求"的内容反映的是立足国内生产的"食品（粮食）安全"的理论和制度诉求。

济学上，只有在利益上具有高度一致性的自然家庭才最适合于农业生产这一融自然再生产和社会再生产于一体的生产过程，因为家庭成员之间基本不需要监督成本，而且集生产与生活职能于一身的家庭可以根据农业生产的规律性要求低成本地安排各种投入与管护活动，因此，自然家庭从事农业生产的效率是比较高的。①

更为实际和直观的原因则是作为农业生产单位的农民家庭同时也体现为一个消费单位。在理性驱使之下，生产满足成员所需之食品应当是其最低限度的职能追求，而在成员关系维系上呈现的强烈伦理性与情感性，又可保证家庭内部食品分配上的实质公平。因此，对一个农业人口占人口大多数的国家（典型如我国）而言，在农业法上成功型塑并保有典型家庭生产经营体，也就意味着满足了全国大多数人的食品供应需求。

（2）土地权利公平配置。鉴于土地在农业生产经营中的绝对重要性，各国在预设特定的农业生产经营模式时都会特意关注其土地（农地）立法。而这种“关注”因具体情况不同又表现为两种基本路径：一是随着特定农业生产经营模式的预设而设置新的、与预设模式相适应的土地权利体系，这在经历过重大政治制度变迁的国家（如“二战”后的日本与韩国、20 世纪 90 年代的俄罗斯）表现得尤为明显；二是以既定的土地权利体系为基础，预设特定的农业生产经营模式。

指导第一种路径的往往是形式意义上的公平理念，即保障土地的归属或用益权在特定农业生产经营模式参与者之间进行平均分配，其典型的制度表现是通过“土地改革”建立“均质性”农户（家庭）自耕经营模式的农业法或土地法，正如韩国学者朴振焕在评价本国“二战”后土

① 学者贺雪峰甚至认为土地规模经营并不一定比家庭经营更有效率。贺雪峰：《地权的逻辑：中国农村土地制度向何处去》，中国政法大学出版社 2010 年版，第 301 页。

地改革时所指出的那样“是平等优先而不是农业效率优先”①。

在现代农业经济发展的大趋势中，对第二种路径产生重大指导意义的是实质公平理念，即保障土地的归属或用益权被特定农业生产经营模式中的“急需者”或高效利用者所享有。前述美国农业法上的“农场所有权贷款”制度将“家庭农场经营模式”中的土地“急需者”显化为了“农、牧场起业者”和“在社会上处于弱势的农、牧场主”。而日本农地法允许农业生产法人有限制地取得土地用益权的制度嬗变，以及对“认证农业人”专门设置的“使用权设定”制度则体现出对土地高效利用者的偏爱。

（3）农民（农业从业者）营农收入之提升。在各国农业法中，“提升农民（农业从业者）的营农收入”已经成为与“国民食品保障”拥有相同价值位阶的农业立法基本理念。② 如何实现这一基本理念，各国的具体立法不尽相同，但在指导思想上却有一点是共通的，即必须确保农民（农业从业者）能够充分享受营农利益，而不至于使其应得利益逸散于其他从业者阶层之中。国家在对待参与农业生产经营的各类主体时所呈现的不同规制态度其实就是诠释这一思想的良好注脚。

如前所述，绝大多数国家的农业法对于农民组成的各类合作组织均

---

① ［韩］朴振焕：《韩国新村运动：20世纪70年代韩国农村现代化之路》，潘伟光、［韩］郑靖吉、魏蔚等译，中国农业出版社2005年版，第10页。

② 韩国1999年《农业农村基本法》第2条明确规定：国家经济协调发展的基础是使农业人成长为以自觉与创意为基础实现与从事其他产业的国民收入均衡的经济主体；欧盟1999年以后的共同农业政策的三大支柱之一即是“稳定提高农民收入”；美国1933年的《农业调整法》的立法目的之一即在于通过减少农产品生产的方式保证农场主一定的收入水平，此后几乎每五年一改的农业综合性法典中均设置了许许多多保证农场主收入的补贴及其他援助计划，2007年的农业法典中更是设置了“整体农业收益安全网计划”，并辅以“收入稳定储蓄账户”（Income Stablization Account）及“农业收益保险”（Agriculture Income Resource）等立法；俄罗斯2006年《联邦农业发展法》所确定的国家政策方向之一即是“在国内外市场上保证俄国农业生产者的经济利益”。可分别参见方立维：《以美国、欧盟与日本农业补贴立法提出对台湾农业基本法立法之建议》，载《中原财经法学》第23期（2009年）；李舟生：《美国农业政策新思维简介》，载《农政与农情》第172期；朱行：《俄罗斯新农业法》，载《粮食科技与经济》2007年第4期。

呈现鼓励与支持的态度，其根本原因就在于农民合作组织的运行和组织机制能够最大限度地保障营农利益为其成员农民所享有。具体表现有二：一是社员农民利益与能力的“同质性”是合作组织存续的“重要社会因素”①，这就避免了因利益“冲突”而产生的“成本损耗”以及“剥削”；二是合作组织“一人一票式的民主管理”“按与合作社的交易量分红”“公积金与公益金的提取”“服务社员而不以营利为目的”等运行规则和理念能够保证经营收益公平地为社员农民所分享。与此相对，日本及欧洲诸国限制公司（企业）法人入农的根本目的恐怕也在于担心这些“强势者”进入农业生产经营领域后凭借其优势地位或能力与农民争利。

（4）其他政策性理念。国家在预设特定的农业生产经营模式时，一些应时性的政策理念经常会被纳入考量的范围。这些政策性理念涉及面较为广泛，且国别差异性较大，但“阶段性”这一特质却是共同的，即它们往往仅代表了国家在一个特定时期关于农业产业发展的预期或任务。

无论是日本、韩国的农业基本法还是美国的农业综合法典，其中都包含了农村地区开发的内容。这表明：促进农村地区的经济、社会和人文资源等的发展和利用是现今许多国家农业立法时普遍存在的政策考量。基于此，国家在预设特定的农业生产经营模式时，往往会追求一种统筹、协调和综合性的理念，因此而设置的相关主体就不会只是单纯的生产性组织，而是涉及社会化服务、金融服务、科技研发、农技推广、培训教育、基础设施建设、灾害救助等诸多领域且性质各异的主体类型。

源于世界贸易组织（WTO）《农业协定》以及其他国际条约的“农业贸易自由化”理念对于各成员国乃至于许多非成员国的农业立法都产生了重大影响。以效率为圭臬的农业生产结构调整、高附加值农产品产

---

① 参见［韩］朴振焕：《韩国新村运动：20世纪70年代韩国农村现代化之路》，潘伟光、［韩］郑靖吉、魏蔚等译，中国农业出版社2005年版，第10页。

业的促进、国内和国际农产品市场的“去限制化”等政策的提出均与此有着千丝万缕的联系。在以自耕农主义立国的国家中，这些政策对传统的家庭式农业生产经营模式产生了巨大的冲击，以“农业产业化、集约化、高效化、现代化”等冠名的新型模式预设纷纷出现在相关农业立法中，相应地，被认为能够充分承载抑或实现这些政策目的的农业生产经营主体类型则被高调型塑。日本学者田代洋一在述及近年本国农业立法逐渐放宽公司法人（尤其是股份公司）入农的限制时，即指出：源于世界贸易组织的“全球性放宽限制潮流”以及日澳、日美、日欧经济合作协议最终促成了“国家战略上的”改革要求。①

在预设特定的农业生产经营模式时，纳入男女平等的政策考量在韩日农业基本法上表现得尤为典型。② 虽然，其他国家的农业立法中并未明确显现该种政策理念，但笔者认为韩日的立法理念具有特色，对于那些还存在严重性别歧视观念的国家来说，这尤其重要。如果能在农业生产经营模式的预设过程中融入男女平等的理念，并因此鼓励和扶持妇女主持和创建的农业生产经营组织，那么对于妇女自立能力的培养乃至于社会旧风俗的易变都具有极其重要的意义。

4. 各种价值性判断理念在农业法学中的不同意义

深入分析前述所抽象出来的几种促成国家形成特定价值判断的理念，不难发现，它们所涵涉的范围是比较广泛的。因此，在实际应用时产生冲突的可能性是存在的。一旦冲突，就需要依据一定的标准来进行取舍或者

---

① 参见［日］田代洋一：《日本的形象与农业》，杨秀平、王国华、刘庆彬译，中国农业出版社2010年版，第53页。

② 韩国1999年《农业农村基本法》第14条规定，中央和地方自治团体在制定并实施农业政策时，为扩大女性农业人的参与、提高女性农业人的地位及促进劳动力专业化，应制定并实施必要的政策。日本《食品·农业·农村基本法》第26条规定：为确保参加任何活动的男女平等、机会均等，国家应正确评价女性参加农业经营活动的积极作用，同时创造外部条件，确保女性有根据自己的意愿参加农业经营或有关活动的机会。

协调。对这些衡量标准的揭示是农业法学应当负担的重要任务，而此项任务的实现过程其实就是在阐明各种理念在农业法学理论中的不同地位和相应的意义与作用。

运用利益理论是本书所遵循的一贯方法。如果遵循庞德的研究进路，将利益归结为人在文明社会中的特定需要，法律的目的和任务就在于以最小的成本保护和协调各种利益，那么，对利益的排序就是法学理论界所应当完成的主要任务。据此，我们根据人的需要之普遍性、客观性和重要性，[①] 将反映在上述各理念之中的利益显性化并进行排序。具体而言，前述各项理念基本可被概括为两种：一是充分反映人之生存与发展所必需之理念，如食品安全、土地权利的公平获取、农民收入提升等。这些理念在法学权利体系中所对应的分别是食品权、公平权、发展权等基本权利。其中，食品权是已经为相关国际人权公约[②]和许多

① 英国学者莱恩·多亚尔和伊恩·高夫在《人的需要理论》（商务印书馆2008年版）一书中明确指出：人的客观而普遍的需要是一种带有规范力量的道德评判标准，可以用是否满足人的基本需要以及满足的程度等标准来判断一套制度的优劣；生存/身体健康和自主是人的基本需要；为了满足这两大基本需要的普遍性物品，称为“普遍满足物”，亦称“中间需要”，具体包含11个项目，首要的就是“营养食品和洁净的水”。

② 食品权的内涵最先出现在1948年的《世界人权宣言》第25条第1款中，但是，该法律文件并未明确承认食品权为一项独立的人权，而是将其基本内容包含于“获得适当生活水准权”之中，即“人人为了自己和家人的健康和福利，有权获得一个适当的生活水平，包括食品、衣服、住房、医疗、各项社会服务等”。1966年的《经济、社会及文化权利国际公约》第11条以与《世界人权宣言》相似的表述方式将食品权的基本内容载入其中，并进一步为各国设定了采取行动实现的义务——“为保证所有的人免于饥饿，应采取目的在于鼓励食品生产、储存和分配的相关措施，以及确保世界食品的供应能够根据需要进行公平分配的相关措施”。但却并未明确这些国家义务的范围和性质。除此之外，1979年的《消除对妇女一切形式歧视公约》、1989年的《儿童权利国际公约》以及1988年的《美洲人权公约补充协议书》等国际人权法文件也都对保障食品（营养）充足供应的这一食品权基本内容进行了规定。1996年世界粮食峰会通过的《罗马宣言》及《世界粮食首脑会议行动计划》要求联合国负责人权问题的高级特派员为《经济、社会及文化权利国际公约》第11条所规定的“与获取食品相关的权利”（the right related to food）下一个更加明确的定义，并且还要明确推行和实现这些权利的促进性手段。为了实现这一目的，联合国“经济、社会和文化权利委员会”发布了《第12号一般性意见》，该意见第2部分阐述了《经济、社会及文化权利国际公约》第11条的规范内容。这是迄今为止对于食品权的内涵所作的最新和最权威的法律阐释。

国家的宪法①所明确承认的基本权类型。二是反映国家特定时期政策目的的理念，如农村地区开发、农业结构调整、农业管制放松等。这两种理念在农业法学中的基本关系应当是审视与被审视的关系，即第一种理念因为其所反映利益的基础性，理应成为评判相关政策理念的前提和依据。

二、对现行“农业生产经营体制”规范内容的审视

（一）组织性规范内容存续的利弊分析

所谓组织性规范内容是指规定各类农业生产经营组织的形态、设立或基本运行规则的规范表述，在现行“农业生产经营体制”一章中，第11条第2、3款和第12条是其表现。第11条第2款规定了农民专业合作经济组织的设立原则和“加入自愿、退出自由、民主管理、盈余返还”等基础运营规则，第3款则允许农民专业合作经济组织有多种组织形态。第12条在授予农民兴办各类企业权的同时，对这些企业的投资方式及其“民主管理、按劳分配和按股分红相结合”等基础运行规则予以了明确。

组织性规范在其所涵摄的组织体尚无专项性组织立法的特定历史阶段，作为一种替代性的法源，有存续的合理性。但当相关组织立法既已成型并渐趋臻备时，其仍旧存续将产生如下两个层面上的弊端。

---

① 据我们收集到的资料，截至2012年，明确承认食品权的各国宪法性规范包括：菲律宾《宪法》第3条，孟加拉国《宪法》第15条，斯里兰卡《宪法》第27条，巴基斯坦《宪法》第38条，印度《宪法》第47条，伊朗《宪法》第5条和第43条，乌克兰《宪法》第48条，摩尔多瓦《宪法》第47条，尼日利亚《宪法》第16条，埃塞俄比亚《宪法》第90条，乌干达《宪法》第14条，刚果《宪法》第34条，马拉维《宪法》第13条，南非《宪法》第27条和第28条，危地马拉《宪法》第51条，萨尔瓦多《宪法》第69条，洪都拉斯《宪法》第123条和第146条，尼加拉瓜《宪法》第63条，巴拿马《宪法》第51条和第105条，古巴《宪法》第9条b款，海地《宪法》第22条，多米尼加《宪法》第8条，哥伦比亚《宪法》第44条，厄瓜多尔《宪法》第23条第20款、第43条、第49条和第50条，秘鲁《宪法》第17条和第18条，巴西《宪法》第227条，玻利维亚《宪法》第8条，巴拉圭《宪法》第53条和第54条，乌拉圭《宪法》第56条。

其一，在法理上，与已经揭示的农业生产经营体制的本质性要求不符。根据以上分析可知：农业生产经营体制与其他各国农业法上的同质性规制一样，实质应是表现为递进关系的一个三层逻辑框架，其典型特征是国家强烈的干预性与鲜明的规制态度。因此，如果说农业法理论中必须要包含参与农业生产经营过程的各种主体类型的相关内容的话，那么因此形成的规范及其理论解读就应当以国家对这些主体类型，基于特定的价值判断而形成的不同规制态度及相应的规制方式为重点内容，而不应当是如民商法法人理论和相应制度那样的组织性内容。相反，民商法上的这些内容应当作为农业生产经营体制存在的理论和制度基础。明确了这一点，我们就能解释韩国农业基本法为什么在述及营农组合法人与农业会社法人时，明确规定商法上的相关条款可以适用。

其二，在适用上，因需厘清与已成型的组织性立法之间的关系而徒增成本。如前所述，既已颁行的《农民专业合作社法》对《农业法》第11条所明示的“民主管理、盈余返还”等基础运行规则均做了明确规定，两类规范的竞合促使人们不得不着手厘清它们之间的关系。虽然并不难理，但这种梳理实际上没有任何意义，因为舍弃特别法转而依据基本法设立农民专业合作社的可行性几乎为零。更为重要的是，梳理后如果发现农业基本法的规定已落后于现实因而需要修改时，是完全依从特别法进行修改呢？还是要有所不同？若要有所不同，则不同之规定又会与特别法产生竞合而需再次梳理。若要完全依存，则又因无实际作用而徒增修法成本。第12条所确定的对“各类企业”的投资方式及其基本运营规则与既存的各企业专项组织立法之间也会产生前述问题，因此无须重复。但需要特别说明的是，此条的组织性内容与其适用对象之间在立法过程中曾因“突进式”的修改建议产生过“错位”，现行法条其实是两部分在实质上并不具有匹配性的规范内容的组合。具体而言，2002年修订《农业法》时，第12条在修订草案第一稿中被表述为：农民和农业生产经营组织可以自愿按照民主管理、按劳分配和按股分红相结合的原则，以资金、技术、实物、劳动力等入股，兴办股份合作制企业。在第一次审议时，"有的常委委员和地方、部门提出，股份合作制是乡镇企业改革过程中的一种探索性企业形式，对股份合作制企业承担的是股份制的有限责任还是合作制的其他责任，或者一部分投资主体承担有限责任另一部分投资主体承担其他责任，能否以劳动力入股等，各方面的认识尚不一致，实际情况也比较复杂，对股份合作制用法律的形式加以规定的条件尚不成熟。此外，农民和农业生产经营组织可以兴办各种类型的企业，也不应仅限于兴办股份合作制企业。"[①] 法律委员会因此将修订草案中的"股份合作制企业"转换为"各类企业"，并最终通过。可见，第12条起草的初衷是为当时尚在进行试点的"股份合作制企业"提供正式的法源，但在常务委员会提出意见后，就对修订草案进行了修改，将原本设置给"股份合作制企业"的组织性内容，未做任何审视和处理，就径直适用于"各类企业"这一外延涵摄范围明显较大的主体类型，由此产生了文义解释上的"头大身子小"的问题。

（二）土地承包制度在塑造农户经营体方面的利弊分析

如上所述，现行农业法上的"以家庭承包经营为基础、统分结合的双层经营体制"相关规范，作为实现宪法基础性规范的设定型规制内容，在法律效果上具有两点最典型的特征：一是制度形成性，二是长久稳定性。据此，笔者认为：现行农业法上"双层经营体制"设定型规制内容其实与别国培育、扶持典型家庭经营体的同质性规制具有相同的效果，

---

① 王茂林2002年12月23日在第九届全国人民代表大会常务委员会第三十一次会议上做的《全国人大法律委员会关于〈中华人民共和国农业法（修订草案）〉修改情况的报告》。

但若从纯粹的规范分析角度来看，我国的这种设定型规制所产生的培育、扶持性效果更加坚强和持久。

众所周知，前述的外国农业法都是以土地私有制为其相关制度基础的，土地私人所有权在这些国家的宪法（基本法）上不但是不容实质性侵犯的基本权利，而且已经成为立法、司法及行政行为的基本指导价值。在这种情形下，国家无论是以资金或实物援助的方式增强农业起业者获得相关私人土地的经济能力（如美国与俄罗斯农业法），还是以限制性立法的方式促使私人土地所有者向农业起业者转让土地或者设定使用权（如日本农地法），都有一个底线：不得侵及土地所有权的本质或核心内容，即使存在强制性转让，也绝非普遍现象，而且也存在严格的法定前提和程序。在有违宪审查制度的国家，设置这类强制转让方式的相关立法往往还面临违宪宣告的危险。[①]

在我国，现行“以家庭承包经营为基础、统分结合的双层经营体制”作为集体土地所有权的实现形式，[②] 其所派生的土地家庭承包制度明确地授予了农村集体经济组织成员（农户）平等且法定的土地承包权。[③] 可以说，现行土地家庭承包制度设立的目的在于普遍地使农村集体经济组织成员（农户）平等、无偿地获得据以开展农业生产经营的农地，[④] 其

---

① 美国联邦议会曾于1933年审议通过了《农业调整法》（Agriculture Adjustment Act），其主要内容在于通过向农场主支付补贴鼓励其削减生产，以提升农产品价格，1936年时，美国联邦最高法院宣布该法违宪，理由是议会管制商业的行为超越了其权限，1938年，经过大幅修改的《农业调整法》重新生效。See Black's Law Dictionary（Ninth Edition），Thomson Reuters，2009，p. 80.

② 参见黄河等：《农业法视野中的土地承包经营权流转法制保障研究》，中国政法大学出版社2007年版，第17～19页。

③ 《农村土地承包法》（2009年修正）第5条规定：农村集体经济组织成员有权依法承包由本集体经济组织发包的农村土地。任何组织和个人不得剥夺和非法限制农村集体经济组织成员承包土地的权利。第7条规定：农村土地承包应当坚持公开、公平、公正的原则，正确处理国家、集体、个人三者的利益关系。

④ 也有学者将家庭承包经营的本质总结为“以家庭为单位的，人人有份的土地承包”。参见王超英主编：《中华人民共和国农村土地承包法实用问答》，中国法制出版社2002年版，第9页。

运行的结果其实就是依法塑造了许多个中国特色的家庭（农户）“农场”（经营体），而且这种塑造具有坚强的法制基础和普遍的惠及面。

通过家庭承包所产生的农户经营体在理论上具有承包期内的稳定性，即任何一个家庭成员的资格消灭（死亡及户籍转移）均不影响经营体的存续，[①] 因为“农户”是法定承包方，只要在承包期内“农户”不消亡，其土地承包经营权就应存续。但是，这种稳定性同时却也产生了两种不利的“固化”后果：其一，在农地承包殆尽的情形下，这种稳定性妨碍了农户内新增人口法定承包权的实现，从而造成不同农户之间在占有承包地上的多寡不均。其二，这种稳定性其实限制了通过发包再造新型农户经营体的可能性，除非承包期结束后，重新发包，但是国家的最新政策却释放出一种信号——要保持这种稳定性“长久不变”[②]。对于第一种“固化弊端”，《农村土地承包法》的立法者其实已经意识到了，但他们将解决之途寄于“土地承包经营权的流转”[③]，而这又产生了新的不公平，因为新增人口获得承包地需要支付流转费，这就将“人人有份”的承包转化成了“有钱者有份”的竞争，新增人口将因其所在家庭经济能力的强弱而获得不同数量的土地，这足以消解承包制度公平地塑造农户经营体这一优势。针对第二种“固化弊端”，《农村土地承包法》并未作

① 《农村土地承包法》（2009 年修正）在两点上反映了该理论：一是不承认以家庭承包方式获得的土地承包经营权可以继承（第 31 条第 1 款），二是规定在承包方全家迁入设区的市并转为非农业户口时，有交回承包地的法定义务（第 26 条第 3 款）；但同时规定出嫁女在嫁入地未取得承包地的，嫁出地的发包方不得收回原承包地（第 30 条），这可以反推理解为：如果出嫁女在嫁入地已获得承包地，则嫁出地的发包方有权收回原承包地，这种规定的初衷可能是防止一个人在多处获得土地的不公平现象的发生，但不容否认的是，其客观效果却破坏了农户家庭经营体的存续稳定。

② 这一提法出现在 2008 年 10 月 12 日中国共产党第十七届中央委员会第三次全体会议通过的《中共中央关于推进农村改革发展若干重大问题的决定》中。

③ 时任全国人大农业与农村委员会副主任委员的柳随年在 2001 年 6 月 26 日第九届全国人民代表大会常务委员会第二十二次会议上所作的《关于〈中华人民共和国农村土地承包法（草案）〉的说明》在述及立法秉持“增人不增地、减人不减地”这一原则时，明确指出“今后出现人地矛盾，主要应当通过土地流转……等途径，用市场的办法解决，不宜再用行政手段调整承包地”。

出任何规定，而在现实中，农民往往通过传统的“分户（分家）”形式将原有的农户经营体重新划小，由此所生的最直接的弊端就是土地的细碎化。同时，依据传统伦理下的家庭议事规则所进行的分户，很难保证新设农户经营体的农业生产经营素质。在土地私有制国家中，法律一般将防止土地细碎化的重点设置在继承领域，在我国，土地细碎化却可能出现在原有农户经营体“分户”的过程中，面临的问题虽然相同，但催生问题原因不同，这也决定了解决问题的具体方式也应该有所不同。若要消除“固化弊端”，相关的制度创新是必要的：（1）需要创造一种能够因应人地变化情况的“农户承包地适时调整制度”。[①]（2）考虑设置农户经营体占用承包地的“最低亩数”，凡因农户经营体“分户”等原因导致变更后的农户经营体占用承包地低于“最低亩数”者，应予限制甚至禁止。（3）借鉴国外制度，考虑设置鼓励农户经营体自动提升其成员农业生产经营素质的相关制度。

（三）农业产业化经营之于农民利益实现的利弊分析

现行“农业生产经营体制”所涵规范内容对待农业企业参与经营的规制态度是不统一的。对于农民和农业生产经营组织兴办各类农业企业，法律秉持与美国和俄罗斯相似的自由主义规制态度，即不设任何限制，授予当事人充分的结社权（第12条）。而对于从事农产品生产、加工和流通的企业通过合同或入股等方式与农民形成收益共享、风险共担的利益共同体，法律却呈现鲜明的鼓励与支持态度（第13条第2款），这在前述的各国同质性规制中是绝无仅有的。之所以设置这种规制内容，是因为立法机关对农业企业参与农业生产经营寄予特定的政策期望，即寄

① 具体制度建议可参见李军波：《农村土地承包经营权流转法律制度构建的若干问题研究》，载《经济法论丛》2009年第2期。

望于通过实力强大的企业带动，实现“农业现代化”和“农业产业结构的调整”,① 强调农业企业与农民结成利益共同体的规定也反映出意欲借此提升农民营农收入的立法目的。

促成这些立法目的的是农业经济学界长期以来的鼓与呼。从20世纪80年代开始，即有经济学家针对家庭承包经营的局限性（规模小、效率低、只能足温饱却无法谋致富）提出了企业化经营的主张。② 经过30余年的研究，经济学界对农业企业化经营的优势基本已经达成共识，即可以获得较好的规模收益，增强抵抗市场和自然风险的能力，有利于利用现代化的要素对传统农业进行现代化改造，进而需要促进土地流转和集中、加速农业剩余劳动力的转移等。③

对于经济学界之主张，我们不妄加评判。但对于相关立法目的，我们却可以加以审视。如前所述，通过对各国同质性规制的抽象，我们在价值判断的意义上对相关规制理念进行了原则性的排序，农民营农收入提升作为人之发展所需之理念具有审视相关应对性国家政策的功能。基于此，如果将农业企业化经营作为实现农民营农收入提升这一目的的政策工具的话，其具体制度设置就必须时时处处面临目的性拷问。立法虽未明确这一点，但从强调农业产业化经营必须与农民结成利益共同体的规范表述中不难得出这样的结论。

从前述限制企业（公司）法人参与农业生产经营的国外立法例来看，在许多农业市场化和生产力水平超过我国的国家中，立法对经济实力、

---

① 具体可参见时任全国人大农业与农村委员会主任委员的高德占于2002年6月24日在第九届全国人民代表大会常务委员会第二十八次会议上所作的《关于〈中华人民共和国农业法（修订草案）〉的说明》。

② 参见郭振宗：《改革以来我国农业企业化问题研究述评》，载《中国商界》2009年第9期。

③ 参见胡鞍钢、吴群刚：《农业企业化：中国农村现代化的重要途径》，载《农业经济问题》2001年第1期；徐小英、姜志德：《我国农业企业化问题探析》，载《陕西农业科学》2010年第1期。

经营管理水平、市场化程度等的重视均超过家庭农场的企业（公司）法人，即立法者对此抱持一种警惕的态度，正如田代洋一在解释日本农业法为什么要限制公司法人尤其是股份公司获得农地参与农业生产经营时所说的那样：作为“昭和农地改革”重要成果的限制公司取得农地的法制，其根本目的在于实现使经常从事农业作业的人才能获得农地的这一“农地耕作者主义”，而这一主义又是防止农业外的公司加入农业领域的“防洪堤”，同时它还可以防止农地被随意转用于农业以外的用途。[①] 就是在对企业（公司）法人参与农业生产经营持自由主义规制态度的美国和俄罗斯，相关实证分析也深刻地揭示出一个道理：赋予家庭（农户）农场（经营体）与企业（公司）法人（尤其是大型公司）形式上平等的经营权，获致的结果必然是家庭（农户）农场（经营体）一败涂地或者沦为企业的附属。然而反观我国《农业法》，就扶持和鼓励企业参与农业生产经营这一点而言，比其他国家宽松得多。这主要表现在以下两个方面。

首先，相关规章将《农业法》第 13 条第 2 款所列国家支持与农民形成利益共同体的农业生产经营企业“独化”为“农业产业化龙头企业”，被细化的各项鼓励和扶持措施也大多以其为施力对象。具体而言，自 2002 年开始，农业部和财政部均制定了具体鼓励和扶持农业产业化经营的专项规章，主要包括《农业产业化专项资金项目管理暂行办法》[②]（农业部 2002 年发布、实施）和《中央财政支持农业产业化资金管理暂行办法》[③]（财政部 2004 年发布、实施）。《农业产业化专项资金项目管理暂行办法》将其制度目的明确表述为：通过对龙头企业等相关环节的扶持，

① ［日］田代洋一：《日本的形象与农业》，杨秀平、王国华、刘庆彬译，中国农业出版社 2010 年版，第 87 页。

② 该办法于 2018 年 1 月 4 日被废止。

③ 该办法于 2016 年 8 月 18 日被废止。

促进农业产业化发展，不断提高农业总体效益和农产品质量，增加农民收入（第2条）；符合条件的龙头企业也被作为获取财政支持的农业产业化项目申报的必备内容（第6条）；龙头企业进行技术改造创新和农业新品种的推广应用，以及对农产品进行深加工并创立优质品牌则成为项目资金的主要用途（第10条）。《中央财政支持农业产业化资金管理暂行办法》将农业产业化的龙头企业明确列为中央财政农业产业化资金支持的对象（第4条），并对其应当具备的条件进行了简要规定（第5条）。龙头企业俨然成了农业产业化的代名词和提升农民营农收入的主动力源，它们也因此获得了扶持上的“万千宠爱”。

这种制度型塑模式令人担忧，表现主要有二：一是龙头企业的营利性本质必然促使其在各种利益冲突的场合中作出最大化自己利益的抉择。而在当下，最典型也是最重要的两种利益冲突场域都未禁止龙头企业的介入，亦未设置具有鲜明政策倾向的引导性规制措施。第一种场域中的利益冲突表现为：因农业内各业比较效益的差距而在从业者之间形成的“趋高舍低”式的逐利态度与国家粮食稳定供应政策目标实现上的利益冲突。鉴于粮食生产比较效益的低下，龙头企业在面临具有更高收益的农业生产经营项目时，会与其他从业者一样，决不会自愿选择前者，除非有明确的立法限制或者引导。但在前述两项规章中，我们却并未发现针对粮食产业的特别关注性内容。如此一来，国家对龙头企业的各项资金扶持措施就演化为推动龙头企业脱离经营的“有形之手”，其与利益最大化这一“无形之手”共同施力，将龙头企业远远拉离粮食产业。龙头企业“带动”的农民越多，与粮食生产在土地、人力、资金等必备要素上的竞争将会越激烈。第二种场域中的利益冲突表现为：特定利益共同体中的带动主体——龙头企业，与被带动主体——农民及其专业合作经济组织，在经营收益分享及损失分担产生的利益冲突。虽然现行《农业法》

上存在“利益共同体”这一目标预设，然其实现之艰难已经为相关教训所证成，若缺乏强制性的矫正工具，“利益兼顾”或“利益公平分配”这样的预设在均为经济理性人的农户与企业之间要想实现，恐怕很难。二是被日本学者所担心并据以限制公司法人入农的现象在我国已经普遍抬头。多项调研成果表明：许多“资本下乡”的真实目的并不在于带动农民发家致富，而是以其为幌子，在享受土地集中鼓励性政策的基础上，擅自改变土地农业用途，以牟取暴利。[①] 学者黄宗智在评价我国现行农业政策时也指出：“从前瞻角度来看，中国现今的趋势以及政府的抉择，是偏向印度的那种‘资本主义’农业的，其中大规模企业，亦即所谓‘龙头企业’，越来越占据主导地位。再这样走下去的话，中国乡村很可能会像印度那样快速分化为少数的农场主和大多数的无产农业工人。”[②] 这种担心不无道理。

其次，相关规章为龙头企业所设置的认定标准以及运行监测机制，与日本《农地法》针对“农业生产法人”的相应规制措施，在机理上虽有相似性，但在制度型塑目的和施力点上却存在重大差异。《农业产业化国家重点龙头企业认定和运行监测管理办法》[③]（农业部、国家发展和改革委员会、财政部、商务部、中国人民银行、国家税务总局、中国证券监督管理委员会、中华全国供销合作总社2010年联合发布、实施）是现行规制“国家重点龙头企业”认定和运行监测的专项规章。其为“国家重点龙头企业”的认定设置了极为详细的9项标准，具体为：（1）企业组织形式，即依法设立的以农产品生产、加工或流通为主业、具有独立法人资格的企业；包括依照《公司法》设立的公司，其他形式的国有、

---

① 具体可参见程新友：《“资本下乡”意味着什么》，载《社会观察》2009年第3期；赵俊臣：《资本下乡不能巧取豪夺农民土地》，载《农村工作通讯》2009年第3期。

② ［美］黄宗智：《中国的隐性农业革命》，法律出版社2010年版，第15页。

③ 该办法于2018年5月10日修改。

集体、私营企业以及中外合资经营、中外合作经营、外商独资企业，直接在工商管理部门注册登记的农产品专业批发市场等。（2）企业经营的产品。企业中农产品生产、加工、流通的销售收入（交易额）占总销售收入（总交易额）70%以上。（3）生产、加工、流通企业规模。总资产规模：东部地区1.5亿元以上，中部地区1亿元以上，西部地区5000万元以上；固定资产规模：东部地区5000万元以上，中部地区3000万元以上，西部地区2000万元以上；年销售收入：东部地区2亿元以上，中部地区1.3亿元以上，西部地区6000万元以上。（4）农产品专业批发市场年交易规模：东部地区15亿元以上，中部地区10亿元以上，西部地区8亿元以上。（5）企业效益。企业的总资产报酬率应高于现行一年期银行贷款基准利率；企业应不欠工资、不欠社会保险金、不欠折旧，无涉税违法行为，产销率达93%以上。（6）企业负债与信用。企业资产负债率一般应低于60%；有银行贷款的企业，近2年内不得有不良信用记录。（7）企业带动能力。鼓励龙头企业通过农民专业合作社、专业大户直接带动农户。通过建立合同、合作、股份合作等利益联结方式带动农户的数量一般应达到：东部地区4000户以上，中部地区3500户以上，西部地区1500户以上。企业从事农产品生产、加工、流通过程中，通过合同、合作和股份合作方式从农民、合作社或自建基地直接采购的原料或购进的货物占所需原料量或所销售货物量的70%以上。（8）企业产品竞争力。在同行业中企业的产品质量、产品科技含量、新产品开发能力处于领先水平，企业有注册商标和品牌。产品符合国家产业政策、环保政策，并获得相关质量管理标准体系认证，近2年内没有发生产品质量安全事件。（9）原则上需是农业产业化省级重点龙头企业。与日本《农地法》第2条之7相比，这些认定标准在以农产品生产、加工和流通为主业这一点上，具有唯一的相似性，但比日本法律规定更为具体。除此之外，均为特色性标准，具体表现有三：一是在法人组织形式上，龙头企业的外延涵摄明显大于“农业生产法人”，后者被限于“除上市公司之外的股份公司、特定有限公司与农事组合法人”，前者则几乎涵盖了一切营利性法人。二是将企业效益、负债与信用、产品竞争力等经营状况纳入基准。三是明确地将带动能力纳入基准，并细化为农户带动数量与原料或货物采购量。

特色性标准的设置体现出我国与日本在制度型塑目的上的巨大差异：日本之所以设置认定“农业生产法人”的相关基准，目的在于严守入农“门槛”，防止财力、技术及运营能力均强于自耕农的公司性组织过分与农争利，将农事组合法人与公司并立为“农业生产法人”的组织形式，并对后者进行具体类型上的进一步限制就是这一目的的典型体现，因为前者是以其农民成员利益的最大实现为目的的，[①] 基本不存在与农争利的可能性。而我国认定龙头企业的根本目的则在于希冀其带动农民实现营农收入的增长，因此一切营利性法人都被纳入认定范围，体现企业经营状况的各种因素以及具体判定农户带动力的衡量标准也因此被列入认定基准。日本的制度型塑目的可以被称为“对农民营农利益的消极实现”，即通过营农准入机制，为农民营造一个具备相对排他性的利益存续空间，以此防止营农利益被强势主体“鲸吞”。我国的制度型塑目的则可被称为“对农民营农利益的积极实现”，即通过扶持措施，鼓励尽可能多的营农法人带领农民及其合作组织开拓营农利益空间。如果用“分蛋糕”来比喻前一种目的的话，那么“做蛋糕”则是对后一种目的的生动写照（虽然也涉及对利益共同体的强调等“分蛋糕”因素的关注，但这并非重点）。“分蛋糕”以农民与公司之间营农利益的异质性甚至于对立性为价

---

① 日本1947年制定，2006年修订的《农业协同组合法》第8条规定：组合所从事的事业是以给予组合员及会员最大的服务为目的，不得以营利为目的来开展业务。

值判断依据，而“做蛋糕”则以农民和各类营农法人在营农利益拓展上的一致性为主要价值判断依据。以当下我国农业生产的状况来看，“对农民营农利益积极实现”的制度型塑目的有其合理性，“做蛋糕”在相当长的时期内仍旧应当是中国农业产业化实现的主要依赖路径。但是，“对农民营农利益消极实现”的相关制度设置的重要性却不能因此被忽视，因为“蛋糕分得公平与否”将直接影响参与“做蛋糕”各方的积极性。

笔者认为：我国《农业法》及其实现性规章在这一点上做的并不理想。《农业法》第 13 条第 2 款对“利益共同体”的强调是理念性宣示；规章对企业带动农户数量的具体化仅是对营农利益最低拓展度的保障，未涉及利益的分享，对企业原料最低采购量的固化，也仅能保证参与农业产业化的农民一定数量农产品的销路，更高的源于农产品深加工的附加值的分享未被涉及。可能有人会认为，这是一个不言自明的问题，因为只要农民以入股方式与龙头企业建立起组织性的利益共同体，他们作为企业成员就有基于股权或投资权参与一切可分配利益的权利，源于附加值的利益当然也包括在内。但是，这种看法存在两个问题：一是规章将现行法制中几乎所有的法人型企业均纳入了龙头企业的外延中，农民入股会因企业类型的不同而面临不同的法制障碍。例如，向国有和集体企业入股的法律可行性是否存在？向独资企业入股将导致企业类型的转变，企业主对此是否有积极性？向公司入股，不但会受到入股方式的法律限制，就是顺利成为股东，若为中小股东（限于财力，多为此类股东），其权利的易受侵犯性及由此而生的特殊保护问题，到现在为止都仍旧是《公司法》上悬而未决的难题。因此，以入股方式组建组织性的利益共同体是一个极其复杂的、涉及多种利益的协调，并涵摄组织法与行为法、公法与私法等领域的综合性法律难题，要设计出逻辑圆满、法理适当且具实效性的规范体系，非得先有扎实、细致的法学理论成果不可，空泛地谈“利益共同体”是没有实际意义的。二是此看法似乎蕴含这样一种论断，即在通过农产品采购合同建立的所谓“合同型利益共同体”中，农民所能获致的唯一利益就是农产品销售利益，分享源于附加值利益的法理依据并不存在。果真如此的话，农民与龙头企业订立合同的必要性就会存疑，因为组建销售性专业合作社对农民而言会更为有利，最起码不存在盘剥。国家扶持龙头企业的合理性也会因此被质疑，难道花那么多钱仅仅就是为了方便农民通过龙头企业向外卖农产品？

在各项认定标准的监测方面，《农业产业化国家重点龙头企业认定和运行监测管理办法》（2010 年修改）设置了与日本农地法相似的动态机制，即为龙头企业设定定期报送经济运行情况表和年度发展报告的义务，以此作为监测评估的重要依据（第 17 条）。与日本法不同的是监测后果，龙头企业监测合格的，继续保留享受有关优惠政策的资格；监测不合格者，不再享受有关优惠政策（第 18 条）。而日本法上的“农业生产法人”一经认定，法律即赋予其通过租赁、购买、设置他物权等方式获得农地的资格，经动态检测后，因不符合认定标准之一而被取消认定者，国家可强制收购其已经享有的农地所有权或使用权。这样一种不同反映出我国法制对龙头企业的扶持与日本法律对“农业生产法人”的准入在本质上的区别，具体而言，其实就是规制阶段上的先后之分。日本法律在最先的营农准入阶段，以“釜底抽薪”式的农地获取资格设定，限制了营利性公司入农的深度和广度。我国法制则对入农经营未设置任何企业法人进入的限制，不但如此，对入农经营的特定企业法人，还经由“龙头企业”的认定，进行专门的资金扶持。

基于上述对我国农业在当下应当“做蛋糕”与“分蛋糕”并重的理论预设，笔者认为，在现阶段，日本农地法上的入农准入式规制在我国并不适用（但并不排除在相关立法上为这种规制方式留下将来进行型塑的空间)，我们应该将法制完善的重点置于既有的“分蛋糕”机制的进一步完善上。对此，日本法上将农业合作社与公司区别对待的规制态度值得借鉴。由于农民合作社与其成员之间不存在利益争夺，因此日本农地法对其入农做了明显宽于公司的条件设置。我国《农业法》第 13 条第 2 款在描述产业化利益共同体的型塑时，将农民专业合作社与农民一道设置为“被带动对象”的角色定位，明显地未意识到其在“营农利益积极实现”中的利益整合优势，因此进行角色转换是必要的。

（四）新型生产经营体入法的必要性分析

作为“外源式利益发现载体”的 2013 年“一号文件”明确提出“采取奖励补助等多种办法，扶持联户经营、专业大户、家庭农场”，以“创新农业生产经营体制”。作为“内源式利益发现载体”的立法机关，《全国人民代表大会常务委员会执法检查组关于检查〈中华人民共和国农业法〉实施情况的报告》（2012 年 12 月 26 日）在建议部分也提到“培育新型农业生产经营主体”“鼓励扶持专业大户、家庭农（牧）场发展”。可见，在确认和扶持“专业大户”“家庭农场”等新型农业生产经营主体这一点上，党和国家的政策与立法机关的认识是一致的。这是否意味着《农业法》就应当对这两类新型主体予以明确承认呢？答案是否定的。因为按照本书第一章方法论所述，这还得需要深入探究相关的生活利益状态，只有相关生活利益状态内涵的利益类型具有稳固性和持久性时，才有立法确认的必要和可能。从我们收集到的资料来看，到底什么是“专业大户”？什么又是“家庭农场”？无论在理论界还是在实务界都尚不明确，政策将它们提出，很大程度上是意欲将其作为制度试验之用的。因此，除促使它们被党和国家关注的政策目的——促进适度规模经营是明确的以外，两种新型主体的成员资格、各成员之间的利益关联状态及由此决定的运营规则等都非常模糊，要明确入法的利益基础还不太坚实。但是，为了给国家不断发现和试验新型农业生产经营主体提供法制空间和法源基础，《农业法》第二章倒是可以考虑设置一条原则性的授权性规范，具体建议在第三部分将有详述。

三、对现行“农业生产经营体制”相关规范的修改与完善建议

（一）对土地承包制度的强调与完善

基于上述审视性分析，笔者认为：意在克服现行承包制度固化弊端的相应规范应当被增补进第10条。另外，作为产业基本法的农业法，要尽量避免复述其他专项性立法上的规范内容。基于这两点，我们建议将第10条修改为：（第1款）国家实行农村土地承包经营制度，保护农民的承包土地权和土地承包经营权。保留原第2款。（第3款）农户因分家析产等原因发生分户时，分户后的每个农户所耕种的农村土地面积不得少于最低亩数。最低亩数由国务院以及省级人民政府根据农业适当规模化经营的需要以及实际情况具体确定。（第4款）国家鼓励农户内年轻或高素质成员专职从事农业生产。

（二）对组织性规范内容的简化与更新

基于上述分析，笔者建议将《农业法》第11条第1款修改为：国家通过简化设立程序、降低设立标准、信贷扶持等方式鼓励农民组建各类专业合作社。国家对农民专业合作社的运营给予信贷支持、税收优惠和技术扶助。第12条修改为：农民和农民专业合作社可以自愿按照民主管理、按劳分配和按股分红相结合的原则，以资金、技术、实物等入股，依法兴办各类以农业生产经营为主业的企业。

（三）对农业产业化经营扶持性内容的修订

以上述比较法的结论为基础，笔者认为：现行《农业法》第13条第1款的表述在理念上是基本正确的，但需将相关主体和相应措施更进一步予以细化，具体修改建议为：国家采取资金补助、信贷支持等措施鼓励和引导农民、农民专业合作社和各类农业企业发展多种形式的农业产业化经营。同时增加第3款，专门规定对农民专业合作社参与农业产业化经营的扶持与鼓励，具体规范内容建议设置为：国家通过补助、信贷、税收优惠等措施鼓励农民专业合作社参与农业产业化经营。具体鼓励措施由《农民专业合作社法》规定。同时，为了防止农业企业尤其是龙头企业在种植业领域为了追求高收益而大量从事非粮产业，建议设置一条限制其从事非粮化生产的规范。

（四）增设发现和试验新型农业生产经营主体的授权性规范

笔者建议将规范内容表述为：国家为了实现农业生产的适度规模经营，促进农业生产经营的专业化和市场化，鼓励农民、农民专业合作社、农业企业及其他从事农业生产经营的组织创新农业生产经营主体形式。具体鼓励措施由国务院制定。

（五）章名建议修改为“农业生产经营主体”

本书在前面已经揭示出了“农业生产经营体制”这一概念表述的不妥性，因此需要一个替换性的法律概念。根据上述对“农业生产经营体制”三层递进式本质内涵的探析，笔者认为“农业生产经营主体”这一概念不但能较为精准地体现“农业生产经营体制”的本质，而且还符合《农业法》既有的规范表述风格，因此建议以其更换《农业法》第二章章名。

第五章　《农业法》中“农村金融”条款的修改与完善

一、研究的视角

（一）现有研究视角之概述

农村金融法律问题一直是学界尤其是经济法学界关注的热点问题之一。据不完全统计，迄今为止（2013 年），学界共出版农村金融法律方面的专著近 10 部，我们以“农村金融法律”为主题在中国知网中可搜索到论文 536 篇。由科研机构专门召开的以农村金融法律问题为议题的高层次学术研讨会也多有举办，研讨会集结印刷或者出版的相关论文集也为数不少。限于本书的研究主题，我们对现有的丰硕研究成果无法从观点上进行系统的概括，而仅从相关成果的研究视角出发进行分类和评述。

现有对农村金融法律问题的研究可大致分为以下两种研究视角：

1. 整体式的研究视角

在既有的研究中，有一大批研究成果直接以农村金融法律制度的整体作为研究对象。有学者提出要把握不同时期农村金融法律制度的“中国特色”，认清农村金融法律制度“中国特色”式发展过程中积累而成的问题，既是破解中国农村金融发展困境的前提，也是改革并最终形成满足农村金融需求、与农村金融发展良性互动的“新”“中国特色”农村金融法律制度的关键。[①] 有学者提出要构建现代农村金融体系，并指出现代农村金融体系包括现代农村金融市场体系、现代农村金融组织体系、现代农村金融产品与服务体系、现代农村金融监管体系、现代农村金融政策扶持机制以及相关配套制度等。[②]

金融创新是这一研究视角当中经常被提及的研究主题。有学者认为，农村金融法律制度的创新应当从金融组织、金融服务、金融市场和金融监管等方面展开。[③] 有学者研究了政府在中国农村金融创新中的地位和作用，认为政府要建立和完善有利于农村金融创新的法律制度体系，引导和促进农村金融机构内部控制与治理结构的建设，促进农村政策性金融发展，引导农村民间金融规范化发展，建立和完善农村金融创新的激励和监管机制。[④]

由上述可知，整体式研究视角下的一系列成果侧重点在于对我国农村金融法律制度的体系构成、重点所在等宏观问题进行探究，因此粗线条的框架性法制建议较多，具体的规范设置性内容较少。

2. 分散式的研究视角

不同于整体式研究视角从宏观框架上研究我国的农村金融法律问题，较多学者从农村金融的某一或者某些具体法律制度着手，探究农村金融特定法律制度的改革和完善之道，我们将这种研究视角称为分散式的研究。

分散式研究中所涉及的主要问题包括农村信用社改革、政策性农业

---

① 王煜宇：《中国特色农村金融法律制度：历史语境、现实障碍与未来选择》，载《浙江社会科学》2011年第2期。

② 车亮亮：《论现代农村金融体系构建》，载《理论探索》2010年第1期。

③ 甘强：《略论我国农村金融法律制度的创新》，载《凯里学院学报》2010年第2期。

④ 张宇润：《政府在中国农村金融创新中的地位和作用》，载《安徽大学学报（哲学社会科学版）》2008年第6期。

金融制度完善、小额信贷制度构建、信贷联保制度构建、新型农村金融组织法律制度构建等。其中，农村信用社改革的法律问题是分散式制度研究中最为集中的领域。村镇银行、农村资金互助社等新型的农村金融组织法律制度则是学者关注的热点问题。有的学者认为为保证村镇银行的支农性，可考虑借鉴美国《社区再投资法》的相关做法，在确保村镇银行营利性和商业可持续性的前提下，明确规定其发放贷款的一定比例必须针对“三农”客户，特别是要对中低收入农户以及农村中小企业贷款的金额、发放笔数、贷款分布和占该机构在本社区贷款总额的比例等进行详细的规定，并建立合理的指标体系对村镇银行满足所在区域内贷款、服务需求的程度进行评价。[①] 农村小额信贷作为适应农村发展情况的特殊信贷类型，不少学者提出了针对其的法律规制路径，具体观点不一。有学者认为应该为小额信贷这一类新型的民间金融组织制定一部专门法律，规制对象可以囊括邮政储蓄银行、区域性的商业银行、村镇银行、农村信用社、小额信贷组织、私募基金组织等新型农村金融组织，真正解决农村贷款难、融资难的问题。

在分散式研究视角中，还有相当数量的比较法研究成果。这些成果都注意到对国外农村金融制度的译介及其对我国农村金融制度的借鉴意义。在译介国外农村金融法律制度的一系列成果当中，美国的农场信贷制度、日本的农业金融公库制度和孟加拉国的小额信贷制度等都是关注和研究的热点。这些研究成果为我国农村金融制度的完善提供了重要的域外理论和制度经验。

由上可知，分散式研究视角下系列成果的研究对象主要都是因应农村金融需求的热点制度类型，研究方法既有立基于实证调研结果的具体

---

① 柴瑞娟：《村镇银行支农性制度构建研究》，载《西南政法大学学报》2009 年第 4 期。

制度建议，也有借鉴国外立法经验的本土化制度路径探析。

（二）现有研究视角之评述

结合我国不断推动的农村金融实践，农村金融法律问题的研究逐渐成为农业和农村法治领域的重要内容，已经取得了丰硕的研究成果。总体来说，各类成果都认识到了农村金融法律制度对农业和农村发展的极端重要性，但与一般金融相比又有明显的特殊性，因此探索农村金融立法的路径就显得很有必要。在农村金融法律制度的体系构建上，大多数研究成果认为应该涵括农村金融组织、农村金融市场、农村金融监管等法律制度。在具体法律制度的研究上，农村信用社改革、农村小额信贷、农村资金互助社等法律问题上的研究成果较多，且质量较高。

现有研究成果为我国农村金融立法的构建和完善提供了较为充足的理论支撑，也为一些农村金融实践的开展提供了直接的制度建议。但若以“修改和完善《农业法》上农村金融条款”这一研究主题为基准进行审视，就会发现现有研究还存在以下不足之处。

首先，大多数研究成果都是脱离我国《农业法》具体条款的理论性探究，专门关注现行《农业法》上农村金融条款修改和完善的成果很少。《农业法》作为我国的农业和农村的基本法，其第45条有关农村金融法律制度的条款，在性质上应该是所有农村金融法律制度得以建构的权源基础和重要指引，但现有研究成果当中能从该条款出发展开研究并基于该条款的实现目的来分析我国农村金融立法所存在问题的成果不多。

其次，在研究方法上，绝大多数研究成果惯常运用的是经济学、社会学和管理学等非法学的研究方法。少数成果虽然以“农村金融法律制度”为其研究主题，但法学研究方法运用得并不完全、也不专业。现有研究成果因此总体上缺乏法学色彩。农村金融问题本来就是一个开放性话题，各个学科都可以在其中找到自己的研究热点，更为重要的是，经济学等非法学学科对农村金融的研究成果确实也在一定程度上构成法学研究的前提性理论，但这并不意味着法学对农村金融法律制度的研究就应当是对经济学等非法学研究成果的简单重述。农村金融法律制度的研究应该在经济学研究的基础上，尽量发挥法学研究方法的比较优势，为相关法律制度的构建和完善提供直接的理论支持。

本书既然以“修改和完善《农业法》”为主题，因此研究视角不同于脱离立法规范的纯粹理论层面上的制度的分析，而是聚焦于对《农业法》中农村金融基础性法律规范的修改和完善。因此，以下的研究内容主要是从《农业法》文本出发，首先对其中涉及农村金融的法律规范进行解读，探究其中的利益内涵及因此产生的相关法理，其次以此为理论工具结合相关的比较法和实证研究成果全面审视《农业法》中农村金融法律规范的不足之处，最后提出具体的法律条款完善建议。

二、相关概念的界定

从广义上来讲，农村金融即农村资金的融通，具体可分为资金的财政融通和信用融通两种。前者主要体现为各项财政支农资金的注入，后者一般体现为农村金融服务体系所提供的资金融通，我们在本部分所称的农村金融是指后者意义上的资金融通，具体而言，即农村金融服务机构为促进农业和农村经济发展所提供的资金融通活动。

何为农村，《村镇银行管理暂行规定》[①] 将金融意义上的“农村”限定为“中西部、东北和海南省县（市）及县（市）以下地区，以及其他省（区、市）的国定贫困县和省定贫困县及县以下地区”。这种限定性规

① 该规定于2014年11月26日被废止。

定带有明显的帮扶欠发达农村地区的政策目的，因此不具有普遍适用性。在理论上，农村金融中的“农村”应该是指除城市之外的所有农业区域。农村金融虽然冠之以“农村”之名，但其实并不仅是一个地域性概念，我们不能把农村金融仅简单地理解为存在于农村地区的所有资金融通活动。从本质上来讲，农村金融更加应当体现农业的产业特性，即要重点关注如何满足农业生产经营对资金的需求，如何使农业生产经营者获取可得、方便、及时的资金融通服务。这种产业意义上的农村金融有其存在的合理性。在农村金融的发展过程中，农业的弱质性和农户的分散性使以追求营利为目的的商业性金融机构常常不愿将信贷资金投向农业生产经营领域。面对金融机构的高门槛性资格要求，农民自发成立的民间金融机构及民间借贷资本又难以取得金融市场的准入资格。因此，产业意义上的农村金融具有不同于传统商业金融的独特性，农村金融法律制度就是要精准回应这些独特性，并因这些独特性而具有相对的独立性。所以，农村金融其实可以从地域和产业两个层面进行理解，从产业角度进行理解其实更能体现农村金融的独有特征。

根据相关制度内容及其实践，我们可以将我国的农村金融法律制度概括为：规范为农业和农村发展提供资金融通服务的金融组织、业务及其监管的法律规范的总称。

三、其他国家农村金融法律制度概览

对其他国家农村金融法律制度的研究和概括有助于从比较法意义上总结出农村金融法律制度的通用性制度类型、制度内容以及相关法理，这些又构成审视和完善我国《农业法》上农村金融条款的重要理论基础。当然，我国《农业法》上农村金融条款的完善不能仅仅依据国外立法例，还得要充分结合我国特有的国情和农情。

（一）对农村金融的界定

从其他国家农业立法中涉及金融的相关规范内容来看，其所规制的对象主要是农业金融，而非地域意义上的农村金融。日本的《食品·农业·农村基本法》中并未有农村或者农业金融活动的条款，而是专门出台《农林中央金库法》《农林渔业金融公库法》《农业信用保证保险法》等法律专门促进农林渔业等农业产业的发展。美国的《联邦农业信贷法》、加拿大的《农业贷款法》也都是以对农业产业发展的信贷支持为主要制度内容的。

（二）农村金融立法模式

从国外的农村金融立法模式来看，各国大都基于农村金融的独特性，制定独立于一般金融法之外的专门的农村金融法律。美国的《联邦农业信贷法》、日本的《农林中央金库法》以及印度的农村金融系列立法等都是典型。具体而言，《农林中央金库法》作为日本农村金融立法的核心，主要包括总则、会员、管理、业务、农林债、子公司、计算、监督、解散和清算、农林中央金库代理业、杂则以及罚则、附则等内容，同时对农林中央金库的组织、业务、管理、监督、处罚等事项做出基础性规定。1996年日本通过《修改农业协同组合法等相关部分的法律》和《农林中央金库与信用农业协同组合联合会合并等法律》（农协改革二法），其主要目的在于使农林中央金库及信用农业协同组合联合会顺利实现合并或进行事业的转让。美国农村金融立法的典型代表《联邦农业信贷法》主要规定了农场信贷机构的信贷行为、农场信贷协会的法律地位、合作社银行的经营原则和相关法律规定、农场信贷体系中的金融机构、银行和协会的业务机构等制度内容。印度专门颁布《银行国有化法案》《印度储备银行法案》《国家农业农村发展银行法案》等法律，对在农村地区设立金融网点的数量和密度提出一系列要求。如《银行国有化法案》明确规定，商业银行必须在农村地区设立一定数量的分支机构，将其放款的一定比例用于支持农业和农村发展。《印度储备银行法案》规定了“优先发展行业贷款”制度，要求相关银行必须将全部贷款的40%投向包括农业、中小企业、出口等国家优先发展行业，其中贷款的18%必须投向农业及农业相关产业。同时赋予农业与农村发展银行与农业金融相关的监管的职能，以更好地发挥政策性银行的作用。[①]

（三）农村合作金融制度

由于农村金融的特殊性，许多国家一般在商业性金融制度之外，都建立了合作金融制度。合作金融成为农村金融的典型特色。美国专门通过立法授权成立联邦土地银行及其合作社、联邦中间信用银行及其生产合作社以及合作银行等农村金融机构。具体而言，1916年通过的《农业贷款法》（Farm Loan Act）要求联邦政府拨付资金用以设立联邦土地银行以及全国农地贷款联合社。全国农地贷款联合社其后更名为联邦土地银行联合社。1923年通过的《农业信贷法》规定：成立合作银行，为农民组成农业供销合作社及建设乡村公共设施进行资金融通。各农业信用区的合作银行共同组成中央银行，与各区的合作银行相配合，提供各区农民合作社的短期贷款融资，并协助信用区的合作银行办理超过其额度的大额放款。1933年的《农业信贷法》直接促成了生产信用合作社的成立，该合作社直接承担农民中短期担保及放款业务。1968年时，农业信用系统偿还了联邦政府投资的所有资本，联邦政府因此退出该系统，农

① 参见曲喆：《国外农村金融法律制度的借鉴和启示》，载《中国经贸》2013年第3期。

业信用系统正式成为纯粹由借款农民拥有的合作性金融组织。

日本合作性质的农村金融机构主要在三个层面上进行架构：基层为市町村的农渔业协同组合信用部，中间层为都道府县的农渔信用协同组合联合会，上层为全国性的农林中央金库。下层的农渔业协同组合信用部主要对其会员提供资金信贷服务。农林中央金库的主要出资者是农协及其联合会、渔协及其联合会、林协及其联合会、农林水产业者直接或者间接组成的协同组合等法人，它们都是依据合作原理组成的合作组织，因此农林中央金库在性质上也属于合作型组织。农渔信用协同组合联合会和农林中央金库除接受下层机构的转存款以及给予下层机构融资之外，还经营一般银行的资金融通业务。这些合作型农村金融机构虽然从资产规模上并不占优势，但其却遍布广大农渔村，是日本最为普遍的金融机构。1991 年时，农协全国大会开始推动农协合并以及农协各事业部门由三级制变成两级制，与此相应，现有的合作金融机构的基本架构也逐渐归并成农渔协信用部与农林中央金库两个层次，中间层的农渔信用协同组合联合会正在消失。

（四）农村政策性金融制度

农村金融除商业金融组织、合作金融组织提供的融资服务外，国家基于对农业的扶持与保护理念也主动提供资金或者补贴贷款利息满足农民融资的需求，这种体现国家扶持理念与特色的资金融通活动一般被称为农村政策性金融。许多国家的农村金融制度都将政策性金融制度作为其主要组成部分。

日本的政策性农业贷款种类多样，在制度上主要体现为以下四类：（1）农林渔业金融公库资金贷款。该类贷款是为扶助农、林、渔、牧的发展而发放。农、林、渔、牧等行业经营利润低，投资后收回利润期限长，为了应对和解决这些问题，农林渔业金融公库资金贷款设定的利率与普通的商业贷款相比很低且还款期限较长。（2）农业经营基本盘强化资金贷款。该类贷款的对象主要是由农林中央金库、农渔信用协同组合联合会、农协等组成的特别融资制度推进会议依法定标准和程序所认定的特定农业生产经营者，其目的是使这些农业生产经营者能够比较便利地获得长期且低利率的贷款资金，从而改善农业经营品质、增加收入，减少日本面临的农业人口流失严重、劳动力老化等现象，以维持日本农业生产经营的基本盘。（3）农业经营改良促进资金贷款。该类贷款属于短期贷款，目的在于以较低的贷款利率提供周转资金给予制定了农业经营改善计划的农业生产经营者。农业经营改善计划必须经市、町、村长依据法定标准和程序予以认定。贷款用途主要是用于农业经营改善计划的实现。（4）就业支援资金贷款。该类贷款主要是农民从事农业经营前可以加以利用的贷款，贷款资金由中央出资2/3，都、道、府、县出资1/3，供18岁以上未满40岁农业经营计划经都道府县知事认定的青年申请。可见，日本的政策性金融主要是基于一般金融机构难以有效融通特定农业生产经营者资金需求这一事实，为达成稳固农业生产经营基本盘、改善农业生产经营条件以及吸引青年人从事农业生产经营等鲜明的政策目标，通过立法，由中央与地方财政提供资金予以设置。国家扶持性的政策理念表现得比较明显。

美国的农村金融体系中最为重要的金融服务主体是一般商业银行，政策性金融主要体现为政府通过农业信贷管理局针对担保能力不足的农民以利息补贴或担保的方式协助其取得一定的农业产业运营资金。除此之外，联邦政府还通过立法为从事农林渔牧等相关行业的人员提供了一个低成本的融资管道，即农业信贷系统。系统内的农业贷款银行虽为民营性质，但却以促进公益以及实现特定的农业产业政策目标为其优先或者主要目的，政府协助这些贷款银行进行资金募集，并提供低息的再贷款和运营费用补贴等支持措施。

综上所述，与日本的农村政策性金融制度相比，美国的制度呈现较少的政府干预特色。同时，日本制度所蕴含的农业政策目标要比美国制度更为集中。美日两国农村政策性金融制度的异同给我们如下启示：作为实现国家特定农业产业政策目的的农村政策性金融，一定要充分反映本国的国情和农情，并要找准相关政策措施的施力领域和着力点。

（五）农村融资担保制度

农村融资活动中，对于农民而言，最为重要的抵押物是农地。但由于许多国家基于粮食安全或者生态环境保护等的考虑普遍存在农地用途变更的限制，农地流转变现不如其他不动产那样便利，因此常常造成农民担保能力不足、融资困难等窘境。因此在许多国家的农村金融立法中，重要的内容之一就是如何以农村融资担保行为适当拓宽农业生产经营者的融资范围，提升农业生产经营者的融资能力。日本和韩国在这一方面做得比较好。根据日本的相关制度规定，政府对于农林渔业等产业团体所申请的贷款，由农业从业者出资设立基金，成立各种债务保证及信用保险，专门用于向农林渔业者等产业团体向其他融资机构的借贷债务提供保证。韩国通过颁行《信用保证基金法》，成立了信用保证基金，专门用于为农业产业经营者向其他金融机构的融资债务提供信用保证。

（六）农村金融监管制度

由于农业的弱质性，农村金融活动的风险要高于一般的商业金融活动，为更好地降低农村金融的风险，保障农村金融组织的稳健运营，许多国家在农村金融立法中一般都规定了农村金融监管制度。美国立法上明确规定农村金融的主管机构为美国农业信贷管理局，这是独立于行政部门之外的公法人，由理事会负责管理。理事会有理事三人，都由总统提名并经参议院同意后任命。理事负责制定监管章程并执行监管和检查工作。具体实施检查工作的是在农业信贷管理局下设置的检查局。根据相关立法，日本农林中央金库的监管机构是农林水产省和财务省，这两个机构的监管权源于1923年制定的《农林中央金库法》和其前身《产业组合中央金库法》。在当前的实践当中，以农林水产省的监管为主。但由于农渔协信用部为数众多，若由农林水产省直接监督成本太大也不现实，因此，一般都由农林水产省委托都道府县等地方政府具体实施相关监管权。

四、我国农村金融的发展现状

（一）我国农村金融发展的成就

近年来，随着国家对农业扶持力度的加大，我国农村金融发展迅速，农村金融体制改革不断深入，农村金融服务机构逐渐增多，金融服务产品和服务方式不断创新。据统计，截至2012年年末，涉农贷款余额17.6万亿元，其中农户贷款3.6万亿元，有8524万农户获得信贷支持，覆盖面持续保持在30%以上。[①] 这些成就可以具体化为以下几个方面：

1. 农村信用社改革持续深化

2003年以来，按照“明晰产权关系、强化约束机制、增强服务功能、国家适当支持、地方政府负责”的总体要求，国家对农村信用社进行了全面改革。农村信用社改革试点成效明显，存款业务发展较快，支农信

---

① 《国务院关于农村金融改革发展工作情况的报告》，2013年6月27日在第十二届全国人民代表大会常务委员会第三次会议。

贷投放显著增加。2010 年年末，全国农村信用社各项存、贷款余额分别为 8.8 万亿元、5.9 万亿元，比 2002 年年末分别增长 3.4 倍、3.2 倍。2010 年年末，农村信用社涉农贷款余额和农户贷款余额分别为 3.87 万亿元、2 万亿元，比 2007 年年末分别增长 77% 和 68%。农村信用社不良贷款余额和比例同时持续下降，2004 年全国农村信用社实现转亏为盈，2010 年全年实现利润 678 亿元。国家针对农村信用社的各项扶持政策陆续落实到位，农村信用社长期积累的历史问题逐步得到化解。农村信用社产权制度改革稳步推进，截至 2010 年年末，以县（市）为单位统一法人社由 2002 年年末的 94 家发展为 1976 家。[①]

2. 新型农村金融机构逐渐增多

2007 年新型农村金融机构开展试点，经过几年的不断发展，村镇银行、贷款公司和农村资金互助社等新型农村金融机构已成为我国农村金融服务的重要力量。截至 2010 年年末，全国已组建各类新型农村金融机构 509 家。从地域分布看，西部地区设立了 152 家，中部地区设立了 153 家，东部地区设立了 204 家，中西部地区占比达 60%。截至 2010 年年末，已开业的新型农村金融机构发放的贷款中超过 80% 基本都用于“三农”和小企业的生产经营。[②]

3. 农村金融产品和服务方式不断创新

近年来，中国银行业监督管理委员会引导各类金融机构，针对农村金融的特殊性，开发适合农村地区的金融产品，创新农村金融的服务方式。在全国范围内较有影响的创新型农村金融产品和服务包括：集体林权抵押贷款、大型农机具抵押贷款、农村特殊群体创业就业小额担保贷

---

① 中国人民银行农村金融服务研究小组编：《中国农村金融服务报告 2010》，中国金融出版社 2011 年版，第 9 ~ 10 页。

② 中国人民银行农村金融服务研究小组编：《中国农村金融服务报告 2010》，中国金融出版社 2011 年版，第 15 页。

款、“信贷+保险”产品、中小企业集合票据和涉农企业直接债务融资工具等。湖南耒阳油茶林权抵押贷款、吉林粮食涉农直补资金担保贷款、山西订单农业和供应链融资、河南农村金融创新典型示范县建设、湖北咸宁“1+1”金融模式创新等都颇具地方特色，值得关注和研究。

4. 国家对农村金融的支持力度不断加大

近年来，国家采取财政补贴、奖励、税收优惠以及差别化的货币信贷政策等措施扶持农村金融的发展。这些措施主要表现为：（1）针对农村金融机构改革进行资金帮扶。农业银行股份改造过程中，通过中央汇金公司向农业银行注资1300亿元人民币，支持农业银行剥离处置不良资产8157亿元。（2）给予补贴。对1994年至1997年因开办保值储蓄亏损的农村信用社累计拨付88.5亿元补贴。对符合条件的新型农村金融机构给予费用补贴。2009年以来，中央财政不断加大补贴政策力度，累计向3785家农村金融机构拨付补贴资金77.26亿元。（3）贷款增量奖励。对县域金融机构涉农贷款增量实施奖励。截至2012年年末，中央财政累计向9844家县域金融机构拨付奖励资金68.16亿元。（4）实施扶贫贷款贴息政策，支持农村贫困群体。2008年至2012年，累计安排扶贫贷款贴息资金约58亿元。（5）对涉农金融机构和特殊涉农业务实施税收优惠政策。此外，还对农村中小金融机构执行较低的存款准备金率，出台“新增存款一定比例用于当地”的具体政策措施等差别化的货币信贷政策。

（二）我国农村金融面临的主要问题

1. 供给不平衡

虽然国家加大了对农村金融的扶持力度，农村金融获得了长足的发展，但是仍然存在供给不平衡的问题。这种供给不平衡不是整体性的，而是在不同区域和产业链之间呈现的不平衡状态。具体而言，相比于经济发达的东部地区，中西部地区的农村金融供给存在更为明显的不足。相比于农产品加工、流通等较高收益环节，农业生产环节因收益较低存在商业金融不愿进入的普遍现象，以此相关金融服务存在比较严重的供给不足。

2. 各类农村金融组织的发展均面临问题

根据相关制度规定和实践，我国农村金融组织体系主要包含政策性金融组织、合作性金融组织、商业性金融组织以及民间非正式的新型金融组织等组织类型。总体来看，以农村信用社为代表的合作性金融组织仍面临法律定位、产权、服务对象、支农义务等方面规定不清或者扶持和鼓励措施不到位等问题。商业性金融则存在支农性制度内容如何设定以及这些内容如何被引导实现等问题。对于新型农村金融机构，则存在在迅速发展中如何平衡服务农业和实现自身盈利与可持续发展目标、如何通过适当的监管防范金融风险等问题。

3. 信贷、保险、证券的联动机制有待加强

我国农村金融市场所提供的服务仍旧主要以信贷这类间接融资服务为主，农村直接融资市场发展较为缓慢。在现实当中，单纯依赖间接融资，实际上是很难满足农业生产经营活动对融资服务的较大需求的。农业保险近年虽有所发展，但与信贷、证券等服务尚未形成互动合作和协作的紧密关系。更为重要的是，如何在防范系统性金融风险的前提下，有效协调信贷、保险、证券之间的关系，使三者形成共同助力农业产业发展的强大合力，是未来农村金融发展需要面临的重要和长久性的课题。

4. 监管机制尚不完善

我国农村金融在迅速发展的同时，现有的金融监管机制对农村金融监管存在不敷使用之处。主要表现为：在监管职责上，中国银行业监督管理委员会与其他部门以及中央与地方监管部门之间存在监管职责不清

的问题。在分类监管上，对于不同类型的农村金融组织，并未建立不同的监管标准、程序以及方式。对存在于正式金融制度之外但却实际服务于农业生产经营的民间融资活动仍旧缺乏系统和有效的监管制度。

五、我国农村金融法律制度的解读

（一）《农业法》中农村金融法律规范的溯源和分析

1.《农业法》中农村金融法律规范的溯源

1993 年的《农业法》当中并没有专门的条文规定农村金融问题。1993 年《农业法》基于“突出重点”的指导思想，主要“对农业发展的一些方向性问题和最基本的政策作出规定，解决农业发展中的突出问题”[①]。与农村金融间接相关的仅是农业生产社会化服务的资金支持和农产品收购资金的筹集等问题，这些内容主要体现在 1993 年《农业法》的第 20 条和第 41 条。这两条仅原则性地规定金融部门应当对农业生产社会化服务事业和农产品收购资金予以支持。

在 2002 年修订了的《农业法》中，与农村金融直接或者间接相关的法律规范数量以及规制领域大大扩展，这些规范主要体现在粮食安全、农业投入与支持保护、农业科技与农业教育、农村经济发展等章节当中。具体而言：在“粮食安全”一章中主要规定了政府组织金融部门以及国家委托的收购单位及时筹足粮食收购资金，以保障粮食的收储的职责；在“农业投入与支持保护”一章当中，专列一个条文规定要健全农村金融服务体系，有关金融机构应当采取措施，对农民和农业生产经营组织的农业生产经营活动提供信贷支持。立法者以金融扶持作为支持和保护

---

① 参见时任农业部部长的刘中一在 1993 年 2 月 15 日第七届全国人民代表大会常务委员会第三十次会议上所作的《关于〈中华人民共和国农业基本法（草案）〉的说明》。

农业重要手段的意图非常明显，农村金融的地位在《农业法》中因此独立并凸显出来；在“农业科技与农业教育”一章中，主要规定了国家针对农业科研单位、有关学校、农业技术推广机构举办的为农业服务的企业的信贷优惠职责，目的在于激励其他主体投资兴办农业科技推广工作；在“农村经济发展”一章中，相关条款主要强调国家鼓励和扶持金融机构投入资金支持贫困地区开发建设的职责。

通过阅读相关立法资料，笔者发现：在2002年《农业法》修订时，草案中原先涉及农村金融的法律规范内容曾经在第二次和第三次审议中被大量修改。原修订草案第45条第4款曾对完善农业贷款担保基金做了规定，但审议时因意识到“目前国家并未建立农业贷款担保基金，国家对农业贷款的支持措施主要限于贴息”，立法机关最终将其修改为了更加原则性的表述，即“国家通过贴息等措施，鼓励金融机构向农民和农业生产经营组织的农业生产经营活动提供贷款。”[①] 因有的常委委员提出“应当加强农村金融监管”，因此修订草案第三次审议稿将原第45条第1款修改为：“国家建立健全农村金融体系，加强农村信用制度建设，加强农村金融监管。”[②] 这种经由“突进”式立法建议直接塑造的农村金融制度条款虽然可以在一定程度上保证立法对实践的回应性，但却难免存在整体逻辑上的突兀之感。

综上所述，通过2002年的修改，我国《农业法》中农村金融法律制度的框架结构初步形成，只是在相关制度内容的表述上存在完善和简略的区别。一些制度因为有实践经验的总结或者全国人大常委会委员的

---

① 参见时任全国人大法律委员会副主任委员王茂林在2002年10月25日在第九届全国人民代表大会常务委员会第三十次会议上所作关于《中华人民共和国农业法（修订草案）》修改情况的汇报。

② 参见2002年12月27日在第九届全国人民代表大会常务委员会第三十一次会议上《全国人大法律委员会关于民办教育促进法（草案）、农业法（修订草案）、草原法（修订草案）主要问题修改意见的书面报告》。

"突进"式提议而表述得比较完善，相反，一些尚待实践检验的制度其表述得就相对粗糙和简略一些，这种区别构成我国《农业法》上农村金融法律制度的一大特色。在进一步的制度细化研究当中，这一特色会在一定程度上影响相关制度内容的型塑思路，对于表述完善的制度条款，型塑的空间要窄一些，因为制度型塑必须要考虑到既有制度的框架约束。

2.《农业法》中农村金融法律规范的分析

通过上述对现行《农业法》中农村金融法律规范形成历史的溯源，我们可以将现行《农业法》中的农村金融法律规范分为两大类：一类称为独立性条款，即《农业法》的第45条。该条发挥着整体上建构农村金融法律制度体系的功能。另一类条款则将金融服务定位为促进农业和农村发展的手段或者工具，可称为辅助性或者工具性条款，其目的在于促进实现相关金融条款所依附的主体性制度的型塑理念，在这些主体性制度的型塑理念之内，辅助性金融条款才能形成自己的目标。两类条款关系密切，共同发挥着规范农村金融活动的功能。

根据第一章的理论工具，笔者认为，《农业法》第45条第1款，即"国家建立健全农村金融体系，加强农村信用制度建设，加强农村金融监管"这一表述应当属于制度性条款，其为全面构建农村金融法律制度框架性体系提供了权源和重要指引。第45条第2款，即"有关金融机构应当采取措施增加信贷投入，改善农村金融服务，对农民和农业生产经营组织的农业生产经营活动提供信贷支持"这一表述为"有关金融机构"设定了无差别的支农义务。第45条第3款，即"农村信用合作社应当坚持为农业、农民和农村经济发展服务的宗旨，优先为当地农民的生产经营活动提供信贷服务"这一表述为农村信用社设定了服务宗旨和优先服务的对象。第45条第4款，即"国家通过贴息等措施，鼓励金融机构向农民和农业生产经营组织的农业生产经营活动提供贷款"这一表述为国家设定了激励金融机构为农业生产提供信贷支持的职责。

总体来看，《农业法》第45条第2、3、4款所规定的内容是第1款内容的实现性内容。具体而言：该条所包含的农村金融体系的主要制度应当涵括金融机构支农义务的设定、农村信用合作社支持农业生产经营、国家促进金融机构向农业生产经营者提供金融服务等三类内容。需要特别注意的是：《农业法》第45条后3款与第1款之间并未形成周延的对应关系，第1款当中的“加强农村金融监管”在后续三款当中并无直接对应的实现性内容。从文义解读的角度来看，属于立法缺漏，在立法逻辑上存在不周延之处。

《农业法》上除第45条这一独立性的农村金融条款外，还存在许多分散到各类农业法律制度之内的辅助性或者工具性条款，这些条款的基本内容在前述的制度溯源之中已有简介，这里就不再重复了。

（二）其他有关农村金融的规范性内容

除《农业法》对农村金融的原则性规定外，我国农村金融的制度构成还包含大量的部门规章和其他规范性文件，这些规章和规范性文件依据其规制内容主要可以概括为以下几类：（1）关于农村信用合作社运营和管理的相关规定，如1997年中国人民银行发布的《农村信用合作社管理规定》①《农村信用合作社县级联合社管理规定》②《农村信用合作社资产负债比例管理暂行办法》③ 等。（2）关于促进农业信贷投入的相关规定，如1998年出台的《关于加大信贷投入，强化信贷管理，促进农业与农村经济发展的通知》。（3）关于放宽农村金融机构准入标准的相关规

---

① 该规定自2011年1月5日起不再适用。

② 该规定自2011年1月5日起不再适用。

③ 该办法自2004年1月1日起终止执行。

定，如2006年12月20日由中国银行业监督管理委员会印发的《关于调整放宽农村地区银行业金融机构准入政策更好支持社会主义新农村建设的若干意见》（银监发〔2006〕90号），其主要制度内容包括：适度调整放宽农村地区银行业金融机构准入政策。鼓励和引导境内外金融机构和境内各类资本加大对农村地区的金融投资，增设网点，设立村镇银行、专营贷款业务子公司和农村信用合作组织等新型农村金融机构等。（4）关于新型农村金融机构的管理性规定，如2007年1月22日由中国银行业监督管理委员会印发的《村镇银行管理暂行规定》①、《贷款公司管理暂行规定》② 以及《农村资金互助社管理暂行规定》等3个规章，它们分别对村镇银行、贷款公司、农村资金互助社的性质、法律地位、组织形式、公司治理、审慎经营和监管规则等作出了较为系统的规定。

六、对《农业法》中农村金融法律规范的检视

在2002年修改的《农业法》中，专门设置农村金融的独立性以及辅助性条款的主要目的就在于以这些基础性规范为依据通过具体立法或者授权立法，形成较为完善的农村金融法律制度体系。然而，令人遗憾的是，十多年之后，这些条款的细化性或者实现性法制体系并未完全形成，这些条款本身存在的问题应该说是造成这种局面的重要原因之一。我们下面就专门针对这些条款展开检视性研究。

（一）规制对象存在问题

现行《农业法》第45条将规制对象明确为“农村金融”，然而，深入研究却不难发现，《农业法》中规定这一条款的主要目的却在于规制国

① 该规定于2014年11月26日被废止。
② 该规定于2011年1月5日被废止。

家对农业这一产业而非农村地区的金融支持行为。这在本质上源于农业本身的弱质性以及农业在国家产业体系和经济安全当中所处的重要地位。因此，若要在《农业法》中针对农业产业进行金融支持方面的基础性规范设计时，为准确起见，理应使用“农业金融”而非“农村金融”这一称谓。更为重要的是，从可操作性角度考虑，脱离产业限制的纯粹地域性的农村金融，其可能涵括的行为类型极其广泛，且各类行为性质各异，若要进行统一的法律规制是不现实的。如前所述，从其他国家法律制度所规制的对象来看，大多数国家明确的是将农业产业所需的金融服务设定为唯一对象的，少数国家虽然也会涉及农村金融的问题，但仍旧是以农业金融为主的。

上述三点理由决定了我国《农业法》应当将农业产业发展所需之金融服务明确为其基础性金融条款的规制对象，相应地，在称谓上也最好以“农业金融”取代“农村金融”。但是，考虑到“农村金融”这一称谓在相关制度和理论研究上的使用惯性，我们在本章当中仍旧沿用它。

（二）立法体例和表述存在问题

如前所述，现行《农业法》在设计农村金融相关条款时主要设置了两大类规范，一是在“农业投入与支持保护”一章中设置第45条作为独立性条款，对农村金融的制度体系进行框架性设计，二是在粮食安全等其他章节当中设置辅助性条款，具体规制相关领域内的金融行为。这就产生了一个问题：这种立法体例上是否存在进一步改进的空间，农村金融是否有独立成章之可能，现有独立性条款和辅助性条款在逻辑上是否有重复之嫌？

我国农业法体系的形成在体例上采取的是首先制定农业农村基本法，然后依据该基本法所确立的制度框架再具体制定各专项农业法律制度这样的思路。这一思路不但已经为立法者所认许，而且也是为农业法学界所普遍认同的。作为农业法体系重要组成部分的农村金融法律制度也应该遵循这种体例设计思路，在农业法中逐步完善农村金融的基础性制度条款，再依这些制度条款制定更为细化的农村金融法律、法规或者规章。在农村金融基础性制度条款的章节设置上，把“农村金融支持”作为单独一章缺乏可行性。因为《农业法》各章节排列的逻辑思路是对农业生产、流通、投入等环节分别进行规制，金融支持作为农业生产经营各环节中体现国家扶助理念的重要措施，较好的角色定位就应当是现行的工具性或辅助性条款，将各类辅助性条款抽离并汇集于一处形成单独的一章与《农业法》既有的章节排列思路不符，也会破坏《农业法》既有内容之间的逻辑性，因为一旦金融制度独立，紧接着的问题就是农业财政投入支持、税收优惠支持等诸种支持手段是否也需要独立成章，这样一来最终可能导致《农业法》既有的体例结构解体。因此，总体来看，农业法上现有的两大类农村金融条款设置方式并不存在根本性的缺陷。但是我们还得看到将这两大类条款分别设置也有问题：同一类金融支持行为，由于支持对象的不同而被裂解于“粮食安全”“农业科技与农业教育”“农村经济发展”等章节当中。这也是部分法律规范重复出现的根本原因所在，比如，同是国家的信贷支持，在粮食生产、农业科技推广等每一章节当中都需要不断地重复表述。

（三）利益涵摄不足的问题

根据本书第一章的理论，《农业法》的立法者对生活利益状态的审视及对新型生活利益状态的发现所依据的权威性基准有二：一是立法机关所形成的《农业法》执法检查报告，二是党和国家的综合性政策。依据这两大权威基准，我们发现随着农村金融的不断发展，现行《农业法》

中农村金融条款存在对相关生活利益涵摄不足的缺陷。具体而言，《农业法》农村金融条款在农村信用社改革、新型农村金融机构准入资格的调整、政策性农村金融机构的改革、金融机构支农义务及农业信贷的经济激励、农村信贷担保的创新等问题上存在因应性不足的缺陷，以下分别进行介绍。

1. 农村信用社改革问题

农村信用社改革问题一直是困扰我国农村金融法律制度的重要问题，中央“一号文件”多次提到过农村信用社改革。1983 年中央“一号文件”（《中共中央关于印发〈当前农村经济政策的若干问题〉的通知》）指出，“信用社应坚持合作金融组织的性质”。1984 年“一号文件”（《中共中央关于一九八四年农村工作的通知》）提出，信用社要“真正办成群众性的合作金融组织”，农村存款要优先用于农业，保证农业贷款。1985 年“一号文件”（《中共中央、国务院关于进一步活跃农村经济的十项政策》）提出：信用社要独立经营，自负盈亏。1986 年“一号文件”（《中共中央、国务院关于一九八六年农村工作的部署》）特别强调对于文件规定的信用社各项政策和国务院有关信用社体制改革的各项规定应逐项落实。

21 世纪以来的“一号文件”仍然关注农村信用社改革问题。2004 年“一号文件”（《中共中央、国务院关于促进农民增加收入若干政策的意见》）提出：要总结农村信用社改革的试点，在全国逐步推开。2005 年的“一号文件”（《中共中央、国务院关于进一步加强农村工作提高农业综合生产能力若干政策的意见》）提出：继续深化农村信用社改革，要在完善治理结构、强化约束机制、增强支农服务能力等方面取得成效，进一步发挥其农村金融主力军的作用。2006 年“一号文件”（《中共中央、国务院关于推进社会主义新农村建设的若干意见》）提出：要巩固和发展农村信用社改革试点成果，进一步完善治理结构和运行机制。2007 年“一号文件”（《中共中央、国务院关于积极发展现代农业扎实推进社会主义新农村建设的若干意见》）重申继续深化农村信用社改革。2008 年“一号文件”（《中共中央、国务院关于切实加强农业基础建设进一步促进农业发展农民增收的若干意见》）提出：继续深化农村信用社改革，加大支持力度，完善治理结构，维护和保持县级联社的独立法人地位。2009 年“一号文件”（《中共中央、国务院关于 2009 年促进农业稳定发展农民持续增收的若干意见》）并未具体提到农村信用社改革，而是提到出台农民专业合作社开展信用合作试点的具体办法。2010 年“一号文件”（《中共中央、国务院关于加大统筹城乡发展力度进一步夯实农业农村发展基础的若干意见》）提道：农村信用社要进一步增强涉农信贷投放。2011 年“一号文件”（《中共中央、国务院关于加快水利改革发展的决定》）提出：鼓励农村信用社进一步增加农田水利建设的信贷资金。2012 年“一号文件”（《中共中央、国务院关于加快推进农业科技创新持续增强农产品供给保障能力的若干意见》）强调：深化农村信用社改革，稳定县（市）农村信用社法人地位。2013 年“一号文件”（《中共中央、国务院关于加快发展现代农业进一步增强农村发展活力的若干意见》）提出：要稳定县（市）农村信用社法人地位，继续深化农村信用社改革。可见，近年来一系列中央“一号文件”关于农村信用社问题强调的主题一直都是深化改革、确立县（市）农村信用社法人地位、完善治理结构等内容。

农村信用社试办之初即被定位为农民互助的基层信用组织，但农村信用社在发展过程中其经营管理体制却多次变动，建立初期的合作性质正在发生变化，部分农村信用合作社正在走向完全的商业化。1996 年，国务院发布《关于农村金融体制改革的决定》，在关于农村信用合作社体制改革问题中指出：改革的核心是把农村信用社逐步改为由农民入股、由社员民主管理、主要为入股社员服务的合作性金融组织。改革具体涉及以下内容：（1）加强农村信用社县联社的建设。（2）强化中国人民银行对农村信用社的监管。（3）中国农业银行不再领导管理农村信用社。（4）按合作制原则重新规范农村信用社。（5）县以上不再专设农村信用社的经营机构。（6）改革中要注意维护农村信用社的合法权益，国家给予适当的政策支持。国务院出台的《深化农村信用社改革试点方案》中明确深化信用社改革要重点解决两个问题：一是以法人为单位，改革信用社产权制度，明晰产权关系，完善法人治理结构，区别各类情况，确定不同的产权形式；二是改革信用社管理体制，将信用社的管理交由地方政府负责。《农村信用合作社管理规定》[①]《农村信用合作社县级联合社管理规定》[②]《农村信用合作社市（地）联合社管理规定（暂行）》[③]《农村信用社省（自治区、直辖市）联合社管理暂行规定》等一系列文件对农村信用社及联社的法律定位、经营管理、监管等内容进行了详尽规定。

《农业法》对近年国家关于农村信用社改革的政策成果应当有所反映，但现行《农业法》第45条第3款对农村信用社设置基础性规范时，除指明其优先服务对象外，并没有进一步的规范，这与农村信用社在农村金融活动所处地位和新近的一系列改革成果的法制化要求之间存在距离。考虑到《农业法》作为农业和农村基本法的定位，让其全面细致地反映这些改革成果是不现实的，但在基础性规范当中却应当对这些改革成果的核心和关键进行初步规定。

① 该规定自2011年1月5日起不再适用。
② 该规定自2011年1月5日起不再适用。
③ 该规定自2011年1月5日起不再适用。

2. 新型农村金融机构准入资格的调整

由于农村金融产品和服务成本高、收益低，除农村信用合作社和邮政储蓄机构等少数金融组织外，绝大多数商业性金融机构已经逐步退出农村金融市场，这导致农村金融服务供给严重不足。为解决这一难题，党和国家通过一系列政策不断调整农村金融机构进入农业金融市场的准入资格。2004 年“一号文件”提出：“鼓励有条件的地方，在严格监管、有效防范金融风险的前提下，通过吸引社会资本和外资，积极兴办直接为‘三农’服务的多种所有制的金融组织。”2006 年“一号文件”提出：“鼓励在县域内设立多种所有制的社区金融机构，允许私有资本、外资等参股”，“大力培育由自然人、企业法人或社团法人发起的小额贷款组织”，“引导农户发展资金互助组织”。2007 年“一号文件”提出：“在贫困地区先行开展发育农村多种所有制金融组织的试点。”2008 年“一号文件”提出：要“加快推进调整放宽农村地区银行业金融机构准入政策试点工作”，“积极培育小额信贷组织”。2009 年“一号文件”提出：“大力发展小额信贷和微型金融服务，农村微小型金融组织可通过多种方式从金融机构融入资金。”2010 年“一号文件”提出：“加快培育村镇银行、贷款公司、农村资金互助社，有序发展小额贷款组织，引导社会资金投资设立适应‘三农’需要的各类新型金融组织。”2012 年“一号文件”提出：对新型农村金融机构“实行适度宽松的市场准入”。2013 年“一号文件”提出：支持社会资本参与设立新型农村金融机构。可见，一系列政策的重点都在于强调新型农村金融机构的培育。由于《商业银行法》（2003 年修正）规定的金融机构准入资格比较严，通过特别制度放宽农村金融机构在农业生产经营领域当中的准入资格可以更好地实现这一政策目标。

现行《农业法》应该对这些新型农村金融机构的法律性质、特殊的资格准入等基本问题有所规范，以实现相关政策与实践经验的法制化。

但遗憾的是，现行《农业法》在独立性与辅助性的农村金融系列条款当中都未对此问题有过专门规定。

3. 政策性农村金融机构改革

由于比较效益低、地区差异大，落后地区农业的发展，粮、棉、油等重要农产品的生产、收购、储备和销售等在相当程度上都需要国家的资金支持。为了集中财力解决农业和农村发展的政策性资金需要，国务院于 1994 年 4 月 19 日发出《关于组建中国农业发展银行的通知》，批准了中国农业发展银行章程和组建方案，正式成立中国农业发展银行，并将其定位为农业生产经营领域的政策性银行。目前，中国农业发展银行已形成了包括粮、棉、油收购信贷以及农业产业化信贷、农业和农村中长期信贷的业务格局。但也要看到，在中国农业发展银行十余年的发展过程中，其运营依据主要是《中国农业发展银行章程》和为数不多的部门规章，《农业法》作为农业基本法并未对其或其他政策性农村金融机构的性质和基本运营规则等做出过规定，立法机关也未出台涉及政策性银行的专项性立法，这与农业政策性金融机构的应有地位是不相称的。

近年来，党和国家的政策对政策性农村金融机构的改革又提出了明确的方向。2004 年“一号文件”提出：“农业发展银行等政策性银行要调整职能，合理分工，扩大对农业、农村的服务范围。”2006 年“一号文件”提出：“调整农业发展银行职能定位，拓宽业务范围和资金来源。国家开发银行要支持农村基础设施建设和农业资源开发。”2007 年“一号文件”提出：“进一步发挥中国农业银行、中国农业发展银行在农村金融中的骨干和支柱作用。”2009 年“一号文件”提出：要抓紧出台政策性金融对农业中长期信贷支持试点的具体办法。2010 年“一号文件”提出：“加大政策性金融对农村改革发展重点领域和薄弱环节支持力度，拓展农业发展银行支农领域，大力开展农业开发和农村基础设施建设中长期政策性信贷业务。”2012 年“一号文件”提出：“支持农业发展银行加大对农业科技的贷款力度。”2013 年“一号文件”提出：“强化农业发展银行政策性职能定位，鼓励国家开发银行推动现代农业和新农村建设。”这些前后连续性的制度改革内容也未体现在现行的农业基本法上。

4. 金融机构的支农义务及农业信贷的经济激励

近年的“一号文件”多次强调金融机构应将新增存款的一定比例投放到当地作为农业信贷，以支持农业发展。2005 年“一号文件”强调：要“抓紧制定县域内各金融机构承担支持‘三农’义务的政策措施，明确金融机构在县及县以下机构、网点新增存款用于支持当地农业和农村经济发展的比例”。2006 年“一号文件”提出：“县域内各金融机构在保证资金安全的前提下，将一定比例的新增存款投放当地，支持农业和农村经济发展，有关部门要抓紧制定管理办法。”2007 年“一号文件”强调要“尽快明确县域内各金融机构新增存款投放当地的比例”。2008 年“一号文件”提出：“加快落实县域内银行业金融机构将一定比例新增存款投放当地的政策。”2009 年“一号文件”提出：“抓紧制定鼓励县域内银行业金融机构新吸收的存款主要用于当地发放贷款的实施办法，建立独立考核机制。”2010 年“一号文件”提出：“进一步完善县域内银行业金融机构新吸收存款主要用于当地发放贷款政策。”2012 年“一号文件”提出：“持续增加农村信贷投入，确保银行业金融机构涉农贷款增速高于全部贷款平均增速”，“健全金融机构县域金融服务考核评价办法，引导县域银行业金融机构强化农村信贷服务”。这些政策性措施的表述在内容上都要比《农业法》第 45 条第 2 款所规定的“有关金融机构应当采取措施增加信贷投入”这一原则性表述更为具体，更具可操作性。当然，不考虑金融机构的性质和类型，对它们设置一体化的支农义务的法理正当性还需要进一步地思考和研究。

为引导金融机构支持农业信贷，《农业法》第45条第4款明确了贴息这一支持措施，但在近几年的“一号文件”中，除已为法所明确的贴息外，还出现了其他的经济激励措施。2008年“一号文件”提出：“加强财税、货币政策的协调和支持，引导各类金融机构到农村开展业务。”2009年“一号文件”提出抓紧出台对涉农贷款定向实行税收减免和费用补贴的具体办法，放宽金融机构对涉农贷款的呆账核销条件。2010年“一号文件”强调：要“落实和完善涉农贷款税收优惠、定向费用补贴、增量奖励等政策”。2012年“一号文件”提出：“完善涉农贷款税收激励政策”，“适当提高涉农贷款风险容忍度”。2013年“一号文件”提出：“加强财税杠杆与金融政策的有效配合，落实县域金融机构涉农贷款增量奖励、农村金融机构定向费用补贴、农户贷款税收优惠、小额担保贷款贴息等政策。”为具体实现这些激励措施，相关部门还专门制定了一些操作性政策。2009年财政部发布了《关于开展县域金融机构涉农贷款增量奖励试点工作的通知》以及《关于实行新型农村金融机构定向费用补贴的通知》①。2010年5月13日，财政部、国家税务总局联合发布了《关于农村金融有关税收政策的通知》②。为及时反映政策变化并因应实践需求，《农业法》第45条第4款在修改和完善时应当体现这些新型的激励性措施，现有的规范表述存在未充分反映生活利益的问题。

5. 农村信贷担保创新

农村金融活动中，农业生产者贷款难的原因之一即是缺乏金融机构所要求的贷款担保物，因此探索新型的农村信贷担保方式是近年来相关政策关注的重要问题。2006年“一号文件”提出：“各地可通过建立担保基金或担保机构等办法，解决农户和农村中小企业贷款抵押担保难问

---

① 这两个通知均于2020年1月23日被废止。

② 该通知于2016年8月18日失效。

题，有条件的地方政府可给予适当扶持。”2008 年“一号文件”提出：“推进农村担保方式创新，扩大有效抵押品范围，探索建立政府支持、企业和银行多方参与的农村信贷担保机制。”2009 年“一号文件”提出：“依法开展权属清晰、风险可控的大型农用生产设备、林权、四荒地使用权等抵押贷款和应收账款、仓单、可转让股权、专利权、商标专用权等权利质押贷款。”农村信贷担保方式的创新在很大程度上体现了国家对农村金融支持的力度，《农业法》理应对此有所肯认。然而现行《农业法》的独立性及辅助性农村金融条款当中，对此问题均未有规定，实践中推行新式信贷担保的制度依据一般是相关政策。

（四）对农村金融机构的类型化规定不够精准

类型化是一种重要的思维方式，法律制度通过类型化有助于形成逻辑体系统一的体系化构成，这种体系化构成又是进行法律规范适用的重要前提。我国截至 2013 年与农村金融相关的专门性立法不算多，其中主要的包括：《农村信用合作社管理规定》（于 2011 年 1 月 5 日失效）、《农村信用合作社县级联合社管理规定》（于 2011 年 1 月 5 日失效）、《农村信用合作社资产负债比例管理暂行办法》（于 2004 年 1 月 6 日失效）、《村镇银行管理暂行规定》（于 2014 年 11 月 26 日失效）、《贷款公司管理暂行规定》（于 2011 年 1 月 5 日失效）、《农村资金互助社管理暂行规定》（于 2011 年 1 月 5 日失效）、《农村商业银行管理暂行规定》（于 2011 年 1 月 5 日失效）以及《农村合作银行管理暂行规定》（于 2011 年 1 月 5 日失效）等。从内容来看，这些立法主要规范了相关农村金融机构的性质、法律地位、组织形式、治理、审慎经营和监管规则等问题。从类型化的思路来分析，不难发现，这些立法主要涉及相关金融机构组织方面的规范，依据这些规范进行类型化，我们就只能将现有的农村金融法律制度划分为农村信用合作社法律制度、农村资金互助社法律制度、农村合作银行法律制度、农村商业银行法律制度、村镇银行法律制度、贷款公司法律制度、小额贷款公司法律制度、农村政策性银行法律制度等。

以上基于组织的类型化方式仅能体现各类农村金融机构在组织构成上的不同，但却不足以凸显国家对不同性质农村金融机构的不同规制态度，这与前述我们将《农业法》中的农村金融制度定位为国家支持农业发展的主要方式这一观点存在不符之处，因此笔者认为未来的农村金融制度在体系型塑上应当体现出鲜明的国家规制态度。具体而言，在不同的农村金融机构中，对国家支持最为依赖的应为政策性农村金融机构，因其主要是国家为实现特定农业政策目标而设立，它们承担主要的支农义务，国家对它们扶持力度也应最大。其次依赖国家支持的应当是农村合作金融机构，其属于农民为了资金互助而建立的合作性组织，在实质上是弱势群体之间的联合。对于其他金融机构国家支持的力度应当最小，因为它们多是商业性金融组织，以盈利最大化为主要目的。我国《农业法》理应对这种基于国家规制态度的类型化做出明确反映，但现行《农业法》第45条对各类农村金融机构的规制态度表述的却并不明确，尤其是未针对三大类农村金融机构在“鼓励”上区分出程度的不同，因此需要进一步明确。

（五）为各类金融机构统一设置支农义务在法理上存疑

由上可知，我国的一系列政策一直在强化金融机构的支农义务，要求县域内各类金融机构统一承担支持农业发展的义务，义务内容被塑造为：“明确金融机构在县及县以下机构、网点新增存款用于支持当地农业和农村经济发展的比例。”（2005年“一号文件”最先有此表述，随后各年的“一号文件”亦有重复或类似表述）设置此项义务的主要原因应该是金融机构尤其是商业性金融机构基于其营利性目的不愿或无力为农业发展提供充足的信贷服务供给，因此造成农业发展领域信贷服务供给严重不足，国家为了扶持农业不得不出手干预以克服这类市场失灵现象。这种市场失灵矫正理论虽然在一定程度上能够证成国家介入并干预农村金融机构经营行为的必要性，但却并不足以证成为各类金融机构统一设置支农义务的法理正当性。在将这一政策性支农义务转化为法律义务之前，我们还需要基于更为细致的法理审视其正当性。

首先，商业性金融机构的支农义务并不能简单等同于公司的社会责任。公司的社会责任是对“公司完全是股东赚钱工具”这一传统观念的修正，其强调公司不仅应对股东利益负责，还应对职工、消费者、债权人、当地社区的利益相关者承担责任。[①] 作为从农村吸收存款的金融机构，其对农村社区和产业的发展等也负有社会责任，但此种社会责任仅仅是一种号召性的道德义务，并不能转化为法律上的支农义务。商业性金融机构作为独立的企业法人，享有受到法律明确保护的经营自主权，该权的核心即在于对其吸收的公众存款，商业性金融机构有权独立决定贷款投向。在决定贷款投向时，商业性金融机构第一需要考虑的是贷款的安全性，第二是贷款的获利性。对于风险较大、获利较低的农业贷款，商业性金融机构并无投放的动力，这是其商业主体的性质所决定的，无可厚非。强制商业性金融机构承担支农义务是对其附加的超越社会责任之上的公法义务，在法理上是不妥当的。

其次，部分金融机构的政策性并不等于所有金融机构皆负有支农义务。如前所述，在我国的各类农村金融机构中，政策性金融机构由于其资金源于国家投资和其特定的政策性定位，它们在设立之初就被赋予了

① 施天涛：《公司法论》（第2版），法律出版社2006年版，第49页。

支农义务。因此可以说，支农乃是政策性金融机构的天生性义务，像商业性金融机构那样将盈利作为优先目的的政策性金融机构是违背其被创制的目的的。除政策性金融机构之外的其他金融机构并不负有天然的支农义务。因为这些金融机构与政策性金融机构具有不同的定位、经营目的以及方式，在没有充分法理依据的情况下，对这些金融机构设置如同政策性金融机构那样的支农义务，难谓公平合理。

最后，在私法法理上，从农村吸收存款并不产生附带性的贷款投放义务。有观点认为农村金融机构从农村吸收大量的存款，因此它们也应当附带承担将一定数量的农业信贷资金重新投放农业领域的义务。此种观点从法律角度尤其是私法法理角度分析，很难成立。在法理上，金融机构从农村吸收存款，其与存款人之间形成的是存款性质的债权债务关系，一旦存款转移至金融机构，金融机构对存款即拥有债权人享有的一定程度上的支配权，存款人在这种存款法律关系当中享有的仅是按照存款合同约定请求金融机构还本付息的权利，而无基于存款法律关系附带设立贷款法律关系的请求权，是否成立贷款法律关系取决于另一个独立的贷款合同订立行为，在这一行为当中，除非有法律的明确规定，否则金融机构不负有必须缔约的义务。

在现实当中，确实存在农村金融机构在农村吸收大量的存款之后，将吸取的资金投放到回报率较高的工商业领域这样的现象。这种“资金抽离行为”对于本就配置不足的农村金融资源而言确实是不公平的，但这并不意味就要忽视法理正当性对一切金融机构强行施加支农义务，这样做的后果可能促使商业性金融机构加速逃离农业领域，从而使农村金融服务供给不足的情形更为严重。笔者认为，促使商业性金融机构向农业领域投放资金应当采取具有法理正当性和实施效果更好的经济激励措施，而非强制性的义务设定方式。现行部分政策性文件如前述的《关于开展县域金融机构涉农贷款增量奖励试点工作的通知》《关于实行新型农村金融机构定向费用补贴的通知》[①] 已逐渐开始采取此类经济激励措施。

基于以上分析，笔者认为：《农业法》中的农村金融基础性条款应当区分农村金融机构的不同性质，分别设置支农性制度内容。但现行《农业法》第45条第2款未体现出这种区分性制度内容，而是用了“有关金融机构”这样模糊的主体性表述，并对相关金融机构统一设置了支农义务。

七、完善《农业法》中农村金融法律条款的建议

（一）体例结构和总体立法技术

考虑到《农业法》作为农业和农村基本法的性质，不可能详细全面地将农村金融的所有制度内容都加以规定，因而应采用与其法律位阶相适应的体例结构，将农村金融最主要及最基本的内容予以规范化。另外，如前所述，《农业法》将农村金融相关法律规范独立成章的条件现在还并不成熟，因此仍可在保留现行独立性条款和辅助性条款并立体例的前提下，适当增删相关的规范内容。具体而言，应着重规范国家对农业的金融支持行为，而不是规制所有发生在农村地区的金融行为，核心条款要凸显出产业金融的性质。独立性条款和辅助性条款在内容和表述上应当尽量避免重复，独立性条款当中已有表述或者虽无表述但从已有表述的文义解释当中完全可以推出的内容，不宜再在辅助性条款当中规定。若实在无法避免的，则应考虑设置二者之间的联动条款，即一些转引性（转致性）条款或者表述。独立性条款应当凸显出各类农村金融机构的类型化特征和国家针对不同金融类型的规制态度。总体而言，国家对政策性金融、合作性金融以及商业性金融都应表现出鼓励和监管并重的规制

① 这两个通知均于2020年1月23日被废止。

态度。但在鼓励的强度上，三类金融应当逐次降低。监管则应随着鼓励强度的强弱呈现相应的强弱态势，即国家鼓励越强，需要监管的内容和程度也就越多越深。需要特别指出的，在支农义务的设置上，如前所述，不宜针对商业性金融机构设置支农义务，而应当将支农作为这类机构的国家鼓励性内容予以重点规制。辅助性条款要结合金融支持的具体领域，明确支持目的、内容和方式。鉴于本书其他部分在述及不同领域的国家扶持措施时都阐释到了金融性措施，因此以下我们仅针对《农业法》上的独立性金融条款，即第45条的相关规定提出完善建议。

（二）增设政策性农村金融条款

建议在《农业法》中明确政策性支农金融组织及其基本运营规则。鉴于重构政策性支农金融组织的巨大成本，最现实的选择是在《农业法》上明确以“中国农业发展银行”为核心的政策性金融组织体系。“中国农业发展银行”的政策性支农措施应由《农业法》明确为针对不同项目的低息贷款、无息贷款、对农业保险的再保险以及其他法定支农措施等，这些措施应当被明确定位为“中国农业发展银行”的支农义务，而非其权利。同时，还应在《农业法》上明确“中国农业发展银行”政策性支农义务实现的基本规则，具体包含业务运作规则、运营目标及其评估机制、风险管理机制、与政府关系的处理规则等。对于“中国农业发展银行”的各类法定支农措施的具体实现程序、适用条件、效果评估与监管等内容可由《农业法》明确授权农村金融方面的专门行政法规、部门规章等下位法予以细化规定。

（三）完善合作性农村金融条款

在《农业法》中应明确政府对农村合作金融的支持与监管态度。农村合作金融应以“农村信用合作社”为主体类型的核心，农村信用合作社应当被定位为仅次于政策性银行的第二大金融支农组织。具体而言：首先，要在《农业法》中以国际上通行的合作社组建原则重构农村信用合作社的基本运营规则，以及各级各类合作社的法律地位、服务对象等，争取扭转农村信用合作社商业化发展的趋势；其次，《农业法》应规定政府对各级各类农村信用合作社的支持职权（责）及其基础性措施；最后，《农业法》应规定授权性条款，授权专门立法或者下位立法规范农村信用合作社的机构设置、层级分布、资金来源、产权结构、责任形式、入社退社、运行原则与规程以及业务范围等。其中的层级分布涉及“合作联社”的设立层次及其与成员社之间的关系，运营规则涉及经营对象的选择以及分配原则与方法等一些问题。

（四）增设规范新型农村金融机构的基础性条款

为因应现实需求，笔者建议在《农业法》中增加规范新型农村金融机构的专门条款。由于村镇银行、小额贷款公司等新型农村金融机构尚处于发展过程中，作为农业和农村基本法的《农业法》为保持其制度的稳定性，可考虑在设计相关规范时仅仅表述规范新型农村金融机构的基础性内容，同时明确授权下位法进行具体和可操作性的制度细化。基础性条款主要应当包含两点内容：一是应当规定新型农村金融机构的基本类型、法律地位及业务内容，并明确这些机构服务农业的基本或者主要宗旨，最好为其设置与其宗旨和规模相适应的支农义务。二是应当列明国家对新型农村金融机构的支持方式，主要包括放宽准入资格、贷款增量奖励、定向费用补贴、税收优惠等。

（五）细化农村金融监管机制

在现有《农业法》“加强农村金融监管”这一原则性表述基础上，

进一步细化农村金融监管机制的主要内容。建议在原有的表述条款之下增设一款或者一条，具体规定实施农村金融监管的具体机关及其针对各类农村金融组织和行为的基本监管职权（责），这些职权主要应当涉及金融风险监管、会计监管、支农业务实现程度的监管等内容。《农业法》还可以授权行政法规细化这些职权的分类及其具体权力内容、实现方式、公法效力与法律责任等，以此增强农村金融监管机制的实效性。

（六）增加农产品担保贷款条款

为充分因应现实，建议在《农业法》中针对实践需求设计“农产品担保贷款制度”。具体而言，可以考虑以国外农业法制当中的无追索权贷款制度为借鉴构建我国的农产品担保贷款制度。该制度的主要内容应当包含：允许农业生产经营者以法定种类的农产品为担保，依法定的贷款利率从政策性金融机构（也可以是承担特定支农任务的商业金融机构或者合作金融机构）贷款。贷款到期后，农业生产经营者享有依担保农产品的市场状况选择归还贷款本息以除去农产品上的担保负担，或者以担保农产品的市场价格为限抵偿债务的权利。选择行使还本付息权的，农业生产经营者重新获得无负担的农产品所有权。选择行使抵偿债务权的，农业生产经营者则以丧失所担保农产品所有权为代价免除了其全部贷款债务，不再补偿农产品市场价格与债权之间的差价。为了更好地激励非政策性金融机构提供该类贷款服务，还可以授予提供该类贷款服务的非政策性金融机构在农业生产经营者选择行使抵偿债务权后针对政府主张的差价补偿请求权。

第六章 《农业法》中“农业保险”条款的修改与完善

一、法学视野中的农业保险

（一）农业保险的内涵

农业保险是指在农业生产经营过程中，为农作物因自然灾害、意外事故、疫病等事故所造成的利益损失提供经济保障的一种保险。农业保险有广义和狭义之分。狭义的农业保险，大致可分为种植业保险和养殖业保险两大类。种植业保险是指以各种粮食作物、林木、果实等为投保对象的保险，一般分为农作物保险和林木保险两类。养殖业保险是指以饲养、繁殖的各种畜禽、水生动物为投保对象的保险，主要包括大牲畜保险、家畜家禽保险、水产养殖保险和其他养殖保险。广义的农业保险则做更广泛的解释，实际是指农村保险，主要包含下列保险类型：农业生产动植物保险（投保对象为农作物、家禽），农民财产保险（投保对象为房屋、农具等），农民人身保险（以农民疾病、伤害、老年、死亡等为保险事由），农民责任保险（投保对象为雇主责任、个人及公共责任等）。[①] 严格来说，农业保险不同于农村保险，因为农村保险是一个地域

① 袁宗蔚：《保险学：危险与保险》，首都经济贸易大学出版社2000年版，第775页。

性的概念，农业保险只是农村保险的一部分，是其涵摄范围内的产业保险。我国2012年11月12日公布的《农业保险条例》[①] 在第2条规定：“本条例所称农业保险，是指保险机构根据农业保险合同，对被保险人在种植业、林业、畜牧业和渔业生产中因保险标的遭受约定的自然灾害、意外事故、疫病、疾病等保险事故所造成的财产损失，承担赔偿保险金责任的保险活动。”很显然，《农业保险条例》就是在狭义上界定农业保险的。我们在本章当中也是以狭义的农业保险为研究对象的。

（二）农业保险的政策性

在经济学界，一般认为，农业保险不同于商业保险和社会保险。商业保险是在市场经济条件下，市场主体基于经济效益最大化目的，自发地向市场提供的，投保人根据合同约定，向保险人支付保险费，保险人对于合同约定的事故因其发生所造成的财产损失承担赔偿保险金责任，或者当被保险人死亡、伤残、疾病或者达到合同约定的年龄、期限时，承担给付保险金责任。[②] 社会保险是指国家在既定政策下，通过立法建立社会保险基金，在劳动者由于年老、疾病、伤残、失业、生育及死亡等原因暂时或永久性失去劳动能力或劳动机会的时候，由国家或社会对其本人或家庭给予一定的物质帮助的社会保障制度。它是由国家作为供给主体，对本社会成员提供的公共物品。农业保险则不同，它既非商业保险那样的私人物品，也非社会保险那样的公共物品，而是比较典型的准公共物品，[③] 具有商品性和非商品性二重属性。[④] 农业保险的准公共性或

---

① 该条例后于2016年修订。

② 参见我国《保险法》（2009年修订）第2条对保险的定义。

③ 庹国柱、王国军：《中国农业保险与农村社会保障制度研究》，首都经济贸易大学出版社2002年版，第102~103页。

④ 刘京生：《中国农村保险制度论纲》，中国社会科学出版社2000年版，第252~272页。

者二重性具体表现为私人常常无力提供或因亏本原因不愿提供农业保险服务，因此，相关的农业保险产品一般都由国家主办或扶持的保险组织提供。所以，农业保险一般都是被纳入政策性保险范畴之内进行理论和制度探讨的。我们遵循经济学界的这种观点，将农业保险的本质界定为政策性保险。

政策性保险是为了实现特定的政策目标并在政府的干预下开展的一种保险业务，它是在一定时期、一定范围内，国家为促进有关产业的发展，运用政策支持或财政补贴等手段对该领域的保险给予保护或扶持的一类特殊形态的保险业务。[①] 农业保险的政策性主要表现有三：

首先，农业保险的目的是服务于特定的农业产业政策，这明显不同于商业保险和社会保险。商业保险是一种商业活动，保险人的目的在于追求利润最大化，而投保人的目的在于分散生产与生活中的风险、减少损失。社会保险作为政府的一项社会政策，其基本目的在于使劳动者生活获得基本保障。多数国家都将农业保险作为对农业进行支持和保护的手段，据以实施本国的农业产业政策，确保农业生产顺利进行和农业收入稳定增长。

其次，农业保险的经营主体呈现出多元性。商业保险的经营主体一般是以利润最大化为目的的商业保险公司。社会保险的经营主体多是政府指定的专门职能部门。而农业保险则不同，它的经营主体形态多样，主要有政府主办并由政府直接经营的保险机构、政府支持下的合作保险组织或者政府扶助下的商业保险公司等。

最后，农业保险在实施上强调强制性和自愿性的结合。商业保险（除机动车辆第三者责任保险等个别险种外）一般强调等价交换、自愿投

① 张洪涛、郑功成主编：《保险学》，中国人民大学出版社2002年版，第448~449页。

保。社会保险以强制实施为基本特征。而农业保险一般情况下实行自愿保险和强制保险相结合原则，对某些关系国计民生的农作物进行强制性投保，其他险种则实行自愿投保。

一般来说，将何种保险业务列入政策性保险体系，或在什么时期将其列入政策性保险体系，享受国家的政策支持或财政补贴，决定权在国家，是国家为实现其特定政策目标而根据经济发展情况进行的阶段性制度安排。具体到农业保险领域，国家尚无财力支持农业保险或农业未引起国家足够重视时，农业保险一般是不可能被列入政策性保险体系之中的。当一国经济发展到一定阶段，国家意识到了农业的重要性并有足够财力扶持农业发展时，其对农业保险的态度和定性就会发生改变，农业保险才有可能被列入政策性保险体系。经过一段时间的发展，在国家引导下农业保险市场逐步达到供需平衡时，国家就有可能逐步减少对农业保险的支持和扶持，让市场充分发挥基础性调节作用。此外，国家还有权选择将何种农业保险列入政策性保险。例如，美国、加拿大等国家正在逐步将以稳定农场主收入为目的的农业收入保险纳入政策性保险。对某些可由商业性保险公司经营的农业保险种类也可随着农业保险的发展，逐渐剥离出政策性保险体系，完全由市场经营。总之，农业保险何时以及其何种业务被列入政策性保险是国家抉择的结果，与一国经济发展的阶段和相应的社会诉求存在密切联系，没有放之四海而皆准的规则可以照搬。

（三）农业保险立法

农业保险是以市场化的方式分散农业风险的手段，它是农村市场经济发展到一定阶段的产物。但在经营农业保险时，由于农业风险的特殊性，农业保险市场存在着信息不对称、正外部性、市场不均衡等失灵问题。具体而言，在农业保险的开展中，与保险人相比，农民了解到的农业生产经营信息更多，他们也相对更加清楚农业生产经营当中的风险点。同时，农业保险存在正外部性，农业保险的收益不仅仅惠及投保的农业生产经营者，其最终受益者还是全社会的消费者，[①] 这主要源于农业部门的外部经济性影响，即农业部门在为其生产经营者带来产品和收益的同时，也为社会带来了好处。[②] 此外，农业保险供给者无力承担高赔付，而需求者也无力承担高保费，这些都会导致农业保险市场供需严重不均衡。以上因素都容易导致农业保险市场的失灵，因此必须出台具有国家干预属性的立法才可保证农业保险市场上的供求平衡。

除上述的经济因素之外，基于国家安全和社会稳定的考虑，也有制定农业保险法的必要性。农业在国民经济中占据重要地位，为全社会提供食品，为工业提供原材料，同时是生态环境重要的承载领域。即使农业在其整个国民经济中的占比越来越小的发达国家，其每年仍花费巨资补贴农业，以使农产品具有国际竞争力和农场主收入稳定，开办农业保险往往是支持农业的主要手段。另外，农业保险也是国家经济安全的重要保障机制。

既然农业保险具有立法上的必要性，那么，一般的商业保险法能不能直接适用于农业保险。我们的回答是否定的，主要原因在于：首先，农业保险的特殊性。农业保险虽然也是运用一般保险原理积累资金、分散风险，“人人为我，我为人人”。但由于农业保险的高风险性以及农业保险费率计算、损失测定和理赔等方面与商业保险存在很大差异，需要特定的经营方法和技术，相应的法律规制内容因此也就不同。其次，农

① 庹国柱、王国军：《中国农业保险与农村社会保障制度研究》，首都经济贸易大学出版社 2002 年版，第 102 ~ 103 页。

② 黄河、李永宁：《西部生态农业的外部性损害与国家补偿法律制度片论》，载《法律科学（西北政法学院学报）》2004 年第 1 期。

业保险法的核心内容不同于商业保险法。一般说来，商业保险是保险人和投保人依照保险法规定在自愿平等的基础上设立的合同关系，是一种民事法律关系。此时，国家只对保险合同是否合法进行效力评价，并不主动介入合同关系，国家对保险市场也只是从主体准入和退出、市场秩序等方面进行监管。但在农业保险市场当中，严重的信息不对称和正外部性则为国家的深度干预提供了理由和契机。国家深度介入并干预农业保险市场主要有两种方法：[①]（1）公权介入的方法，即国家通过法律、法规，为投保的农业生产经营者和农业保险经营机构设定具体的义务，其中尤其要求农业保险合同要充分体现特定的农业产业政策目标，农业保险合同的当事各方必须致力于遵循和实现这些政策目标。（2）非权力介入的方法。主要体现为国家出资建立国有农业保险公司，通过向开展农业保险的商业保险公司和投保农业生经营者提供补贴等方法实现特定的农业政策目标。因此，农业保险法的核心在于规范政府在农业保险中的地位和作用，为国家介入和干预农业保险划清范围和领域，这些范围和领域的划定既要保证国家农业产业政策目的的实现，又不能过分限制农业保险经营者和投保人的选择空间。这些都使农业保险法与商业保险法相比较具有更为明显的国家干预或者说公法色彩。最后，从立法实践来看，制定农业保险立法的国家也都是将农业保险法独立于商业保险法。例如，美国、加拿大、日本、菲律宾等国都有各自单行的农业保险立法，很少有将农业保险完全纳入商业保险法当中予以规制的立法例。

从以上可以看出，农业保险法是为了实现国家农业产业政策目标，在农业保险市场失灵的条件下，规范国家干预农业保险关系的法律规范的总称，它是农业法的重要组成部分。一般言之，农业保险法具有以下

---

① 参见李昌麒：《经济法：国家干预经济的基本法律形式》，四川人民出版社 1995 年版，第 236 ~ 240 页。

特征：首先，农业保险法具有国家主导性。在农业保险法中，国家发挥着主导作用。这种主导作用体现在，国家制定农业保险法律制度，规划农业保险开展，采取财政、税收政策等扶持农业保险。其次，农业保险法的价值取向在于社会效益优先，同时兼顾经济效益。由于农业部门的特殊性和农业在整个国民经济的基础地位，大多数国家将农业保险作为支持和保护农业的手段，因此农业保险经营不以营利为唯一或者主要目的，而是以实现国家农业政策目标为优先的目标，确保社会效益优先实现。因为若以追求经济效益为优先目标，纯粹商业化经营，则承载着农业政策目标的农业保险便难以开展。最后，农业保险法注重技术规范性。一般说来，保险法是一种技术性较强的法律制度，而农业保险法则更注重将技术规范融入法律规范当中。农业保险的费率厘定、风险区划、损失测定及理赔等均与一般保险存在显著区别，为保证农业保险法的可操作性，在农业保险法中势必存在许多技术性的条款，这使农业保险法呈现更加鲜明的注重技术性规范的特征。

二、国外农业保险法律制度的简介及借鉴

（一）美国的农业保险法律制度

1. 美国农业保险法律制度的变迁

在20世纪30年代的经济大危机中，美国国会授权制定农业保险法案以帮助农业恢复，1938年联邦农作物保险公司设立。联邦农作物保险项目首先在主要生产区的主要农作物上试点，这一试点一直持续到1980年的《联邦农作物保险法》通过。该法扩展了农作物保险的适用对象，将其覆盖到更多的农作物保险种类和地区，代替了20世纪60年代到70年代农业法案中所创立的灾害补偿措施。为更好扩大农作物保险项目的参与面，该法规定：农作物保险给予30%的保费补贴，但获得补贴的农

作物保险产量不得超过投保农场该农作物记录或评定产量的65%。虽然1980年的农作物保险法通过后，许多农民参加了农作物保险项目，但这却与国会期望的参与度相去甚远。在1988年的大干旱之后，通过灾害援助帮助农民成为制度构建的重点。因此立法者在1989年通过第二个灾害救助法，1992年又通过第三个灾害救助法，给农民以特定期间的收入为基础的救助补偿请求权。由于不满灾害救助法与农作物保险项目的竞争，1994年美国国会通过了新的《联邦农作物保险法》，该法取消了政府的灾害救助计划，通过四种保险险种把所有的农作物生产者都纳入了农作物保险计划当中。这四种险种分别是提供基本保障的巨灾保险、提供较高保障的扩大保障保险、集体保险和非保险作物保障计划。为继续拓展保险参与面，该法规定不参加农作物保险计划的农民不能得到农产品贷款计划、农产品价格支持等计划中的相关福利。这些险种的实施扩大了保险作物种类，投保率得以迅速提高。在政府的经济激励下，商业保险公司也随之推出一系列的收入保险，经过1998年到1999年两年多的调整，政府退出农业保险的直接业务领域，将经营业务交由商业公司经营或代理，联邦农作物保险公司仅负责制定规则，履行监督职能，并对商业保险公司提供再保险。

2. 美国农业保险法律制度中可资借鉴的内容

美国农业保险立法的目的是建立农村经济安全网，稳定农村经济，提升农民的整体福利，其制度方面的借鉴主要体现在以下方面：

（1）农业保险中政府与市场的关系

在美国农业保险法律制度的变迁中，一个一以贯之的基本问题是如何处理政府与市场的关系。具体而言，对于农业灾害是通过灾害救助的方法，还是通过农业保险的方法予以救助，以及农业保险是通过商业保险公司经营，还是由政府直接开办。1994年联邦农作物保险改革法取消了政府的灾害救助计划，提高了农作物保险的覆盖面。1996 年之后，联邦农作物保险公司逐步退出直接业务经营领域，而将相关业务交给商业公司经营或者代理。从这一变迁过程不难看出，在不同的阶段，政府发挥的功能是不同的。在初创阶段，政府需要在制度规范、财政等方面全面参与和支持农业保险。随着农业保险市场的不断成熟，政府又逐步退出直接的保险业务领域，转而由商业保险公司直接经营，政府转而主要承担规则制定和监管职责。这一变迁中所蕴含的政府与市场应时而动的关系对于我国农业保险立法具有一定的启示意义，农业保险立法应当具备因应经济发展的阶段性，不可以期望一蹴而就。

（2）多元化的保险组织

如上所述，1938 年颁布的《联邦农作物保险法》规定联邦农作物保险公司直接开展保险业务，待农业保险市场相对成熟之后，其又逐渐退出直接经营，主要承担规则制定和监督职能。经过不断的发展，美国现在形成了政府、保险公司以及行业协会共同参与的保险组织体系。这种多元化的参与主体对我国农业保险组织形式的选择也有一定的借鉴意义。农业保险市场的不断完善和农业保险业的健康发展绝不能只依赖国家或者商业保险公司，而应当是各类主体在不断适应市场需求的前提下合力协作的结果。

（3）政府对农作物保险的多样化支持

美国政府对农作物保险的支持主要体现在农作物保险补贴、再保险以及免税等多个方面。对农作物保险的补贴主要表现有二：一是对保费的补贴。根据不同的保险险种，补贴的比例并不相同。二是对商业保险公司开展农作物保险业务费用的补贴。通过保费补贴，提高了农民投保的积极性，通过业务费用的补贴，弥补了具体承办农作物保险业务的商业保险公司业务费用方面的损失，其经营积极性也得以提升。联邦还通过法律，鼓励各州政府根据自身的财力状况，向农作物保险提供补贴，减轻农民的保费负担，进一步提高农作物保险的吸引力。由于农业灾害往往具有大面积、巨额性的特点，一旦发生损失，商业保险公司往往无法单独承担，立法因此设置了联邦农作物保险公司向商业保险公司提供一定比例的再保险和超额损失再保险等保障机制。在免税方面，《联邦农作物保险法》明确规定：联邦政府、州政府及其他地方政府对农作物保险的运营应当免征一切税赋。美国农业保险立法上的这些支持措施对我国农业保险立法上相关扶助措施的塑造具有一定的借鉴意义。但需指出的是，扶助措施的塑造在根本上还是应该根据我国的国情和农情，国外的法制经验仅仅能起到工具借鉴的作用，不能照搬。

（二）日本的农业保险法律制度

1. 日本农业保险法律制度的变迁

日本在1929年通过《家畜灾害保险法》，开始试办农业保险。1938年制定了《农业保险法》。1947年将两法合并，重新颁布包括农作物和家畜家禽风险保险在内的新农业保险法——《农业灾害补偿法》。该法对水稻、旱稻、麦类等作物的多种风险和蚕茧、牛、马、猪等饲养动物的疫病死亡实行法定保险，对其他作物及饲养动物实行自愿保险。法定强制保险引起了农民的抱怨，因此1957年立法者对《农业灾害补偿法》进行了修订，规定只有种植可保作物面积超过0.3公顷的农民才被强制购买保险，农作物面积较少的农民可以不被强制参加农业保险，同时允许市、町、村开展农业保险业务。《农业灾害补偿法》1963年的修订主要是扩大合作社的责任范围和强制加入的主体范围。《农业灾害补偿法》1966年的修订主要关注家畜保险部分，承保方式改为以农户为单位，同时减轻了国家负担的保费比例。《农业灾害补偿法》1985年的修改主要是根据投保人或者保险区域的受灾情况，允许制定不同的保险费率，下调农作物保费的国库负担比例，放宽水稻保险强制加入标准。《农业灾害补偿法》2003 年的修订主要表现在强化农户对农作物保险承保方式的选择权上。

2. 日本农业保险法律制度中可资借鉴的内容

值得我们在农业保险立法中借鉴的日本农业保险制度主要有三：(1) 两级分保（再保险）制度。依据规定，日本农业保险最基层的组织是农民互助共济组合，组合负责直接开展保险业务。中间一级是都、道、府、县农民互助共济组合联合会，它们负责按比例接受互助共济组合的分保。中央层面上的农林水产省设再保险账户，代表国家接受中间一级组合的再保险。通过这种层层分保（再保险）的方式，可以更好地降低农业保险中的风险。(2) 强制保险和自愿保险相结合。《农业灾害补偿法》规定经营达一定规模的农民必须强制参加农业保险，未符合规定的农民则无须强制加入。这在一定程度上实现了强制保险和自愿保险的结合，兼顾了社会公共利益和农户私人利益。(3) 差别化的保险费率。为防止道德风险，《农业灾害补偿法》规定：由保险经营者设计差别化费率，如地域差别费率、危险等级差别费率等，并保障运用保险合同约定个别保险费率的计算方式，以此实现针对风险越大者收受越多保险费的差别对待目的。

（三）加拿大的农业保险法律制度

1. 加拿大农业保险法律制度的变迁

加拿大的农业保险立法可以追溯到 1939 年通过的《草原农业援助法》，该法对于草原和河流地区的谷物生产者提供永久性谷物损失的灾害援助。1959 年通过的《农作物保险法》代替了《草原农业援助法》，为所有地区的农民提供更加充足的保护。农业保险也因此正式成为稳定农民收入、应对与农业生产相关风险的重要的联邦项目。农作物保险一直由联邦和省级政府、农业生产经营者共同承担农业保险费用，自愿参加。《农作物保险法》授权联邦政府援助农作物保险覆盖率达到60%的省份，援助方式为联邦政府补贴保险费的20%，补贴保险项目运行费用的50%。1964年在修改《农作物保险法》时加入了省级和联邦政府再保险协议的一般条款。1966年和1970年修改《农作物保险法》时主要涉及保险覆盖水平的提升和联邦政府承担全部保费等内容。1973年修改的《农作物保险法》为联邦和省级的农业生产经营者提供了费用补贴的两种选择：一种选择是联邦政府和省级政府各自提供25%的保费和50%的管理费用，另一个选择是联邦政府负担50%的保费，省级政府承担全部管理费用。1990年修改的《农作物保险法》将低风险农作物的最高保障水平设置为平均产量的90%，还规定政府承担保险费的25%和管理费用的50%。在实践中，加拿大的农作物保险基本上是由各省农作物保险公司负责运营。联邦立法建立全国的农作物保险框架，地方政府则根据本省的立法与规划，自行设计具体的农业保险实施计划。

2. 加拿大农业保险法律中可资借鉴的内容

（1）政府主导的农业保险发展模式

加拿大农业保险在20世纪20年代曾由私人保险公司试办，但经营并不成功，1959年《农作物保险法》明确了开展农作物保险的制度框架，各个省的农作物保险公司具体负责农业保险的运营，它们都属于非营利的非政府组织，提供低成本、高质量的农业保险服务，且都与联邦政府签订协议。①

① Milton Boyd等：《加拿大农业保险的经历和经验》，载《中国农村经济》2007年第2期。

（2）联邦与省级政府之间的关系

加拿大作为联邦制国家，厘清农业保险国家支持措施体系中不同层级政府之间的关系是《农作物保险法》中的重要条款。根据立法，联邦政府与地方政府承担不同的职责。联邦政府的职责主要是：分担各省农作物保险的保费、管理费和再保险费，分担比例由省政府与联邦政府进行谈判磋商确定；通过立法管理农作物保险，决定联邦对地方各省是否支持以及支持的期限和条件等；制定援助各省的农作物保险计划。地方政府则主要负责开展和管理农作物保险计划，具体职责包括：开办农作物保险并向农民解释其原则；根据可靠的精算原理拟定费率和确定赔付额；保证保险合同及时签订和索赔的及时处理。从多次的法律修改中，我们可以发现在保费和管理费用的负担方面，联邦政府和省级政府承担不同的比例。虽然我国的国情与加拿大不同，但在发展农业保险过程中，我国也应注意确定中央与地方政府在财政扶持方面的具体职责，以在保证农业保险全国一体化推行的前提之下，充分激发地方兴办和支持农业保险的积极性。

（四）菲律宾的农业保险法律制度

1. 菲律宾农业保险法律制度的变迁

菲律宾是发展中国家中较早进行农业保险立法的，其在 1978 年 6 月即通过《农作物保险法》。1978 年 9 月总统签发《关于成立菲律宾农作物保险公司的总统令》，成立农作物保险公司。1981 年开始农业保险业务。《农作物保险法》的主要内容包括农作物保险实施的原则、方式、管理及经营机构、农作物保险与农业信贷的关系、政府补贴等。1995 年修改的《农作物保险法》对农作物保险公司授权部分进行了细化修订。

2. 菲律宾农业保险法律制度中可资借鉴的内容

（1）政府主导农业保险的经营

依据立法，菲律宾农作物保险公司是由政府控股的农作物保险经营机构，其股本的2/3是普通股，由政府认购，1/3是优先股，由公众认购。该公司在全国12个省级行政单位都设有地区机构。各地区公司设展业处、理赔处、财会处和办公室四个职能部门，享有高度自主权，负责根据总公司方针政策决定展业及理赔等事宜。

（2）承保的农作物种类不断扩展

在菲律宾农作物保险试点阶段，承保的农作物是水稻，以后逐步扩大，1982年增加了玉米，1991年增加了烟草作物，[①] 1993年起又对高价值经济作物提供保障。由于不同农作物所遭遇的风险有所不同，我国在发展农业保险时可以借鉴菲律宾立法的试点经验，对承保农作物通过试点逐步推进，先承保基础性的粮食类与牲畜类农产品，再逐步扩展至高经济作物以及其他作物等。

（3）保险费率的共同分摊

依据立法，菲律宾农作物保险费由政府、银行与农民共同承担。具体的分摊方式为水稻、玉米的保险费率为8%，其中农业生产者只承担2%。如果农民是银行的贷款者，由银行承担1.5%，由政府承担4.5%；如果农民是非贷款者，则由政府承担6%的费率。[②] 费率的共同分摊有利于调动农民与发放农业信贷的银行等主体防范风险的积极性。

（4）农业保险与农业信贷挂钩

根据立法，在政府信用贷款计划下，为水稻、玉米生产而获得贷款的农民必须参加水稻农作物保险。通过这种强制挂钩方式，提高了农业

---

① 罗帅民、郭永利、王朝华：《世界农业保险》，中国农业出版社2010年版，第194~198页。

② 黎已铭：《我国农业保险发展问题研究》，西南大学2006年博士学位论文，第68~69页。

保险的参保率，同时保证了贷款的安全性。我国在农业保险立法中也应注意农业保险与其他农村金融法律制度之间的协作关系，力争以较小的制度成本尽量多地实现多重农业产业政策目标。

三、农业保险法律制度的主要内容

本部分通过研究一些国家农业保险立法当中的通用性制度，力图总结出农业保险立法的一般理论和制度模式，希冀在完善我国《农业法》时农业保险条款可有所参照。

（一）农业保险立法背景

一般说来，各国农业保险法出台前，国内皆经历了长期准备、试办农业保险以积累经验的制度试验阶段。在美国《联邦农作物保险法》出台前，1922 年美国财政部就成立了农业灾害保险部，农业灾害保险被立案并组成专门委员会进行调查研究。1934 年到 1936 年的大面积旱灾使美国农作物损失巨大，农作物保险被正式提上议事日程，罗斯福总统任命农作物保险执行委员会对农作物歉收的保险保障问题再次进行研究，研究结论认为农业保险可起到价格政策起不到的作用。同时，农业部也利用其管理农产品价格所积累的资料，对建立农作物保险公司的可行性进行了研究。在这些长期论证准备的基础上，最终才有《联邦农作物保险法》的出台。加拿大农作物保险立法也经历了 20 多年的论证和准备。从 20 世纪 30 年代起，政府就开始进行举办农作物保险的可行性研究。此外，加拿大虽有“平原地区农场援助法”“紧急援助项目”等计划，但由于资金有限，补偿水平也很低，没有稳定保障，迫切需要通过专门立法建立农作物保险计划。菲律宾为了实现粮食自给，自 1973 年开始实施水稻生产计划，还实行“全国农业保证计划”。根据这些计划，菲律宾组织由多部门参加的研究小组对在菲建立农作物保险补偿制度进行可行性研究，相关研究成果最终推动了菲律宾农业保险专门立法的出台。此外，各国国内对农业保险业务强烈需求，迫切需要农业保险法来规范和保障农业保险经营活动也是促使各国农业保险法出台的重要原因。

（二）农业保险立法目标

立法目标是指导立法及各项制度设计时的重要指标。一般说来，农业保险立法目标主要是为了建立农业生产者灾害补偿制度，使农业生产经营者在从事种植业和养殖业生产和初加工过程中，遭受自然灾害、疫病等事故后能得到及时的补偿，以减轻农民灾后的经济困难，增强其生产自救能力。但由于各国经济、政治情况的不同，在具体立法目标上也会有所不同，随着时代变迁原有的立法目标也会发生变化。例如，加拿大立法时正处在社会福利“大厦”的构建热潮中，为了反映该农业保险的福利性、普遍性和公平性，农业保险立法的具体目标就被设定为使农民收入稳定，从而增进农场主的社会福利水平。日本在农业保险立法之初，其目的主要是为了巩固土地改革成果和鼓励农民生产市场短缺的农产品。随着日本社会经济的发展，国内农产品的供给已不是主要问题，立法者随之将农业保险逐步纳入农民福利保障机制的发展轨道上。菲律宾等发展中国家现阶段的农业保险立法主要着眼于促进农业稳定发展、保证粮食供给等目标的实现。

由上可知：发达国家农业保险的立法目标既着眼于分散农业风险，恢复农场生产能力，更把农业保险看作稳定农场主收入的一项社会福利政策。而发展中国家的立法目标则主要在于运用农业保险分散风险的功能，保护本国农业生产、稳定粮食供给。因此各国在进行农业保险立法时都要根据本国经济、社会发展情况，恰当地选择立法目标，不能不顾国情农情、机械地照搬。

（三）农业保险立法体例

如前所述，由于农业保险法的特殊性，进行农业保险立法的国家为规范农业保险，一般都制定有单行的农业保险专门法。例如，1938 年，美国国会通过的《农业调整法》第五部分即美国《联邦农作物保险法》，该法自颁布历经多次修订。加拿大于 1959 年颁布《联邦农作物保险法》（全称为《联邦政府对省政府经营农作物保险的分担和贷款法》），该法简要规定了联邦政府为举办农作物保险的省份分担直接保险的保险费和管理费，以及提供再保险和贷款。日本于 1929 年和 1938 年分别颁布了《家畜保险法》和《农业保险法》，并于 1947 年将二法合并加以修订补充，出台了《农业灾害补偿法》。菲律宾等发展中国家为了发展农业保险，也都制定了单行的农业保险法。

（四）农业保险法的主要制度构成

1. 农业保险组织结构法律制度

农业保险组织结构法律制度是农业保险立法的重要组成部分，决定着农业保险法的制度框架。在不同的制度模式下有着不同的组织结构形式，而且这些组织形式还呈现出不同的特征。概括起来主要有以下三种组织结构类型：（1）国有保险公司或政府授权建立的专业公司。选择此种组织结构的国家主要是考虑到农业保险的政策性本质。农业保险法中明确确定由国有农业保险公司或政府授权建立的专业公司专门经营农业保险。国有保险公司或政府授权的专业公司经营农业保险，能较好地顾及农业保险的政策性，将社会效益作为其优先目标和任务，并实现保险资源优化配置的效果。但由于农业保险很难盈利，国有保险公司或政府授权的专业公司经营农业保险往往会给财政带来沉重负担。（2）农业保险合作社。这是政府主导下的合作式农业保险模式所采用的主要组织结构类型。此种组织结构的最大好处在于社员具有集保险人和被保险人于一身的特点，利益高度一致，对农业生产状况、农业技术、土地的地理位置和等级等情况都比较了解，可有效地防止农业保险中的道德风险和逆选择。但是，农业保险合作社规模一般都不太大，发生较大规模的自然灾害时，其向外分散风险的能力常常不足，因此需要再保险等制度的补充和配合。（3）商业性保险公司。在一些国家，商业性保险公司也参与开展农业保险。但是，除少数国家外，在大部分开展一切险类农业保险的国家里，商业性保险公司都不是主角，而主要充当政府的代理人，由政府补贴其管理费用。在这种组织形式下，国家可利用商业性保险公司完善的经营技术、专业人才以及成熟的销售网络，节省财政开支，最大程度上实现农业保险的高效率。商业性保险公司也能通过经营农业保险进一步开拓农村的寿险和财险市场，从而发现新的营业范围和盈利增长点。但必须指出的是：在实践当中，政府补贴的多少常常会影响商业性保险公司经营的积极性，有些商业保险公司参与农业保险经营仅仅就是为了享受政府的补贴以及附随而来的相关优惠政策，在农业保险业务的维持和开拓方面用心不多，因此还需要相应的监管和引导制度。

2. 国家支持农业保险法律制度

国家支持农业保险法律制度是指国家为了扶持农业保险发展，实现农业保险政策目标，采取补贴、税收优惠等方式诱导和激励农业保险经营机构和农业生产经营者在国家农业保险计划下参与农业保险法律关系的一系列立法。在农业保险立法中建立国家支持农业保险法律制度非常必要，这也是国家干预农业保险的重要方式。因为，如前述所指出的，由于农业保险存在的系统性风险、信息不对称和正外部性等缺陷，农业保险市场易发生市场失灵，单纯的市场化经营很难克服这些失灵现象，这就需要国家介入并扶持农业保险产业的发展。此外，从政府制定农业保险法的目的来看，主要是将农业保险政策法律化，使农业保险不但成为风险管理工具，而且成为实现农业产业政策目标的抓手。因此，多数国家在农业保险立法中都将国家支持农业保险法律制度列为其首要内容。总体而言，国家支持农业保险法律制度主要包含国家对农业保险的补贴制度以及农业保险的税收优惠制度两种。

（1）国家对农业保险的补贴制度

农业保险补贴法律制度是指国家运用财政补助诱导和激励农业保险经营机构和农业生产经营者参与农业保险的相关规范体系，制度内容主要表现为对农业保险经营机构管理费用的补贴和对农业生产经营者投保保费的补贴。从性质上看，国家对农业保险的补贴是一种导向性的财政支出。政府通过补贴的方式诱导农业生产经营者和农业保险经营机构参与农业保险，从而达到支持和保护农业，稳定农业生产的政策目标。在缺少保费补贴的情况下，农业生产经营者对农业保险有潜在的需求，但无购买能力。而农业保险经营机构由于担心亏本，也不愿涉足农业保险市场。因此只有在政府补贴的诱导下，农业保险市场才会实现供求平衡。

参与农业保险补贴法律关系的主体有国家机关或其授权部门、农业保险经营机构、投保的农业生产经营者。相关法律关系可细化为国家对农业保险经营机构补贴管理费用法律关系和对投保的农业生产经营者补贴保费法律关系。各类法律关系的客体为国家的补贴行为。对农业保险补贴系国家职责，因此政府应将其纳入年度财政预算，以保证补贴资金的落实。农业保险经营机构与投保的农业生产经营者依法享有在符合条件时获取相应补贴的请求权。

前述各国基本都确立了农业保险补贴法律制度。美国《农作物保险法》规定政府补贴保费的30%。日本《农业灾害补偿法》规定无论是法定保险项目还是自愿保险项目，政府都给予保费补贴。补贴依费率高低而不同，费率越高补贴比例越高。水稻保险的保费补贴是70%，旱稻保险费的最高补贴是80%，小麦保险费的最高补贴达80%，立法上对此有详细的计算表。对管理费用，各国根据其不同的制度模式，也有不同的补贴比例，但都以保证农业保险经营机构正常经营支出为限，尽量避免农业保险经营机构因管理费用的补贴而获得过多利益。

（2）国家对农业保险的税收优惠制度

税收优惠是一国政府通过法律，将一部分按标准税制规定应收的税款无偿让给纳税人，借助该种照顾和激励，实现其特定的社会经济目标。税收优惠是以减轻税负承担力为内容，“以将纳税义务者的经济活动朝一定方向进行导向为目的的”[①]。由于农业保险的政策性特征和发展农业保险对农业乃至国民经济稳定发展的重要性，许多国家都建立了对农业保险的税收优惠制度，即通过对农业保险经营机构的资本、存款、收入和财产免征一切赋税的优惠措施，减轻农业保险经营机构的税负，促进农业保险产业的充分发展。

3. 农业保险合同制度

农业保险合同是以种植物、养殖物为保险标的财产保险合同，具体可分为种植业保险合同和养殖业保险合同。农业保险合同从性质上讲，也是一种民事合同，但与其他财产保险合同相比，具有以下特殊性：（1）农业保险合同的标的仅限于农业产品。农业产品主要包括种植物和养殖物，农业生产经营者根据其从事农业生产的实际需要，将具体农业产品投保相应的农业保险品种，因此在实践中当中由农业保险当事人之间自由约

① ［日］金子宏：《日本税法》，战宪斌、郑林根等译，法律出版社2004年版，第69页。

定的农业保险合同种类较多，合同内容也比较繁杂。但在法定农业保险合同中，其内容却多半是由法律强制规定的，但这类合同往往仅限于关系国计民生的小麦、水稻等重要农产品。（2）保险责任的高风险性和高赔付性。保险责任是指当保险标的受到所承保的危险侵袭而遭受损失时，保险人应承担的一种赔偿责任。① 由于农业保险合同的标的均处于生长期内，并在很大程度上依赖于不确定的外部环境，因此造成农业保险合同的保险责任与一般财产保险相比具有高风险性和高赔付性。（3）农业保险合同的低保费性。考虑到农业生产经营者对保费的承受能力，为扩大农业保险的覆盖范围，农业保险合同一般都确定较低的保费，或者虽然确定的保费较高但保费的一定比例由国家进行财政补贴，由农业生产经营者实际承担的保费依旧不高。（4）农业保险合同的国家干预性较强。合同乃实现私法自治的工具，是在当事人意思表示一致基础上成立的，因此一般都表现出较明显的自由约定性。但由于农业保险与国家农业产业政策密切相关，农业保险合同常常体现出较为明显的国家意志，例如，农业保险合同的订立必须在国家农业保险规划内才可获得国家补贴和税收优惠，农业保险合同的条款也必须经国家机关或授权部门审核等。

在农业保险中农业保险利益是其重要的生效要件。保险利益，也称可保利益，是指投保人或被保险人对保险标的具有的法律上承认的利益，即在保险事故发生时可能遭受的损失或失去的利益。② 保险法以保险利益作为保险合同的生效要件，投保人或被保险人对保险标的不具有保险利益的，保险合同一般不具有法律效力。农业保险利益是保险利益的一种特殊类型，它是农业投保人或被保险人对投保农业产品所具有的法律上承认的利益，它也是构成农业保险合同的主要效力要件。农业保险利益

① 温世扬主编：《保险法》，法律出版社 2003 年版，第 197 页。

② 详细论述见江朝国：《保险法基础理论》，中国政法大学出版社 2002 年版，第 47 ~ 77 页。

主要有以下特征：首先，农业保险利益为期待利益。一般认为保险利益应具备确定性，即只有投保人或被保险人对保险标的具有的利害关系已经确定或者可以确定时才能符合“具有保险利益”这一要件。由于农业保险标的物处于生长之中，以投保之时至农作物收获期或养殖物成熟期尚有一定时日，所以农业保险利益属于尚未实现但可以确定的利益，为期待利益。其次，农业保险利益具有可计算性。农业保险保障的是可保风险，农业保险利益必须具备金钱价值并且可以计算，这是判断农业保险合同是否构成超额保险的重要标准。最后，农业保险利益确定方式的法定性。保险利益的确定可依双方约定或以法定的方法确定，由于农业保险的特殊性，农业保险利益常常以法律规定的方式确定，这就在很大程度上压缩了当事人之间的约定空间。

农业保险合同作为保险合同的一种，也应该包含一般保险合同通常应当具备的内容，不过由于农业保险易发生逆选择和道德风险，在设计农业保险合同时还应着重关注以下条款：（1）多档次的费率条款。针对不同农业生产者的风险偏好，设计多档次的费率条款，供投保的农业生产经营者选择，这样可以在一定程度上降低逆选择风险。风险较大的农业生产经营者可选择保障水平较高的合同，因此也得多交保费。相反，风险较低的农业生产经营者则可选择保障水平较低同时保费也不高的保险合同。（2）免赔额和共保条款。免赔额即保险人可从损失中预先扣除的固定金额，扣除后剩余的数额则作为保险赔款。免赔额的存在其实是限制了保险人的赔付责任，它们只有在投保人的损失超过免赔额时才针对超过部分承担赔偿责任。共保条款是指在保险事故发生后，对损失超过免赔额的部分，保险人也不是全部承担赔付责任，而只承担一部分赔偿责任，其余由投保人自己承担。在农业保险合同中确定免赔额和共保条款，有利于减轻农业保险经营者的保险运营成本，同时也在一定程度上防范了农业生产经营者的道德风险，因此为许多国家的农业保险立法所青睐。（3）无赔款优待条款。无赔款优待即投保的农业生产经营者在一定保险期间若无索赔的经历，即可获得保险费率优待，例如约定若一年无索赔，可减少保费10%，三年无索赔，可减少保费15%，四年无索赔，可减少保费25%等条款。这些条款可提高风险较小、但诚实的农业生产经营者参与农业保险的积极性，降低逆选择风险，同时可激励投保的农业生产经营者精心管理，因此在一些国家的农业保险立法上较为流行。

4. 农业再保险制度

再保险是指保险人将其承担的一部分或全部保险责任分散和转嫁给其他保险人的一种分散风险机制。[①] 这种机制有利于分散保险人的承保危险，扩大原保险人和再保险接受人的承保能力，保证保险业的正常经营和稳健发展。再保险一般通过订立再保险合同的方式建立。再保险合同可以分为广义再保险合同和狭义再保险合同。广义再保险合同是指为使原保险的全部或部分保险责任转移给再保险人而订立的保险合同，狭义再保险合同是指原保险人只将原保险的部分保险责任转移给再保险人而与之订立的保险合同。我国《保险法》的规定[②]表明我国再保险合同仅指狭义再保险合同，即保险人只能将其承保的保险责任的一部分转移给再保险人。

建立再保险制度对农业保险非常必要，这是因为农业的自然风险多出现巨灾风险，其风险单位[③]较大，而且一般的农业保险经营机构其保险范围都很小，多局限在一乡、一县地域范围之内，很难通过空间有效地

---

① 温世扬主编：《保险法》，法律出版社2003年版，第325页。

② 我国《保险法》（2009年修订）第28条第1款规定：“保险人将其承担的保险业务，以分保形式部分转移给其他保险人的，为再保险。”

③ 风险单位是一次风险事故所造成的损失范围。风险单位是讨论风险和保险的重要概念。

分散风险，特别经不起巨灾风险的打击，因此必须要在更大范围内寻求空间上的风险分散机制。在实践当中，再保险已经成为农业保险人在更大空间范围内进行风险分散的有力手段。[①] 同时，农业再保险也是国家扶助农业保险的一种重要方式，国家可通过组建国有农业再保险公司或通过其他组织提供再保险业务等方式支持农业保险的发展。

许多国家的农业保险立法当中都规定有再保险制度。美国《农作物保险法》规定：联邦农作物保险公司依法为所有提供农作物保险的保险人、再保险人、州或地方政府机构提供可行的最大限度的再保险。菲律宾《农作物保险法》规定：为使农作物保险公司免受超额损失，以巩固自有资本，公司须将其主业务——水稻作物保险投保再保险。日本《农业灾害补偿法》中确立的三级农业共济组合体制实际包含了两级再保险机制，通过再保险的层层分保，在更大地域范围内分散了农业生产经营的风险。对农业再保险的推行方式，各国根据本国国情规定不一，有的国家建立了由国家出资组建的农业再保险公司，由该公司专门从事农业再保险业务，有的国家通过政府与普通再保险公司签订再保险协议并由政府财政给予相应补贴的方式推广农业再保险业务。此外，为了在更广大空间范围内分散风险，许多国家还支持本国的农业保险经营机构在国际保险市场上办理再保险业务。

5. 农业保险配套法律制度

为了保证农业保险法诸项制度正常运作，往往还需在农业保险法中规定以下配套制度：

（1）巨灾损失基金制度

巨灾损失是指在一次风险事故中，保险人所承受的超过一定标准的

① 庹国柱、李军主编：《农业保险》，中国人民大学出版社2005年版，第437页。

特大损失。巨灾损失基金即为分散农业遭遇巨大自然灾害时给农业保险经营机构带来过高理赔风险，而由国家保险经营机构、社会捐助等多渠道筹集所得之资金。如前所述，农业是高风险的产业，农业特大自然灾害和巨灾损失难以避免。巨灾风险的存在和损失的发生，往往会吞噬农业保险经营机构所有的准备金和资本金，容易使农业保险经营机构陷入严重的财务危机。在实践当中，巨灾损失日益成为保险公司破产的重要原因。[①] 为此大多数国家农业保险法都确立了巨灾损失基金制度。

巨灾损失基金的来源主要有国家拨款、农业保险经营收入和社会捐助。国家拨款表现为国家可将部分农业救济款投入建立巨灾损失基金，制度化的巨灾损失基金较政府无偿的救济行为更有利于分散农业巨灾风险。同时，因为巨灾损失基金具有支持农业保险经营机构稳健经营的功能，所以还可从农业保险经营机构经营收入中提取部分资金作为巨灾损失基金的来源。此外，巨灾损失基金还可以接受社会捐助以增强其抵抗巨灾能力。

（2）农业保险与农业信贷挂钩制度

农业信贷制度也是支持农业生产经营活动的重要措施。为扩大农业保险的覆盖面，同时保证农民在受灾后还有能力归还贷款，许多国家的农业保险法都将农业保险与农业信贷挂钩，规定要取得农业信贷资格，必须以参加农业保险为条件。菲律宾《农作物保险法》规定：获得信贷计划贷款的所有农民都必须参加农业保险，其他农民则自愿参加农业保险。所有参加信贷计划的银行都是农作物保险计划的代理人。贷款农民的赔款都要通过贷款机构支付。这实质上使农业保险具有了类似保证的功能，在投保农户由于自然灾害、疫病等事故无力履行还贷责任时，农

---

① 谢家智、蒲林昌：《政府诱导型农业保险发展模式研究》，载《保险研究》2003 年第 11 期。

业信贷机构可从农业保险经营机构处以投保户所得理赔款偿还其贷款。这种挂钩机制可以以较小成本同时实现农业贷款和农业保险的政策目的，还可以在很大程度上兼顾到农业生产经营者、农业贷款银行以及农业保险人等各方主体的利益。

四、我国农业保险的发展现状

我国在20世纪三四十年代曾经试办过农业保险，中间经历了20世纪50年代农业保险的兴起和停办、80年代到90年代中期的恢复试办、90年代中后期到21世纪初的持续萎缩等阶段，总体呈现出从无到有、跌宕起伏的发展特征。[①] 2004年开始我国在部分地区试点政策性农业保险，通过组建专业性农业保险公司、促进商业保险公司与政府联办或为政府代办农业保险、为农民提供保费补贴等政策方式，陆续开展针对水稻、小麦、玉米等重要农作物的农业保险业务。2007年国家开始实施中央财政支持下的政策性农业保险，国家财政投入10亿元在四川、湖南、江苏、新疆、内蒙古、山东等6个省份开展政策性农业保险试点工作。2008年试点省份增加为13个，财政投入增加到60.5亿元。2009年试点省份扩大为19个，中央财政投入加大到80亿元。2012年国务院在总结各地试点经验的基础上制定并通过了《农业保险条例》，农业保险的发展正式进入法治化轨道。

以下我们概述一下我国农业保险发展的基本状况，以作为后续法制审视和完善建议的现实基础。

（一）农业保险的保费收入逐年增加

随着国家对农业保险的扶持，农业保险的保费收入正在逐年增加。

① 庹国柱、李军主编：《农业保险》，中国人民大学出版社2005年版，第78页。

2007年到2009年农业保险保费收入分别达到51.84亿元、110.7亿元和133.8亿元，2010年的保费收入为135.9亿元，2011年的保费收入为174亿元，2012年的保费收入为240.6亿元，2013年的保费收入为306.7亿元，具体可见图6.1。国家农业保险支持政策的出台以及《农业保险条例》的颁行有力地推动了农业保险保费收入的增加。

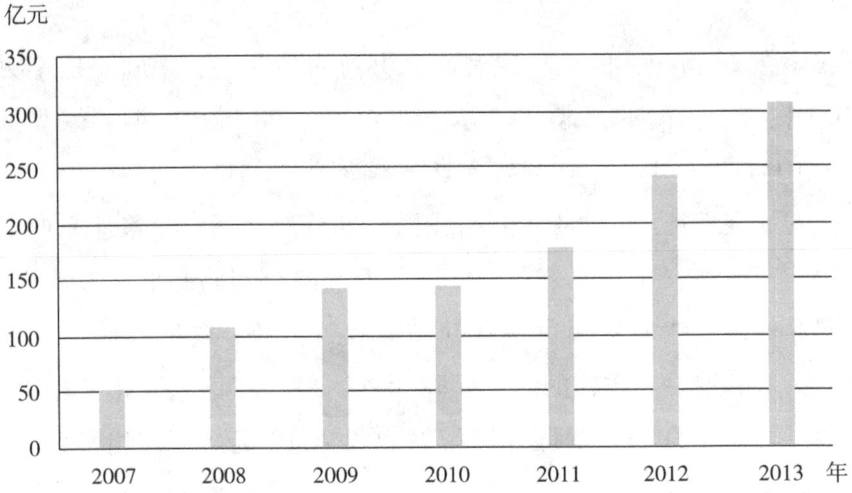

图6.1 2007年至2013年我国农业保险的保费收入情况

（二）中央财政补贴农业保险的力度不断加大

为支持农业保险的发展，中央财政近年来加大了对农业保险的支持力度。2007年中央财政对农业保险的补贴为21.5亿元，2010年补贴额度达到103.2亿元，2011年补贴额度为97.06亿元，2013年补贴额度猛增至126.88亿元。具体可见图6.2，其中2012年因数据缺失未统计。

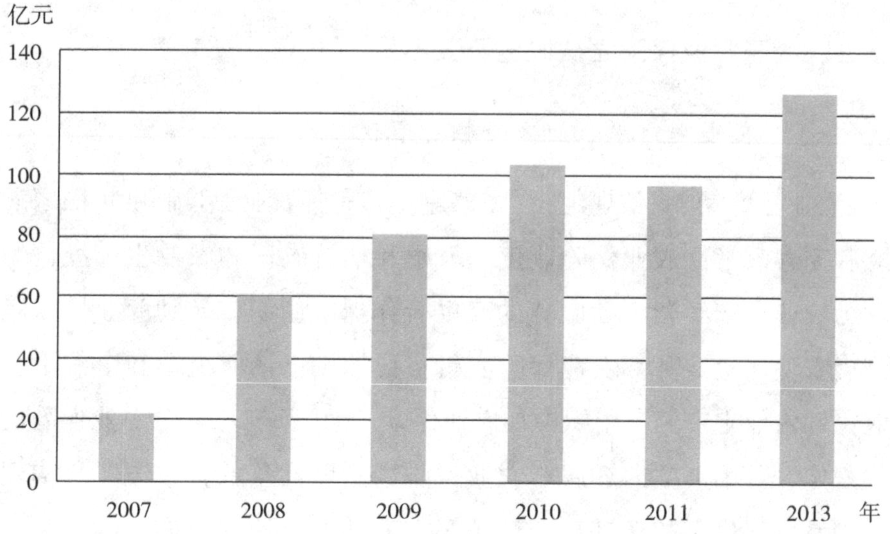

图 6.2 2007 年至 2013 年中央财政对农业保险的补贴情况

（三）农业保险对农民的支持作用日益凸显

通过农业保险的试办与完善，农业保险已经成为分散农业生产经营风险、稳定农民收入的重要手段。2007 年至 2012 年间，农业保险提供的风险保障总额度从 1126 亿元增长到 9006 亿元，共计向 1.13 亿户次的农户支付赔款 551 亿元。2012 年，农业保险户均赔款 526 元，较好地支持了农民灾后的恢复再生产，对稳定农业生产、促进农民增收起到了积极的作用。

虽然已经实现了上述的可观成果，但总体来看，我国农业保险在普及性和覆盖率上还存在明显的不足，这首先是因为农民从事农业生产经营的收入水平总体偏低导致的风险防范意识不强造成的，但不容忽视的是现行农业保险法制存在的一系列不足，也在很大程度上影响到了农业保险的健康和可持续性发展。以下笔者就专门针对我国农业保险法制的缺陷展开系统阐释。

五、我国农业保险立法概览及其不足

（一）《农业法》中农业保险相关条款的解读

《农业法》第46条规定：“国家建立和完善农业保险制度。国家逐步建立和完善政策性农业保险制度。鼓励和扶持农民和农业生产经营组织建立为农业生产经营活动服务的互助合作保险组织，鼓励商业性保险公司开展农业保险业务。农业保险实行自愿原则。任何组织和个人不得强制农民和农业生产经营组织参加农业保险。”该条规范是对农业保险的原则性规定，其第1款内容属于农业保险的制度性条款，为进一步构建农业保险制度提供了权源基础。该条第2款涉及农业保险的三大类型，即政策性保险、互助合作保险、商业性保险，但对三种不同的保险类型，立法却设定了不同的规制态度。对于政策性农业保险，国家对其所持的态度是“逐步建立和完善”。政策性农业保险需要国家财政的大力支持，必须要在考量国家财政实力的前提下分阶段稳步推进。同时该款也印证了前文所作的结论：一个国家在何时、将何种农业保险纳入政策性保险的范围，必须要考虑该国经济实力、政治体制等诸种因素，不能一蹴而就，国家对此具有较为宽泛的自由裁量空间。对于农民互助合作保险，由于其具有避免道德风险、成本较低等诸种好处，国家对其所持的态度是“鼓励和扶持”。

同样持鼓励态度的还有商业性保险公司从事的农业保险业务。由于商业性保险公司基于营利目的并不愿意投身到风险高、收益低的农业保险业务领域，国家的鼓励与引导就显得十分必要，这种鼓励和引导可以在一定程度上实现商业利益与公益的平衡。但是需要注意的，对于农民互助合作保险组织和商业性保险公司皆提到了鼓励，只是对于农民互助合作保险组织除鼓励之外还有“扶持”这一表述，能不能从这种不同的表述当中得出国家对农民互助合作保险组织与商业性保险公司在优待程度上有所差别这一结论呢？我们认为是可以得出这一结论的，原因在于：农民互助合作保险组织由于其比商业性保险公司抗风险能力小，而又具有其他类型农业保险经营组织所不具备的优势，因此，应该从国家那里得到更多的扶持。《农业法》第46条第3款内容确立了我国农业保险的自愿参加原则，禁止任何组织和个人强制农民和生产经营组织者投保，《农业保险条例》重申了此一原则。

（二）《保险法》中相关规范条款的解读

《保险法》（2009年修订）第186条第1款规定：“国家支持发展为农业生产服务的保险事业。农业保险由法律、行政法规另行规定。”该条内容除了表明立法对为农业生产服务的保险事业的“支持”这一基本态度之外，还列明了制度指引性规定，即立法者认识到农业保险和一般商业保险属性不同，不应把二者混淆到一起，因此允许依据农业保险的特殊性专门制定相关的法律法规。这同时也意味着：农业保险的推行一般不适用保险法的相关规定，而应当适用专门制定的农业保险法律法规。

（三）《农业保险条例》相关条款的解读

2012年国务院制定并发布的《农业保险条例》[①] 是现行（截至2013年）规范农业保险活动的专门法规，其有五章内容，分别是总则、农业保险合同、经营规则、法律责任、附则，共33条。从权源基础来看，该条例应当是对《农业法》“国家建立和完善农业保险制度”这一制度条款以及《保险法》第186条制度指引性规定的实现和具体化。《农业保险

① 该条例后于2016年修订。

条例》的主要制度内容概括如下：

1. 立法目的

《农业保险条例》第1条指出其立法目的在于“规范农业保险活动，保护农业保险活动当事人的合法权益，提高农业生产抗风险能力，促进农业保险事业健康发展”。从此条内容，可看出条例制定者认识到农业保险是一种农业风险的管理工具，是国家农业支持保护体系的重要组成部分，对提高农业抗风险能力、保障粮食生产安全具有重要意义。

2. 农业保险的定位

在对农业保险的定位上，条例并没有将其完全确定为政策性保险，而是考虑到“目前的农业保险不具有国家兜底和强制性的特点，因此，将其定位为有国家补贴的商业保险”①。条例第3条规定，“国家支持发展多种形式的农业保险”，农业保险发展的原则是“实行政府引导、市场运作、自主自愿和协同推进的原则”。由于各地农业保险发展状况的不同，条例还提出：“省、自治区、直辖市人民政府可以确定适合本地区实际的农业保险经营模式。”可见，条例是对农业保险采取多元化定位态度的，基本定位应该是融入了国家扶助性质的商业保险（不是纯粹的商业保险），同时鼓励政策性保险和合作式保险的试点和发展。这样做的最重要因素应当是对国情的考虑，体量巨大的农业生产经营者群体使国家财政尚无兜底的能力，因此纯粹的政策性农业保险在现阶段没有可行性。

3. 对农业保险的支持措施

为使国家对农业保险的支持措施规范化、制度化，条例作了如下规定：一是国家支持发展多种形式的农业保险，健全政策性农业保险制度。二是对符合规定的农业保险由财政部门给予保险费补贴，并建立财政支

① 2012年国务院法制办公室关于《农业保险条例（征求意见稿）》的说明。

持的农业保险大灾风险分散机制，具体办法由国务院财政部门会同国务院有关部门制定。三是鼓励地方政府采取由地方财政给予保险费补贴、建立地方财政支持的农业保险大灾风险分散机制等措施，支持发展农业保险。四是对农业保险经营依法给予税收优惠，鼓励金融机构加大对投保农业保险的农民和农业生产经营组织的信贷支持力度。①

4. 农业保险合同和经营规则

条例总结农业保险发展的实践经验，侧重于保护投保农户的利益。根据农业保险业务的特点，对农业保险合同和农业保险业务经营规则作了如下规定：一是为保持农业保险合同的稳定性，规定农业保险合同当事人在合同有效期内，不得因保险标的危险程度发生变化而增加保险费或者解除保险合同。二是为保障受灾农户及时足额得到保险赔偿，规定保险机构接到发生保险事故的通知后，应当及时进行现场查勘，会同被保险人核定保险标的受损情况，并在与被保险人达成赔偿协议后 10 日内，将应赔偿的保险金支付给被保险人且保险机构应当按照合同约定，根据保险标的损失程度足额支付应赔偿的保险金。三是为保证定损和理赔结果的公开、公平、公正，规定农业生产组织或者村民委员会等单位组织农民投保的，保险机构应当将查勘定损结果和理赔结果予以公示。四是为合理确定保险费率和保险条款，规定保险机构应当在充分听取省级人民政府财政、农业、林业部门和农民代表意见的基础上，公平、合理地拟定农业保险条款和保险费率，并依法报保险监督管理机构审批或者备案。②

5. 农业保险经营风险防范规则

条例高度重视防范农业保险经营风险，为确保农业保险依法合规经

---

① 2012 年 11 月国务院法制办、中国保监会负责人就《农业保险条例》有关问题答记者问。

② 2012 年 11 月国务院法制办、中国保监会负责人就《农业保险条例》有关问题答记者问。

营，真正发挥支农惠农作用，条例作了如下规定：一是规定保险机构应当有完善的农业保险内控制度，有稳健的农业再保险和大灾风险安排及风险应对预案，其偿付能力以及农业保险业务的准备金评估、偿付能力报告编制应符合国务院保险监督管理机构的规定。二是为切实保证财政给予的保险费补贴依法使用，规定禁止以虚构或者虚增保险标的、虚假理赔、虚列费用等任何方式骗取财政给予的保险费补贴。三是对违反条例规定行为的法律责任作了明确规定。[①]

（四）对《农业法》中农业保险条款的审视

1. 农业保险的属性不明

《农业法》第46条所处的章节是“农业投入与支持保护”，从这一体例安排可以看出《农业法》是将农业保险作为农业支持的具体手段之一来看待的。作为农业支持手段的农业保险，不但应当是农业生产经营者的一种农业风险管理工具，在出现农业灾害时能对农业生产经营者的损失予以弥补，而且随着以城带乡、工业反哺农业发展战略的确立，其还应当逐渐成为提高农业生产者福利水平的重要方式，政府对农业的投入也可经由农业保险这一手段实现提高农业生产经营者的收入水平的目的。但遗憾的是，《农业法》第46条并未明确表述出农业保险应当具备的这两种属性，农业保险的法律属性因此显得晦暗不明。《农业保险条例》将农业保险主要定位为受国家补贴的商业保险而非纯粹的政策性保险，除了国情考虑之外，作为其上位法依据的《农业法》第46条未明确农业保险的属性不能不说也是主要原因之一。

---

① 2012年11月国务院法制办、中国保监会负责人就《农业保险条例》有关问题答记者问。

2. 国家对农业保险的支持手段不明确

《农业法》第46条提出要“鼓励”“扶持”农业保险的发展，这体现了农业保险与商业保险的不同发展路径，国家应当采取各种政策性手段支持农业保险的发展，而不是放任农业保险由市场自由发展。考虑到《农业法》作为农业和农村基本法的属性，体现国家支持农业保险手段的规范不应过于具体，但这并不意味着《农业法》不应该明确国家支持农业保险的手段类型。相反，《农业法》应该在第46条当中列明国家鼓励和扶持农业保险的措施类型，以为下位法提供明确的指引和权源依据。

3. 缺乏对农业保险运营模式的倾向性规定

依据前述内容，我们可以将农业保险的运营模式概括为政府组织经营模式、政府支持下的合作社经营模式和政府主导下的商业保险公司经营的模式等三种，它们各有利弊。政府主办并由政府组织经营的模式，有利于农业保险的统一规划和推行，但借助行政权力来推行农业保险效率往往不高，容易产生权力寻租，农业生产经营者和保险经营者的配合积极性也可能较低，还有可能给财政带来沉重负担。政府支持下的合作社经营模式，具有自愿互助性质，易于为农业生产经营者所接受，保险人与被保险人利益融为一体也减少了逆选择和道德风险，但也存在合作组织内风险分散的功能有限从而难以应付巨灾损失的弊端。政府主导下的商业保险公司经营模式在政府支持下利用已有的商业保险公司展开充分竞争，有利于调动保险经营机构的积极性，同时能在很大程度上保证所提供的农业保险项目能够较为充分地因应现实需求，但其也存在商业保险公司过分依赖补贴甚至于为了获得补贴怠于经营等弊端。

除上述理论上的模式总结之外，中国保监会还曾提出过五种模式，供各地根据不同情况进行探索试验，即由商业保险公司与政府签订协议代办农业保险；在经营农业险基础较好的地区设立专业性的农业保险公司专门开展农业保险业务；设立农业相互保险公司开展农业保险业务；在地方财力允许的情况下，设立由地方财政兜底的政策性农业保险公司开展农业保险业务；引进具有农业险经营先进技术及管理经验的外资或合资保险公司开展农业保险业务。这些模式都是监管层从实际出发对开办农业保险做出的新探索，但其基本上也都可以归入上段所述的三种模式当中去。

现行《农业法》第46条作为农业保险的基础性立法条款，并未对我国农业保险的运营模式表明倾向性态度，而是对上述三种模式当中所涵括的农业保险组织形式都进行了罗列，即使对这些组织形式的规制态度采用了不同的表述，但倾向性态度仍旧不明确，我们还是无法从中明确地感知到法律意欲重点型塑的农业保险运营模式。这种模糊态度给了《农业保险条例》等下位细化性立法较大的自由裁量权。条例采取的即是国家支持下的商业保险公司经营农业保险这种模式。在实践当中，有些地方立法或者规章还采取了不同于条例的所谓“地方特色”的农业保险运营模式。我们认为，在《农业保险条例》已经出台并实施的情形之下，《农业法》第46条在农业保险的运营模式上不应当再给予下位法过大的裁量空间，因为由上述对我国农业保险发展历程的简介可知，农业保险制度试验的时间已经够长了，各类试点模式的利弊该体现和暴露的也都体现和暴露出来了，该为我国农业保险的运营确定一个比较统一的模式了。

4.《农业法》第46条还存在遗漏的内容

现行《农业法》第46条在规定农业保险制度框架的同时，对重要的两类农业保险制度还存在遗漏之处：一是农业保险合同制度。《农业保险条例》第2章规范了农业保险合同制度，在《保险法》关于保险合同规定的基础上增加了部分特殊规定。《农业法》应将农业保险合同制度的基本规则规定出来。二是农业保险监管制度。农业保险运营过程中，面临着农业生产经营者骗取保险赔偿、故意增加损失以及保险公司骗取财政补贴等各种道德风险，因此应设置专门的农业保险监管制度，《农业法》第46条作为基础性条款理应对监管体制和基本监管权力等做出原则性规定，为下位法的细化创制法律依据。

六、完善《农业法》中农业保险条款的具体建议

（一）完善《农业法》中农业保险条款的思路和原则

《农业法》中仅有一条内容规范农业保险，无法满足我国农业保险的发展需要，应适当增加规范农业保险行为的条款。基于《农业法》农业和农村基本法的属性和我国已经出台《农业保险条例》的现实，农业保险相关条款不应单独成章，以保障修改和完善《农业法》时能够充分尊重既有立法体系的稳定性，从而减少立法成本。具体的思路是：由《农业法》规定农业保险的制度框架、运营模式和原则、国家扶持的措施类型、农业保险合同制度、各类农业保险运营主体的经营规则、监管体制等基础性内容，《农业保险条例》则负责将这些基础性规定具体化。

（二）完善《农业法》中农业保险条款的具体建议

1. 确立农业保险的运营模式

基于前述农业保险的政策性本质以及许多国家的经验借鉴，考虑到我国的国情和农情，我们认为由《农业保险条例》所确立的国家补贴下的商业保险公司运营农业保险的模式在现阶段基本是合适的，但随着我国国家财政实力的逐渐增强以及未来新型城乡和工农业关系的形成，尤其是农业在国民经济当中所处地位的变化，在工业化和城镇化高质量发展的后期，由国家主导成立的政策性农业保险公司为主、接受国家补贴

的商业保险公司以及合作制农业保险组织为辅运营农业保险业务的模式应是未来目标。《农业法》不但应当明确当下的农业保险运营模式，还应当为转向未来可期的农业保险运营模式留下必要的制度空间。

2. 明确农业保险监管体制

从国外农业保险立法的经验来看，农业保险监管机构的架构一般存在三种模式：一是在农业主管部门下设立专门的农业保险管理机构，如美国就在联邦农业部之内设置农业风险管理局。这种方式的好处在于农业主管部门拥有专门的技术人才，能够保证农业保险管理的专业性和科学性，也有利于从整体上对农业风险进行管理。二是在保险监督管理部门下设立专门的农业保险监管机构。这种模式的最大特征是将农业生产经营风险作为风险体系的一种统一进行管理。三是由国家设立独立的农业保险监管机构。在我国现阶段，可考虑选择第二种模式，在中央保险监管部门当中专门设立农业保险监管处统一对全国的农业保险经营进行监督管理。农业保险监管处的主要职责可以设置为：（1）负责全国性险种的制定和费率厘定；（2）建立农作物保险数据库；（3）负责制定作物定损标准；（4）负责某些重大农业保险产品的研发，并对农业保险经营机构研发的普通农业保险产品进行初步审核；（5）负责预测和估算各种农产品的价格，以此作为理赔和计算保费的基准。

3. 确定投保原则和基础性赔付规则

对关系国计民生的粮食等重要农产品实行法定保险，其他种类的农产品则实行自愿保险。为防止农业生产经营者的道德风险，农业保险的赔付额度应当只限于农业生产经营者预期收益的一定比例，而不应当是其全部预期收益，剩余损失应当由农业生产经营者自行负担。这只是一个赔付的基本规则，法律还可以授权下位立法根据不同的保费、政府补贴水平和各地方实际情况确定具体的赔付比例和数额。

4. 构建保险费和经营管理费用补贴制度

应当明确中央和地方政府针对不同农业保险项目的保费和经营管理费用的补贴职责。重点应该是对保险费用的补贴。针对实行法定保险的主要农产品的保费和经营管理费补贴的额度应当稍高一些。补贴应当在中央财政和地方财政之间划分，划分的比例最好由立法明确。但考虑到国情，也可以只设置比例划分的基本准则或者原则，具体比例由中央政府确定。为了激发种粮大省农业生产经营者的粮食种植积极性，实现粮食安全，建议设置针对粮食主产区的保费和经营管理费用补贴倾斜规则，即在这些地区，中央财政承担的补贴比例要高于其他地区。保费补贴不应当直接发给投保者，而应当采取农业生产经营者在向农业保险经营机构投保时由这些机构将保费补贴数额从应缴保费中预先扣除、事后再由财政将补贴保费拨付至农业保险经营机构账户上的方式发放。经营管理费用的补贴可在《农业法》上仅作原则性规定，发动条件、补贴额度及方式等具体内容考虑授权下位立法根据各地情况予以明确。

5. 构建农业再保险制度

国家应当建立农业再保险体系，为农业保险公司和其他农业保险经营机构提供更大范围的风险分散机制。从事农业保险业务的相关经营机构可与其他再保险公司或国际再保险公司签订再保险合同，以在更大空间范围内分散其所承保的农业生产经营风险。建议考虑为各级政府设置支持农业再保险业务开展的基础性职责，支持措施包含再保险费用补贴、再保险业务税收优惠、再保险组织的设立扶持等。

6. 构建农业保险与补贴和政策性贷款挂钩制度

为了保证农业保险对粮食等主要农产品的全覆盖，我们建议借鉴国外的农业补贴与其他农业支持措施相挂钩的经验，构建针对粮食等重要农产品的农业保险与补贴和政策性贷款挂钩制度。主要制度内容为：要求粮食等主要农产品的农业生产经营者在获取农业补贴以及享受政策性贷款时，应当以参加农业保险为前提条件之一。符合条件并依法参加了农业保险的农业生产经营者，才有权申请相关的农业补贴以及政策性贷款。这一挂钩制度在现阶段还有重要的现实意义，即可以保证种粮类补贴能够确实发放到种植粮食作物的农业生产经营者手中，提高种粮类补贴的发放精准程度。

基于以上所述各点，我们建议将《农业法》第46条扩展为至少六款内容，分别表述上述六点制度内容的基础性规范。

附　录

论我国农业补贴法律制度的构建*

黄　河

一、农业补贴法律制度的内容、性质及构建我国农业补贴法律制度的必要性

一般意义上的农业补贴指的是对农业的财政补贴，即国家为了实现特定的农业产业政策目的而将财政收入依法定的标准和方式转移给特定的农业生产经营者的国家行为。在理论上，农业补贴因其外延涵涉范围不同而有最广义的农业补贴、广义的农业补贴和狭义的农业补贴之分。最义的农业补贴的外延涵涉范围依国际法性质的《补贴与反补贴措施协定》第1条对“补贴”的外延描述以及德国公法学界的研究成果可以概括为：（1）国家现实的涉及财政资金的直接转移，如补助金（补贴金）、国家的低息或无息贷款、国家对特定农业经济组织或项目的投资入股等；（2）国家潜在的涉及财政资金或民间债务的直接转移，典型的是国家对特定农业生产经营者商业贷款一定比例的担保、再担保或保证保险；（3）租

* 本文发表于《法律科学》（西北政法学院学报）2007年第1期，为与本书体例规范统一，摘录时有所修改，全书同。

税优惠，即国家依法放弃在正常情况下应征收的政府租税；（4）国家向特定农业生产经营者提供一般公共性或基础性设施和服务之外的物品或服务，以及依法定优惠价格购买特定农产品。① 广义的农业补贴的外延涵涉包括国家现实的财政资金的直接转移支付，国家潜在的涉及财政资金或民间债务的直接转移和国家依法放弃的政府租税三种。② 狭义的农业补贴则仅指国家为了实现特定的农业产业目标而进行的现实的财政资金直接转移中的“赠款性”补助金或补贴金的依法发放，德国公法学界称之为“亏损性补贴”，意指“不要求返还的金钱给付，对国库来说，这种给付是一种‘亏损’”，③ 这种“亏损性补贴”在各国农业法律体系中占据着非常重要的地位，是各国保护、扶持农业生产和农业生产经营者的主要手段，其在各国农业补贴实践中称谓不一，如美国农业法称之为“直接支付”“反周期支付”“营销贷款差额补贴”，④ 德国在法律实践中则采用“财政援助”“奖励”“补助”“补贴”等多项术语。⑤ 本文以下论及的“农业补贴”仅指“亏损性农业补贴”，其发放主体多为行政机关，具体为农业生产主管机关或促进机关，在法定条件下也授权非政府的公益性组织（如农业合作社）或委托私营机构（如银行）发放农业补贴；农业补贴接受主体一般为实际从事特定农产品生产或经营活动的自然人、法人或其他法定组织；农业补贴的目的因各国亏损性补贴项目不同而有差别，但概括起来主要有两类：一类是为了促进农业生产经营水平或保障食品供应安全，另一类是为了提高或保障农业生产经营者的生活水平。

---

① ［德］哈特穆特·毛雷尔：《行政法学总论》，高家伟译，法律出版社2000年版，第424页。

② 陈慈阳：《环境法总论》，中国政法大学出版社2003年版，第256页。

③ ［德］哈特穆特·毛雷尔：《行政法学总论》，高家伟译，法律出版社2000年版，第424页。

④ 张汉麟等编译：《美国2002年农业法专题研究》，经济管理出版社2005年版，第131～171页。

⑤ ［德］哈特穆特·毛雷尔：《行政法学总论》，高家伟译，法律出版社2000年版，第424页。

由于各工业化国家的社会经济状况不同，农业补贴的目的差异，随之而产生出为各种目的服务的各类补贴方式。纵观各国农业补贴法律制度，可作以下分类：一是以鼓励和支持农业生产效率的提高为目的，即以国家财政补贴的方式或引入先进的农业生产要素以替代传统要素，或促进特色农产品的生产和传统农业资源的保护，或推动农业生产的规模化及产业化，最终要达到改造传统农业，寻求和保有农业在国民收入中新的收入增长点，从根本上改变农业生产的弱质性和减缓农业产业比较利益的急速下降等目的。为实现该类目的的补贴类型一般有：农业生产资料投入补贴、农业科技开发与推广补贴、促进农用土地集中化补贴、农业环境保护补贴、农民职业培训补贴、农用土地休耕补贴、农业生产者退休或转业补贴、不发达地区农业开发补贴等。二是以保障或提高农业生产经营者的农业收入水平为目的，即通过各类国家财政的转移支付来保证农业生产经营者的收入水平不低于其他产业的经营收入，在一定条件下甚至超过其他产业的经营收入。为实现该类目的的补贴一般为农业生产经营者收入支持补贴，又分为直接给付式的收入支持补贴和农业保险补贴两类，前一类最初表现为“国家购入”制度，即当农产品价格低于国家制定的保护价时，由国家以保护价全部购入，后又演变为“不足支付制度”，即当农产品价格以低于国家制定的保护价出售时，由国家财政支付保护价与售出价之间的差额，由于在经济学理论上认为对农业生产经营者的前两类补贴与特定农产品的当期产量与价格挂钩，有扭曲价值规律的危险，因此各国的农业补贴实践创造出对价值规律影响最小与农业生产脱钩的“直接支付”制度，该制度规定了固定的不受当期产量与价格影响的各类农产品的“直接支付率”，以此为基础，根据历史种植面积与历史单产最终确定直接支付额。农业保险是为保障农业生产经营者在自然灾害发生时农业收入水平的制度，农业保险补贴主要包括国家对农业生产经营者保险费的补贴和对农业保险经营者运营费用与亏损的财政补贴。

在财政学或经济学上，农业补贴“与价格、工资、利息等经济杠杆”一样，其运作的本质是“以产品价值量为分配对象，引起国民收入分配额在不同利益主体之间发生变化，改变国民收入分配结构，从而对社会再生产的生产、分配、交换和消费发生影响”，[①] 进而影响农业产业与其他产业之间相关资源的合理配置，实现国家特定的经济和社会政策目标。经济目标主要指通过对农业生产率的促进和提高，使之与其他产业均衡发展；社会目标主要指提高农业生产经营者的农业生产经营收入，使农业生产经营者与其他各业经营者之间的生活水平大体相当；在某些经济转型国家（如我国），通过农业补贴的资源配置所实现的国家目标中还包括保证关键农产品供应安全（粮食安全或称食品安全）。引发国家以补贴方式介入并干预国民收入分配结构的根本原因在于农业产业的天然弱质性和对国家与社会的不可或缺性。农业产业的弱质性主要表现为：农业生产对土地、气候等自然资源禀赋的严重依赖性，农业产品在市场上缺乏供给弹性，农业新技术和新品种开发和引进的巨大成本以及在实践运用中的巨大外部性。农业对国家与社会的不可或缺性则表现为：农业是一国食品供应的唯一来源；农业是一国诸多工业生产领域最重要的原料提供源；农村和农业生产经营领域为一国工业和服务业的发展提供了广阔的市场空间。

在法学界，大陆法系对补贴的法律性质及补贴运作法律关系的研究比较成熟，在农业补贴的研究中引入大陆法系关于补贴的法律性质及其运作法律关系的研究成果，对于我国农业补贴制度中各项公私权配置与

① 李本：《补贴与反补贴制度分析》，北京大学出版社2005年版，第3页。

相关公私法主体责任的追究和实现机制的构建有着重大的理论意义。在德国公法学界，对补贴运作的法律分析以“阶段理论”为通说，其中又因补贴形式的不同而包括“二阶段理论”“一阶段理论”等各种观点。“阶段理论”认为，补贴的发放一般分为两个阶段，第一个阶段是“作出有关特定领域补贴行为的抽象——一般的补贴决定，规定发放补贴的条件、特别是补贴受领人的范围，其形式是法律或者预算计划中的专项拨款；如果有明确的补贴法律规定，预算计划就必须准备相应的资金；如果没有补贴法律规定或者规定得不明确，则要通过预算计划拨款的方式作出标准界定，再由行政规则（补贴准则）确定具体的补贴细节”，这一阶段的抽象行为——一般的补贴行为“是一种政治决定，提出的是宪法问题（基本权利、法律保留、宪法预算规定的遵守）”；第二个阶段是根据第一阶段所形成的抽象一般的规则和计划作出个别的补贴作为，即在具体个案中分配补贴，这主要涉及典型的行政法问题。[①] 在我国台湾地区公法学界，比较一致的观点是：补贴（补助金）的提供需有法律基础，或者必须有法律规定，或者必须有预算根据，但对补贴（补助金）提供的法律性质却理解不一。持“私法契约说”观点的学者认为，行政主体对私人或事业之补助金行为，性质上为私法上附负担的赠与契约，应依私法相关规定处理；持“公法契约说”观点的学者认为，行政主体基于公益目的而给付补助，须依人民之申请，且经审查，对符合补助要件者才提供补助金，本质上属公法行为，补助金契约形成公法上的对等当事人关系，行政主体保留可撤销交付决定及命令返还补助金之请求权，相对人对申请补助金事件不服者，可主张行政救济；持“行政行为说”观点的学者认为，补助金交付决定属于行政行为，相对人依法申请补助金，

① ［德］哈特穆特·毛雷尔：《行政法学总论》，高家伟译，法律出版社2000年版，第426页。

但行政主体拒绝未提供时，属于对人民之不利行政处分，可提起行政救济。[①] 从以上关于补贴的理论中可以看出，德国公法学界对补贴的研究视野比较宽，涉及补贴法律及补贴预算计划的形成与具体的补贴发放，我国台湾地区公法学界则对因具体的补贴（补助金）发放而产生的法律关系的性质和内容有着较深入的研究。我们认为，在我国农业补贴的研究中，德国与我国台湾地区对补贴的研究成果正好可以合并引入，分别从抽象原则意义上的补贴法律与补贴预算计划的形成和具体补贴发放的两个阶段互为补充，从而为各阶段公私法主体的相关责任及其追究提供理论依据和前提。

从法理上分析，国家财政对农业的各类补贴，是国家公权力对市民社会私法体系的影响，进而言之，是国家公权力通过受益性的补助行为使符合国家农业产业政策的农业生产经营者传统的私权内容得以扩张，亦即受补贴的农业生产经营者与一般市民社会私法主体相比较，获得了某类“特权”，与此相应受补贴的农业生产经营者亦应承担各种促进国家农业产业政策内容实现的义务，这些义务或者为纯粹的对国家的公法义务，或者为以公法为背景或有公法因素渗入的以私法形式表现的“混合型义务”。这些足以影响传统私权体系甚至于扩张私权内容的国家对农业的财政补贴理应有法律上的实体权源和程序依据。由于国家对农业的财政补贴涉及国家内部各类机关及国家与社会主体等各种性质的社会关系，其社会关系内容极其复杂，若无法律上对各类补贴所涉主体的权力（利）与义务（职责）明确和具体性的规定，极易造成上述各类社会关系运行的无序化甚至于相互冲突，实难保证国家农业产业政策目标的顺利实现；另外，国家财政对农业的补贴关涉宪政体制下公共财政的支出，而公共

① 陈樱琴：《补助之法律问题》台湾行政法学会：《行政法争议问题研究》（下），台北，五南图书出版公司2000年版，第1382页。

财政的民主性与法治性又要求支出有法律上的规范依据。因此，从国际惯例来看，对各类农业补贴均有国际法与国内法的具体规定。

我国近几年以来，以中央与地方的支农政策为依据在许多地方实行了对种粮农民的直接补贴、良种补贴以及农机购置补贴，取得了一定的社会效果，但《农业法》及相关法律中并未对农业补贴做出任何规定，因此，完善农业补贴法律制度，将有关农业补贴政策法律化、制度化确有必要，其必要性可从以下方面认识：

1. 它是现阶段实现国家保护、支持农业产业政策的需要。“工业反哺农业”“城市支持农村”是世界各国现代化发展到特定阶段后产业政策取向的一般规律，目前我国正在步入这一阶段，确立“工业反哺农业”“城市支持农村”的基本政策是这一发展阶段的必然要求。《中共中央、国务院关于进一步加强农村工作提高农业综合生产能力若干政策的意见》（中发〔2005〕1号）、《中共中央、国务院关于促进农民增加收入若干政策的意见》（中发〔2004〕1号）与《中共中央、国务院关于推进社会主义新农村建设的若干意见》（中发〔2006〕1号）等政策性文件的出台正是党中央、国务院对这一发展阶段的政策回应。《农业法》及相关法律理应在内容和结构上对国家保护、支持农业发展的产业政策做出全面而具体的制度安排，这是法治理念的基本要求。

2. 它是在全国范围内提高农业补贴效果的需要。以地方政策为推行依据的农业补贴，在补贴种类、标准、程序和方式等方面千差万别，难以实行统一和全面的规划和监督，影响农业补贴在全国范围内的推行效果。例如目前推行的粮食直接补贴的模式依据地方政策主要有两种：按面积补贴和按交售量补贴；安徽省的补贴是按面积补贴的，主要办法是按近3年全县保护价平均收购量和保护价与市场价的平均价差核定全县的补贴总额，按全县耕地面积计算每亩补贴标准，再按近3年全县年均保护价收购面积与全县计税农田面积测算出亩均商品粮常数，最后按农户承包地的计税面积将补贴核定到户，以抵扣农业税的办法支付。后一种补贴模式以湖北省为典型，还有湖南、河南和浙江省也进行了类似试点。以湖北为例，其主要做法是：按 1998～2000 年全县保护价平均收购量（或以前的全县粮食定购量）和保护价与市场价的平均差核定全县的补贴总额，再按农户与国有粮食购销企业的产销定单（或以前的定购任务）核定各户应得补贴额。补贴以价外加价的形式，由国有粮食企业在按订单收购农民粮食时直接结算给农户。这两种模式在计算方法、发放程序等方面存在巨大差异，推行中根本无法调和，并且随着农业税及粮食定购制度的废止这两种模式将更无可行性。

3. 它是农业补贴获得公共财政支出所需法律依据的需要。农业补贴涉及公共财政的支出，依宪政和法治理念理应有权源及程序方面的法律依据。公共财政的本质在于其公共性，而公共性最重要的特征是在财政管理体制上的公共性，[①] 表现在国家对财政收入、财政支出的运行管理机构设置都制定了详细的法律，权力机关可以通过预算审批监督、税费的开征立法等活动来控制和制约政府的财政活动，使财政行为在人民通过法律设计出来的轨道上按照人民的公共意志规范运行。[②]

鉴于此，建议在《农业法》中专列“农业补贴”一章，在相关法律中将经过实践推行证明行之有效的补贴种类和方式法律化，并在符合《世界贸易组织农业规则》（以下简称《WTO 农业规则》）要求的前提下，参考各国的立法经验，将一些具有前瞻性、更能体现国家扶持、保护农业发展的补贴种类予以法制化。

① 周刚志：《论公共财政与宪政国家》，北京大学出版社 2005 年版，第 24 页。

② 刘剑文主编：《财政税收法》，法律出版社 2003 年版，第 8 页。

二、我国法定的农业补贴项目及其制度内容

在我国《农业法》及相关法律中规定的具体补贴项目，应当以《WTO农业规则》中对农业相关补贴的规定为指导，[①] 以各农业法制先进国家对农业补贴的立法体例和内容为借鉴，以现阶段国家支持、保护农业发展的产业政策目标和内容以及补贴实践为依据来确定。

在国内法上，对农业补贴以法律制度方式做出较完善规定的典型是美国农业法与日本农业法，但两国的立法体例却大不相同。在美国，农业立法呈现出综合化法典的体例特征，即美国所有关涉农业的法律规范，无论是基本原则、指导方针、政策目标，还是具体的项目规划，甚至于具体的农业测算数据与方法等都规定在一个法典中，因此，美国农业法典更像一个融各种具体项目计划于一体的计划汇总，每一个项目计划都规定有详细的操作主体、程序、财政额度，以至于规定有测算标准和项目实施期限及每财政年度的预算支出分配等，这在各种农业补贴项目中表现得尤为明显。这种立法体例最大的优点就是具有极强的可操作性，但也存在着因为某些短期项目计划实施完结或者某些长期项目计划实施环境的改变而动辄就要修改法典的不稳定性的缺点。从理论上分析，此立法体例恐怕与英美法系法典编纂崇尚实用主义的立法思想和立法惯例

---

① 《WTO农业规则》作为世界贸易组织系列法律文件的重要组成部分，其中大量涉及农业补贴规则，这些规则是各国农业补贴的目标与制度在尊重市场规律和贸易自由化原则的前提下相互博弈的结果，在很大程度上反映了未来农业生产与贸易的大方向，是各国（无论是否为成员国）制定国内农业补贴法律制度时必须考虑的重要因素。《WTO农业规则》将农业补贴分为三类："绿箱政策"（Green Box Policies）中的补贴，"蓝箱政策"（Blue Box Policies）中的补贴与"黄箱政策"（Yellow Box Policies）中的补贴。前两类补贴是免除成员国减让义务的补贴，亦即WTO不禁止的补贴类型，其中的"绿箱"补贴是WTO鼓励和支持的补贴类型。所谓"绿箱"补贴是指政府通过服务计划提供的，没有或仅有微小的贸易和生产扭曲作用，费用由纳税人负担而不是从消费者转移而来的，以及不具有给生产者提供价格支持作用的补贴，主要包括以下内容：（1）为粮食安全目的的补贴；（2）国内粮食援助补贴；（3）单独收入补贴；（4）收入保险和收入安全网计划中的补贴；（5）自然灾害救济补贴；（6）农业生产者退休或转入非农业生产补贴；（7）通过资源撤出计划提供的结构调整补贴；（8）农业生产结构调整性投资补贴；（9）环境保护计划补贴；（10）区域性援助计划补贴等。

有关。与美国不同，日本的农业立法则呈现出体系化的体例特征，即以一部农业基本法为基础，再辅之以各专门法律构成一个法律体系，在农业基本法中确定国家较长时期的农业产业政策目标，明确国家各机构的概括性职权与体系构建，明确国家为实现农业产业政策所采用的法定措施、方式，构建比较原则的各种国家干预农业生产经营的项目和明确项目实施计划的编制与执行主体及其职责义务，再以各专门立法的形式具体规定各类项目计划的编制、实施效果评价以及使国家的各项干预措施内容确定化。就农业补贴而言，有时几种农业补贴项目因为其共同的目的而被规定在一个法律中，有时也为一种农业补贴项目专门立法，但一般均是在各农业专业法中加以规定，很少有在农业基本法中具体规定补贴项目的可操作性内容，这种立法体例是大陆法系法律体系逻辑结构理论的立法实践，虽在理论上具有完美的法理基础，但在实践中却存在对于许多农业基本法中已作了原则规定的农业补贴项目，因无具体的专门立法而无法实施，致使国家的产业政策目标及内容“空化”为口号的尴尬现象。由于我国大陆法系的立法传统，我们认为宜以日本的体系化立法模式为借鉴，并应努力实现法律规范的可操作性。

从美、日两国农业立法中规定的补贴项目内容来看，既有《WTO 农业规则》鼓励和支持的成员国政府不负削减义务的“绿箱”补贴（如美国 2002 年《农业法》中的“直接支付”与“土地保护计划补贴”，日本农业法中的“不发达地区直接支付”与“农业保险补贴”），也有作为过渡措施而被《WTO 农业规则》暂时认许的成员国政府虽不负削减义务，但需从综合支持总量中予以抵扣的“蓝箱”补贴（如美国农业法中的“差额补贴”，日本农业法中的“减产补贴”），也有被《WTO 农业规则》禁止的可能对当期农产品产量和价格产生直接影响的“黄箱”补贴（如《美国 2002 年农业法》中“反周期补贴”和“无追索权营销援助贷款及贷款差价补贴”，日本农业法中的“生产资料购置补贴”和“基础设施建设补贴”）。因此，可以说《WTO 农业规则》在很大程度上是依国际贸易自由化与市场原则和理念为基础为各国或成员国的各项农业补贴措施的制定和实施划定了一个方向和范围，具体的制度建设还要靠各国在本国国情基础上对《WTO 农业规则》的国内法效力认许和具体的规范化。具体到我国的补贴项目，笔者认为现阶段应当将直接支付、农业生产资料投入补贴、环境保护补贴、不发达地区农业开发补贴等四项补贴在《农业法》及相关法律中进行规定。

（一）直接支付

直接支付是《WTO 农业规则》所允许的补贴方式，也是各农业法制先进国家广泛采用的补贴方式，应当成为农业补贴项目体系中的核心，因此，就如同买卖合同在合同法中的地位一样，对该补贴项目进行的详细制度设计可成为其他补贴项目制度构建及推广的当然参考（照）。《WTO 农业规则》的“蓝箱政策”中的补贴有一类是与限产计划有关的直接支付，这主要是对农业发达国家（美国、欧盟）支持农业的措施和要求在国际规则中的反映，第 6 条第 5 款规定：一些与限产计划有关的直接支付补贴可以纳入“蓝箱政策”措施中，免除成员国削减义务，其条件是必须满足以下要求之一：一是按固定面积或产量所提供的补贴，二是根据基期生产水平的 85% 或 85% 以下提供的补贴，三是按产出的固定头数提供的补贴。①

美国 2002 年 5 月 13 日通过的《农场安全与农村投资法》中，涵盖了实施期从 2002 - 2007 年的多项农业补贴项目计划，其中的关键内容是通过直接支付项目、反周期补贴、无追索权营销援助贷款与贷款差价补

① 杨鹏飞、洪民荣等编著：《WTO 法律规则与中国农业》，上海财经大学出版社 2000 年版，第 31 ~ 39 页。

贴，对法定的小麦、饲料、陆地棉、稻谷和油籽等主要农产品的生产者进行收入支持。（1）直接支付。2002年《农业法》中的直接支付项目的基本内容是：对生产法定农产品的生产者依法定程序支付根据农业法规定的各类产品的计算方法算出的直接支付额，直接支付额的法定算法是法定的直接支付率与根据历史单产确定的支付单产（基期产量）及以历史种植面积（基础面积）的85%确定的支付面积的乘积，新《农业法》分别对小麦等10种农产品制定各自2002～2007年度的直接支付率，这些直接支付率在2002年《农业法》有效期内是固定不变的，不受当期农产品产量或价格的影响，基础面积与基期产量则根据1996年《农业法》中的生产灵活性合同项目内容确定。（2）反周期补贴。反周期补贴是指当某种农产品的“有效价格”低于其“目标价格”时，由政府依法定标准给予符合条件的农产品生产者以补贴。这是2002年《农业法》新增的农产品补贴项目，意在主要农产品价格过低时，反周期补贴可帮助农产品生产者对抗或“反抗”农产品市场价格的周期性波动，与直接支付相同，反周期补贴额依反周期补贴率与基础面积的85%及基期单产的乘积确定，反周期补贴率是法定农产品的“目标价格”超过其“有效价格”的部分，2002年《农业法》将小麦等10种农产品2002～2003年及2004～2007年的各阶段“目标价格”加以明确规定，法定农产品的“有效价格”由2002年《农业法》明确规定其算法，即直接补贴率与全国市场平均价格和全国无追索权贷款率中较大者的和，而直接补贴率与无追索权贷款率则有法律的明确规定，“基础面积”与“基期单产”由依1996年《农业法》的项目计划参加的至2002年仍有效的生产灵活性合同所定的面积与产量确定。（3）无追索权营销援助贷款与贷款差价补贴。2002年美国《农业法》规定，符合法定条件的农产品生产者可将法定种类的农产品作为担保，依法定的各类农产品的贷款率从产品信贷公司取得贷款，贷款到期时，依市场情况，当市场价格低于贷款率水平时，生产者依法有权将担保的农产品交付产品贷款公司来偿还全部贷款，而产品信贷公司无权向生产者追索市价与贷款率之间的差额，在法定条件下，生产者也有权以低于本金加上应计利息以及其他费用的价格偿还贷款，作为替代，若生产者不获得一笔贷款，则有权获得依法定方式和标准确定的贷款差价补贴。无追索贷款项目与贷款差价补贴项目法定化的主要目的是在农产品收获期为生产者提供中期金融服务，以满足其因营销农产品及下期生产投资对资金的需求，使生产者在收获季节农产品市场价格较低时，不必被迫出售农产品，允许生产者在收获季节储存农产品，以达到促使全年农产品销售更加有序的目的。

2002 年《农业法》明确规定了 18 种农产品在 2002 ~ 2003 年与 2004 ~ 2007 年的国家平均贷款率，各地区贷款率法律规定以法定农产品的国家平均贷款率为基础，由各县调整，或者以储存农产品的县的贷款率为基准，也可由产品信贷公司以溢价和折价方式调整，以反映出农产品的品质因素。2002 年《农业法》规定，有资格获得无追索权贷款但同意放弃贷款的农产品生产者，有权获得贷款差价补贴，补贴额为贷款差价补贴率与贷款差价补贴所要求农产品的总量。[①] 现行日本农业法体系里主要的补贴项目中包括“对山区、半山区农户的直接支付”，这种制度以振兴日本山区、半山区因恶劣的自然条件和历史原因而导致的落后的农业生产现状为直接目的，其主要内容概括为对山区、半山区农业生产者进行直接收入支付补贴，目的在于补贴该类地区与平原地区生产成本之间的差异。根据规定直接支付实行“协议制”，要求接受补贴的村落与政府签订“村落协议”，以村落为单位，全体农户参与，对于不能签订村落协议的

① 张汉麟等编译：《美国 2002 年农业法专题研究》，经济管理出版社 2005 年版，第 131 ~ 171 页。

地方，由单个农户与政府签订“个别协议”，接受补贴的所有农户，必须依协议规定进行生产活动。[①]

我国在构建直接支付法律制度时应在《农业法》中表明该种补贴的目的，即在保障农业生产者一定收入水平的基础上激发其种植特定农产品的积极性，保证国家食品供应安全，这与美国和日本农业法上的直接支付不同，它们的主要目的在于构建农业生产者们的收入安全保证网，一般是与限产或退耕计划相配套的。现行对种粮农民的直接支付实践中以玉米、小麦、大豆等关键粮食作物为补贴对象，我们认为应从广义理解“国家粮食安全”，不仅限于粮食品种的供应安全，还应包括其他根据国民生活习惯所必不可少的农产品供应安全，因此，《农业法》应将补贴农作物扩展到棉花、特定油料作物、水稻等农产品上。现行对“种粮农民的直接支付”将补贴限制在“粮食主产区”的农民，这不符合《WTO农业规则》所要求的补贴必须具备“普遍性”的要求，而且也难以保证全国农民收入水平的提高，这从根本上影响国家食品供应安全，因此《农业法》应将受补贴主体扩及全国的“法定农产品生产者”，该“生产者”类型多样，既包括最一般的“农户”，也包括具有法人资格的“农场”和“农业生产企业”。补贴对象申请补贴所应当符合的基本法定条件，应由《农业法》从权属与土地状况两方面加以限定：首先要求法定农作物的生产者对种植法定农作物的土地享有法定的使用权；其次要求申请补贴的土地是土地规划内的农用地；最后要求所欲申请补贴的用地应符合一定的种植要求，应使正常条件下种植的农作物能获得可预期的收获量。直接支付额的计算方法应在《农业法》上规定为以法定的“直接支付率”与实际种植的面积和经法定方式确定的单产的乘积决定。为

---

① 秦富等：《国外农业支持政策》，中国农业出版社2003年版，第136～140页。

了将直接支付与其他诸如环保、农业科技推广等项目相结合，《农业法》应规定直接支付原则上采用自愿基础上的“补贴合同”方式。《农业法》还应规定补贴机关及其基本职权（责），补贴机关可分为补贴规划机关、补贴发放机关。补贴规划机关可确定为农业部及其分支机构，其基本职权（责）在于：在编制部门预算时测算本财政年度直接支付补贴总额并上报财政部门，依法制定补贴规划方案并监督实施，与符合条件的农业生产经营者签订补贴合同并监督其履行；补贴发放机关应确定为各级财政部门，其基本职权（责）是：在编制本级预算时应体现补贴支出，以产生法律效力的预算、补贴规划及合同为依据拨付、发放补贴并监督财政款项的合规性运用。补贴的基本发放程序为：法定机关制定补贴发放执行计划并公告——农业生产经营者依法申请补贴——法定机关审查、批准申请——法定机关与农业生产经营者订立农业补贴合同——法定机关监督农业生产经营者履行农业补贴合同。

（二）农业生产资料投入补贴

农业生产资料投入补贴是《WTO 农业规则》中为发展中国家设定的“蓝箱”补贴措施之一，具体包括发展中国家成员的农业可普遍获得的一般投资补贴，发展中国家成员的低收入或资源贫乏生产者可普遍获得的农业投入补贴以及发展中国家成员为激励以生产多样化为途径停止种植非法麻醉作物而给予生产者的国内补贴。[①] 日本农村水产省以部门规章的形式规定：凡是按一定标准联合起来集体进行平整耕地、区划田块或养猪、养鸡、用温室生产蔬菜的农户，在购置农业机械、建造农用设施方面的费用的50% 可以从中央财政得到补贴，25% 可以从都道府县得到补贴，其余25% 可以从接受国家补贴的金融机构得到贷款，有些地方町村

① 杨鹏飞、洪民荣等编著：《WTO 法律规则与中国农业》，上海财经大学出版社 2000 年版，第 31 ~ 39 页。

财政还要补贴12.5%。日本《农用地改良法》原则性地规定：国家对都道府县的土地改良事业（是指农业用排水设备、道路以农用地保护、利用设施的更新、区划整理、农用地开设、围湖造田等）给予补助，都道府县在预算范围内对市町村土地改良事业给予补助。日本政府及农林水产省以具有法律执行力的政府计划及规章等形式对各类补贴项目予以明确，日本政府财政预算对各补贴项目计划的支出额度及用途作出详细规定，如对一般的农田改造项目，只要通过法定审批程序并达到一定标准，费用的50%由中央财政补贴，都道府县和市町村财政补贴25%和15%，剩余部分由农户自负。①

在我国农业法上构建的农业生产资料投入补贴应当是一个包含着多种分补贴项目的总补贴，其目的在于补助农业生产者的农业直接投入成本，主要包括以下几个补贴项目：良种补贴项目、农机购置补助、小型农业生产基础设施建设补贴。良种补贴以符合条件的农业生产者购入并种植规定种类的种子为基本的补贴条件，补贴数应以规定的补贴额与实际的补贴种购入量的乘积确定，补贴数应能补助大部分（60%以上）的购入与种植成本。农机购置补贴以合条件的农业生产者购入规定的农业机械为基本的补贴条件，补贴数应以规定的补贴额与购入的农业机械数量的乘积确定，补贴额应能补助大部分（70%以上）的购入与运营启动成本。这两类补贴的具体运作程序主要有两种：第一种为由政府或其授权组织以政府采购方式确定集中购置补贴物品的供应商，对农业生产经营者的补贴金直接拨付给参加政府采购计划的供应商，受补贴农业生产经营者只需支付给供应商扣除补贴的余款；第二种为直接支付式的报账制，即受补贴农业生产经营者依补贴合同确定的生产资料品牌、型号等

① 秦富等：《国外农业支持政策》，中国农业出版社2003年版，第136～140页。

直接到经政府招标确定的供应商处自主选择物品并全款购置，购买后，凭补贴合同、购置发票原件等证据向政府领取补贴资金。小型农业生产基础设施建设补贴以合条件的农业生产者投资建设法定农业生产基础设施为补贴条件，补贴范围（农业生产基础设施类型）与补贴数的确定均由《农业法》明确规定，补贴范围应限定在能够直接增强农业生产能力的基础设施建设（如小型农田水利设施）上，补贴数应规定为补助农业生产者投入成本的一定比例，具体计算标准与方法授权行政法规由各种法定基础设施分别确定，补贴程序可按直接支付式的报账制程序设计。

（三）环境保护补贴

《WTO农业规则》“绿箱政策”（Green Box Policies）中的补贴是世界贸易组织鼓励和支持的补贴类型，其中包括“通过资源撤出计划提供的结构调整补贴”和“环境保护计划补贴”。针对前者协议要求补贴应以适销农产品生产所用土地停用至少3年为条件，如果是牲畜，则以其被屠宰或最终永久处理为条件；针对后者协议要求此类补贴的获取资格应被确定为明确规定的政府环保计划的一部分，并应以满足该政府计划下的特定条件为条件的，包括与生产诉讼法或技术有关的条件，补贴数额应限于为遵守政府计划而涉及的额外费用或收入损失。[①] 美国《农场安全与农村投资法》中规定的“土地保护计划”是包括保护安全计划、土壤保护安全计划、耕作土地计划、农地保护计划、小流域复原计划和其他环境保护计划等多项法定项目计划的综合性称谓，其目的在于帮助农业生产者保护对环境有影响的耕地。该法律上规定的各种补贴只是土地保护计划实现的主要措施之一，各类补贴是依土地变换计划诸项目的实施具体运作的，因此，凡欲取得补贴的生产者都必须以法定程序与政府签

① 杨鹏飞、洪民荣等编著：《WTO法律规则与中国农业》，上海财经大学出版社2000年版，第31～39页。

订合同，参加土地保护计划。美国2002年制定的《农业法》规定，在土地保护计划下，农场服务局依法向参加土地保护的农业生产者提供租金补贴、成本分担补贴、维护补贴及续签补贴，对于在土地上种植长期的、资源保护型植被的土地保护计划参加者，农场服务局每年向其提供一定水平的租金补贴，补贴水平根据各县土壤生产力、土地的平均租金或等值租金等因素确定。除租金补贴外农场服务局还依法提供一英亩5美元/年的补贴用于鼓励农业生产者对土地进行必要的维护；对于在土地上种植保护型植被的土地保护参加者，农场服务局还依法提供种植成本50%以上的成本分担补贴；对于续签合同的农业生产者，农场服务局还依法提供上述各补贴总额20%的额外补贴。[①]

我国环境保护补贴法律制度构建的目的在于鼓励农业生产者可持续的使用对农业生产具有决定性影响的自然环境和资源，并保证这些环境和资源在质和量上的安全标准。环境保护补贴项目也是一个包含若干份补贴项目的总项目，根据具体的补贴目的与补贴客体不同可分为以下三种补贴项目：土壤保护补贴、地力增进补贴与退耕还林（草）补贴。土壤保护补贴项目实施的目的在于通过财政转移支付鼓励或支持农业生产者保护耕地的土壤质量不下降。补偿的对象应由《农业法》限定为依法参加该补贴项目的土地权利人或者直接生产者。补贴的土地应符合法定条件，即达到规定的土壤质量标准，在正常条件下可用于种植农作物的农用地，具体的土壤质量标准应由《农业法》授权农业部在科学测定的基础上以规章形式予以规定。为了鼓励农业生产者保持土壤质量，可将有条件申请补贴的土地土壤质量标准定得低一些，以使大量的农用地都有可能享受法定补贴。为了保证土壤保护补贴的顺利实行，《农业法》应

① 张汉麟等编译：《美国2002年农业法专题研究》，经济管理出版社2005年版，第131～171页。

规定建立受补贴土地的土壤质量档案制度和监测制度，具体的制度内容应授权农业部以部门规章形式加以规定。这种补贴是通过合同义务的设定，要求受补贴者在合同期内保证土壤质量的不下降，因此，合同履行中法定机关对受补贴土地的土壤质量的定期测定职责须由《农业法》予以明确，再由部门规章具体化。

《农业法》应规定：若经过测定认为土壤质量下降，则法定机关有权要求受补贴者采取相应措施，若受补贴者不听从，法定机关可依法终止补贴合同，受补贴者今后亦将无权申请其他环保补贴项目，除非已采取措施恢复土壤质量。补贴额的确定应由《农业法》明确为依不同土壤质量而有高低之分的固定额，具体的与各种土壤质量相对应的固定补贴额由农业部以规章加以具体规定：《农业法》应确定各级各类机关的基本法定职权（责）。农业部及其下级机关的职权（责）为：依法定期限及程序制定土壤保护补贴基本计划及执行计划并依法公布，审查申请者资格，制定土壤质量测定标准，与符合法定条件的申请者签订土壤保护补贴合同并监督其执行，依法定期监测受补贴土地土壤质量并采取相应措施。各级土地管理部门依法负有建立完善的受补贴土地土壤质量档案制度的职权（责）。各级环境保护部门依法负有配合土地土壤质量监测工作的职权（责）。地力增进补贴项目实施的目的是在保证土壤质量的基础上，对于地力增进等行为给予鼓励和补助，因此这是在土壤保护补贴实施基础上的一个补充性补贴项目，申请的前提条件是已经依法参加了土壤保护补贴并无违反补贴合同的任何行为发生，补贴的条件是申请人因各种行为促成了土壤质量的提高，其基本内容与土壤保护补贴项目内容相同。退耕还林补贴的内容已由《退耕还林条例》作了较具体的规定，但是还要在《农业法》中将其基础性规定加以明确以求法律体系的完整。

（四）不发达地区农业开发补贴

《WTO农业规则》“绿箱政策”中的补贴包括“区域发展援助下的补贴”，协议要求获得此类补贴的资格应限于条件不利区域的生产者，应使合格区域的生产者普遍获得，补贴数额不得与适用于基期后任何一年从事生产的国际或国内价格及类型或产量有关，或以其为基础。我国构建此类补贴的目的在于通过公共财政的转移支付，促进或提高不发达地区的农业生产能力，改善不发达地区的农业生产条件。该补贴是不发达地区农业开发项目的重要组成部分，它也是一个由不同分项目组成的总的补贴项目，其各分补贴项目的内容涵盖上述的直接支付、生产资料投入补贴、环境保护补贴和农地使用权流转补贴诸内容，只不过是在补贴水平上有所提高，在补贴范围上有了地域限定而已，该类补贴可在《农业法》中规定原则性内容，具体的补贴项目应规定在《不发达地区农业开发法》这一专门性农业法中，作为开发不发达地区农业的法定措施之一。

最后需特别注意的是，纵观各农业法制先进国家，在农业立法中均有对补贴最高限额的规定，我们认为我国现在暂不适宜规定补贴的最高限额，因为农业补贴刚刚开始，为了彰显国家保护、支持农业发展的理念，限制性法律规定应尽量少出现。更重要的是由于《WTO农业法规则》要求接受补贴的主体应具有普遍性，而我国农业生产者人数庞大，再加上我国中央与地方财政的能力有限，因此《农业法》中规定的各类补贴的平均水平不会太高，因此，无限制最高可获得额的必要，农业法的重点应放在如何规制利用农业补贴进行投机上。

三、农业补贴中公法主体相关责任的追究机制

依德国公法学界的“阶段理论”在农业补贴相关法律规则和预算计划形成的抽象性与原则性阶段，涉及的公法主体主要有行政立法（授权

立法）机关（在我国包括国务院、各部委、地方人民政府、各政府机关等）和预算计划编制机关（在我国包括国务院及财政部，地方各级人民政府及其财政部门），前者依公法享有将补贴性法律中规定不明确的部分以行政规则（在我国包括行政法规、地方性法规、部门规章、其他政府规范性文件等）的方式予以具体化和明确化并严格执行的职权（责），这种职权（责）发生的前提条件有二：一是在补贴性法律中有关于农业补贴项目类别、农业补贴发放条件、农业补贴受领人的范围、农业补贴的发放标准的确定方法、农业补贴的基本发放方式和程序等基础性法律规定；二是在补贴性法律中有关于授权立法的明确的授权性规定。这种授权立法职权（责）的怠于行使或者不法或不合理行使都将产生相应的责任。后者依公法享有将补贴性法律中明确规定的农业补贴内容在一定财政年度的政府预算支出计划中予以表现或者将补贴性法律中对农业补贴的原则性规定依法在预算中以具体项目的方式予以具体化的公法职权（责），对这种职权（责）的怠于或不法、不合理行使也将产生相应的责任。

但值得注意的是，这两类公法主体所负的责任是无法以诉讼的方式予以追究的，亦即这两类责任是不具有可诉性的，这具体表现为两方面：(1）无论公法还是私法主体均无权依这两类主体的违反职责（权）行为而向审判机关提起诉讼。(2）任何公法或私法主体在为上述两类公法主体设定职责（权）的法律上均无可资提出的法律请求权。对于这两类抽象性补贴责任的不可诉性在大陆法系各国的公法理论和法律规定及其实践中认识是比较统一的。德国公法学者认为这两类与补贴相关的责任都是涉及宪政层面上的政治性活动，[①] 与可诉性的法律责任存在本质上的区

① ［德］哈特穆特·毛雷尔：《行政法学总论》，高家伟译，法律出版社2000年版，第426页。

别。德国有些州在规定对中小企业补助的基本法中明确排除任何主体在抽象意义上的请求权，如德国汉堡市在其《中小企业促进法》（1972年）第18条“预算保留”之（2）中规定“资金性促进按预算情况发放，对资金和其他促进措施的法律主张不因本法而成立”。德国梅克伦堡——前波莫瑞州《中小企业促进法》（1993年）在第5条之（3）规定“具体情况下对资金上和其他方面的促进措施，法律请求权不依本法成立”。[①] 日本法院在“摄津市请求国库应负担交付补助金”一案的判决中指出：“儿童福利法”上的规定，仅赋予“国家抽象的负担义务”，并非可基于该法律对“原生大臣”主张“具体的负担请求权”。[②]

从各国补贴性法律规定和运行实践来分析，上述两类公法主体所负担的抽象性补贴职权（责）的内容中包含着大量的“自由裁量权”成分，即依法负有上述各类抽象性补贴职权（责）的公法主体享有自主决定于何时履行其职权（责），自主确定补贴额度及其具体的发放规程等自主裁量权，这也正是此类抽象性补贴职权（责）不可诉性在法理上的根本原因所在，诚如日本法院在“摄津市请求国库应负担交付补助金”一案中所指出的，“行政主体得基于合理判断、预定额度等决定是否负有具体的负担金给付义务”。[③] 德国《巴登——符腾堡州中小企业促进法》（1975年）第6条之（1）也明确规定“本法规定的资金投入取决于国家预算计划”。[④] 行政立法机关和预算计划编制机关因抽象性补贴职权

---

① 国家经贸委中小企业司、德国技术合作公司、王黎明、魏尔曼：《德国中小企业促进政策学习与思考》，中国经济出版社2002年版，第231页。

② 陈樱琴：《补助金之法律问题》，台湾行政法学会：《行政法争议问题研究》（下），台北，五南图书出版公司2000年版，第1383页。

③ 陈樱琴：《补助金之法律问题》，台湾行政法学会：《行政法争议问题研究》（下），台北，五南图书出版公司2000年版，第1382页。

④ 国家经贸委中小企业司、德国技术合作公司、王黎明、魏尔曼：《德国中小企业促进政策学习与思考》，中国经济出版社2002年版，第231页。

（责）的违反而产生的责任不可以诉讼方式追究，并不意味着不可追究，其可行的追究方式只能是政治责任的追究方式，即依宪法及国家机关组织法所确定的国家权力分配与制衡机制的运作来追究相关责任，在我国主要涉及最高权力机关对负有农业补贴抽象性职权（责）的国务院相关政治责任的追究，地方各级权力机关对地方各级人民政府相关政治责任的追究以及上级权力机关对下级权力机关相关政治责任的追究。责任追究的形式有：组织检查相关法律的执行情况、质询、立法及规范性文件的审查与备案等。

在农业补贴具体发放阶段，涉及的公法主体主要有农业补贴实施计划（项目）编制机关，其具有依法律法规、规章及预算项目编制具体的农业补贴发放计划并提交法定机关审批的职权（责）。农业补贴计划（项目）执行机关，依法具有以下职权（责）：按经审批的计划（项目）内容公布接受补贴条件、申请补贴程序、补贴标准和额度等内容的职权（责）；依法接受农业补贴申请，审查提交的资料并决定是否给予农业补贴的职权（责）；与决定给予农业补贴的农业生产经营者依法订立农业补贴合同并监督其履行的职权（责）。对于前者违反其计划编制职责（权）而产生的法律责任，主要依靠行政机关内部的上下级监督机制来追究行政责任，包括农业生产经营者在内的一般社会主体依法享有向法定机关检举、揭发的权利。对于后者违反其相关各项职责（权）所产生的法律责任主要依行政机关内部的监督机制和农业生产经营者的申诉机制来追究，农业生产经营者可针对法定机关的各项职责（权）违反行为选择两种法定途径主张其权利，一是通过行政复议等行政机关内部责任追究途径，二是通过行政诉讼直接主张其相关权益。

修改与完善《农业法》若干法律制度的思考*

黄 河 李军波

“工业反哺农业”“城市支持农村”是世界各国现代化发展到特定阶段后产业政策取向的一般规律，国家保护、支持农业发展理念的确立是这一发展阶段的客观要求，目前我国正在步入这一阶段，2004 年 12 月《中共中央、国务院关于进一步加强农村工作提高农业综合生产能力若干政策的意见》、2003 年 12 月《中共中央、国务院关于促进农民增加收入若干政策的意见》与 2005 年 12 月《中共中央、国务院关于推进社会主义新农村建设的若干意见》的出台正是党中央、国务院对这一发展阶段的政策回应。《农业法》作为规范与农业生产经营相关的社会行为的基本法，理应在内容和结构上对国家保护、支持农业发展的产业政策做出全面而具体的制度安排，而现行的《农业法》制定于“工业掠夺农业”的末期，该法的指导思想、体例结构以至于具体制度设计都与新时期我国农业发展的任务和目标不相适应，而且在具体的实施过程中还暴露出了许多重大缺陷。这些缺陷从某种程度上讲，已成为国家保护、扶持农业这一产业政策实现的法制“障碍”，亟须弥补。现就修改与完善《农业法》中的几个重要制度作以探讨。

一、修改与完善农业投入法律制度

农业投入法律制度是国家为了弥补农业产业弱质性，延缓农业产业比较利益的持续下降，构建协调发展的国家产业结构而制定的一种国家

* 本文发表于《河北法学》2007 年第 2 期，为与本书体例规范统一，摘录时有所修改。

支持与保护农业的法律制度。农业生产的自然再生产与经济再生产的统一性决定了农业的弱质性，对农业生产的各种有形及无形的投入不仅回报率低而且投资风险极大，以利益最大化为最终目的的市场投资主体对农业生产经营领域畏而远之，市场机制在农业生产经营投入领域的失灵严重影响到农业这一基础产业的稳定与发展，并进而威胁国家粮食安全和农村社会安定，这就亟须国家以规划、税收等宏观手段和直接参与投资等微观方式对农业投入中的市场失灵领域进行干预。

在法学理论上，国家对农业生产经营领域的各类干预行为一方面涉及国家的公权力对社会私权既定体系的影响，这种影响或者表现为公权力基于国家产业政策内容对私权权能的限制，或者表现为公权力对有利于国家政策目标的特定私权内容的扩张；另一方面还涉及公共财政职能在国家保护、支持农业的背景下的特殊体现，即以税费收入为其主要来源的公共财政在各产业间的支出分配预算时将以倾斜于农业的方式被大量投入或用之于农业产业。这种公共财产放在产业政策上的变化要求有法律上的实体权源、程序规定、行为方式与范围及法律责任等。

我国现行的《农业法》虽有关于“农业投入”的相关规定，但从理论和其他各国农业立法的借鉴角度分析，存在以下缺陷：（1）将“农业投入”与“支持和保护”并入一章，在体例设置上欠妥。从《世界贸易组织农业规则》（以下简称《WTO 农业规则》）中关于对成员国农业支持、保护措施的规定以及各国农业法中对农业的保护性规定来分析：“农业支持与保护”这一概念是涵盖了包括农业投入在内的贯穿《农业法》的所有保护与支持性制度在内的抽象性、概括性称谓，将其与“农业投入”并列为章名，显有种属不分之嫌。（2）缺乏国家对农业投入财政体制划分的具体规定，《农业法》仅有第 38 条第 2 款不分中央与地方预算笼统地规定国家投入项目范围，对各级财政支农职责实现的权源、范围和行使领域等重要内容规定不明，根本不具有对下级立法的指导性和可操作性，使国家财政支农的产业政策难以具体落实。（3）对农业引入外资的规定过于原则化、政策化，难以形成具体的制度。《农业法》仅在第41条第2款规定“国家采取措施，促进农业扩大利用外资”，而对国家欲采取的措施类型、外资进入的具体领域、国家对其的限制与监管等均无具体规定。（4）对“农业总投入、农业基础设施建设、小型农田水利、农用工业等”法律用语的确切含义未予以明确，导致实践中对《农业法》的理解不一，严重影响实施效果。（5）对国家引导、支持社会主体投入农业的措施规定不具体，如《农业法》第40条第1款虽然提出了“税收、价格、信贷”等支持措施，但具体的支持内容仍不明确。

鉴于此，对《农业法》中“农业投入”相关规定建议修改如下：设专章规定“农业投入”，内容应着重涉及：

1. 中央和地方政府对农业投入的财政体制划分。世界上农业发达国家均通过立法对政府对农业投入的财政体制划分有具体、明确的规定，如日本1982年的《地方财政法》就对属于地方机关必须实施的但需要由中央财政负担全部或部分经费的项目类型、经费种类、算定基准及中央与地方负担的比例、支出时间、不得转嫁给市町村与农户等内容作了具体而详尽的规定。[①] 在确定我国各级政府对农业投入的财政体制时，应当参考国外立法例，依财政所投入项目的受益范围来具体确定中央与地方政府的财政投入范围和领域，对于具有纯公共物品性质，受益范围跨越多个行政区域的项目应当划入中央财政的投入范围；对于具有准公共物品或服务性质，受益范围较小的项目应当划入地方财政的投入范围；对于与农业生产经营没有直接关系的项目投入（如大型水利设施建设、道

① 李伟主编：《世界农业法鉴》，中国民主法制出版社2004年版，第348页。

路建设）应划归中央财政的投入范围。另外，对于地方各级财政投入体制应当确定为省、市、县三级，其中各自的投入范围亦应依以上所定的原则具体确定。

2. 国家财政投入的农业生产经营项目实行计划管理，即应当在《农业法》中明确国家财政投入的各类农业生产经营项目计划，这些计划是根据特定阶段的国家农业产业政策制定的，是国家农业产业政策内容依法律实现的有效途径，也是使国家农业产业政策以透明和确定的方式落到实处的有效途径。从法理上讲，特定的国家财政投入农业项目计划在法律上的确定，为每财政年度农业支出预算的编制设立了法律义务，即预算编制和审批机构负有在预算上保障各类法定项目计划实现的财政基础的法定职责，违反法定职责编制的预算将不会产生法律上的支出责任。将国家投入的农业项目计划法律化是各世界其他国家普遍采取的方式。在英国，政府对农业投入在预算上既有部门支出又有项目支出，所谓项目支出其实就是国家财政投入的各项具体计划支出，这些项目之下又依内容分为若干次项目，如在英国1997年政府预算的“农业组项目”之下包含“能源及工业作物、种植作物、牛羊肉、植物品种、植物健康、支持次特惠区及过牧区”等，每个次项目中均包括1997~2004年各年度的具体预算额。[①] 美国2002年农业法的规定中，90%以上都是对各项目计划的详细分类和规定，包括具体数额的项目预算、资金分配、申请程序、实施过程监控等内容，[②] 在美国的预算法案中，“预算授权”的支出项目分为“自主支出”与“法定支出”两类，其中“法定支出”就是农业法

① 秦富等：《国外农业支持政策》，中国农业出版社2003年版，第96~118页、第184页、第136~140页。

② 秦富等：《国外农业支持政策》，中国农业出版社2003年版，第96~118页、第184页、第136~140页。

中规定的项目计划在年度预算中的体现。①

纵观其他国家农业立法经验可以看出，各国财政投入农业生产经营法律制度的形成和实现都经历以下阶段：首先是国家财政投入农业产业政策的确立；其次是产业政策被细化为各种项目计划并被以各种途径法律化，从而形成国家财政的支出职责（权）；再次是年度预算对各项目计划的如实反映，这是支出职责（权）的依法履行；最后是预算法律效力的确定与执行，这将形成确实的支出责任，具体由财政支出部门承担。在我国，要使国家各类保护、支持农业的产业政策内容得以落实，也应经历上述阶段，现阶段最重要的就是要根据我国的财政与农业生产经营现状，制定出具体可行的几类项目计划，并将其规定在农业法“农业投入”一章中，以法律化的具体项目计划来形成政府各级财政支出的法律职责（权）。在确定项目计划时应遵循上述的中央和地方财政体制划分原则和规定，分别制定出中央与地方各级政府的财政投入项目计划。在确定项目计划内容时，应当对各种计划欲实现的目的、项目计划的实施主体、实施程序、实施期限、绩效评价、监督管理等作出原则性的规定。对于内容庞杂的项目计划（如农业综合开发）可考虑采用若干次项目计划（分项目计划）将其分解。对于项目计划的财政支出额度的确定，英美等国采取直接在立法中明确各项目计划及其次计划支出数额的确定方式，这固然有透明、确定、可操作性强等优点，但却难以适应现实状况的多变，所以美国农业法几乎每5年就要修改一次，我国《农业法》在修改时，对于实施期限较短的项目计划（3~5年）可考虑直接规定其每财政年度的支出额，对于中长期的项目计划则最好采取基数增长式的规定，即在确定基数的基础上规定财政投入最低支出比例，建议以每个项

① 外国政府预算编制研究课题组编：《美国政府预算编制》，中国财政经济出版社2002年版，第16~23页。

目计划及其分计划在财政预算所属科目的年度预算总支出为增长基数，如规定“财政对农业生产基础设施的投入不得低于本级财政年度预算中固定资产投资额的百分之多少”，“中央与县级以上地方人民政府财政对农业科技开发的投入不得低于本级财政年度预算中科技开发支出额的百分之多少”，这样规定不但具有可操作性，而且还能直观地体现国家财政支农的力度。

3. 市场主体对农业投入的基本法律规定。对于市场机制能发挥作用的农业生产经营领域，法律应当允许各类市场主体自愿投入以追求利益最大化，但是这种允许绝不等于完全放任，而应当规定国家基于农业结构调整政策所确定的鼓励市场主体投入的产业领域和具体的鼓励措施。在《农业法》的修改中，国家鼓励市场主体投入的农业生产经营领域应当依现阶段农业产业政策明确为：农田水利等生产性基础设施建设、农用工业设施建设、农业科技研发和推广、农业生产经营信息系统建设、农民职业教育等；国家鼓励的手段可分为私法上的和公法上的两类手段，私法上的手段即是确认市场主体投入农业相关领域后所形成的各类权利，既有有形财产的所有权和利用权，也有无形财产的独占权和收益权；公法上的手段即是指相关税收优惠、贴息或低息贷款等，税收优惠应当明确优惠的税种和项目及相应的优惠措施，贴息和低息贷款应明确贷款主体，贷款项目贴息、低息额度以及各类主体间的结算方式，贷款程序等。

4. 构建农业引入外资的基本法律制度。纵观各国农业立法，对于农业生产经营引进外资相关规范的制定几乎都以各国的农业产业政策内容为依据，在不影响本国农业产业安全的前提下，以法律的方式明确规定外国投资者的投资领域和相应的激励措施，这些规定多采取两种规范方式表现：一是具体化为各种农产品生产经营项目或区域，如韩国法律规定禁止外国人投资的产业包括普通农作物生产（主要为大米、麦、豆及杂粮的生产）、果品生产、蔬菜生产、花卉和育苗生产、养猪业等9项，限制外国人投资的产业包括家畜、家禽饲养业、养蚕业、养蜂业等27项；孟加拉国法律规定，外国投资者对开发中地区投资的可免纳7年法人税，投资于未开发地区的，可免纳9年法人税[①]。二是以概括性、原则性的规定表明外资进入的农业生产经营领域，如新加坡法律没有对外国投资农业项目作强制性规定，对农业投资方式也不作限制，但规定应遵循以下原则：鼓励带有技术性的投资，鼓励雇佣新加坡当地人员，鼓励向技术密集型项目投资。[②] 鉴于我国农业在国民经济中的基础地位，在《农业法》中确定外资进入农业生产经营领域时，对于限制和禁止进入的领域应以具体的农业生产经营项目予以明确，尽量避免原则性规定，对于鼓励外资进入的领域应以具体的农业生产经营项目及区域为主，再辅之以原则性的规定，这样既不失法律的可操作性，又可表明国家支持外资进入的远期目标。国家鼓励外资进入的农业生产经营领域，应主要限定在生态保护、旅游农业、高科技农业、农用工业、高附加值农业及不发达地区农业开发等，相应的鼓励措施主要是税收优惠，应针对各鼓励项目明确优惠税种和额度；国家限制及禁止外资进入的农业生产经营领域主要是关涉国家粮食安全与产业安全的项目和可能导致特有农业资源破坏和流失的项目。

二、构建农业补贴法律制度

农业补贴是世界各国进入“工业反哺农业”阶段后普遍实施的保护、支持农业发展的法律制度，其最典型的特征即是国家财政资金依照法律规定的特定标准与方式向法定主体的现实的转移支付。

由于各工业化国家的社会经济状况不同，农业补贴的目的也有差异，

---

① 李伟主编：《世界农业法鉴》，中国民主法制出版社2004年版，第2176~2178页。

② 李伟主编：《世界农业法鉴》，中国民主法制出版社2004年版，第2176~2178页。

相应地也形成为各种目的服务的各类补贴方式：第一，以鼓励和支持农业生产效率的提高为目的，即以国家财政补贴的方式或引入先进的农业生产要素以替代传统要素，或促进特色农产品的生产和传统农业资源的保护，或推动农业生产的规模化及产业化，最终要达到改造传统农业，寻求农业在国民收入中新增长点，从根本上改变农业生产的弱质性和减缓农业产业比较利益的急速下降等目的；该类补贴类型一般有农业生产资料投入补贴、农业科技开发与推广补贴、农用土地促进集中化补贴、农业环境保护补贴、农民职业培训补贴、农用土地休耕补贴、农业生产者退休或转业补贴、不发达地区农业开发补贴等。第二，以保障或提高农业生产经营者的农业收入水平为目的，即通过各类国家财政的转移支付来保证农业生产经营者的收入水平不低于其他产业从业人员的收入；为实现该类目的的补贴一般为农业生产经营者收入支持补贴，又分为直接给付式的收入支持补贴和农业保险补贴两类，前一类最初表现为“国家购入”制度，即当农产品价格低于国家制定的保护价时，由国家以保护价全部购入，后又演变为“不足支付制度”，即当农产品价格以低于国家制定的保护价出售时，由国家财政支付保护价与售出价之间的差额；由于经济学理论认为对农业生产经营者的前两类补贴与特定农产品的当期产量与价格挂钩，有扭曲价值规律的危险，因此各国的农业补贴实践创造出对价值规律影响最小与农业生产脱钩的“直接支付”制度，该制度规定了固定的不受当期产量与价格影响的各类农产品的“直接支付率”，以此为基础，根据历史种植面积与历史单产最终确定直接支付额。农业保险是为保障农业生产经营者在自然灾害发生时农业收入水平的制度，农业保险补贴主要包括国家对农业生产经营者保险费的补贴和对农业保险经营者运营费用与亏损的财政补贴。

从法理上分析，国家财政对农业的各类补贴，是国家公权力对市民社会私法体系的影响，即受补贴的农业生产经营者与一般市民社会私法主体相比较，获得了某类“特权”，与此相应受补贴的农业生产经营者亦应承担各种促进国家农业产业政策内容实现的义务，这些义务或者为纯粹的对国家的公法义务，或者为以公法为背景或有公法因素渗入的以私法形式表现的“混合型义务”。由于国家对农业的财政补贴涉及国家内部各类机关及国家与社会主体等各种性质的社会关系，其社会关系内容极其复杂，若无法律上对各类补贴所涉主体的权力（利）与义务（职责）明确和具体性的规定，极易造成上述各类社会关系运行的无序化甚至相互冲突，难以保证国家农业产业政策目标的顺利实现。因此，从国际惯例来看，对各类农业补贴均有国际法与国内法的具体规定。

《WTO农业规则》将农业补贴分为三类：即“绿箱政策”（Green Box Policies）中的补贴，“蓝箱政策”（Blue Box Policies）中的补贴与“黄箱政策”（Yellow Box Policies）中的补贴，前两类补贴是免除成员国减让义务的补贴，亦即世界贸易组织不禁止的补贴类型，其中的“绿箱”补贴是世界贸易组织鼓励和支持的补贴类型，如农业生产者退休或转业补贴、环境保护计划补贴、自然灾害救助补贴等政府通过服务计划提供的，没有或仅有微小的贸易和生产扭曲作用，费用由纳税人负担而不是从消费者转移而来的，以及不具有给生产者提供价格支持作用的补贴。“蓝箱政策”中的补贴主要有两类：一类是与限产计划有关的直接支付，这主要是对农业发达国家（美国、欧盟）支持农业的措施和要求在国际规则中的反映；另一类是发展中国家可采用的补贴方式，具体包括发展中国家成员的农业可普遍获得的一般投资补贴，发展中国家成员的低收入或资源贫乏生产者可普遍获得的农业投入补贴以及发展中国家成员为激励以生产多样化为途径停止种植非法麻醉作物而给予生产者的国内补贴。①

在国内法上，对农业补贴以制度化方式做出较完善规定的是美国农业法与日本农业法。在美国2002年5月13日通过的《农场安全与农村投资法》中，涵盖了实施期从2002～2007年的多项农业补贴项目计划，主要有以下几类：（1）通过直接支付项目、反周期补贴、无追索权营销援助贷款与贷款差价补贴对法定的小麦、饲料、陆地棉、稻谷和油籽等主要农产品的生产者进行收入支持。直接支付项目是对符合条件的生产法定农产品的生产者依法定的“直接支付率”支付的补贴，这种支付不受当期农产品市场价格及产量的影响；② 反周期补贴是在主要农产品价格过低时，依据法定的计算方式向农业生产者发放补贴，以帮助其对抗农产品市场价格的周期性波动；③ 无追索权营销援助贷款与贷款差价补贴的目的在于在农产品收获期为生产者提供中期金融服务，以满足生产者营销农产品和下期生产的资金需求，同时可避免生产者被迫在价格较低的收获季节出售农产品而遭受收益上的损失。（2）土地保护计划补贴。美国土地保护计划是包括2002年美国《农场安全与农村投资法》中规定的土壤保护安全计划、耕作土地计划、农地保护计划、小流域复原计划和环境保护计划等多项法定项目计划的综合性称谓，其目的在于帮助农业生产者保护对环境有影响的耕地。④

---

① 杨鹏飞、洪民荣等编著：《WTO法律规则与中国农业》，上海财经大学出版社2000年版，第31～39页。

② 在美国2002年农业法中，详尽地规定了小麦、玉米、大麦、大豆等10种农作物2002～2007年的直接支付率，法定的直接支付量的计算公式为“直接支付率×支付单产×（基础面积×85%）”。参见张汉麟等编译：《美国2002年农业法专题研究》，经济管理出版社2005年版。

③ 美国2002年农业法为小麦、玉米、大麦、大豆等10种农作物设定了“目标价格”，并规定当市场价格加直接支付率之和低于农产品的“季节平均价格”时，就提供相当于其差距的反周期补贴。

④ 张汉麟等编译：《美国2002年农业法专题研究》，经济管理出版社2005年版，第131～171页。

日本的主要农业补贴项目在法律形式上表现为体系化的特征，补贴的政策依据、目的、理念、政府原则性的职责界定及制度框架等基础性内容在日本农业基本法——《粮食、农业、农村基本法》（1999 年）中都有原则性规定，具体的补贴项目内容或由专门性的农业立法加以规定，或由综合性农业立法加以规定，立法形式则表现为法律、行政法规、有法律执行力的政府计划、农林水产省的部门规章、命令等。现行日本农业法体系中主要的补贴项目有对山区、半山区农户的直接支付、生产资料购置补贴、农业保险补贴、农业基础设施建设补贴等。①

近几年，我国以中央与地方的支农政策为推行依据，在许多地方实行了对种粮农民的直接补贴、良种补贴、农业生产资料综合补贴以及农机具购置补贴，② 取得了一定的社会效果，但《农业法》中却并未对农业补贴做出任何规定，这便产生以下问题：（1）不符合现阶段国家保护、支持农业产业政策的基本理念；（2）农业补贴以抽象与易变的政策为推行依据，难以保证实施的权威性与长期性；（3）以地方政策为推行依据的农业补贴在补贴种类、标准、程序等方面千差万别难以实行统一和全面的规划和监督，影响在全国范围内的推行效果；（4）农业补贴涉及公共财政的支出，依宪政和法治理念，理应有权源及程序方面的法律依据。

鉴于此，建议在《农业法》中专列“农业补贴”一章，将经过实践推行证明行之有效的补贴种类和方式法律化，并在符合世界贸易组织农业规则要求的前提下，参考各国的立法经验，将符合我国国情更能体现我国扶持、保护农业发展的补贴种类予以法制化。

---

① 秦富等：《国外农业支持政策》，中国农业出版社 2003 年版，第 96 ~ 118 页、第 136 ~ 140 页、第 184 页。

② 虽然 2004 年通过的《农业机械化促进法》第六章对农机具购置补贴有原则性的规定，但不具可操作性，在实践中各地还是以农业部和财政部发布的《农业机械购置补贴专项资金使用管理办法（试行）》和各地的地方性规定（如《广东省农业机械购置补贴管理暂行办法》）为推行依据。

笔者认为现阶段应当将直接支付、农业生产资料投入补贴、环境保护补贴、不发达地区农业开发补贴等4项具体补贴项目的基本内容在《农业法》上加以规定。

1. 直接支付，这是被《WTO农业规则》所鼓励和支持的补贴方式，也是其他国家的农业法广泛采用的补贴方式，它是农业补贴项目体系中的核心，对该补贴项目进行的详细制度设计可成为以下论及的其他补贴项目制度构建及推行的当然参考（照）。我国《农业法》上设置直接支付的目的是在保障农业生产者一定收入水平的基础上激发其种植特定农产品的积极性，保证国家食品供应安全，这与美国和日本农业法上的直接支付不同，它们的主要目的在于构建农业生产者们的收入安全保证网，一般是与限产或退耕计划相配套的。我国现行对种粮农民的直接支付实践中主要以玉米、小麦、大豆等关键粮食作物为补贴对象，范围似乎过于狭窄，这源于对“国家粮食安全”涵涉范围的不同理解，我们认为应从广义理解“国家粮食安全”，不仅限于粮食品种的供应安全，还应包括其他根据国民生活习惯所必不可少的农产品供应安全，因此，《农业法》应将补贴农作物扩展到棉花、特定油料作物、水稻等农产品上。现行政策规定的直接支付对象限于“粮食主产区”的农民，这种做法不符合《WTO农业规则》所要求的补贴必须具备“普遍性”的要求，而且也难以保证全国农民收入水平的提高，建议《农业法》应将受补贴主体扩及全国的“农产品生产者”，该“生产者”类型多样，既包括最一般的“农户”，也包括具有法人资格的“农场”和“农业生产企业”。补贴对象申请补贴所应当符合的基本法定条件，应由《农业法》从权属与土地状况两方面加以限定，即法定农作物的生产者对种植的土地享有法定的使用权；申请补贴的土地须是土地规划内的农用地；申请补贴的农用地可使正常条件下种植的农作物能获得可预期的收获量。直接支付额的计算方法应在《农业法》上规定为以法定的“直接支付率”与实际种植的面积和经法定方式确定的单产的乘积决定。

2. 农业生产资料投入补贴。这是《WTO 农业规则》中的为发展中国家设定的“蓝箱”补贴措施之一，从理论上讲，它是一个包含多种分补贴项目的总补贴。我国《农业法》上的农业生产资料投入补贴应主要包括以下几个补贴项目：良种补贴，其以符合条件的农业生产者购入并种植规定种类的种子为基本的补贴条件，补贴数应以规定的补贴额与实际的补贴种购入量的乘积确定，补贴数应能补助大部分（60% 以上）的良种购入成本；农机购置补贴，以符合条件的农业生产者购入规定的农业机械为基本的补贴条件，补贴数应以规定的补贴额与购入的农业机械数量的乘积确定，补贴额应能补助大部分（70% 以上）的农机购入与运营启动成本；小型农业生产基础设施建设补贴，其以符合条件的农业生产者投资建设法定规模和类型的农业生产基础设施为补贴条件，补贴范围（农业生产基础设施类型）与补贴数的确定均由《农业法》明确规定，补贴范围应限定在能够直接增强农业生产能力的基础设施建设（如小型农田水利设施）上，补贴数应规定为补助农业生产者投入成本的一定比例，具体计算标准与方法授权行政法规分各种法定基础设施分别确定。

3. 环境保护补贴。该补贴目的在于鼓励农业生产者可持续地使用对农业生产具有决定性影响的自然环境和资源，并保证这些环境和资源在质和量上的安全标准。环境保护补贴项目也是一个包含着若干份补贴项目的总项目，根据具体的补贴目的与补贴客体不同可分为以下三种补贴项目：土壤保护补贴，实施的目的在于通过财政转移支付鼓励或支持农业生产者保护耕地的土壤质量不下降；补偿的对象应由《农业法》限定为依法参加该补贴项目的土地权利人或者直接生产者；补贴的土地应符合法定条件：即达到规定的土壤质量标准，在正常条件下可用于种植农作物的农用地，具体的土壤质量标准应由《农业法》授权农业部在科学测定的基础上以规章形式予以规定；地力增进补贴，实施的目的是在保证土壤质量的基础上，对于地力增进等行为给予鼓励和补助，因此这是在土壤保护补贴实施基础上的一个补充性补贴项目，申请的前提条件是已经依法参加了土壤保护补贴并无违反补贴合同的任何行为发生，补贴的条件是申请人因各种行为促成了土壤质量的提高，其基本内容与土壤保护补贴项目内容相同；退耕还林补贴，退耕还林补贴的内容已由《退耕还林条例》作了较具体的规定，但是有必要在《农业法》中将其基础性规定加以明确以求法律体系的完整。

4. 不发达地区农业开发补贴。该补贴的目的在于通过公共财政的转移支付，促进或改善不发达地区因恶劣的自然条件而导致的落后的农业生产现状，其主要内容为对不发达地区农业生产者直接收入补贴，通过这项补贴缩小不发达地区与一般地区农业生产的成本差异。该类补贴可在《农业法》中规定原则性内容，具体的补贴项目应规定在《不发达地区农业开发法》这一专门性农业法律中作为开发不发达地区农业的法定措施之一。

关于我国《农业法》中是否参照世界其他国家规定农业补贴的最高限额问题，笔者认为，我国现阶段暂不适宜规定补贴的最高限额，因为农业补贴刚刚开始，为了彰显国家保护、支持农业发展的理念，限制性法律规定应尽量少出现。更重要的是由于《WTO 农业规则》要求接受补贴的主体应具有普遍性，而我国农业生产者人数庞大，再加上我国中央与地方的财政能力有限，因此《农业法》中规定的各类补贴的平均水平不会太高，没有必要限制各类补贴的最高可获得额，《农业法》的重点应放在如何规制利用农业补贴进行投机上。

三、农村金融法律制度的重构

由于农业是弱质产业，农业产业比较利益在国内生产总值中呈下降的趋势，导致以追求利益最大化为最终目的的市场资金纷纷退出农业生产经营领域，转向其他比较利益较高的产业，而农业生产经营却是需要大量稳定的投入才能维持的，因此以国家支持为主的健全而稳定的农村金融制度的建立是必不可少的。

从其他国家农村金融立法来看，农村金融法律制度基本上由政府金融与民间金融两部分法律制度构成。如日本于1943年颁布《农村中央金库法》后，又先后于1947年颁布《农业协同组合法》、1949年颁布《关于协同组合开展金融事业的法律》、1951年颁布《农村渔业资金融通特别会计法》、1952年颁布《农林渔业金库法》、1966年颁布《农业信用基金协会法》、1987年颁布《农林渔业信用基金法》等一系列法律，内容涉及农村金融的体系结构、具体业务、监管、财务会计、基金构成与运作、法律责任等方面。而我国现行《农业法》涉及农村金融的规范仅是第45条的原则性和政策性的规定，既未明确参与农村金融的各类具体的公私法主体，又未规定具体的金融类型及其各自的业务运作规则及国家支持、监管的措施等。

对于我国《农业法》中农村金融制度的重构，我们的观点是：其一，在体例结构与立法技术方面，应以专章在《农业法》中规定农村金融相关制度，考虑到《农业法》作为农业基本法的性质，不可能详细全面地将农村金融所有制度内容加以规定，因而应采用与法律位阶相适应的科学的立法技术，将农村金融的最主要及最基本内容予以法律规范化。其二，在制度建设中，应规定如下内容：（1）将农村金融的制度构建模式确定为以政策性金融为主，以国家扶持和引导下的农村合作金融与商业金融为辅的农村金融制度模式。（2）在《农业法》中明确政府政策性支农金融体制及其基本的运作规程，鉴于重构中国政策性支农金融体制的巨大成本，最现实的选择是在《农业法》上明确以“中国农业发展银行”为核心的政府政策性金融机构的具体设置、支农义务以及相应的支农措施和运行规程；“中国农业发展银行”的政策性支农措施应由《农业法》明确为针对不同项目的“低息贷款”、“无息贷款”、“对农业保险的再保险”以及其他法定支农措施的基本内容及其基本适用条件；应在《农业法》上明确“中国农业发展银行”的政策性支农义务及其基本的业务运作规则，如运营目标、风险管理、与政府的关系、对政府的义务等；对于“中国农业发展银行”的各类法定支农措施的具体适用内容、实现程序、具体的适用条件、运作监管、具体的法律责任等内容应由《农业法》授权农村金融方面的专门性行政法规、部门规章、甚或以项目行政计划加以规定。(3) 在《农业法》中应明确政府对农村合作金融的支持与监管，农村合作金融应以“农村信用合作社”为主体，是仅次于政策性银行的第二大金融支农体系：首先，要在《农业法》中以国际上通行的合作社组建原则重构新型的农村信用合作社，由《农业法》明确该类合作社的机构设置、层级分布、资金来源、产权结构、责任形式、入社退社、运行原则与规程以及业务范围等基本内容，其中的层级分布涉及“合作联社”的设立层次及其与成员之间的关系，运营规则涉及其经营对象的选择以及分配原则与方法等重大问题；其次，《农业法》应规定政府对农村信用合作社的支持职权（责）及其措施；最后，《农业法》应规定金融监管机关对农村信用合作社体系的具体监管职权（责），包括金融风险监管、会计监管、支农业务监管等。(4) 在《农业法》中应针对中国现实而设计其他金融制度，如“农产品担保贷款制度”，《农业法》应以美国农业法中的无追索权贷款制度为借鉴构建中国的农产品担保贷款制度，基本内容是：允许农业生产者以法定种类的农产品为担保，依法定的贷款率从特定机构贷款，贷款到期后，农业生产者可依担保农产品的市场状况选择是归还贷款本息除去农产品上的担保负担，还是以担保农产品的市场价格为限抵偿债务。

四、重构政策性农业保险法律制度

农业保险是现代各国分散农业生产经营中的各类风险、保障农业生产经营者收入水平的有效制度，也是国家弥补农业生产弱质性的重要干预手段，它源自基于农业保险产品的非商品性或准公共物品的特性所导致的市场机制在农业保险领域的失灵，而这又决定了农业保险在制度安排上的政策性。

世界各国在各自政策性农业保险制度安排的过程中，逐渐形成了三种制度模式：即以美国为典型的政府主导型农业保险、以欧洲为代表的政府支持型农业保险和以日本为代表的政府扶持下的合作式农业保险。每种模式都建立了较完善的农业保险法律制度，如美国从1938年作为《农业调整法》第五部分的《农作物保险法》起到2002年《农业安全与农村投资法案》中的诸农业保险项目计划止，历经半个多世纪构建了健全和完善的农业保险法律体系，内容涉及农作物保险计划、投保条件、农业保险机构设置及其运营与管理、农业保险机构权利、农业保险投保人权利、农作物保险听证、农作物保险保障、大灾保险管理、保险费率、保险合同管理、国家补贴、保险理赔等。

我国《农业法》仅以一条（第46条）的内容规定了国家扶持农业保险的原则，这与我国作为一个发展中的农业大国，对农业政策性保险的需求不相适应。鉴于此，我们建议在《农业法》中专列“农业保险”一章，对相关制度进行基本的规范设计，主要包括：（1）政策性农业保险的模式选择，现行农业法中规定的几类模式基本上是符合我国国情的，但我们认为国家主办型与农业生产者合作或互助型政策性农业保险应当是制度构建的重点；（2）针对各类政策性农业保险模式的实现主体的性质、组织结构、基本的权利义务、体系设置、基本的运作规则及其经费来源的规定，重点是“国家农业保险公司”与农民互助、合作农业保险机构的构建；（3）承保范围的确定应以保障国家粮食安全为指导思想，首先规定对小麦、玉米、水稻等关键品种实行法定保险，其他农作物则实行自愿保险，其次规定保险责任只涉及农产品法定预期收益的一定比例，对实行法定保险的关键农产品的承保比例可定高一些（如70%以上）；（4）国家对政策性农业保险的支持措施的基本内容，包括保险费补贴、再保险、税收减免和经营管理费补贴；（5）政策性农业保险的基本险种的确定及相应费率的厘定等权利（力）的归属及行使程序；（6）政策性农业保险的理赔；（7）政策性农业保险监管及法律责任等内容。

农地流转与国家投资农业生产经营法律制度构建*

黄 河

一、制约农地流转的效益因素分析

农业产业化经营以效益最大化为目的，农地流转是农业产业化经营的重要前提之一，但目前农业经营效益低下，严重阻碍了农地流转。表1是作者对陕西省咸阳市112个村的土地流转规模调查。

表1 咸阳市112个村的土地流转规模分布

流转土地面积占比	0~2%	2%~4%	4%~6%	6%~8%	8%~10%	10%~100%
村数/个	57	43	7	3	1	1

从表1可以看出，流转土地面积占本村土地总面积2%以下的有57个村，4%以下的有100个村，说明绝大多数村农地流转规模很小。

农地流转规模很小，流转频次也很低。表2反映的是陕西省宝鸡市陈仓区2007年有农地流转的100户农地流转频次。可以看出，高达61%的农户当年农地流转只有1次，说明农地流转频次处于较低水平，作者通过调查，认为出现这种情况的最主要的原因是农业经营效益低下。根据在咸阳和宝鸡的调查，认为流转价格太低而不愿意流出土地的农户平均占42%，认为经营农业不划算不愿意流入土地的平均占79%，都占各种阻碍农地流转原因之首。福建省永安市农村土地流转调查也证明了作者的观点，当地有62.5%的农户认为种田效益低是影响土地流转的主要原因。

---

* 本文发表于《生产力研究》2009年第8期，为与本书体例规范统一，摘录时有所修改。

表2　2007年宝鸡市陈仓区100户农户土地流转频次统计

流转次数/次	1	2	3	4	5
户数/户	61	26	11	2	0
所占比例/%	61	26	11	2	0

二、国家农业投资对农业产出的贡献分析

从理论上讲，国家投资农业，无疑可以提高农业经营的比较利益，从而推动农地流转。但作者通过实证分析认为，新中国成立以后，国家虽然加大了对农业的投资，但因缺乏健全的法律制度约束，投资的波动性较大，因而促进农业生产效益提高的效果并不明显。以下是1975～2006年我国农业生产和同期国家财政投资农业的情况统计（见表3）。

表3　1975～2006年我国粮食产量及农业财政投入情况

时间/年	粮食产量 y /亿斤	农业财政投入 x1 /亿元	时间/年	粮食产量 y /亿斤	农业财政投入 x1 /亿元
1975	2.8452	98.96	1991	4.3529	347.57
1976	2.8631	110.49	1992	4.4266	376.02
1977	2.8273	108.12	1993	4.5649	440.45
1978	3.0477	150.66	1994	4.451	532.98
1979	3.3212	174.33	1995	4.6662	574.93
1980	3.2056	149.95	1996	5.0454	700.43
1981	3.2502	110.21	1997	4.93	766.39
1982	3.545	120.49	1998	5.122	1154.76
1983	3.8728	132.87	1999	5.08	1085.76
1984	4.0731	141.29	2000	4.63	1231.54
1985	3.7911	153.62	2001	4.5262	1456.73
1986	3.9151	184.2	2002	4.571	1580.76
1987	4.0298	195.72	2003	4.3067	1754.45
1988	3.9408	214.07	2004	4.6947	2337.63
1989	4.0755	265.94	2005	4.8402	2450.31
1990	4.4624	307.84	2006	4.98	3172.97

资料来源：《中国农业年鉴》（各年）。

采用表 3 所给数据，用全国粮食产量（y）对农业财政支出（x1）及家庭联产承包责任制这一虚拟变量（x2）进行计量回归，分析说明国家农业投资对我国农业发展的影响。由于家庭承包经营制在 1983 年才开始大规模实施，因此取 1975 ~ 1983 年虚拟变量（x2）的值为 0，1983 ~ 2006 年虚拟变量（x2）的值为 1，计量回归结果如表 4。

表 4 取 1975 ~ 2006 年全国粮食产量、农业财政支出及家庭联产承包责任制的变量数据进行计量回归的结果

c	3. 162597	0. 112521	28. 10683	0. 0000
X1	0. 000272	8. 46E – 05	3. 219225	0. 0032
X2	1. 082729	0. 148539	7. 289200	0. 0000
R – squared	0. 787407	Mean dependent var		4. 132928
Adjusted R – squared	0. 772745	S. D. dependent var		0. 704796
S. E. of regression	0. 335985	Akaike info criterion		0. 745559
Sum squared resid	3. 273690	Schwarz criterion		0. 882972
Log likelihood	– 8. 928942	F – statistic		53. 70542
Durbin – Watson stat	0. 625756	Prob（F – statistic）		0. 000000

注：$y = 3.162597 + 0.000272 * x1 + 1.082729 * x2$

可以看出，上述方程的修正拟合优度 R2 在 75% 以上，1% 的显著性水平下 F 检验通过，同时系数的 t 检验通过，说明模型总体拟合效果比较好。比较发现，相比家庭承包经营制对农业产出的贡献系数 1. 082729，国家的农业财政投入贡献系数仅为 0. 000272。家庭承包经营制在其推行的初期对于促进农业生产经营曾发挥了巨大的作用，但在现阶段，这种"一家一户"式的分散经营方式对农业产业化和现代化已不能发挥推动作用，也不利于农地的适当集中和农业产业利益的提高，因此，为了提高农业经营效益，推动农地流转，必须建立健全国家投资农业生产经营法律制度。

三、国家投资农业生产经营法律制度的内容

由于农业生产系自然再生产与经济再生产的结合，其具有不同于其他产业的生产规律，故而，国家对农业生产经营的投资与对其他产业的投资相比自有其独特性：第一，国家投资农业生产经营所形成效用的外部性；第二，国家投资农业生产经营的固定性，即对土地的依赖性；第三，国家投资农业生产经营的效应替代性；第四，国家投资效益的滞后性及隐蔽性；第五，国家投资农业生产经营的资本数量的加速性；第六，国家投资农业生产经营运作机制中的国家管理性。基于此，国家投资农业生产经营法律制度应该包括如下几个方面：

（一）国家投资农业生产经营体制划分法律制度

所谓“体制”其原始意义是指某种格局，在法学上即引申为权利（力）与义务（职责）的分配格局及因此而形成的主体组织结构。国家投资农业生产经营体制即是指国家各级政府及其相关部门依法享有投资于农业生产经营领域的职权（责）分配格局，国家投资农业生产经营体制的划分则是对这种职权（责）分配格局的规划。因此，国家投资农业生产经营体制划分法律制度是指依某种标准或原则，依法科学规划国家各级政府及其相关部门的农业生产经营投资职权（责）格局而形成的规范体系。该类法律制度因涉及国家公共财政体制的划分，其规范效力层次一般都比较高，多以专门性普通法律的规范形式表现出来。附带需提及的是，我国至今尚无规范国家投资农业生产经营的全国统一性专门性规范，只是各省依《农业法》制订有各自的《农业投资条例》。由于无统一的高效力法律规范统摄，各省的《农业投资条例》从最一般的“农业投资”含义的外延涵涉到具体的投资资金来源和运用渠道等都各不相同，严重影响了国家财政支农计划的统一性，全国性的专门性国家对农业投资法律的出台是必然的选择。

在划分国家投资农业生产经营体制时，应注意该体制本质上是国家公共财政体制的重要的内容之一这一特征，必须使国家投资农业生产经营体制的划分与科学的公共财政体制密切适应，这就要求在对各级政府及相应部门投资于农业生产经营职权（责）进行分配时，要严守“财权与事权相适应、相统一”的原则，即各级政府及相关部门投资农业生产经营职权（责）作用范围的确定，必须要与该机关依法享有的财政收入和支出职权与能力相适应，对于财政收支能力较差的地方政府及其相应部门，中央政府将通过经法定标准测算的财政支持度通过转移支付方式保证该地方政府投资农业生产经营的一般能力。

这一制度的具体内容包括：第一，中央与地方各级政府投资农业生产经营的范围划分；第二，国家投资农业生产经营资金的财政运作机制。

（二）国家投资农业生产经营计划法律制度

国家投资农业生产经营计划法律制度主要是对计划主体的规范。具体包括以下两点：

第一，国家投资农业生产经营计划编制主体，是指依法享有计划编制权的各级各类国家机关。由于国家机关组织体系中涉农机关比较多，加之国家投资农业生产经营体制划分中央投资与地方投资等因素，该种计划的编制主体呈现“分类分级型”布局特征。所谓“分类”是指涉及各机关的机构布局。具体包括农业、科技、水利、林业、渔业、畜牧、农机、农垦、气象、土地、环保等各类涉农行政机关；所谓“分级”是指上述各类涉农行政机关在中央与地方各级政府中的层次性分布格局。具体来说，就是中央级的各涉农部门享有依法编制各部门本期对农业生产经营投资计划的职权（责）；地方各级涉农部门享有依法编制本级部门本期投资农业生产经营计划的职权（责）。各级各类机关投资农业生产经营计划的编制权的设定，必须要与前述国家投资农业生产经营体制划分状况相适应，中央级各类涉农机关仅负责编制具有全局公益性、基础性与示范引导性农业项目投资计划，地方级各类涉农机关则负责编制具有区域公益性、基础性农业生产项目投资计划的编制；同时，各类涉农机关计划编制权的设定还必须与本部门管理农业生产经营的职权范围相适应，如农业科技费用国家投资计划就宜由各级科技行政主管部门编制。各级各类涉农机关计划编制权的行使必须要由法律制定详细具体并可操作的程序性规定，一般应遵循以下规程：汇总本机关所属各部门本期投资规划→经过分析，在本期投资计划总量内形成本机关本期投资重点→编制投资计划初步草案→由本机关最高决策层审议初步草案，并提出修改意见→形成最终投资计划草案。

第二，国家投资农业生产经营计划的审批主体，是指依法审查、批准编制的国家投资农业生产经营计划草案，并使之发生法律效力的国家机关。该机关应当由各级政府的计划管理机关充当，理由在于：各级政府的计划管理机关一般均享有编制本级国民经济和社会发展规划与实施重要产业政策等职权，对本地域农业产业发展总体概况比较了解，由其负责审批各涉农机关投资计划草案，有利于在总体上协调因各部门基于部门利益而力争财政投资最大化的天然冲动所形成的利益冲突，更有助于使国家投资作用于效率最高的农业生产的环节和领域，以提高国家投资的使用效率。各级计划管理机关的审批权主要包含两方面内容：一方面，审查与批准权，即是指计划管理机关基于国家投资总规划、产业政策等因素考量，具体审查涉农机关上报的农业投资计划草案内容，对符合其考量标准的草案予以批准，赋予其国家机关内部指令性效力的许可权力；另一方面，监督管理权，指计划管理机关对经审批未通过的国家投资农业生产经营计划草案，依法定程序指令编制主体限期修改，并再次上报的纠正权力。

（三）国家投资农业生产经营项目政府采购法律制度

第一，政府采购监督管理机关的主要职权（责）。规范制定权，即根据国家有关政府采购及招投标法律规定和相关农业产业政策，制定本行业系统国家投资农业生产经营项目政府采购的具体管理规定；审查批准权，即依法审查批准其权限管辖内的项目建设单位上呈的项目招标方案；指导、监督、检查国家投资农业生产经营项目如投标实施具体活动的权力；处理与惩处权，即有权受理各类主体对国家投资农业生产经营项目政府采购招投标中的违法行为的投诉与申诉，依法做出处理决定，并依法施以不利惩处之权力；推荐国家投资农业生产经营项目评标专家库专家人选，依法组建并管理评标专家库之权力；组织招投标权，即在法定情形下，组织重大国家投资农业生产经营项目招投标活动之权力；财务监督权，即法定机关依法定职权和方式监督检查各类主体组织的国家采购活动中所用公共财政资金运作的合法与否的权力。上述七种职权（责）中，前六项均为各级各类涉农机关在组织和监督管理本系统国家投资农业生产经营建设项目招投标活动中享有的主要职权；第七项职权则为各级财政机关与审计部门依法享有的专属性权力。

第二，政府采购人的权利与义务。权利方面：委托招标权，即有权根据需要委托具有合法资质的招标代理机构代为招标；确定供应商供应条件的权利，即有权根据农业生产经营项目的特殊性要求，在一般条件外，规定供应商应符合的特定资质条件；资格审查权，即有权要求参加政府采购的供应商提供有关资质证明文件和业绩情况，并依法律规定的供应商的基本条件和农业生产经营采购项目对供应商的要求，对其资格进行审查；投标文件审查权，即有权对投标人依法递交的投标文件进行形式审查，对于形式审查不通过的，可以拒绝或按无效标处理；确定中标人的权利，即有权从评标委员会推荐的中标候选人中，依法确定中标人。义务方面：依法编制招标方案并报有权机关审批的义务；依法定程序开展招投标活动的义务；公平对待所有投标人的义务；不得将法定应当以公开招标方式采购的货物或服务化整为零，或者以其他任何方式规避公开招标采购的义务；依法与中标人订立政府采购合同的义务，采购人的这个义务是双向的，即对招标人与中标人均有法律约束力，招标人在中标通知书发出的法定期间内必须严格按照招标文件和中标人的招标文件内容订立书面合同，若不履行该义务，将因此而承担给中标人造成信赖利益损失后果的赔偿责任及法定的公法责任。依法报告义务，指采购人在确定中标人之日起一定期限内必须依法定管辖体制向各自上级政府采购监管部门提交包含法定内容的招投标情况的书面报告。

（四）国家投资农业生产经营项目产权确定法律制度

既已建成的国家投资农业生产经营诸项目，经法定机关竣工验收后，即面临产权确定问题，围绕该产权的确定而由国家制定并由强制力保证实施的一系列实体及程序性法律规范的有机体系构成国家投资农业生产经营项目产权确定法律制度。经济学界认为“产权”乃是“一束权利”，“是指由物的存在及关于它们的使用所引起的人们之间相互认可的关系”，产权的主要功能是“它们能帮助一个人形成他与其他人进行交易时的合理预期”亦即“引导人们实现将外部性较大地内在化”。产权与所有制结合之后，形成私有制产权、共有制产权及国有制产权三种产权形态，“对于共有制，是指一种由共同体的所有成员实施的权利”；私有制则意味着共同体承认所有者有权排除其他人行使所有者的私有权；“国有制则意味着只要国家是按照可接受的政治程序来决定谁能使用国有资产，它就能排除任何人使用这一权利。”从法学角度理解的产权同义于“财产权利”，以产权经济学基本理论为依据，将“由物的存在”所引起的人们之间的关系经法律认可为“所有权”，并基于此，将“因物的使用”而引致的人们之间的关系经法律认可为所有权以外的他物权及其他财产权，所有权权利群（束）均以所有权为核心，赋予其完全并圆满的权能内容（实现方式），法律对各项财产权权能内容及权利主体的确定即形成权利的法定主体及利益外延范围，这些范围的明确与否直接影响社会财产权利体系的稳定。经国家投资建设而成的农业生产经营诸项目在实物形态上表现为固定资产、流动资产及无形资产，其产权形态则表现为国有制产权，即法学上的国有资产财产权，具体包含所有权及经营管理权，对该二项权利内容的具体化及权利归属主体的明确化，有利于国有资产的保值与社会效益的极大发挥。但遗憾的是，我国现行国有资产管理法律制度比较重视国有企业中经营国有资产管理的法制建设，对于因国家投资农业生产经营而形成的国有资产管理的法制建设，长期遭到漠视，至今尚无明确且专门性的国家与地方级法律规范，这种无法可依的情形直接导致了国家投资农业生产经营建设项目只注重投入，不注重投入后所形成项目的管理和维护；产权的长期不清，使许多国家投资建设的中小项目因无人管护而多半废弃，因此加强此方面的国有资产管理法规的建设，是当务之急。

产权确定制度是国家投资农业生产经营项目国有资产管理制度中的一项前提内容。从基本法理分析，它应当明确国家因财政投资形成的促进农业生产经营项目的所有权属于国家，其占有、使用、管理、维护等权利因派生于所有权权能，从根本上讲，也应当属于国家享有；在具体的权利配置上，所有权应统一归国务院代表国家享有，并由专门机构负责所有权的管理；其权利应当依“最大限度发挥效用”的基本原则去实现权利（力）内容；其管理、维护等权力（职权）应法定归属于各级各类农业生产经营项目投资计划编制主体，并明确权力（职权）内容：（1）检查权，即依法定期检查、检验各项目运行质量的权力；（2）管理权，即依法监督使用主体的使用行为，并依法纠正其过度滥用或损害项目使用价值的违法行为之权力；（3）维护权，即依法保养及维护项目，以保证其使用价值之权力；由于国家投资农业生产经营项目多为公共物品（服务）或准公共物品（服务），因此，其占有、使用权是应当依法非排他性地授予一定区域内所有不特定农业生产经营者的；从具体制度构建分析，国家投资农业生产经营项目产权确定制度应包括以下规范：管理维护权确定规范、管理维护机构划分规范、产权界定法律规范、资产评估法律规范、产权登记法律规范、产权纠纷及违法行为处理法律规范等。

农村土地承包经营权流转的现状、分析及其法律思考*

李军波

一、农村土地承包经营权流转的现状

（一）农村土地承包经营权流转面积偏小

农村土地承包经营权流转面积偏小是指流转总面积占当地耕地总面积或承包经营耕地总面积的比例偏小。根据一份黑龙江省农村土地承包经营权流转情况的调查报告（以下简称黑龙江报告），近几年来，全省土地流转面积占承包土地面积的8%左右；[①] 根据一份四川省农村土地流转情况的调查报告（以下简称四川报告），截至2007年，全省农村土地流转面积627万亩，占全省耕地总面积的9.1%；[②] 根据一份河南省农村土地承包法律政策落实情况的调查报告（以下简称河南报告），2005年，全省农户承包地流转面积仅占家庭承包经营耕地面积的2.58%，参与流转的农户仅占家庭承包经营农户的2.8%；[③] 根据一份浙江省海盐县土地承包经营权流转情况的调查报告（以下简称海盐报告），2006年，海盐县家庭承包总面积359,263亩，土地流转面积11,555亩，仅占家庭承包

---

* 本文发表于《河北法学》2009年第8期，为与本书体例规范统一，摘录时有所修改。

① 《黑龙江省农村土地产权流转制度改革研究》课题组：《黑龙江省农村土地承包经营权流转情况调查报告》，载《北方经贸》2005年第12期。

② 中共四川省委农办课题组：《对我省农村土地流转情况的调查》，载《四川改革》2007年第12期。

③ 李鑫：《河南省农村土地承包法律政策落实情况的调查与思考——对422户农户和262名乡村干部的问卷调查》，载《河南农业》2006年第4期。

经营总面积的 3.22%，涉及的流转农户 10,983 户，占家庭承包户数的 13.35%；[①] 根据一份湖北省农村土地规模经营情况的调查报告，截至 2007 年，湖北省通过转让、转包、租赁、入股、托管等流转形式实现土地规模经营的面积约占农业用地总面积的 5%，规模经营的农户约占总农户的 1.8%。[②]

（二）农村土地承包经营权的流转形式多样化，转包成为最主要的形式

通过对所收集到的各地农村土地承包经营权流转情况调研报告的分析可知，转包、转让、互换、租赁、入股等多种流转形式均出现在农村土地承包经营权的实际流转中，但转包在现存的农村土地承包经营权流转中位于主要地位。

根据黑龙江报告，截至 2005 年，在黑龙江全省已流转的土地中，转包面积 607.4 万亩，占流转总面积的 88.6%；转让面积 45.5 万亩，占流转总面积的 6.6%；互换面积 7 万亩，占流转总面积的 1%；租赁面积 19.8 万亩，占流转总面积的 2.9%；股份合作面积 0.6 万亩，占流转总面积的 0.1%。[③] 根据四川报告，截至 2006 年年底，四川全省以转包方式流转的耕地面积为 253.22 万亩，占耕地流转总面积的 49%，比例远高于以出租（占耕地流转总面积的 25.5%）、转让（占耕地流转总面积的 12.6%）、入股（占耕地流转总面积的 1.9%）、互换（占耕地流转总面积的 2.7%）等方式流转的土地。[④] 根据一份对重庆部分市县农村土地流

① 蒋正林：《海盐县土地承包经营权流转情况调查》，载《新农村》2006 年第 3 期。

② 湖北省委农办课题组：《湖北省农村土地规模经营情况调查》，载《湖北社会科学》2008 年第 4 期。

③ 《黑龙江省农村土地产权流转制度改革研究》课题组：《黑龙江省农村土地承包经营权流转情况调查报告》，载《北方经贸》2005 年第 12 期。

④ 中共四川省委农办课题组：《对我省农村土地流转情况的调查》，载《四川改革》2007 年第 12 期。

转情况的调查报告，自从2003年《农村土地承包法》实施后至今，转包一直是主体的流转方式，涉及转包的农户大约占流转量的53.16%；涉及出租的农户约占流转量的20.11%；涉及代耕的农户约占流转量的19.26%；涉及互换的农户约占流转量的6.42%；涉及入股的农户约占流转量的1.05%。[①]

（三）农村土地承包经营权流转多为自发性流转

自发性主要表现在两个方面：一是为法律所预期的规范性农村土地承包经营权流转行为缺乏，多为短期性、临时性、无偿性或无流转合同的土地承包经营权流转；二是流转一般在农户之间自发进行（尤其多在同一集体组织的农户之间），作为农民集体土地所有权主体的集体组织大多游离于农村土地承包经营权流转行为之外。

根据黑龙江报告，目前全省农村土地流转中农户自发流转居于主流，自发流转面积占流转总面积的75.8%，村集体经济组织对于这部分流转土地缺乏监管，不能及时掌握流转情况。[②] 根据一份对重庆市2007年农村土地流转情况的调查报告，在重庆市的农村土地流转中，转包、互换等方式都是由转出户与转入户自行协商进行，且多是分散、小规模流转，这种类型的土地流转量占流转总量的60%以上；流转中签订协议的，协议形式多为口头协议，期限一般是一年一议，或者是未明确期限，或者是种一季算一季，原承包户随时都可收回，这种类型的流转土地量占流转总量的80%以上；流转过程中，转包、代耕、互换等流转方式基本上都是无偿的；没有签订合同或合同不规范的土地流转面积占流转总面积的90%。[③] 根据一份对福建省永安市曹远镇几个村庄土地承包经营权流

① 何洪华：《关于农村土地流转情况的调查与思考》，载《金融与经济》2008年第5期。

② 《黑龙江省农村土地产权流转制度改革研究》课题组：《黑龙江省农村土地承包经营权流转情况调查报告》，载《北方经贸》2005年第12期。

③ 何洪华：《关于农村土地流转情况的调查与思考》，载《金融与经济》2008年第5期。

转的调查报告，截至2008年，调研所涉及的农村土地承包经营权流转的农户都是通过私下的口头协议，无人签订过书面合同，土地流转的范围多为本村亲戚、邻居或要好的本村居民之间，大多以村内流转为主。[①]

（四）一些新型的农村土地承包经营权流转模式在个别地方试点推广

从收集到的各地方农村土地承包经营权流转现状的调查报告看，有几种在《农村土地承包法》上并未规定的流转方式和流转模式在个别地方试点并得到推广。

第一种是以农业产业化经营项目带动农村土地承包经营权流转从而实现土地的适度规模经营。这种新型流转模式一般发生于经济比较发达或区域位置比较有利于发展外向型农业的少数地区；运作的带动机一般是通过经营一些高附加值或高技术含量的农业产业项目实现盈利；带动主体多为大型农业“龙头企业”；利益联结机制或模式多为“龙头企业加农户”、“龙头企业加基地加农户”或“龙头企业加土地合作社加农户”；实现这种流转模式的农村土地承包经营权具体流转方式或者是土地承包经营权入股或者是土地承包经营权出租；农户在这种流转模式中一般以获得土地的股息、红利、租金，向龙头企业出售农产品以及在龙头企业打工为其主要收入来源。根据黑龙江报告，近年来，黑龙江农业产业化经营呈现加快发展的势头，龙头企业牵动基地和开拓市场的能力不断增强，有力地带动了土地承包经营权的流转，大庆市吉泰实业集团围绕“古龙”品牌，建立专业化、规模化的生产基地，采取多种利益联结方式引导土地流转10多万亩。[②] 根据一份对都江堰市农村土地流转情况的调查报告，近几年，都江堰市以农业产业经营项目带动土地流转发展较快，

① 许亚芬：《制约农村土地流转的主要因素及对策》，载《内蒙古农业科技》2008年第3期。

② 《黑龙江省农村土地产权流转制度改革研究》课题组：《黑龙江省农村土地承包经营权流转情况调查报告》，载《北方经贸》2005年第12期。

通过租赁、土地入股促进农户与企业“联姻”，实现了资源优化配置，目前，全市土地流转100亩以上规模的农业产业化项目211个，总面积达89,150亩，涉及农户11,040户，蒲阳镇长河村农户以入股方式向凯达绿色投资公司流转宜林地建500亩厚朴园，实行业主投资经营管理，农民在园内务工，投资后经营利润与农民7∶3分成。[①]

第二种是土地“托管”的新型流转模式。从收集到的各地农村土地承包经营权流转调查报告来看，这种流转模式实行的地方比较少，仅出现在湖北省的个别地方，且多为初步的试点。这种流转模式在实践中具体的做法是由农户组建的农业生产合作社（或称土地合作社）为无暇或无力耕种土地的农户代为管理和耕种土地，由被代耕的农户向合作社缴纳一定的管理及生产费用，实现这种流转模式的具体法律行为是《农村土地承包法》所规定的“代耕”，与单纯的农户之间自发的代耕不同，托管农地的合作社可以对委托其代耕的农地进行统一的规划、统一的管理和规模化经营。根据湖北报告，随州市曾都区福星农业生产合作社，为农民提供代耕代种服务，农民每亩缴纳586元的生产费用，合作社就为农户提供麦稻两季从种到收的全程生产管理服务，截至2008年，该社已为1200个农户代耕农田5000多亩，采用机械耕作，统一管理，规模经营。[②]

第三种是流转模式是在成都市温江区等地方试行的农户放弃土地承包经营权和宅基地使用权以换取社会保障的“双放弃”模式，截至2007年年底，成都市推行这种“双放弃”模式已参与农户有1180户。[③]

---

① 都江堰市委党校课题组：《完善土地流转机制 增强新农村建设活力——都江堰市农村土地流转情况调查》，载《中共四川省委党校学报》2007年第3期。

② 湖北省委农办课题组：《湖北省农村土地规模经营情况调查》，载《湖北社会科学》2008年第4期。

③ 中共四川省委农办课题组：《对我省农村土地流转情况的调查》，载《四川改革》2007年第12期。

总结以上的流转现状[①]可以看出，现存的并未大量普及的土地承包经营权流转行为在实践中总体上呈现两种类型并随着两种不同的流转目的：一种是以保有农地或方便耕作等非产业化为目的的流转行为，这种流转行为在现存的流转行为中占大多数，这可以从上述的转包为主要的流转方式和流转多呈自发性等流转现状上得到验证；另一种是以农地的适当集中为目的的流转行为，这种流转行为多存在于一些农业产业化经营项目的推行过程中。

二、农村土地承包经营权流转现状的理论分析

（一）理论分析的目的与方法

在社会科学领域中，对一种社会现象进行分析得出的结论可以是多方面的，关键取决于分析的目的和由此目的所决定的分析方法。在本文中，对根据各地关于农村土地承包经营权流转的调查报告所总结出的流转现状进行分析的根本目的在于为农村土地承包经营权流转相关法律制度和规范的修改、完善和构建总结出一些规律性的东西，因此，分析的结论将主要是从深层次揭示导致产生这些流转现象的经济、制度及社会心理等方面的原因；为了实现这一分析目的，在这一部分主要采用的分析方法是从各种流转现象中深入揭示在特定经济、社会和制度条件下，法律规范作为规制流转各主体外在的行为、型塑稳定的流转秩序的普适性社会规范，在农村土地承包经营权流转各个环节和领域中能够实际发挥具体规制作用的方向和着力点，分析的对象或为对在实践中惯常实行并已经为相关流转主体所广泛认同的行为方式的揭示，抑或为通过实际流转行为所表现出的相关流转主体对既存制度的各种反应以及对特定制

---

① 由于现在尚无官方发布的对全国农村土地承包经营权流转现状的统一调查资料，在学界也难觅学者对全国农村土地承包经营权流转现状的调查，以下对农村土地承包经营权流转现状的描述主要以学界和地方政府农业部门近几年来公开发表的数份对不同地区农村土地承包经营权流转现状的调查报告为基础，虽然这些调查报告只是对个别地方流转情况的调查，但所反映的问题却是共性的。

度的诉求。

（二）理论分析及其结论

1. 农民缺乏流转意愿是未产生农村土地承包经营权大面积和理性流转的根本原因

从各地农村土地承包经营权流转状况的调查报告分析，绝大多数农民是不愿意流转农村土地承包经营权的，如果抛开农民由于数千年农耕文化束缚而产生的“恋地情节”,[①] 就可以将农民在现行社会经济条件下不愿意流转农村土地承包经营权的根本原因概括为以下两点：

一是现行条件下，农村土地承包经营权及其所涵摄的农用地对农民而言是并不能彰显财产价值及效用的“弱财产”，农民对于通过流转等方式实现这种“弱财产”所蕴含的财产利益和价值的期望值并不高，亦即，很少有农民希望通过流转农村土地承包经营权“赚大钱”，而导致农民农村土地承包经营权成为“弱财产”的根本原因通俗地讲就是“种地并不赚钱”，理论上来讲，就是农业产业的生产经营效益不高。[②] 二是在现行的城乡二元结构和农村经济发展水平之下，农村土地承包经营权及其涵摄的农业用地对农民而言是保证最基本生存权的“强保障”。从理论上讲，农民只有在充分权衡流转土地后自己生活状况最起码不低于流转前的生活状况的前提下，才可能有流转农村土地承包经营权的意愿和动力，

① 这种“恋地情节”一般表现为农民对自己农业种植者身份的强烈认同，即认为“农民天生就应当种地”，但本文认为这一种“恋地情节”更多的是文化意义上的，并且其背后还有着更深层次的利益因素，如果说几百年前农民的“恋地情节”是出于对农耕文化及其所承载的价值观念的尊崇的话，今天农民的“恋地情节”恐怕更多的是出于对现实状况和习惯的遵从，而一旦有利益诱惑，这种遵从状态是极易被打破的。

② 这在各地调查报告的分析中表现得很明显，在重庆市农村土地流转状况的调查报告中，作者指出流转效益低是当地流转中存在的主要问题之一，主要表现为流转费用低和流转后经营项目的效益不高。福建永安市农村土地流转情况的调查报告分析认为，土地经营收益不高，导致了农民不乐意将土地进行流转，由于流转收益低下，流出田地的农户无利可图，大部分农户勉强将地种上，更有农户宁肯将田地抛荒也不愿流转，据调查，当地有62.5%的农户认为种田效益低是影响土地流转的主要原因。

在无法对流转后自己的生活状况有明确的预期之前，农民保有农村土地承包经营权及其所涵摄的农用地的行为是合乎理性的。现实中的情况恰恰是农民无法从国家制度层面和参与市场行为方面获得对自己流转土地后满意而有保障的生活预期，于是实践中广大农民纷纷将农村土地承包经营权及其所涵摄的农业土地当作“强保障”之用，[①] 如果国家不构建能让农民比较满意的农村社会保障制度体系，使农民深感自己流转土地后将获得稳定而有保障的基本生存权，从而弱化农村土地承包经营权及其所涵摄的农业土地这种“强保障”的强度，农民流转土地的意愿恐怕是很难被大面积激发。

2. 政府相关部门和农民集体组织的推动是农村土地承包经营权大量地向产业化方向流转的重要动力

从收集到的各地农村土地承包经营权流转现状的调查报告分析，但凡农村土地承包经营权能成规模并以符合农业产业集中经营为方向流转的地方，当地政府及其农业管理部门或者农民集体组织都在其中起到了重要的推动作用；在流转面积不大，并多以临时性、自发性等不符合农业产业规模化经营的非理性方式流转的地方，农民对政府或农民集体组织能主动参与农村土地承包经营权流转还是有很高的呼声的。

通过分析归纳，本文认为在流转实践中，政府相关部门和农民集体组织在当地农村土地承包经营权流转实践中的推动作用和推动方式主要表现为以下两个方面：

第一种为提供流转中介服务，服务类型主要有流转情况调查、流转

① 这也在各地的流转调查报告里有明显反映，四川报告分析认为，影响四川省农地流转的主要因素是缺乏流转动力，广大农民将农业土地作为其在其他行业无法经营谋生时的一条退路，流转意愿不迫切。重庆市农村土地承包经营权流转情况的调查报告分析认为，农村土地流转环境差是导致流转不畅的主要原因，而这主要是因为在农民的意识里主要还是依靠土地收入解决看病、上学、养老等问题，普遍把土地作为最基本的生活保障来看待，对于流转土地存在后顾之忧。

协调、流转供求信息的收集、整理和发布，咨询，指导流转合同的签订，流转费用的代收和代缴，流转纠纷的调解等。这种提供服务的推动方式从理论上分析有两点最大的优势：其一，从农民流转的心理分析，这种中介服务型的推动方式并不直接干预农民流转土地承包经营权的意愿形成，只是从外部帮助农民流转意愿的顺利实现，因此容易获得农民的心理认同；其二，从流转的客观情况及市场规律分析，农民要想在市场化的环境里理性地流转农村土地承包经营权就必须要获得关于流转的充分的市场信息，而这种信息的获得需要极高的成本，在现行条件下，很少有农民有意愿和实力去为了这样一种“弱财产”承担这种高成本，而作为特定类型公共利益代表者的政府和农民集体组织不但在理论上有解决农民流转信息不对称的义务，而且在实际中与农民比较也有能力承担这种信息成本。

第二种为主动发起或直接参与农民农村土地承包经营权流转过程，或者作为流出方和流入方联结的中间人身份，或者作为流转过程中的当事人。这种推动方式仅在极少数以特定农业产业经营项目带动农村土地承包经营权流转的地方有所表现，普及性不是很广泛。具体的推动形式有如前面提到的湖北报告中所指出的通过农民集体或其合作社“托管”土地，开发整理后再流转给经营特定农业产业项目的单位或个人的形式；也有前述成都市温江区等地方试行的农户放弃土地承包经营权和宅基地使用权以换取社会保障，政府或集体组织再将通过社保置换的农村土地开发整理后再流转或直接经营的形式。

三、法律思考

（一）从宏观的角度重新审视现行农村土地承包经营权流转法律制度及规范在促进土地承包经营权流转方面的作用

现行的农村土地承包经营权流转法律制度及相关规范主要表现在以

《农村土地承包法》（2002年8月29日第九届全国人民代表大会常务委员会第二十九次会议通过）第二章（家庭承包）第五节（土地承包经营权的流转）为核心[①]的相关部门规章和立法规范中。具体而言，农业部制定并公布《农村土地承包经营权流转管理办法》（2005年1月7日经农业部第2次常务会议审议通过，自2005年3月1日起施行）是对《农村土地承包法》第二章第五节法律规范的具体化和补充化，明确了流转当事人、《农村土地承包法》中规定的流转方式的具体内容和法律效力、流转合同的签订、具体内容及其管理等内容。《物权法》（2007年3月16日第十届全国人民代表大会第五次会议通过）在第三编（用益物权）第十一章（土地承包经营权）中用两条法律条文规定了土地承包经营权流转的方式及其禁止性规定（第128条）和土地承包经营权互换、转让的权利变动方式（第129条），规范内容基本上是对《农村土地承包法》相关内容的重复。《农业法》（1993年7月2日第八届全国人民代表大会常务委员会第二次会议通过，2002年12月28日第九届全国人民代表大会常务委员会第三十一次会议修订）仅是对允许农村土地承包经营权流转的原则性规定（第10条第2款）。

这些法律制度和具体法律规范从其制定目的和规制功能上讲仅是对既存的农村土地承包经营权流转行为提供一种为法律所认许的行为模式，因此一般都是一些涉及私法上具体流转主体权利、义务和流转行为的私法效果等内容的“基础性法律规范”。究其根源，这些“基础性法律规范”多是对实践中长期运行并为流转各方所广泛认同的习惯性的行为方式在财产法上的认许和改造，因此强调流转主体的意思自治和流转行为

① 这一节比较详细地规定了通过家庭承包取得的农村土地承包经营权流转的法定方式、各类流转方式发生的前提条件、各流转方式的具体程序、流转的原则、流转合同、权利因流转而生的变动方式及效力、流转补偿等内容。

所产生的财产法效果的长期性和稳定性。从立法目的分析，现行农村土地承包经营权流转法律制度立法者的主要目的之一就是促进农村土地承包经营权流转，① 只不过在现行条件下，这些立法及其法律规范的“基础性”决定了其促进功能的发挥是微观的，即立法者坚信产权（权利）的明晰化是促进权利人行使权利的关键和基础，因此，一旦从私法上确认了流转行为模式及其在财产法上的排他性的支配效力，流转主体自然就会以流转行为来实现权利。

但从上述的农村土地承包经营权流转现状中不难看出，现行的农村土地承包经营权流转法律制度和规范施行后，并未十分明显地促进农村土地承包经营权流转行为大量地发生。究其根本原因，乃在于这些法律制度和规范并未解决影响流转的最根本的问题，即上述分析所言及的现行条件下农村土地承包经营权的“弱财产”和“强保障”的特性，亦即未能有效地促进农业产业比较利益的提升并进而促进农村土地承包经营权流转价格的形成，也未能有效地削弱长期以来负载于农村土地承包经营权上的社会保障功能。因此，本文认为，在中国现实条件下，要切实地促进土地承包经营权的流转需要重新构建能使农村土地承包经营权转变为“强财产”和“弱保障”的相关法律制度，这些法律制度在本质上都是国家特定农业产业政策和目的的法律化和具体化，相关制度内容应当是带有鲜明的国家促进、国家扶持和国家保护等“倾向性”色彩的法律规范，规制的范围应当包括农业产业结构调整、农业补贴、农业投资、

① 全国人大农业与农村委员会副主任委员柳随年在2001年6月26日第九届全国人民代表大会常务委员会第二十二次会议上做的《关于〈中华人民共 和国农村土地承包法（草案 ）的说明〉》第八部分述及“土地承包经营权流转 ”的立法目的时指出“……随着农业产业化和现代化进程的加快，今后工作的重点之一就是土地经营权流转的管理”，不难看出，《农村土地承包法》的立法者设计关于土地承包经营权流转这一节法律规范的直接目的就在于应因农业产业化和现代化的发展，促进农村土地承包经营权流转。

农业金融和农业税收优惠等宏观调控行为。

（二）应当在法律上确认国家公权力主体及农村集体组织对农村土地承包经营权流转的调控权和干预权

在现行的农村土地承包经营权流转“基础性法律规范”中，对于国家公权力主体（具体是指乡人民政府农村土地承包管理部门）在农村土地承包经营权流转中的职权为一些管理性和指导性（备案、登记、鉴证、指导流转合同签订及流转纠纷调解等）的规定（见《农村土地承包法》第38条，《农村土地承包经营权流转管理办法》第5条、第24～33条），对于农村集体组织在农村土地承包经营权流转中的权利仅规定了备案权和同意权（见《农村土地承包法》第37条第1款，《农村土地承包经营权流转管理办法》第18条、第21条第2款）。从前述农村土地承包经营权流转现状的分析结论看，在实践中，但凡农村土地承包经营权能成规模并以符合农业产业集中经营为方向流转的地方，当地政府及其农业管理部门或者农民集体组织都在其中起到了重要的推动作用，这些推动作用的具体作用方式和范围早已突破了《农村土地承包法》及其配套规章的规定，这应当被认为是社会实践已经对现行的法律制度提出了修改诉求，立法者的任务就是要将这些因应这种诉求并将实践中存在新的行为方式法律化。但从中国长期以来的立法习惯出发，这些在实践中存在的行为方式不一定都是相当成熟的，不可避免地带有地域性，若要将其完全法律化，恐难以保证在其他地方的实效性。因此，现在可行的办法是首先在法律上确认国家公权力主体及农村集体组织在农村土地承包经营权流转过程中的调控权和干预权，这些权利（力）完全不同于现行法律上的管理权和同意权等被动性权利（力），而是主动性的介入权，即在农村土地承包经营权流转行为发生以前及其过程中，以激发流转兴趣、引导流转方向、阻止非理性流转等为目的的权利（力）。

从农业产业化发展的角度分析，在法律上确认国家公权力主体及农村集体组织对农村土地承包经营权流转的调控权和干预权，在现行条件下，有助于促进农业产业化和现代化发展的物质基础——农地适度集中的较快速度地形成。现行的关于农村土地承包经营权流转的“基础性法律规范”实质上是对家庭联产承包责任制实行以来所形成的“一家一户式”分散生产与经营的财产权利的法律确认，这些法律规范都是不带有促进、扶持等“倾向性”的“中性”规范，农村土地承包经营权人既可能运用这些法律规范将农地向某一产业化项目集中，也完全可以运用这些规范实现保有农地或方便耕作等非产业化的目的，从前述分析来看，后一种情况在实践中是广泛存在于外出打工却将农地作为最终保障的农民之中的。因此，为了实现农地向特定农业产业化目的的集中，就有必要使相关国家公权力主体（政府）拥有可以调控农村土地承包经营权流转方向和目的的权力，这是《宪法》赋予国家（政府）的对经济进行调控的职权在第一产业部门中的具体运用，也是《农业法》中所规定的国家（政府）鼓励和支持农业产业化经营职权（《农业法》第13条）在农地流转领域的具体化，更是现阶段“国家保护农业、促进农业现代化”等产业政策理念的法律化。

在农村土地承包经营权研究领域，长期以来一直存在着一种弱化甚至排斥农民集体组织作用的倾向，主张赋予农村土地承包经营权排他性的物权性质的同时强调这种排他性主要排除的是农民集体组织，将流转完全视为与集体组织利益无涉的纯粹私人性的行为。从理论上分析，这种理论倾向与农民土地集体所有权的本质不符；[①] 从现实角度分析，这种

① 农民集体土地所有权的本质是一种权利内容呈现“质的分割”的“总有权”，集体组织享有管理、处分等团体支配权，农户依其成员身份享有使用、收益等成员权，团体支配权优位于成员权并可依特定规则影响成员权的行使。详细论述可参见黄河、李军波：《试论农民集体土地所有权的本质、内容及其实现形式》，载《中国土地科学》2008年第5期。

理论倾向的本质是要将土地承包经营权的流转完全委于权利人“经济理性”的自觉，而这是无视农业生产经营领域广泛存在市场失灵的一厢情愿，因此是不利于促进农业产业化和现代化实现的。其实，农民集体组织作为农村土地承包经营权人的有机结合团体，在流转信息的收集、发布、协调流转行为等方面可以发挥巨大的促进作用，更进一步讲，若组织得当、规则健全，农民集体组织完全可以以自身独具的号召力和动员力主动介入农村土地承包经营权流转的发动、组织过程中，以一个有机组织团体的力量代表全集体成员利益参与某种农业产业化项目。在农业生产经营这一广泛存在市场失灵现象的领域内，将在实践中已经发生并为农民所认可的国家公权力主体和集体组织的调控和推动作用法律化，是以最小的立法成本促进农业产业化和现代化的理性选择。但若只笼统而抽象地确认国家公权力主体及农民集体组织对农村土地承包经营权流转的调控权和干预权而缺乏相关权力行使的配套规范就容易导致公权力及团体权利对农民土地承包经营权及其利益的侵犯，因此必须设计健全的关于公权力和团体权行使的原则、范围、程序和相关法律责任等法律规范来约束它们的运行。

试论新时期农村土地承包经营权流转法律制度的构建与完善

——以《中共中央关于推进农村改革发展若干重大问题的决定》相关内容为分析视角*

李军波

一、新时期农村土地承包经营权流转法律制度构建和完善的政策前提：基本原则和基本规则

2008年10月12日党的十七届三中全会通过的《中共中央关于推进农村改革发展若干重大问题的决定》（以下简称《决定》）是新形势下执政党关于推进农业和农村改革发展的纲领性文件，表明了国家在相当一段时期内发展农业和农村的指导思想和基本理念。

《决定》的主要内容从总体上可以分为两个部分：一是政策总论，主要包括指导思想、目标任务、重大原则、重大意义等内容，表明了新时期党和国家发展农业和农村各项事业的基本政策理念；二是政策措施，可分为制度性措施和作用性措施。可以看出，《决定》总论部分的指导思想和重大原则共同涉及了农业基础地位、城乡统筹一体化发展、中国特色农业现代化及农民权益保护等四个方面，而且这四个方面在《决定》的作用性措施规定中均有具体体现。这四个方面不但是长期以来党和国家解决“三农”问题成功经验和实践的总结，而且是对我国农业和农村

---

* 本文发表于《理论导刊》2009年第12期，为与本书体例规范统一，摘录时有所修改。

发展的阶段性判断的必然反映，《决定》以“三个进入”表明了党和国家对我国农业和农村发展阶段的总体判断。

从《决定》的制度性措施中关于土地承包经营权流转规定的内容分析，这些政策性规定为农村土地承包经营权流转保障法律制度的构建和完善提供了两类可以作为法律制度和规范来源的基本规则：一类是积极性规则，即鼓励或促进性的规定，主要包括（1）农村土地承包经营权流转管理、服务规则，即“加强土地承包经营权流转管理和服务，建立健全土地承包经营权流转市场”；（2）农村土地承包经营权产业化流转规则，即“有条件的地方可以发展专业大户、家庭农场、农民专业合作社等规模经营主体”；（3）农村土地承包经营权权利认定规则，即“完善土地承包经营权权能，依法保障农民对承包土地的占有、使用、收益等权利”；（4）农村土地承包经营权流转方式规则，即“按照依法自愿有偿原则，允许农民以转包、出租、互换、转让、股份合作等形式流转土地承包经营权，发展多种形式的适度规模经营”。另一类是消极性规则，即禁止立法规定的规则，主要是不得改变土地集体所有性质，不得改变土地用途，不得损害农民土地承包权益等规定。

二、基于基本原则的新型农村土地承包经营权流转法律制度的构建

（一）对现行农村土地承包经营权流转法律制度在促进土地承包经营权流转方面作用的审视

在现行的农地法律体系中，《农村土地承包法》是对农村土地承包经营权流转进行规范的主要法律，农业部制定并公布的部门规章性质的《农村土地承包经营权流转管理办法》则是对《农村土地承包法》第二章第五节法律规范的具体化和补充化，《物权法》和《农业法》仅对农村土地承包经营权流转做了原则性规定。现行关于农村土地承包经营权流转相关法律规范的立法目的很大程度上是为在现实中已存在的各类流

转行为提供一个在法律上可以归类划一并据此确定各方权利义务的行为模式。但从这些法律规范实行以后的农村土地承包经营权流转现状来看，这些既存的法律规范对农村土地承包经营权的流转并未发挥明显的促进作用，农民仍旧缺乏流转意愿，实践中仍然广泛存在着土地承包人"宁可撂荒土地"也不愿让渡承包经营权，全国范围内并未出现农村土地承包经营权大量而有序流转的现象，[①] 相反，国家补贴、免税等国家扶持农业政策措施的广泛实行，却使很多农民出现了前所未有的"惜地"心理。

在中国现行条件下，欲使农民大量而理性地进行农村土地承包经营权流转必须要排除两个深层次的阻碍因素并以此激发农民流转的意愿和行为：（1）农业生产的弱质性导致农业产业比较利益低下，若无国家扶持，从事农业生产经营将难以获得社会平均利润，因此，实践中缺乏流转意愿；[②]（2）我国农村社会保障体系尚未健全，农地仍然承担着保障农民基本生存权的功能。[③] 而现行的农村土地承包经营权流转相关法律制度及规范体系的目的仅在于为将要发生及正在发生农村土地承包经营权流转行为的当事人提供法律所认可的行为模式，而并不涉及对流转意愿和行为的激发与促进。

从本质上分析，《决定》所体现出的基本原则就是对现阶段农村土地

---

① 分别参见《黑龙江省农村土地产权流转制度改革研究》课题组：《黑龙江省农村土地承包经营权流转情况调查报告》，载《北方经贸》2005 年第 12 期；中共四川省委农办课题组：《对我省农村土地流转情况的调查》，载《四川改革》2007 年第 12 期；李鑫：《河南省农村土地承包法律政策落实情况的调查与思考——对 422 户农户和 262 名乡村干部的问卷调查》，载《河南农业》2006 年第 4 期；蒋正林：《海盐县土地承包经营权流转情况调查》，载《新农村》2006 年第 3 期；张丁、万蕾：《农户土地承包经营权流转的影响因素分析——基于 2004 年的 15 省（区）调查》，载《中国农村经济》2007 年第 2 期。

② 这在各地的流转实践中表现得很明显，详情分别参见何洪华：《关于农村土地流转情况的调查与思考》，载《金融与经济》2008 年第 5 期；许亚芬：《制约农村土地流转的主要因素及对策》，载《内蒙古农业科技》2008 年第 3 期。

③ 这也在各地的流转实践中有明显反映，详情参见中共四川省委农办课题组：《对我省农村土地流转情况的调查》，载《四川改革》2007 年第 12 期；何洪华：《关于农村土地流转情况的调查与思考》，载《金融与经济》2008 年第 5 期。

承包经营权流转现实中两个主要阻碍因素的排除在国家农业产业政策层面的回应，这主要表现在直接和间接回应两个方面：就直接回应而言，“国家基于城乡统筹的原则保护、扶持农业和农村发展”原则是新形势下排除农村土地承包经营权流转的主要阻碍因素的直接动力。就间接回应而言，“坚持农业作为国民经济基础部门的地位”、“发展中国特色的农业现代化”及“尊重农民意愿、保障农民合法权利、促进农民增收”这三项原则则是排除农村土地承包经营权流转阻碍因素的原动力。“坚持农业作为国民经济基础部门的地位”深刻揭示了国家促进扶持农业生产经营和统筹城乡经济社会一体化发展的必然性，是国家政策要排除阻碍土地承包经营权流转因素的根本性原因；“尊重农民意愿、保障农民合法权利、促进农民增收”从土地承包经营权人方面揭示了采取各种措施激发权利人的流转意愿的重要性，而提高农民经营农业的收入水平并从法律上切实保护农民的经营成果则是最根本的要求和达到目的最有效的手段；“中国特色的农业现代化是中国农业发展的基本方向”则从产业发展的科学角度揭示了以产业化和现代化为目的的土地承包经营权流转对于将来提高农业生产比较利益的重要意义，也从反面说明了排除阻碍土地承包经营权流转因素的重要性。

（二）新型农村土地承包经营权流转法律制度构建的具体内容

基于以上充分因应流转现实的基本原则的要求，在现行条件下，切合实际的农村土地承包经营权流转法律制度类型的设计思路应当是：必须构建能充分提高农业产业比较利益，并借此提升土地承包经营权流转价格的国家促进农业生产经营相关法律制度，弱化直至除去农地上承载的社会保障功能的新型农村社会保障制度，以这两个能从根本上激发和促进土地承包经营权流转意愿和行为发生的制度为配套制度，以完善的规制土地承包经营权流转各方面主体行为的法律制度为主体制度，共同构成契合新时期国家农业产业政策理念的农村土地承包经营权流转法律制度。

总结长期以来的政策实践经验并借鉴国外先进的农业立法例，在新的形势下，土地承包经营权流转配套制度从总体上应当包括国家促进农业生产经营法律制度和新型农村社会保障制度两类。

就国家促进农业生产经营法律制度的构建而言，应当主要包括以下制度内容：

1. 农业补贴法律制度。主要应当规定：（1）农业补贴的基本原则、目的和管理体制等总体性问题；（2）法定的农业补贴项目及各自内容，在现行条件下，根据长期以来农业补贴的实践和《世界贸易组织农业规则》的规定，我国法定的农业补贴项目应当包括粮食直接补贴、农资综合直接补贴、良种补贴、小型农田水利等农业基础设施建设补贴、农业环境保护和可持续发展补贴等，法律应当针对各类补贴的性质和目的分别设计补贴的计算方法、补贴的发放主体、补贴的发放程序和受补贴主体的资格认定等法律规定；（3）农业补贴计划，为了保证法定各类农业补贴发放的统一性，并进而促进农业产业总体目标的实现，法律应当明确规定各类补贴计划统一的编制主体、编制程序和审批主体、审批程序，经法定程序审批的农业补贴计划即对预算编制、具体发放规则的设计和发放都具备法定约束力；（4）农业补贴的预算保障，为了保证各类补贴发放的财政基础，法律应当明确预算编制机关对于计划中各法定农业补贴项目在本财政年度的预算额，预算执行机关对于已经法定程序批准的农业补贴预算资金应当按时、足额拨发，预算执行监督机关应当依法监督各种预算补贴财政资金的使用；（5）农业补贴接受主体的法律救济，为了保障受补贴主体的补贴权利，法律应当为其设计在补贴的特定环节或对特定补贴发放行为的法律救济权，鉴于农业补贴计划及其预算保障等法律制度均未为受补贴主体设定主观权利，而仅是公权力主体体系内部的计划行为，因此法律应当将受补贴主体的法律救济权设定在其不服对其补贴资格的认定结果、补贴的具体发放等环节及行为，救济途径可以有行政复议、行政诉讼、民事诉讼等。

2. 国家投资农业生产经营法律制度。主要应当规定：（1）国家投资农业生产经营的体制，法律应当规定中央和地方各级财政分别投资农业生产经营的领域和具体项目，对于一些对农业生产经营和社会经济发展具有重大意义的投资项目有必要规定具体的投资比例要求或刚性约束；（2）国家投资农业生产经营计划，法律应当规定各级财政投资各个法定项目的年度计划的编制主体、编制程序和审批主体、审批程序；（3）国家投资农业生产经营预算保障，法律应当根据国家投资农业生产经营体制的规定设计能切实反映各类具体投资项目内容的各级财政预算科目，本财政年度预算的编制主体、程序和审批主体、程序，预算执行的监督和修改；（4）国家投资农业生产经营项目的政府采购，法律应当规定政府财政投资的各类有形和无形项目的建设、采购的各类主体及其相关权力（利）和义务，建设和采购的基本体制性规定、基本程序、监管及接收，项目提供主体的担保责任；（5）国家投资农业生产经营项目成果的产权确认，具体应当规定经各级财政投资建设和采购的各类农业生产经营项目成果的所有权的确定规则和程序、使用权和收益权的设定规则和程序、监督和管理的基本规定。

3. 政策性农业保险法律制度。应当主要规定：政策性农业保险的推行原则、运作体制和管理体制；法定政策性农业保险险种及其承保风险确定的基本规则；农业保险法定各险种的保险费率和保险额的确定；农业保险合同的订立、条款等规定；农业保险的投保、理赔等基础性规定；国家对政策性农业保险保费补贴的基本规定，包括补贴的前提条件、资格认定、补贴额度和发放程序等内容。

4. 农业科技推广和农业职业教育法律制度。对于前者，针对现有法律规范的缺陷，应当主要在公益性农业技术研究、实验、示范和推广的详细体制设计、财政保障措施、人员配置等方面进行完善性规定；对于后者，法律应当分别就农业职业教育的学历性和非学历性培训的基本体制、各自的教育内容和教学方法、考核及相应证书的发放、国家财政的保障等内容进行法律制度构建。

就新型农村社会保障法律制度的构建而言，主要应当包括：

1. 农村最低社会保障法律制度。法律应当根据现实中推行的政策内容及其实行经验并整合现行《农村五保户供养条例》的具体规定，就农村最低社会保障制度所保障的主体认定标准、认定主体、认定程序和农民不服认定结果的救济途径、最低社会保障标准及其保障内容、保障资金的财政预算保障等内容进行制度构建。

2. 新型农村合作医疗法律制度。法律应当以在实践中广泛推行的政策规定为其主要的制度来源，具体规定以下内容：新型农村合作医疗参保主体的范围，集体和农民个人承担保费比例的确定，国家补贴农民个人或集体参保费用的比例确定，合作医疗基金的管理和运营，参保程序的基本规定，保障范围和项目的确定规范，参保医疗机构的确定规范，参保农民、医疗机构与合作医疗基金管理机构之间的结算关系等。

3. 农村养老保险法律制度。法律应当就农村养老保险的保障主体、保费缴纳、国家保费补贴、保险费基金的运营和管理、保障项目和待遇、参保程序等内容进行法律制度的构建。

三、基于基本规则的农村土地承包经营权流转法律制度的完善

如上述，既存的以《农村土地承包法》及其配套规章为核心的土地承包经营权流转法律制度都是一些为流转主体提供流转行为模式的基础

性规范体系，将这些规范与《决定》中总结出的关于土地承包经营权流转基本规则的内容比较，可以看出，有两种基本规则在现行的法律规范体系中尚告阙如：一种是农村土地承包经营权流转管理、服务规则，另一种是农村土地承包经营权产业化流转规则。在新时期，为了形成能充分契合并反映国家特定农业发展理念的新型土地承包经营权流转法律制度，就必须对既存的法律规范进行完善，增加能反映这两种基本规则的法律规范。具体法律规范的设计主要体现在以下两方面：

首先，应当在现行法律规范体系中增加农村土地承包经营权流转服务和管理类的法律规范。设置这种类型法律规范不但是《决定》的要求，更是流转实践的要求。在流转实践中，广泛存在着土地承包经营权流转信息分布不对称、公平的流转价格形成机制缺乏、流转合同缺乏规范性等问题，这增加了土地承包经营权流转的交易成本，影响了流转的效率，《决定》在这方面的规定正是对这一现实的充分回应，因此而设计的法律规范将有较强的现实可操作性。

在进行具体的法律规范设计时，其一，必须要明确服务和管理的具体行为类型。根据流转实践的总结，这些行为类型应当包括：流转情况调查，流转行为协调，流转供求信息的收集、整理和发布，流转咨询，流转价格评估，流转合同签订的指导、鉴证、备案、公证，流转费用的代收和代交，流转纠纷的调解等。其二，法律规范还必须明确提供这些服务和管理行为的主体类型。在理论上，这些行为除了流转合同鉴证、备案、公证和流转纠纷调解等行为在本质上属于公权力行为，因此必须由相关政府机关实行外，其他行为都可由社会中介服务组织实行，但鉴于流转规模小、流转行为发生频次少等这些现实，以营利为目的的社会中介服务组织恐怕很难有动力进入这一领域，因此，在现行条件下，法律应当规定主要由政府相关机构或公益性社会组织实行这些行为，并应当规定国家对主动进入这些领域的社会中介服务组织的鼓励措施。其三，法律规范应当就社会中介服务组织从事相关服务行为的准入条件及其审查审批进行明确规定。其四，法律规范应当根据各类行为的性质规定各自实现的基础性程序，为了实现鼓励土地承包经营权人主动运用这些行为的积极性，对各类程序的设置要以简化和方便为原则。其五，法律规范应当对由公益性社会组织和社会中介服务组织提供的各类行为设计出监督和管理的基础性规则，其中包括服务价格管理和服务质量管理；为了鼓励土地承包经营权人主动使用这些服务，对服务价格应当作出限制性规定；鉴于流转价格在流转行为中的重要性，为了保证流转价格评估的公正性，法律规范应当设定评估主体向特定政府机关就评估价格进行报告、复审的制度。其六，法律规范还应当对违反管理和服务的法律规定所应承担的法律责任进行规定。

其次，应当在现行法律规范体系中增加农村土地承包经营权流转向产业化方向促进的法律规范。促进土地承包经营权流转向产业化经营发展，其实质就是促进土地向产业化经营项目和经营主体适度集中，这是《决定》中所设定的中国特色农业现代化发展方向的必然要求。现行的关于流转方式的法律规范都是一些基础性规范，土地承包经营权人完全可以利用它来实现保有农地（如通过不定期、无偿性的熟人之间的转包、代耕）、方便耕作（如通过互换）等非产业化目的，而这不利于农地向产业化方向适度集中这一目的的实现，因此必须完善现行法律规范体系，增加相关的促进性法律规范。

在进行具体的法律规范设计时，其一，应当在法律规范上明确促进土地承包经营权向产业化方向流转的促进主体及其各自的权力（利）基础。各级政府作为促进主体之一应当对其促进职权的基本内容作出概括性规定，农民集体组织是促进的另一主体，其促进职权本身就是集体土地所有权的应有之义，它们完全可以以集体土地所有权人的身份为促进行为。其二，法律规范应当明确规定各个促进主体的具体促进行为。在理论上，促进行为就是促进权力（利）的具体化，在现行条件下，为了防止公权力的滥用对土地承包经营权的侵犯，对于政府促进行为的设置应当仅限于从外部影响和鼓励流转行为向特定产业化项目或主体发展这一领域，具体可以设置以下行为类型：对于特定农业产业化项目的引进和将其介绍给农民并进行宣传，对农民主动参与特定农业产业化项目的鼓励和扶持，对吸收一定量土地承包经营权的农业产业化项目给予优惠待遇。对于农民集体组织的促进行为的法律设置，可以深入到土地承包经营权流转的具体过程中，具体应当包括：引入特定的农业产业化经营项目并宣传、动员和协调本组织成员的土地承包经营权向这一项目流转，指导个别流转行为向产业化方向发展，以本组织内所有土地流转人总体利益代表的身份参与特定的产业项目经营，主动组织本集体组织成员以土地承包经营权流转的方式形成特定的产业化经营项目（包括向本组织内种粮大户、专业户流转，以入股方式形成经营特定项目的专业合作社等）。其三，法律规范应当对各种促进行为发生的前提、具体的运作程序和法律效果等作出规定。

农民集体建设用地使用权流转制度：现状、问题和立法展望*

李军波 黄 河

一、农民集体建设用地使用权流转制度①现状

（一）宪法上的制度性条款

我国《宪法》第10条第4款规定："任何组织或者个人不得侵占、买卖或者以其他形式非法转让土地。土地的使用权可以依照法律的规定转让。"一般认为，该款原则上允许土地使用权依法转让，因此，应当是中国所有类型的土地使用权转让法律制度构建的最终权力来源。然而，宪法规范中所谓的"土地的使用权"在现行法制体系中，是否包括"农民集体建设用地使用权"，则不无争议。若从解释论的角度看，该宪法规定应当是一条典型的制度性条款，其目的在于确认土地使用权转让法律制度的合宪性，并同时授权立法具体确定可以转让的土地使用权的权利类型和相关规章制度，所以，立法在此处蕴含有宪法所承认的裁量权。

---

* 本文发表于《经济法研究》2009年第8期，为与本书体例规范统一，摘录时有所修改。

① 本文中的"制度"具体包含两种类型：一是相关土地法律规范体系，二是相关土地政策规范体系。之所以作出这样的界定，原因在于：（1）中国的农地制度在实践中主要是以这两种面貌出现的，而且在很大程度上，政策在现实中的重要性和认同度要高过法律；（2）在现行的学术研究范式中，"制度"并不是法学中的特有概念和范畴，亦即"制度"并不必然意味着"法律制度"，但"法律制度"却应当是"制度"的一种类型。

在本文中，我们虽然将相关土地政策纳入了探讨的范围，但并不意味着我们就赞同在农民集体建设用地使用权流转领域可以用相关政策来代替相应立法，因为这不符合法治的大趋势；完全的、立即的、彻底地抛弃相关土地政策而代之以立法也不是我们的主张，因为这不现实；我们这样做的目的只在于：力求将实践中的相关政策纳入法治的理念和具体规制领域当中，使其定位于立法实验（在文章第二部分有详述）的依据和前提，最终为正式的法律制度建构积累实践和制度经验。

基于此，笔者认为，要解决农民集体建设用地使用权是否存立、可否流转以及流转规制等问题，在宪法上找到答案的可能性不大，而应当探究现行农地法律规范体系的具体内容。

（二）《土地管理法》上的原则性禁止

现行《土地管理法》第43条第1款规定："任何单位和个人进行建设，需要使用土地的，必须依法申请使用国有土地；但是，兴办乡镇企业和村民建设住宅经依法批准使用本集体经济组织农民集体所有的土地的，或者乡（镇）村公共设施和公益事业建设经依法批准使用农民集体所有的土地的除外。"该款作为法律第5章"建设用地"的第1条，很明显具有提纲挈领的作用。根据规范内容，进行建设使用土地的，一般均应使用国有土地，只是在例外情形下，才允许使用依法经批准的农民集体土地。可见，法律原则上是禁止农民集体土地进入建设领域的，"但书"却又例外设定了有严格用途和程序限制的三种农民集体建设用地使用权。

如果说上述规定还只是间接性的规定的话，那么《土地管理法》第63条则明确地对农民集体建设用地使用权的流转进行了原则性禁止。该条规定："农民集体所有的土地的使用权不得出让、转让或者出租用于非农业建设；但是，符合土地利用总体规划并依法取得建设用地的企业，因破产、兼并等情形致使土地使用权依法发生转移的除外"。与前款规定一样，该条在一般性禁止的前提下，以"但书"例外承认了土地使用权转移的特殊情形。从解释论的角度分析，该条前句其实一般性地禁止了三种行为：农民集体所有的土地的使用权出让、转让及出租于非农建设。在法理上，这三种行为既有可能涉及农民集体建设用地使用权的设定，也有可能涉及农民集体建设用地使用权的流转，具体情况到底如何，法律并未明确。再结合《土地管理法》第43条第1款的规定，不难看出，在农民集体建设用地使用权的设定上，该条实际上呼应了第 43 条第 1 款，即原则禁止，但例外承认。而对例外承认的农民集体建设用地使用权的转让，又是原则禁止，例外承认。《土地管理法》第 59 条和第 61 条分别规定了法律例外承认的三种限定用途的农民集体建设用地使用权设定的规划前提，乡村公共设施及公益事业建设用地使用权设定的批准程序；第 60 条则明确了第 63 条承认转让的农民集体建设用地使用权的发生机制；第 62 条对农村村民宅基地使用权的取得程序进行了规定，但其第 4 款的规定向来颇有争议，[①] 即该款是否意味着法律允许宅基地使用权以转让、出租的形式流转[②]。

（三）政策上的逐步放开

与《土地管理法》的原则性禁止不同，自 21 世纪初，一系列土地政策开始有意识地放开对农民集体建设用地使用权流转的禁止或严格限制，但都是一些昭示性规定，可操作性并不强。

2003 年中共中央、国务院《关于做好农业和农村工作的意见》中要求："各地要制定鼓励乡镇企业向小城镇集中的政策，通过集体建设用地流转、土地置换、分期缴纳出让金等形式，合理解决企业进镇的用地问题。"2004 年国务院《关于深化改革严格土地管理的决定》中明确提出："在符合规划的前提下，村庄、集镇、建制镇中的农民集体所有建设用地使用权可以依法流转。"2006 年国土资源部《关于坚持依法依规管理节约集约用地支持社会主义新农村建设的通知》指出："要适应新农村建设的要求，经部批准，稳步推进城镇建设用地增加和农村建设用地减少相

① 该款规定："农村村民出卖、出租住房后，再申请宅基地的，不予批准。"

② 应该说 2007 年我国《物权法》从一定程度上解答了这一问题，从第 153 条和第 155 条的规定来看，《物权法》原则上是允许宅基地使用权进行转让的。《物权法》第 153 条规定："宅基地使用权的取得、行使和转让，适用土地管理法等法律和国家有关规定。"第 155 条规定："已经登记的宅基地使用权转让或者消灭的，应当及时办理变更登记或者注销登记。"

挂钩试点、集体非农建设用地使用权流转试点，不断总结试点经验，及时加以规范完善。”

2008 年，中共中央十七届三中全会通过的中共中央《关于推进农村改革发展若干重大问题的决定》中明确提出：“在土地利用规划确定的城镇建设用地范围外，经批准占用农村集体土地建设非公益性项目，允许农民依法通过多种方式参与开发经营并保障农民合法权益。逐步建立城乡统一的建设用地市场，对依法取得的农村集体经营性建设用地，必须通过统一有形的土地市场、以公开规范的方式转让土地使用权，在符合规划的前提下与国有土地享有平等权益。”明确了农村集体经营性建设用地使用权流转的基本类型：参与经营与转让，并对转让的规划前提、转让途径、转让原则及相应权益的保障做了规定，为将来农村集体经营性建设用地使用权流转的立法指明了方向。

虽然相关农地政策从一开始就尝试突破法律的禁区，允许农民集体建设用地使用权流转，但从政策内容来看，却还是经历了一个逐步演化的过程，这一过程的特点主要表现在以下两个方面：

首先，允许流转的目的逐渐趋向权利实现的本质。从 2003 年的政策中不难发现，最初国家是将农民集体建设用地使用权流转作为吸引乡镇企业向小城镇集中的优惠政策而被提出的，其自身的政策工具性比较明显，随后的政策虽然依旧具有其相应的政策目的考量或背景（如建设社会主义新农村），但欲借此完善用益物权应有权能的目的却逐渐明晰起来，这在 2008 年的政策上表现得尤为明显。

其次，允许流转的形式不断明确并呈现出多样化的特色。2008 年之前的相关政策虽然都允许农民集体建设用地使用权流转，但却都未明确具体的流转方式，因此，可供立法借鉴的制度资源并不多。2008 年的政策则比较明确地指出了两大类流转方式：参与经营和转让[①]，并且对转让的诸多基本问题都进行了原则规定，对立法的指导意义比较大。

（四）经由地方性规定的立法试点：以三个地方政府规章为分析样本

为了贯彻相关流转政策，同时为下一步的立法积累经验，2004 年政策发布后，许多试点地方纷纷以地方政府规章及其他规范性法律文件的形式出台了本地农民集体建设用地使用权流转的相应规定。广东省、湖北省、河南省、河北省分别以政府令的形式发布了地方政府规章，东莞市、肇庆市、无锡市、汕头市、佳木斯市、佛山市、中山市、临沂市等地政府也先后发布了其他规范性文件，烟台市国土局、成都市国土局、大连市国土和规划局以及南京市国土局等政府主管部门也都发布了相关规范性文件。我们在这里仅以广东省政府、湖北省政府和河北省政府发布的规章为样本进行分析。[②]

概括而言，各地方性规定的主要内容可以大致归纳为以下几个方面：

（1）权利的客体范围。三地对农民集体建设用地使用权的客体范围规定不同，有宽有窄：《湖北省农民集体所有建设用地使用权流转管理试行办法》（2006 年）（以下简称湖北办法）规定“本办法所称集体建设用地使用权，是指符合土地利用总体规划和城市规划的村庄、集镇、建制镇中权属合法、界址清楚的集体建设用地使用权”，明确地将镇（镇规划区）内的集体建设用地划入可以流转的范围；而《河北省集体建设用地

① 转让在这里要做广义理解，应该是包括狭义的转让在内的流转。

② 之所以这样选择，主要是基于以下几点考虑：首先，现实中进行农村集体建设用地使用权流转的地方虽然不少，但制定并推行有规范的、稳定的制度依据的却并不多，从网络上能找到的地方政府规章只有寥寥数部，选择其中三省应该说具有一定的代表性；其次，这三省分别代表了经济发达和经济发展中等的地方，因此，相关规定正好反映了不同经济发展状态下的流转需求和实践；再次，数量众多的各市级人民政府甚至于其下级政府或其职能部门颁布的规范性文件，其内容特色性有余，但普遍性不足；最后，地方政府规章是现存具体规制农村集体建设用地使用权流转系列制度中，法律层级最高的规范性文件，将来立法从中吸取经验的可能性最大。

使用权流转管理办法》（2008 年）（以下简称河北办法）则将集体建设用地界定为“本省行政区域的城市和镇规划区外集体建设用地”，将镇规划范围内的集体建设用地排除在流转范围之外；《广东省集体建设用地使用权流转管理办法》（2005 年）（以下简称广东办法）虽未明确规定集体建设用地的范围，但从第 3 条基本原则的规范用语分析，不难看出，其与湖北办法基本一致。

（2）流转的定义和方式。三地对农民集体建设用地使用权流转的定义基本一致，即表面上都不区分权利的设定与设定权利的转移，而将二者都统称为“流转”；所规定的基本流转方式一般均包含：出让、出租、转让、转租、抵押、入股（联营）等。但若深入分析三地的具体规定，就不难发现：出让在各地方性规定中实质上都是被作为农民集体建设用地使用权的设定方式看待的，而转让和转租则都被认为是已获权利的转移方式。出租在三地规定中的地位不同，广东办法将其作为权利设定和已获权利转移所共用的方式，在出租人为农民集体土地所有权人时，是权利设定，而在出租人为建设用地使用权人时，则是已获权利的转移；而湖北办法和河北办法则是将出租作为农民集体建设用地使用权的设定方式。入股（联营）在湖北办法上被单独列出，作为农民集体建设用地使用权的设定方式；广东办法则明确规定入股（出资）、与他人合作、联营等方式视同集体建设用地使用权的出让。广东办法与河北办法都允许集体土地所有人和集体建设用地使用权人将依法设定的集体建设用地使用权予以抵押。

（3）流转的限制性规定。三部地方性规定对于农民集体建设用地使用权的流转都设置了比较统一的限制性规定，主要包括：第一，规划限制，即农民集体建设用地使用权的流转一般均应符合土地利用总体规划、城市规划或村庄集镇规划；第二，权属限制，广东办法和河北办法都规定，流转的农民集体建设用地使用权必须无权属争议，且土地权利的行使未被司法、行政机关依法限制；第三，产业政策限制，广东办法和湖北办法都明确规定，农民集体建设用地使用权流转必须符合国家产业政策，三地都禁止将农民集体建设用地使用权用于房地产开发和住宅建设；第四，程序性限制，三地都规定农民集体建设用地使用权在出让、出租、抵押时，必须经本集体经济组织成员的村民会议 2/3 以上成员或者 2/3 以上村民代表的同意。

（4）流转的基本程序。三部地方规定对于农民集体建设用地使用权流转程序的规定虽各有不同，但基本的思路却是比较一致的。它们一般都将农民集体建设用地使用权的设定与已获权利的转移分别开来，进行程序设置，而且规制的重点都在前者。权利设定的程序一般包含：经过本集体经济组织村民会议 2/3 以上成员或 2/3 以上村民代表同意——权利设定方案的制订和批准——权利设定合同的签订与履行——办理土地登记手续并获得权属证明。

关于已获权利的转移，三地都原则性地规定了“签订权利转移合同——履行合同——办理权利变更登记手续”这样的程序，将许多具体问题留由权利人自由协商解决的意图比较明显。

（5）权利设定的具体方式和期限。招标、拍卖或挂牌等公开方式，在三部规章中都有反映，但广东办法和湖北办法明确地将它们适用于商业、旅游、娱乐等经营项目用地，河北办法并未明确它们的适用范围。关于设定的权利存续期限，以出让方式设定的，三部规章都规定不得超过同类用途国有土地使用权出让的最高年限；以出租方式设定的，河北办法明确规定不得超过 20 年，广东办法规定不得超过同类用途国有土地使用权出让的最高年限，湖北办法则未规定。

（6）已获权利转移的限制性规定。三地对于已获权利的转移主要设有以下两种限制性规定：一是原权利设定合同中的权利义务随之转移，即权利转让的，原权利设定合同中的权利义务随之转移，出租或转租的，合同相对人应当继续履行原权利设定合同。这一点在三部规章中都有明确体现。二是开发程度的限制，河北办法规定集体建设用地使用权在转让或转租时，还应当按照集体建设用地出让、出租合同的约定进行开发建设，并且房屋建设工程的投资额达到总投资额的25%以上或者已开发土地面积达到开发总面积的1/3 以上；湖北办法则明确规定，未按照土地出让合同规定的期限和条件投资开发、利用土地的，土地使用权不得转让。

（7）转移的价格管制。对于权利设定的价格确定，主要有两种做法：一是标准确定法，即明确规定权利设定的价格确定标准，这主要体现在湖北和河北两省办法中。湖北办法明确要求，集体建设用地使用权出让价格，不得低于省人民政府制定的当地国有土地出让最低价格标准，没有制定最低标准的，应参照农用地分等定级估价成果或相邻地段国有土地价格确定，并要求将出让价格向土地行政主管部门申报；河北办法规定集体建设用地使用权的出让价格可以参照当地的土地征收价格确定，出租的租金标准可以参照当地土地征收价格折算的数额确定。二是授权确定法，即明确授权特定机构确定权利设定价格，这主要体现在广东办法中，其规定，市、县人民政府土地行政主管部门负有制定本行政区域内集体建设用地使用权基准地价，并报本级人民政府批准后予以公布的职责，同时规定，出让价格应当向土地行政主管部门申报。

对于已获权利转移的价格管制，三地规定的都比较原则，一致性的做法是要求当事人将已获权利的转移价格向土地行政主管机关申报。

（8）流转收益的管理。从三部地方性规定来看，流转收益依据流转方式的不同而具体表现为两种：一种是设定权利的对价，即出让所获的出让金，出租所得的租金；对该部分收益的归属，三部规章的规定是一致的，即属于农民集体所有。除此之外，广东办法和湖北办法还对该部分收益的管理和具体用途做了详细规定：广东办法规定，集体土地所有者出让、出租集体建设用地使用权所取得的土地收益应当纳入农村集体财产统一管理，其中50%以上应当存入银行（农村信用社）专户，专款用于本集体经济组织成员的社会保障安排，不得挪作他用；湖北办法也规定，集体土地所有者取得的土地收益应当纳入农村集体财产统一管理，专项用于本集体经济组织成员的社会保障、被安置人员的生活补助、发展生产、偿还村集体债务等，不得挪作他用，集体经济组织应当将取得的土地收益及其使用情况向集体经济组织成员公开，并接受监督。

另一种是已获权利转移的增值收益，即依法取得农民集体建设用地使用权的权利人，通过权利转移（转让、转租等）获得的高于已给付的权利设定对价的那部分收益，这不同于已获权利转移的对价，而只是对价中的一部分。对于增值性收益，广东办法规定，应当参照国有土地增值税征收标准，向市、县人民政府缴纳有关土地增值收益；湖北办法则规定，其收缴及使用管理办法，按照国家有关规定执行，该条规定，含义模糊，是全部收缴，不允许通过权利转移获利，还是如广东省那样，由政府按一定标准分享增值收益，语焉不详；河北办法对此未做规定。

二、现行农民集体建设用地使用权流转制度存在的主要问题

（一）立法实验的失范在客观上造成规制的混乱

1. 对合法性诘问的应对——立法实验

由以上分析可知，现行《土地管理法》对农民集体建设用地使用权流转的基本态度是：原则禁止、例外允许，而自2003年以来的相关农地政策却一再允许农民集体建设用地使用权流转，2008年党的政策更是明确指出了流转的具体方式和领域。从表象上来看，相关政策的突破性规

定明显的与立法不符，虽不能武断地说是对立法的违反，但最起码可以说是对立法规范的过度扩张，由此可能引发一系列基于宪政和法治理念的合法性诘问。如何应对这一诘问，是理论界必须直面的一个重大问题。

借鉴德国和日本的立法实践和公法理论，[①] 本文认为：相关农地政策的突破性规定其实就是一种立法实验，虽然其直接的宪法依据在我国尚告阙如，但长期以来的立法惯例及其运行的实效性就能充分证成其存在的正当性。

各试点地方制定的具体规制农民集体建设用地使用权流转行为的相关规范，其实就是在具体践行政策内容的“实验过程”。这种实验的权源表现在两个层面上：一是习惯法，即长期以来在立法实践当中被普遍遵行并被明示或默示承认了的，具体表现为“先行试点—积累经验—全国普及—正式立法”这样一个过程的相关做法、规则及理念；二是执政党

① 根据日本公法学者大桥洋一的介绍，在德国的立法实践及理论界，存在所谓“法律（立法）实验”的现象，其典型特色是：（1）设有期限；（2）伴有评估措施（要求有关部门履行予以评估的义务、设有评估委员会、要求制作评估报告）；（3）主要适用于学校和教育改革、媒体政策、交通政策、建设制度、对租赁人的保护等领域。立法实验是被作为一种替代从政治上进行体制改革尝试的策略性做法予以使用的，其目的在于通过对所产生的实验立法的过渡性及合理性进行各方面的讨论、评价，在理论和舆论上，赋予基于立法的试行而获得经验的做法与思路以止当性。而这种做法和思路则反映了立法在新的历史条件下，所应当具备的“渐进主义思想”。长期以来，以“既然社会科学以人类社会为对象，那么，就不允许进行像自然科学那样的实验”为理由，法学界一直否认实验立法的合理性，而将立法的前提完全委于来源于历史和外国法的理性主义的思考，即认为，立法以人的完全理性为依据，就可以获取所需的全部基本信息，因此，不需要进行实验。然而，这一理性主义的思想早已为现代丰富多彩的社会需求和先进的理论家所扬弃，人们开始重视限定时间、区域的立法实验，并对立法项目的实效性进行检验。

大桥洋一教授还指出，立法实验也在一定程度上克服了德国型法治主义的弱点。在传统理论中，人们普遍认为，英美法系具有很强的通过个别裁决的积累形成一般性规则的传统，在这些一般性规则自然而然地形成以前，人们无论如何都不愿意制定一般性的规则；而在德国法中，比较一般的观点都认为，根据事先人为制定的规制判决才是公正的，因此，德国法在即使没有获取充分信息的状况下，也要求主观的制定相关规则，由此产生被弗里茨·沙尔普夫称为“法治国家的政治性成本”的弊害，而立法实验所强调的市民参与、程序扩张、立法项目的验证评估等都可以看作对这一弊害的尝试克服。详细论述可参见〔日〕大桥洋一：《行政法学的结构性变革》，吕艳滨译，中国人民大学出版社2008年版，第49~51页。

和中央政府的相关政策，这些政策往往赋予特定地方进行法制创新试点的规则制定权及其推行权。为了保证这种立法实验权不至于危及国家特定领域内法制体系的稳定性，设置相关的限制性措施应当是十分必要的。这些限制应当包含如下四项基本内容：（1）明确立法实验的地域范围。在确定的地域范围内，经授权的立法和行政机关有暂时停止相关法律规范在其辖区内施行之权，而需代之以试验性规范；非为明确指定之地域，则无擅自实行立法实验之权。（2）明确立法实验的时限，立法实验的存续期间应当是预先设定的，到期后无论实验成果如何，都应停止实验，恢复相关法律的施行，亦即立法实验权是有期限的。（3）不得减损基本权利。立法实验的内容不得减损人民既存的相关基本权利，而只能增益人民对这些基本权的享获。（4）必须进行实验效果的评估。

2. 立法实验的失范及其弊害

虽然能在理论上证成政策突破法律的正当性，但在实践中的许多农地政策，尤其是2008年党的政策并未指明农民集体建设用地使用权流转的试点性质，给人一种普适性制度的感觉；更为重要的是，在当前的法制体系中，缺乏专门规制立法实验的具体制度构建，就连最基本性的原则和规则也无法找到。若长期容忍这种状况存续，立法实验的探索性优势就有可能变异为解构现行立法的离心力。

（二）试点的地方性规定中存在着诸多缺陷

这里所谓的缺陷并不是指基于立法试验的初涉性质而势必会存在的诸如立法规范不完善、立法技术不娴熟、立法逻辑不周延等具体细节上的问题，在立法试验过程中，这样的问题大量出现不足为奇。我们所指的缺陷是足以影响制度整体构建的理念及体系等方面的问题。具体而言，有以下几个方面：

1. 融不同性质的权利于一体的制度设计理念存在问题

从各地方性规定来看，农民集体建设用地使用权依其涵摄客体的不同而有三种类型：一是宅基地使用权，二是农村公益事业基础设施建设用地使用权，三是经营性建设用地使用权。前两种权利在《土地管理法》上被明确承认（宅基地使用权在2007年《物权法》上有明确规定）。第三种权利被《土地管理法》严格限制在联营建设乡镇企业的范围内，2008年党的政策则极大地拓宽了其涵摄范围，凡非公益项目的用地都可纳入该权利范围；广东省的办法比较明确地规定了其涵摄范围，具体包括：兴办各类工商企业，包括国有、集体、私营企业，个体工商户，外资投资企业（中外合资、中外合作、外商独资企业，“三来一补”企业），股份制企业，联营企业等，明显地扩展了《土地管理法》上的企业类型。

从三种权利的来源及其制度设计理念来看，三者的性质大不相同，虽然法律明确承认了宅基地使用权的用益物权性质，但也在很大程度上认同了其保障农村集体经济组织成员生存基础的生存权性质；[①] 农村公益事业基础设施建设用地使用权是典型的公共性权利，其与宅基地使用权及经营性建设用地使用权这样的私人权利存在着本质上的区别；经营性建设用地使用权则是典型的私人财产权，虽然立法还未明确承认这一点，但是从相关政策及试点地方的规定来看，将其设计为一种纯粹依据市场方式配置的用益物权的制度意图还是比较明显的。

---

① 从我国2007年《物权法》第154条第2句的规定来看，农民宅基地使用权的生存保障性质非常明显，该句规定“对失去宅基地的村民，应当重新分配宅基地”，显然，宅基地使用权是农民集体经济组织成员依法享有的一种依其身份而自动可得的基本保障性权利。权威机关的法律释义也一再强调宅基地使用权的“社会福利性质”，是“农民安身之本”和依其“身份而享有的福利保障”；而且其中也明确指出2007年《物权法》在立法时对宅基地的基本认识是“是农民基本生活保障和安身立命之本”。参见胡康生主编：《中华人民共和国物权法释义》，法律出版社2007年版，第336页、第337页、第339页。

三种性质不同的农民集体建设用地使用权，其设定及转移所应当遵循的基本理念和规则也必然不同，而且这些不同不仅仅是表面的，更是本质上的：兼容财产权与生存权于一身的宅基地使用权，其设定必然应当遵从无差别的平等原则，对其转移也应当基于是否会危及成员的生存基础而进行必要的限制；农村公益事业基础设施建设用地使用权的公共权利性质首先决定了其享有主体的普遍性和非排他性，其设定方式受到公益性用途的严格限制，是否应当许其转移，尚存争议，但有一点是明确的，即即使允许转移，也绝不可能设置像私人财产权那样的规制规则；经营性建设用地使用权基于纯粹用益物权的本质，其设定和转移适用竞争性方式和市场化配置机制应当是势所必须的，受到如前两种权利那样限制的可能性不会太大。

可见，性质不同的权利决定了本质上相异的设定及转移理念和规则，将它们统一规定在一部法律文件中，虽然从形式上看具备了全面性，但是实际作用不大，与三种权利相应的相关规范势必呈现出“互不粘连”“各自为政”的格局，这不但不利于规范的适用，而且实质上也影响了制度的逻辑美感，还容易出现“顾此失彼”的规范遗漏。上述三部地方性规定虽然都将三种权利统一规定，但其重点明显的在于规制经营性建设用地使用权的设定和转移，对其他两种权利的规定很大程度上是“陪衬性”的。

2. 不区分权利设定和权利转移的做法不符合法理逻辑

虽然“流转”一词在传统法学理论上难觅其踪，但从首次采其名称的《农村土地承包法》的规定来看，已获权利的再次转移应当是其本质内涵。在法理上，与其他财产权一样，农民集体建设用地使用权应当是遵循这样的一种权利实现程序：“依法获取权利（权利设定）——已获权利的第一次转移——已获权利的第二次转移——已获权利的第 n 次转移……”农民集体建设用地使用权流转应当是这一程序中，除第一环节之外的其他环节，到底是除此之后的所有环节，还是紧随其后的第二环节，在理论上并无定论，需要立法的具体确认。从农业部《农村土地承包经营权流转管理办法》（2005 年）的规定来看，农村土地承包经营权的流转涵摄了除第一环节之外的所有权利转移环节；而从以上三部地方性规定来看，农民集体建设用地使用权的转移方式被比较一致地确定为转让、转租，这是典型的第二环节，对于这种界定，单纯在理论上很难评价其好与坏，因此，也就无法确定相关规范的合理性。

虽然在理论上尚无法确定农民集体建设用地使用权流转应当具备的法律含义，但其与农民集体建设用地使用权设定的区别，却是十分明显的。上述三部地方性规定中比较一致的将农民集体建设用地使用权流转作广义界定，既包括权利设定（出让、出租），也包括已获权利的转移（转让、转租），这明显的是将一个本属下位的概念，不适当的予以拔高，不合乎法理逻辑。更重要的是，这种做法也无法与既有的《农村土地承包法》及国有土地使用权出让转让的相关规范相衔接。

3. 机械模仿国有建设用地使用权的规制方式使得农民集体建设用地使用权制度失却了其本应具有的特色

由于在立法试验之初，缺乏直接可资借鉴的制度模式，最早进行试点的地方在设置农民集体建设用地使用权的设定与转移规范时，主要模仿了相对成熟的国有建设用地使用权出让和转让的相关规定，而这种做法又对后来的试点性地方规定产生了较大的影响。因此，现行各地方性规定中，直接模仿国有建设用地使用权相关制度的规范较多。基于上述三部地方性规定，我们可以将这些模仿内容主要归纳为两个部分：一是在农民集体建设用地使用权的设定上，权利存续期限、权利涵摄客体的用途设定、权利设定方式（出让、出租）、权利设定的合同内容、权利设定的基本程序、出让金的确定方式等诸多内容都不同程度地模仿了国有建设用地使用权出让的相关规定；二是在农民集体建设用地使用权的转移上，主要在价格管制、原权利设定合同中权利义务的附随转移等方面，模仿国有建设用地使用权转让的相关制度内容进行了规范设计。

合理借鉴既有制度的成熟规制方式，对于农民集体建设用地使用权设定和转移制度的构建是有益的，但若忽略农民集体建设用地使用权设定和转移制度的特殊性，一味机械模仿，弊大于利。

可以肯定的是，农民集体建设用地使用权制度与国家粮食安全的关联性要远胜于国有建设用地使用权制度，主要原因在于农民集体建设用地的来源与耕地在总量上会形成直接的此消彼长的竞争关系。虽然现在各试点地方都力图将农民集体建设用地的来源限定在未利用地、村庄土地整理后节约出的建设用地等范围内，但这些土地与耕地相比毕竟属于少数，一旦经营性建设用地使用权市场建立起来，在巨大的利益驱动下，可以预见，这些为数不多的土地来源用不了多久就会告罄，接下来就不得不触及耕地。更为重要的是，随着农村人口的不断增加和农民生活水准的不断提高，宅基地和农村公益事业基础设施建设用地的需求也会越来越大，这就更加挤占了经营性建设用地的土地来源，触及耕地的可能性将更大。一旦在实践中形成突破耕地严格管制的强烈呼声，立法者或政策制定者又当如何应对？这是中国农村建设用地使用权流转制度构建时必须要考虑到的最重要的问题。

现行各地方性规定将这个问题的解决，很大程度上寄托于“土地利用总体规划”“城市规划”“村庄规划”等系列指导性规划的身上，明显的是模仿了国有建设用地使用权出让的规制方式，其实效性颇值怀疑，而对用于房地产开发等项目的明令禁止，又显然是应时性规定。

与国有建设用地使用权不同，农民集体建设用地使用权是源于农民集体土地所有权的财产权，其权利设定主体（出让和出租主体）应当是农民集体，那么国家在权利设定的过程中的法律地位如何？有些地方性规定赋予相关政府及其职能部门批准农民集体建设用地使用权设定的权力，其合法性何在？如果说在国有建设用地使用权的出让中，国家是作为所有权人和管理者双重身份出现，那么在农民集体建设用地使用权设定中，国家就仅是管理者，如果允许管理者代替所有者决定是否进行权利设定，是否有“越俎代庖”之嫌；如果说这样做是为了更好地防范农民集体组织的短期行为，那是否也考虑到了政府基于自身理性进行权力寻租的可能，近来土地征收领域不断涌现的违法犯罪行为及颇为人所诟病的地方政府的土地财政，已经足以使我们怀疑政府在面临巨大土地增值诱惑时还能否进行公正无偏的管理。因此，照搬国有建设用地使用权出让制度，赋予地方政府及其职能部门决定农民集体建设用地使用权是否设定的权力，于法无据、于理不通，在实践中的有效性也颇值怀疑，而彻底舍弃国家管理又显然不合适，那么，是否需要设计独特的制度，实有研究的必要。

三、农民集体建设用地使用权流转的立法展望

（一）表明肯定的规制态度

从最新的政策态度及实践需求来看，我国《土地管理法》转变原先对农民集体建设用地使用权流转的原则性禁止态度为允许，应该是可以预见的，只不过是时间问题。至于选择何种规范表述方式，是原则允许，例外禁止，还是全部允许，则属于立法者的裁量权范围。基于农民集体建设用地使用权流转尚为法律的初涉领域，相关试点经验的普适性尚需检验，更鉴于农民集体建设用地与国家粮食安全的高度关联性，比较稳妥的做法应当是原则允许，但须设置一系列的限制条件，并列明禁止流转的情形。随着实践的不断发展，立法再因应现实，逐渐弱化流转的限制条件，减少禁止流转的情形。

（二）确立分别的规制模式

如上所述，鉴于宅基地使用权、农村公益事业基础设施建设用地使用权和经营性建设用地使用权三者在权利性质、规制理念和原则等方面存在根本差异，统一进行规制明显不合适，因此，将三者分别进行规制是比较适当的。这里强调分别规制，并不是意味着一定要制定三部分别规制三种权利流转行为的法律，而强调的是一种立法理念，至于具体该如何进行制度设计，则需根据实际情况而定。

（三）设置双层的规制方式

必须明确，在三种权利的分别规制中，都存在相辅相成、紧密关联的两层规制方式，第一层是相关权利的设定，第二层才是严格意义上的权利流转，即已获权利的转移。第一层是第二层规制方式实际发生作用的前提和基础，而第二层规制方式则在一定程度上实现所获取权利的内涵利益。由于在我国现行法律上，关于农民集体建设用地使用权的设定性规范不健全，而这又是严格意义上的农民集体建设用地使用权流转的前提和基础，因此，关于三种权利的设定应当成为制度构建的重点内容。

基于此，我们又可以推导出进行双层规制的立法应当具备的位阶层次。根据我国《立法法》第 8 条的规定，民事基本制度只能制定法律，农民集体建设用地使用权作为典型的财产权，对其设定、内容、效力、转移等的规制，只能借由法律进行。再结合上述分别的规制模式，我们认为：对于农民集体经营性建设用地使用权的设定及其转移，由于所涉及的问题较多，且已有大量的立法实验成果可资借鉴，因此，应当单独立法；由于宅基地使用权已经在 2007 年《物权法》上有专章设置（第 13 章），为了节约立法成本，可以考虑对 2007 年《物权法》第 13 章进行细化和必要修改，使其成为权利设定和转移的主要法律依据；而对于农村公益事业基础设施建设用地使用权，可以考虑留由《土地管理法》进行比较全面的规制，在设置了基本规范之后，法律还可以授权行政法规将相关基本规范予以具体化。

（四）树立三元的规制理念

针对农民集体建设用地使用权的三种性质，在具体设置相关法律制度时，必须要遵循不同的规制理念，并因此设置不同的规章制度。

对于宅基地使用权，鉴于其用益物权和生存保障权的双重性质，规制的基本理念应当是：确保权利初次配置的公平性，防止借由权利转移引发的生存危机及投机行为。在三种权利中，对宅基地使用权要进行合理规制，其实是最难的，立法者需要将两种利益——生存利益和财产利益进行出色的调和，而且要使这种调和具备能够在一定时期内因应现实的“柔韧度”。两种立法政策的考量之间也常常会在不经意间产生冲突，过分强调财产利益的实现，就要求立法不要设置太多的限制权利处分的规范，而这又容易引发失权者基于急迫所需而丧失立身之本、待权者（农村新增人口）由于规划的限制无法获取生存基础、投机性权利转移行为频发等问题；过分强调生存利益的实现，就要求法律对基于公平原则配置的权利运行过程进行严格管制，这又可能与私法财产权的本质相悖。

对于农村集体公益事业基础设施建设用地使用权，鉴于其公共权利的性质，规制的基本理念应当是：保障权利公益用途和公共使用，严防其进入经营性建设领域。基于此，规制的主要内容应当包括：保证权利设定的合规划性（包括土地利用规划、乡规划和村庄规划），严格限定权利用途，重点设置能保障全体成员非排他性使用权的相关规则，如果允许权利转移，则必须设置严格的成员会议表决机制，并需要保证不得改变公益用途。

对于农民集体经营性建设用地使用权，鉴于其在政策层面和立法实验中纯粹用益物权的制度设计意图，规制的基本理念应当是：在确保权利所含财产利益充分实现的同时，基于公共利益的考虑进行必要的限制，保证财产利益实现的成果能为权利人所真正享有。基于这种理念，进行重点设计的制度内容应当主要包括三部分：一是农民集体经营性建设用地使用权的设定法律制度，其中包含权利设定的前提、限制、程序、方式、效力等规制内容；二是农民集体经营性建设用地使用权转移法律制度，其中包含已获权利的转移方式、转移合同、转移限制、变更登记等规制内容；三是农民集体建设用地使用权收益管理法律制度，其中包括权利设定对价的确定、收取、使用和监督，权利转移对价的归属，权利转移增值的国家和集体分享标准、收取、使用和监督，相关的税费收缴等规制内容。